해커스 LEET 이재빈 언어이해 기본

이재빈

이력
- 서울대학교 경제학부 졸업
- (현) 해커스로스쿨 언어이해 교수
- (전) 예섬학원 고등수학 강사
- 2025학년도 LEET 언어이해 백분위 99.1
- 2022학년도 LEET 언어이해 백분위 99.1
- 대산대학문학상 수상

저서
- 해커스 LEET 이재빈 언어이해 독해의 기초(2024)
- 해커스 LEET 이재빈 언어이해 기본(2025)
- 해커스 LEET 이재빈 언어이해 심화(2023)
- 해커스 LEET 이재빈 언어이해 기출문제+해설집(2023)

언어이해의
독해 전략 학습을 위한
필수 기본서!

LEET 언어이해는 '법학 적성 평가'라는 시험의 취지에 부합하도록 지문이 만들어진다는 독자적인 특징이 있습니다. 이에 따라 『해커스 LEET 이재빈 언어이해 기본』에서는 LEET 언어이해 지문의 특성을 패턴 및 제재별로 분류하고, 그 패턴에 맞는 독해 전략과 문제 풀이 스킬을 갖추어서 효율적이고 정확한 문제 해결을 하도록 구성하였습니다. 이러한 특성을 활용하여 다음과 같이 학습하시기를 권유드립니다.

첫째, 독해 전략을 적용하여 다양한 지문을 분석하는 데 초점을 맞추고 공부하세요.
『해커스 LEET 이재빈 언어이해 기본』은 지문의 패턴 및 제재에 따라 맞춤형 독해 전략을 단계별로 제시하고 있습니다. LEET 언어이해의 성적을 좌우하는 것은 지문의 구성적 특성을 얼마나 잘 이해하고 전략을 잘 갖추냐에 달려있으므로 지문의 패턴 및 제재에 대한 단계별 독해 전략을 통해 지문을 완벽히 분석하는 연습을 해야 합니다.

둘째, 연습문제는 지문을 완벽하게 이해하는 데 초점을 맞추고 공부하세요.
본 교재에서 연습문제에 수록된 지문들은 LEET 언어이해 기출 중에서도 가장 중요한 지문들을 선별해 놓은 것입니다. 연습문제에 수록된 지문들은 한 지문당 7분의 시간을 재고 푼 뒤에도 여러 번 정독하면서 그 지문의 내용까지 완벽하게 흡수하여 내 것으로 만들어야 합니다. 또한 문단별 중심 소재와 중심 내용을 정리하여 논리적 연결 관계, 필자가 글을 통해서 어떠한 질문에 대답하려고 하고 이를 위해 어떤 전략을 사용하는지, 지문에 숨겨진 전제와 결론이 무엇인지를 파악하는 연습을 해야 합니다.

셋째, 실전문제는 주어진 시간 내에 해결하는 데 초점을 맞추고 공부하세요.
『해커스 LEET 이재빈 언어이해 기본』의 실전문제는 상대적으로 난이도가 어렵지 않은 패턴과 제재의 기출문제가 다수 수록되어 있습니다. 이러한 문제들을 주어진 시간 내에 빠르고 정확하게 해결해야 『해커스 LEET 이재빈 언어이해 심화』에서 다루어지는 고난도 지문을 풀이할 시간을 확보할 수 있습니다.
『해커스 LEET 이재빈 언어이해 기본』은 각 챕터별로 연습문제와 실전문제를 문제 배치 순서와 문제의 특색이 연결되도록 수록했으므로 연습문제를 완벽하게 소화했다면 실전문제를 능수능란하게 해결할 수 있을 것입니다. 연습문제를 충분히 학습한 뒤에, 학습한 독해 전략을 적용하여, 실전문제를 통해 실전적 문제 풀이에 초점을 맞추어 보세요.

이처럼 세 가지 기본적인 사항을 바탕으로 『해커스 LEET 이재빈 언어이해 기본』이 여러분들의 LEET 언어이해 학습을 돕는 가장 소중한 동반자가 되기를 간절히 기원합니다.
앞으로도 끊임없는 연구와 수험생 못지않은 학습을 바탕으로 더 완벽한 LEET 언어이해 연구를 끊임없이 정진해 나가겠습니다. 감사합니다.

이재빈

목차

언어이해 고득점을 위한 이 책의 활용법	6
기간별 맞춤 학습 플랜	8
언어이해 고득점 가이드	10

PART 1 패턴별 기출문제

패턴 1 학설 비교형 지문   16

패턴 2 이론 제시형 지문   48

패턴 3 패러다임형 지문   78

PART 2 제재별 기출문제

제재 1 문학　　　　　　　　　　　　　　　　　116

제재 2 역사학　　　　　　　　　　　　　　　　154

제재 3 철학　　　　　　　　　　　　　　　　　186

제재 4 정치학　　　　　　　　　　　　　　　　214

정답 및 해설

언어이해 고득점을 위한 이 책의 활용법

① 최신 출제 경향을 파악하여 시험을 전략적으로 대비한다.

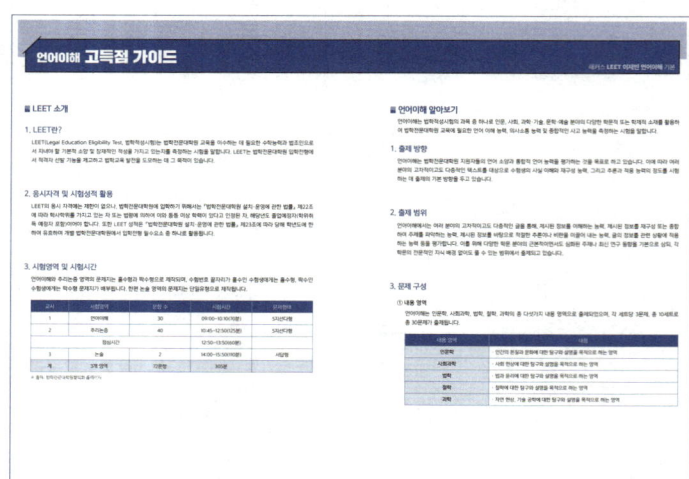

LEET 언어이해의 최신 출제 경향을 반영한 고득점 가이드

최신 기출문제를 포함한 역대 기출문제의 출제 경향을 파악하여 언어이해에 대한 이해를 높이고 효과적으로 LEET 언어이해를 대비할 수 있습니다.

② 단계별 독해 전략을 학습하여 독해력을 향상시킨다.

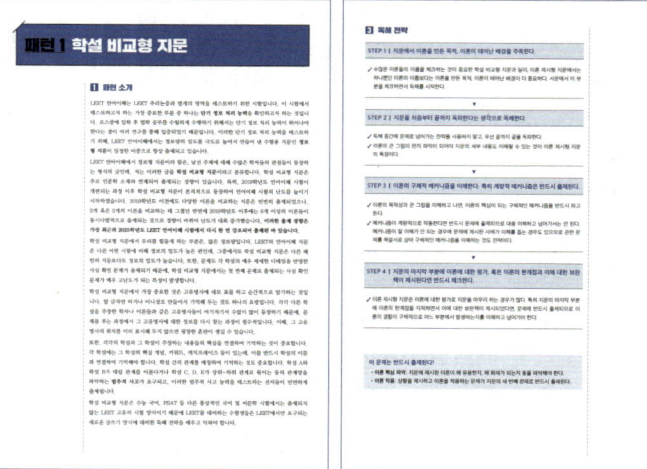

지문 완벽 이해를 위한 독해 전략 학습

LEET 언어이해 지문에 특화된 단계별 독해 전략을 학습하여 문제 풀이의 기본이 되는 독해력을 향상시킬 수 있습니다. 이를 통해 어떤 지문이라도 문제 풀이에 필요한 내용을 정확하게 파악할 수 있습니다.

3 실전문제를 풀면서 실전 감각을 극대화한다.

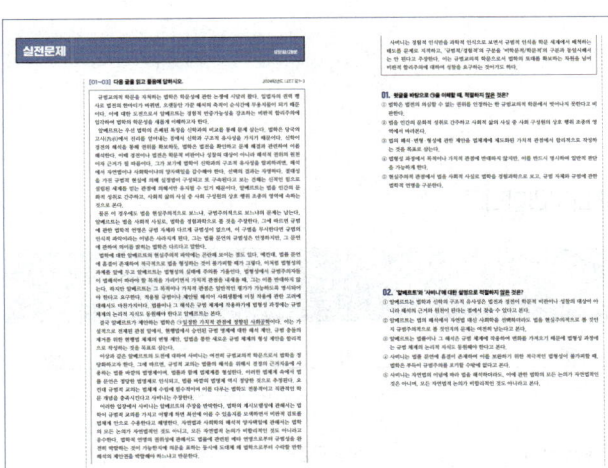

독해 전략을 적용하여 실전처럼 풀어보는 실전문제

패턴 및 제재별 실전문제를 권장 풀이 시간에 따라 풀어보며 문제 풀이 능력과 시간 관리 능력을 기를 수 있습니다.

4 상세한 해설로 완벽하게 정리한다.

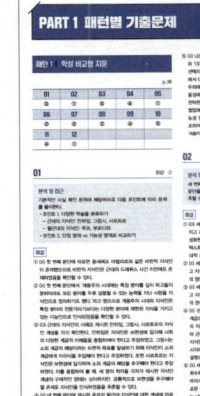

문제 접근법을 제시하는 지문 분석과 선택지 해설

- 지문 분석 및 접근법으로 기출문제의 출제 의도와 효과적인 풀이법을 명확하게 파악할 수 있습니다.
- 모든 선택지에 대하여 상세하고 이해하기 쉽게 정답 및 오답의 이유가 제시되어 있어서 꼼꼼히 학습할 수 있습니다.

기간별 맞춤 학습 플랜

자신의 학습 기간에 맞는 학습 플랜을 선택하여 계획을 수립하고, 그 날에 해당하는 분량을 공부합니다.

2주 완성 학습 플랜

독해 전략과 실전문제를 하루에 한 챕터씩 학습한 후, 전체 복습하며 마무리합니다.

진도	1주 차				
날짜	___월___일	___월___일	___월___일	___월___일	___월___일
학습 내용	PART 1 패턴 1	PART 1 패턴 2	PART 1 패턴 3	PART 2 제재 1	PART 2 제재 2
진도	2주 차				
날짜	___월___일	___월___일	___월___일	___월___일	___월___일
학습 내용	PART 2 제재 3	PART 2 제재 4	PART 1 복습	PART 2 복습	전체 복습

4주 완성 학습 플랜

독해 전략과 실전문제를 이틀 동안 한 챕터씩 학습한 후 두 챕터별로 묶어서 복습하여 독해 전략을 확실하게 숙지하고, 전체 복습하며 마무리합니다.

진도	1주 차				
날짜	___월___일	___월___일	___월___일	___월___일	___월___일
학습 내용	PART 1 패턴 1	PART 1 패턴 1 실전문제	PART 1 패턴 2	PART 1 패턴 2 실전문제	PART 1 패턴 1~2 복습
진도	2주 차				
날짜	___월___일	___월___일	___월___일	___월___일	___월___일
학습 내용	PART 1 패턴 3	PART 1 패턴 3 실전문제	PART 2 제재 1	PART 2 제재 1 실전문제	PART 1 패턴 3 & PART 2 제재 1 복습
진도	3주 차				
날짜	___월___일	___월___일	___월___일	___월___일	___월___일
학습 내용	PART 2 제재 2	PART 2 제재 2 실전문제	PART 2 제재 3	PART 2 제재 3 실전문제	PART 2 제재 2~3 복습
진도	4주 차				
날짜	___월___일	___월___일	___월___일	___월___일	___월___일
학습 내용	PART 2 제재 4	PART 2 제재 4 실전문제	PART 2 제재 4 복습	PART 1 복습	PART 2 복습

언어이해 고득점 가이드

■ LEET 소개

1. LEET란?

LEET(Legal Education Eligibility Test, 법학적성시험)는 법학전문대학원 교육을 이수하는 데 필요한 수학능력과 법조인으로서 지녀야 할 기본적 소양 및 잠재적인 적성을 가지고 있는지를 측정하는 시험을 말합니다. LEET는 법학전문대학원 입학전형에서 적격자 선발 기능을 제고하고 법학교육 발전을 도모하는 데 그 목적이 있습니다.

2. 응시자격 및 시험성적 활용

LEET의 응시 자격에는 제한이 없으나, 법학전문대학원에 입학하기 위해서는 『법학전문대학원 설치·운영에 관한 법률』 제22조에 따라 학사학위를 가지고 있는 자 또는 법령에 의하여 이와 동등 이상 학력이 있다고 인정된 자, 해당년도 졸업예정자(학위취득 예정자 포함)이어야 합니다. 또한 LEET 성적은 『법학전문대학원 설치·운영에 관한 법률』 제23조에 따라 당해 학년도에 한하여 유효하며 개별 법학전문대학원에서 입학전형 필수요소 중 하나로 활용됩니다.

3. 시험영역 및 시험시간

언어이해와 추리논증 영역의 문제지는 홀수형과 짝수형으로 제작되며, 수험번호 끝자리가 홀수인 수험생에게는 홀수형, 짝수인 수험생에게는 짝수형 문제지가 배부됩니다. 한편 논술 영역의 문제지는 단일유형으로 제작됩니다.

교시	시험영역	문항 수	시험시간	문제형태
1	언어이해	30	09:00~10:10(70분)	5지선다형
2	추리논증	40	10:45~12:50(125분)	5지선다형
	점심시간		12:50~13:50(60분)	
3	논술	2	14:00~15:50(110분)	서답형
계	3개 영역	72문항	305분	

※ 출처: 법학전문대학원협의회 홈페이지

■ 언어이해 알아보기

언어이해는 법학적성시험의 과목 중 하나로 인문, 사회, 과학·기술, 문학·예술 분야의 다양한 학문적 또는 학제적 소재를 활용하여 법학전문대학원 교육에 필요한 언어 이해 능력, 의사소통 능력 및 종합적인 사고 능력을 측정하는 시험을 말합니다.

1. 출제 방향

언어이해는 법학전문대학원 지원자들의 언어 소양과 통합적 언어 능력을 평가하는 것을 목표로 하고 있습니다. 이에 따라 여러 분야의 고차적이고도 다층적인 텍스트를 대상으로 수험생의 사실 이해와 재구성 능력, 그리고 추론과 적용 능력의 정도를 시험하는 데 출제의 기본 방향을 두고 있습니다.

2. 출제 범위

언어이해에서는 여러 분야의 고차적이고도 다층적인 글을 통해, 제시된 정보를 이해하는 능력, 제시된 정보를 재구성 또는 종합하여 주제를 파악하는 능력, 제시된 정보를 바탕으로 적절한 추론이나 비판을 이끌어 내는 능력, 글의 정보를 관련 상황에 적용하는 능력 등을 평가합니다. 이를 위해 다양한 학문 분야의 근본적이면서도 심화된 주제나 최신 연구 동향을 기본으로 삼되, 각 학문의 전문적인 지식 배경 없이도 풀 수 있는 범위에서 출제되고 있습니다.

3. 문제 구성

① 내용 영역

언어이해는 인문학, 사회과학, 법학, 철학, 과학의 총 다섯가지 내용 영역으로 출제되었으며, 각 세트당 3문제, 총 10세트로 총 30문제가 출제됩니다.

내용 영역	내용
인문학	· 인간의 본질과 문화에 대한 탐구와 설명을 목적으로 하는 영역
사회과학	· 사회 현상에 대한 탐구와 설명을 목적으로 하는 영역
법학	· 법과 윤리에 대한 탐구와 설명을 목적으로 하는 영역
철학	· 철학에 대한 탐구와 설명을 목적으로 하는 영역
과학	· 자연 현상, 기술 공학에 대한 탐구와 설명을 목적으로 하는 영역

언어이해 고득점 가이드

② 인지 활동 유형

언어이해는 지문에 따른 문제들을 인지 활동 유형에 따라 독해 능력을 균형 있게 평가하도록 출제됩니다. 언어이해에서 주로 출제되는 인지 활동 유형의 종류와 특징은 다음과 같습니다.

인지 활동 유형	내용
주제, 요지, 구조 파악	· 지문 전체 또는 부분의 주제, 중심 생각과 요지를 파악할 수 있는지 묻는 유형
의도, 관점, 입장 파악	· 글쓴이 또는 지문에 소개된 인물이 가진 의도, 관점, 입장, 태도를 파악할 수 있는지 묻는 유형
정보의 확인과 재구성	· 지문에 나타난 정보 및 정보의 관계를 정확히 파악하여 다른 표현으로 재구성할 수 있는지 묻는 유형
정보의 추론과 해석	· 지문에 제시된 정보를 바탕으로 새로운 정보를 추론할 수 있는지 묻는 유형
정보의 평가와 적용	· 지문에 제시된 논증이나 설명의 타당성을 평가하거나 지문에 소개된 원리를 새로운 사례나 상황에 적용할 수 있는지 묻는 유형

■ 최신 출제 경향

1. 난이도

LEET 언어이해는 법학전문대학원 입학에 필요한 언어적 적성을 평가한다는 시험의 목적상 여러 전공의 석사 논문을 수월하게 읽고 이해할 수 있는 능력을 요구하기 때문에 내용을 파악하는 데 상당한 시간을 소요하도록 지문과 문제가 구성됩니다. 특히 2019학년도부터 풀이 시간 70분, 30문제(총 10개 지문) 체제로 개편됨에 따라 난이도는 이전에 비해 매우 어려워졌고, 2021학년도와 2022학년도 시험에서는 전체 30문제 중 절반에 해당하는 15문제를 기준으로 평균 점수가 형성될 정도의 어려운 난도로 출제되었습니다. 특히 2024학년도 시험은 역대 LEET 언어이해 시험 중 가장 낮은 개수의 평균이 형성될 정도로 고난도로 출제되었습니다. 다만, 2025학년도 시험은 최근 경향에 비해서는 다소 쉽게 출제되었으나, 여전히 국내에 존재하는 언어 관련 시험 중 가장 어려운 시험이라는 점에서는 변함이 없습니다.

2. 제재

최근 LEET 언어이해는 난이도와 일정한 비중을 고려하여 다양한 제재가 출제되고 있습니다. LEET 언어이해에서 자주 출제되는 제재를 학문 영역, 세부 제재, 출제 비중, 난이도에 따라 분류하면 다음과 같습니다.

학문 영역	세부 제재	출제 비중	난이도
인문학	역사학, 문학	2지문 출제	하~중
사회과학	경제학, 정치학	2지문 출제	중~상
법학	법철학, 법제사학	2지문 출제	중~상
철학	근대철학, 현대철학	2지문 출제	하~중
과학	물리학, 생명과학, 데이터과학	2지문 출제	상

■ 대비 전략

① 독해 전략을 적용하는 연습을 통해 지문에 대한 친숙도를 높여야 합니다.

시험 성적을 좌우하는 것은 타고난 독해력보다는 그 시험 지문의 구성적 특성에 대한 친숙도가 훨씬 더 높은 상관관계를 갖습니다. 따라서 패턴 및 제재에 대한 단계별 독해 전략으로 지문을 완벽히 이해하는 연습을 통해 지문에 대한 친숙도를 높여야 안정적인 독해력을 쌓을 수 있습니다.

② 유사한 제재의 기출문제를 충분히 분석하여 오답률을 낮추어야 합니다.

기출문제에 대한 분석을 소홀히 하면 동일한 제재를 변형한 문제를 틀리는 실수를 반복할 수 있습니다. 이를 방지하기 위해 자신이 풀이한 기출문제뿐만 아니라 유사한 제재의 기출문제도 충분히 분석해야 합니다. 『해커스 LEET 이재빈 언어이해 기본』의 연습문제와 실전문제는 유사한 제재의 지문을 분석하도록 구성되어 있습니다. 따라서 연습문제의 지문과 실전문제의 지문을 충분히 분석하여 소화한다면 오답률을 낮출 수 있습니다.

③ 난이도가 쉬운 지문을 빠르고 정확하게 해결하는 연습을 해야 합니다.

LEET 언어이해는 난이도가 매우 어렵게 출제되기 때문에 만점을 목표로 하기 어렵습니다. 또한 LEET 시험은 원점수를 기준으로 표준점수를 산정하는 상대평가이기 때문에 다른 수험생보다 많은 문제를 맞히는 것이 더욱 중요합니다. 따라서 고득점을 위해서는 쉬운 지문은 모두 맞힌다는 전략으로 빠르고 정확하게 해결하여 점수를 확보함과 동시에, 어려운 제재의 지문을 해결할 시간을 확보해야 합니다.

한 번에 합격, 해커스로스쿨
lawschool.Hackers.com

PART 1
패턴별 기출문제

패턴 1 학설 비교형 지문
패턴 2 이론 제시형 지문
패턴 3 패러다임형 지문

패턴 1 학설 비교형 지문

1 패턴 소개

LEET 언어이해는 LEET 추리논증과 별개의 영역을 테스트하기 위한 시험입니다. 이 시험에서 테스트하고자 하는 가장 중요한 부분 중 하나는 **단기 정보 처리 능력**을 확인하고자 하는 것입니다. 로스쿨에 입학 후 법학 공부를 수월하게 수행하기 위해서는 단기 정보 처리 능력이 뛰어나야 한다는 점이 여러 연구를 통해 입증되었기 때문입니다. 이러한 단기 정보 처리 능력을 테스트하기 위해, LEET 언어이해에서는 정보량의 밀도를 극도로 높여서 만들어 낸 수험용 지문인 **정보형 지문**이 일정한 비중으로 항상 출제되고 있습니다.

LEET 언어이해에서 정보형 지문이라 함은, 낯선 주제에 대해 수많은 학자들의 관점들이 등장하는 형식의 글인데, 저는 이러한 글을 **학설 비교형 지문**이라고 분류합니다. 학설 비교형 지문은 주로 인문학 소재와 연계되어 출제되는 경향이 있습니다. 특히, 2019학년도 언어이해 시험이 개편되는 과정 이후 학설 비교형 지문이 본격적으로 등장하여 언어이해 시험의 난도를 높이기 시작하였습니다. 2019학년도 이전에도 다양한 이론을 비교하는 지문은 빈번히 출제되었으나, 2개 혹은 3개의 이론을 비교하는 데 그쳤던 반면에 2019학년도 이후에는 6개 이상의 이론들이 동시다발적으로 출제되는 것으로 경향이 바뀌어 난도가 대폭 증가했습니다. **이러한 출제 경향은 가장 최근의 2025학년도 LEET 언어이해 시험에서 다시 한 번 강조되어 출제된 바 있습니다.**

학설 비교형 지문에서 우리를 힘들게 하는 부분은, 많은 정보량입니다. LEET의 언어이해 지문은 다른 어떤 시험에 비해 정보의 밀도가 높은 편인데, 그중에서도 학설 비교형 지문은 다른 패턴의 지문보다도 정보의 밀도가 높습니다. 또한, 문제도 각 학설의 매우 세세한 디테일을 반영한 사실 확인 문제가 출제되기 때문에, 학설 비교형 지문에서는 첫 번째 문제로 출제되는 사실 확인 문제가 매우 고난도가 되는 특성이 발생합니다.

학설 비교형 지문에서 가장 중요한 것은 고유명사에 네모 표를 하고 순간적으로 암기하는 것입니다. 앞 글자만 따거나 이니셜로 만들어서 기억해 두는 것도 하나의 요령입니다. 각각 다른 학설을 주장한 학자나 이론들과 같은 고유명사들이 여기저기서 수없이 많이 등장하기 때문에, 문제를 푸는 과정에서 그 고유명사에 대한 정보를 다시 찾는 과정이 필수적입니다. 이때, 그 고유명사의 위치를 미리 표시해 두지 않으면 굉장한 혼란이 생길 수 있습니다.

또한, 각각의 학설과 그 학설이 주장하는 내용들의 핵심을 연결하여 기억하는 것이 중요합니다. 각 학설에는 그 학설의 핵심 개념, 키워드, 캐치프레이즈 등이 있는데, 이를 반드시 학설의 이름과 연결하여 기억해야 합니다. 학설 간의 관계를 매칭하여 기억하는 것도 중요합니다. 학설 A와 학설 B가 대립 관계를 이룬다거나 학설 C, D, E가 상위-하위 관계로 묶이는 등의 관계망을 파악하는 **범주적 사고**가 요구되고, 이러한 범주적 사고 능력을 테스트하는 선지들이 빈번하게 출제됩니다.

학설 비교형 지문은 수능 국어, PSAT 등 다른 통상적인 국어 및 비문학 시험에서는 출제되지 않는 LEET 고유의 시험 양식이기 때문에 LEET를 대비하는 수험생들은 LEET에서만 요구되는 새로운 글쓰기 양식에 대비한 독해 전략을 배우고 익혀야 합니다.

2 대표 기출문제

출제시기	소재 및 문제 번호
2025학년도	그리스 로마 시대의 소년애 풍속(7~9번)
	공리주의와 도덕 권리론의 관계(13~15번)
	소크라테스의 변론에 대한 다양한 해석(22~24번)
2024학년도	도덕 명제에 대한 흄의 관점에 대한 해석(25~27번)
2023학년도	19세기 말 이후 미국사학의 사상적 조류(7~9번)
2022학년도	소설 속 화자에 대한 다양한 학술적 관점(7~9번)
	파시즘에 대한 다양한 학술적 관점(13~15번)
	벌리의 소유와 지배 개념(19~21번)
2021학년도	이슬람 수피즘의 사상적 조류(16~18번)
	한국 유교의 귀신 개념(19~21번)
	빈곤 퇴치와 경제성장에 관한 다양한 견해(22~24번)
	문언을 넘는 해석과 문언에 반하는 해석(28~30번)
2020학년도	지식인상에 대한 다양한 관점(22~24번)
2019학년도	근대 문학과 멜랑콜리커(10~12번)
2017학년도	금융위기의 원인에 대한 다양한 관점(14~17번)
2016학년도	선의 주관성과 객관성에 대한 윤리철학의 논쟁(11~13번)
2014학년도	위임 행위에 대한 두 가지 이론(23~25번)
	근대적 계약의 의미를 이해하는 상반된 두 가지 관점(30~32번)
2013학년도	입법 과정의 역동성에 대한 세 가지 이론(10~12번)
	대중문화에 대한 다양한 학술적 논쟁(33~35번)
2012학년도	자본 구조에 대한 세 가지 이론(18~20번)
2010학년도	과학기술 보도에 대한 다양한 이론적 모델(25~26번)

3 독해 전략

STEP 1 | 지문에서 학자의 이름이나 이론의 명칭을 동그라미로 표시하고 순간적으로 암기한다.

✓ 지문을 읽으면서 학자의 이름이나 이론의 명칭이 나오면 동그라미로 표시한다.
✓ 문제 풀이 시 학자의 이름이나 이론의 명칭은 중요한 역할을 할 수 있으므로 자신만의 방법으로 순간적으로 암기한다.

▼

STEP 2 | 학설의 핵심적인 키워드를 체크하고 학설 간의 관계망을 파악한다.

✓ 지문에 제시되는 학설의 핵심적인 키워드와 캐치프레이즈를 반드시 체크한다.
✓ 학설과 학설 사이의 관계가 서로 대립되는지, 같은 그룹으로 묶이는지 등의 관계망을 파악하여 자신만의 방법으로 구조화한다.

▼

STEP 3 | 지문에서 놓친 세부 내용은 다시 빠르게 읽어보면서 문제를 풀이한다.

✓ 학설 비교형 지문은 정보량의 밀도가 높으므로 각각의 학설과의 관계, 각 학설이 주장하는 내용을 연결하여 사실 관계를 꼼꼼하게 체크해야 한다.
✓ 세부 내용을 완벽히 숙지하지 못했을 경우에는 너무 오랜 시간을 들여서 읽지 않고, 빠르게 지문을 체크하면서 문제 풀이에 필요한 세부 내용을 파악한다.

이 문제는 반드시 출제된다!
- 학설 연결 문제
- 고난도의 사실 확인 문제

4 문제에 적용해보기

독해 전략을 적용하여 연습문제를 풀이해 봅시다.

연습문제 1

[01~03] 다음 글을 읽고 물음에 답하시오.   2022학년도 LEET 문13~15

> 파시즘을 규정하기란 쉽지 않다. 본디 파시즘은 1919년에서 1945년까지 무솔리니가 이끈 정치 운동, 체제, 이념만을 지칭하는 용어였다. 그러나 얼마 후 히틀러의 나치즘 역시 파시즘의 하나로 취급되었고, 점차 그 용어가 가리키는 대상도 다양해져 갔다. 이에 따라 파시즘에 대한 해석 및 정의는 용어의 대상만큼이나 넓은 스펙트럼을 가지게 되었다.
>
> 비교적 일찍 나타난 것은 기본적으로 계급투쟁 개념에 바탕을 둔 마르크스주의적 해석인데, 대표적인 것은 '코민테른 테제'이다. 이에 따르면, 파시즘이란 "금융 자본의 가장 반동적이고 국수주의적이며 제국주의적인 분파의 공공연한 테러 독재"이다. 즉, 파시즘이 자본주의의 도구이며, 대자본의 대리인이라고 파악한 것이다. 하지만 모든 마르크스주의자들이 이 해석을 받아들인 것은 아니다. 톨리아티는 파시즘이 소부르주아적 성격의 대중적 기반 위에 있었다고 파악했으며, 나아가 탈하이머와 바이다는 파시즘이 계급으로부터 상대적으로 자유로운 현상이라고 보았다. 그들에 따르면, 자본과 노동이 대립하면서 어느 한쪽이 절대 우위를 갖추지 못하면 제3의 세력이 등장하는데, 파시즘이 그 예라는 것이다. 이러한 마르크스주의적 해석에 대해 오늘날의 연구는 대체로 파시즘과 거대 자본 사이의 조화와 협력보다는 긴장과 갈등 국면을 강조한다. 또한 코민테른 테제는 지나친 단순화의 산물이라는 비판도 제기되었다.
>
> 한편 2차 대전 이후에는 냉전의 분위기 속에서 이탈리아의 파시즘, 독일의 나치즘, 소련의 스탈린주의를 뭉뚱그려 전체주의로 범주화하는 경향이 나타났다. 이 경향을 '전체주의 이론'으로 칭할 수 있는데, 이 이론은 전체주의의 특징을 메시아 이데올로기, 유일 정당, 비밀경찰의 테러, 대중 매체의 독점, 무력 장악, 경제의 통제로 꼽았다. 이는 전체주의를 '문제화'하고 그 위험성을 경고했다는 점에서는 의미가 있었으나, 파시즘과 스탈린주의는 전혀 다른 계급적 토대 위에서 서로 다른 목표를 추구하므로 동일한 범주로 묶일 수 없다는 비판이 제기되었다.
>
> 이와 같은 연구사적 전통 속에서 1970년대 이후에는 파시즘을 아예 개별적 사례로만 미시적으로 연구하는 경향이 나타났다. 그러다가 1990년대 말, ⊙그리핀이 새로운 시각에서 일반화된 개념을 제시하여 각국의 유사한 사례들에 적용할 수 있게 했다. 그에 따르면, 파시즘은 근대적 대중 정치의 한 부류로서, 특정한 민족 혹은 종족 공동체의 정치 문화와 사회 문화에 대한 혁명적인 변화를 목적으로 삼는다. 그리고 '신화'를 수단으로 삼아 내적 응집력과 대중의 지지라는 추동력을 얻어낸다. 그 '신화'란 자유주의 몰락 이후의 질서라는 고난 속에서 쇠퇴의 위기에 처한 민족공동체가 새로운 엘리트의 지도 아래 부활한다는 것이다. 파시스트는 이 신화의 틀 내에서 민족공동체의 구성원을 적대적인 세력과 구분하고, 후자에 대해 폭력을 행사하는 것을 의무로 믿었다. 그들에게 폭력은 곧 죽어가는 민족의 '치유'였기 때문이다. 그러나 '치유'만으로는 부족했고, 신화가 실현되기 위해서는 구성원이 오직 역동성과 민족에 대한 헌신으로만 무장한 '파시즘적 인간'으로 거듭나는 것이 필요했다. 그는 또 신화의 궁극적인 실현, 즉 '민족의 유토피아'를 건설하기 위해 자본주의 경제 질서를 수용하고 과학 문명의 성과를 환영하는 근대적 성격을 보여준 것에 주목하여 파시즘을 일종의 '근대적 혁명'이라고 보았다.
>
> 물론 그리핀의 주장에 동의하지 않는 연구자들도 있다. 예를 들어 ⓒ팩스턴은 파시즘이 근대적 혁명이라는 주장을 거부하면서, 파시즘을 전통적인 권위주의적 독재의 변종으로 규정한다. 그는 혁명으로 보이는 파시즘이 실은 기성 제도 및 전통적 엘리트 계층과 연합했다는 점을 중시하기 때문이다. 그는 '이중 국가' 개념을 파시즘 체제 분석에 적용시켰다. '이중 국가'는 합법성에 따라 관료적으로 움직이는 '표준 국가'가 당의 '동형 기구'로 만들어진 독단적 '특권 국가'와 갈등을 빚으면서도 협력 속에 공존한다는 개념이다. 이탈리아의 경우, 당 지부장은 임명직 시장에, 당 서기는 지사에, 파시스트 민병대는 군대에 해당했다. 팩스턴에 따르

면, 파시즘 정권은 형식적 관료주의와 독단적 폭력이 혼합된 기묘한 형태였다. 세부적 차이가 있다면, 특권 국가가 결국 우위를 점한 나치와 달리 무솔리니는 표준 국가의 영역에 더 큰 권력을 허용하였다는 점이다. 최종적으로 1943년 7월 연합국의 진격으로 파시즘이 국가 이익에 더는 부합하지 않는다고 판단한 표준 국가는 '지도자' 무솔리니를 권좌에서 끌어내렸다.

★ 선생님 TIP
학설의 구조망·관계망 그리기
수많은 학설들이 쏟아져 나온다고 해서 문제 풀이 중에 정보량에 압도되지 않아야 합니다. 반드시 학설들의 포함 관계가 어떻게 되는지를 파악해야 합니다. 학설들 사이의 포함 관계와 대립 관계만 정확히 파악하고 있어도 사실 확인 문제를 푸는 시간을 아끼고 정확도를 높일 수 있습니다.

사실 확인
01. 윗글의 내용과 일치하지 않는 것은?
① 마르크스주의자들의 해석 중에는 계급 간 대립을 부인하면서 파시즘을 해석하는 경우도 있다.
② 이탈리아와 독일, 소련의 억압적 체제들을 하나의 범주로 파악한 것은 냉전 상황을 배경으로 하고 있다.
③ 파시즘이라는 용어는 이탈리아에서 특정 시기에 있었던 정치 현상을 가리켰지만, 지시 대상이 점차 확장되었다.
④ 전체주의 이론은 파시즘과 스탈린주의의 서로 다른 기반과 목적을 간과하고 표면적 특징만을 추출했다는 비판을 받았다.
⑤ 파시즘을 국수주의적이며 제국주의적인 성향의 대자본이 폭력을 수단으로 정권을 유지하려 한 정치 체제로 보는 것이 마르크스주의의 대표적 해석이다.

사실 확인
02. ㉠과 ㉡에 대한 설명으로 적절하지 않은 것은?
① ㉠은 파시즘의 최종 목표가 '파시즘적 인간'을 완성해 내는 것이고, 폭력의 사용 및 자본과의 협력은 이를 위한 도구였다고 보았다.
② ㉠은 파시즘이 역사적 상황의 변화로 인해 맞이한 민족적 고난을 지도적 엘리트에 의해 극복한다는 '신화'를 세력의 단결과 체제 유지의 수단으로 삼았다고 보았다.
③ ㉡은 독일 나치즘에서는 독단적 폭력이, 이탈리아 파시즘에서는 형식적 관료주의가 두드러졌다고 보았다.
④ ㉡은 파시즘 치하에서 이중적 권력 기구가 갈등 속에서도 병존하는 현상을 권위주의적 독재에서 파생한 것이라고 파악하였다.
⑤ ㉠은 파시즘에서 나타난 근대적 성격에 주목하여 혁명적 성격을 가졌다고 파악했고, ㉡은 기득권층과의 연합에 주목하여 혁명적 성격을 가지지 않았다고 파악했다.

학설 연결
03. 윗글을 바탕으로 <보기>의 (가)~(다)의 입장을 추론한 것으로 가장 적절한 것은?

〈보기〉

(가) 이탈리아 파시즘 치하에서 소유 관계와 계급 구조는 바뀌지 않았다. 그렇기에 파시스트 '혁명'을 굳이 혁명이라고 한다면 아마 문화 혁명 정도가 될 것이다. 동시에 파시즘이 전통 문화와 타협하며 대중의 수동적 동의를 확보하려고 한 점을 보면, 그 문화 혁명이라는 것의 한계도 분명했다.

(나) 무솔리니 내각을 통상의 다른 행정부처럼 분석하는 사람도 있다. 그러나 파시즘은 사회 개혁의 실패, 즉 이탈리아 고유의 민족적 모순의 발현이며, 따라서 '민족의 자서전'이다. 투쟁과 경쟁을 통한 진보가 아니라, 나태하게 계급 협력이 가능하다고 믿는 민족은 존중받을 수 없기 때문이다.

(다) 파시즘은 소부르주아의 '정치적 육화'이다. 소부르주아는 의회를 파괴한 후에 부르주아 국가도 파괴하고 있다. 그것은 항상 더 큰 규모로 법의 권위를 사적 폭력으로 대체하고, 이 폭력을 혼란스럽게, 더 난폭하게 행사한다.

① (가)는 '소유 관계'와 '계급 구조'에 주목하는 것으로 보아 탈하이머와 바이다의 주장에 동의하는 입장을 보일 것이다.
② (가)는 '전통문화와 타협'하는 대중의 '수동적 동의'를 강조하는 것으로 보아 그리핀의 주장을 비판하는 입장을 보일 것이다.
③ (나)는 '사회 개혁'을 중시하고 '민족적 모순'을 언급하는 것으로 보아 그리핀의 주장에 동의하는 입장을 보일 것이다.
④ (다)는 '의회'와 '부르주아 국가'를 파괴한다는 점에 주목하는 것으로 보아 팩스턴의 주장에 동조하는 입장을 보일 것이다.
⑤ (다)는 '정치적 육화'라는 말로 '소부르주아'가 파시즘의 수단이라고 강조하는 것으로 보아 톨리아티의 주장을 비판하는 입장을 보일 것이다.

더 알아보기

파시즘 소재의 출제 경향
파시즘이라는 소재는 LEET 이외에 PSAT 등 다른 시험에도 자주 등장하였던 소재입니다. 그러나 PSAT에 등장하였던 파시즘 지문에서는 학자들의 이름이 거의 등장하지 않는 반면, LEET에서는 수많은 학설과 학자들의 이름들이 쏟아지듯이 등장합니다. 이는 다른 시험과 구별되는 LEET만의 고유한 특성으로, 동일한 소재를 다루더라도 시험의 특성에 따라 지문의 내용에 큰 차이가 있습니다.

🏛 가이드 & 정답 확인하기

가이드에 따라 지문과 문제를 분석하고 정답을 확인해 봅시다.

STEP 1 지문에서 학자의 이름이나 이론의 명칭을 동그라미로 표시하고 순간적으로 암기한다.

[첫 번째 문단] 파시즘의 개념의 넓은 스펙트럼

> (파시즘)을 규정하기란 쉽지 않다. 본디 파시즘은 1919년에서 1945년까지 무솔리니가 이끈 정치 운동, 체제, 이념만을 지칭하는 용어였다. 그러나 얼마 후 히틀러의 나치즘 역시 파시즘의 하나로 취급되었고, 점차 그 용어가 가리키는 대상도 다양해져 갔다. 이에 따라 파시즘에 대한 해석 및 정의는 용어의 대상만큼이나 넓은 스펙트럼을 가지게 되었다.

[두 번째 문단] 마르크스주의적 해석

> 비교적 일찍 나타난 것은 기본적으로 계급투쟁 개념에 바탕을 둔 마르크스주의적 해석인데, 대표적인 것은 '(코민테른 테제)'이다. 이에 따르면, 파시즘이란 "금융 자본의 가장 반동적이고 국수주의적이며 제국주의적인 분파의 공공연한 테러 독재"이다. 즉, 파시즘이 자본주의의 도구이며, 대자본의 대리인이라고 파악한 것이다. 하지만 모든 마르크스주의자들이 이 해석을 받아들인 것은 아니다. (톨리아티)는 파시즘이 소부르주아적 성격의 대중적 기반 위에 있었다고 파악했으며, 나아가 (탈하이머와 바이다)는 파시즘이 계급으로부터 상대적으로 자유로운 현상이라고 보았다. 그들에 따르면, 자본과 노동이 대립하면서 어느 한쪽이 절대 우위를 갖추지 못하면 제3의 세력이 등장하는데, 파시즘이 그 예라는 것이다. 이러한 마르크스주의적 해석에 대해 오늘날의 연구는 대체로 파시즘과 거대 자본 사이의 조화와 협력보다는 긴장과 갈등 국면을 강조한다. 또한 코민테른 테제는 지나친 단순화의 산물이라는 비판도 제기되었다.

STEP 2 학설의 핵심적인 키워드를 체크하고 학설 간의 관계망을 파악한다.

두 번째 문단에서 제시되는 마르크스주의적 해석을 각각의 학설로 체크하여 분류하면 다음과 같습니다.

1. 마르크스주의적 해석
    1-1. 코민테른 테제
    1-2. 톨리아티
    1-3. 탈하이머와 바이다

분류된 학설의 핵심 키워드와 관계망을 파악하면 다음과 같습니다.

- 핵심 키워드: 계급 관계
  이 계급 관계를 파시즘의 원인으로 보는 정도에 따라 각 학설을 다음과 같이 해석할 수 있습니다.
    - 1-1: 계급 관계를 파시즘의 원인으로 **강하게** 해석
    - 1-2 & 1-3: 계급 관계뿐만 아니라 다른 원인들도 있다고 **약하게** 해석
- 관계망: 1-1 ↔ (1-2, 1-3)
  → 그러나 1-1, 1-2, 1-3 모두 마르크스주의적 해석으로 보아야 합니다.

[세 번째 문단] 전체주의 이론

> 한편 2차 대전 이후에는 냉전의 분위기 속에서 이탈리아의 파시즘, 독일의 나치즘, 소련의 스탈린주의를 뭉뚱그려 전체주의로 범주화하는 경향이 나타났다. 이 경향을 '전체주의 이론'으로 칭할 수 있는데, 이 이론은 전체주의의 특징을 메시아 이데올로기, 유일 정당, 비밀경찰의 테러, 대중 매체의 독점, 무력 장악, 경제의 통제로 꼽았다. 이는 전체주의를 '문제화'하고 그 위험성을 경고 했다는 점에서는 의미가 있었으나, 파시즘과 스탈린주의는 전혀 다른 계급적 토대 위에서 서로 다른 목표를 추구하므로 동일한 범주로 묶일 수 없다는 비판이 제기되었다.

- 핵심 키워드: 이탈리아, 독일, 소련
  → 모두 하나로 묶어서 해석합니다.

[네 번째 문단] 그리핀의 주장

> 이와 같은 연구사적 전통 속에서 1970년대 이후에는 파시즘을 아예 개별적 사례로만 미시적으로 연구하는 경향이 나타났다. 그러다가 1990년대 말, ㉠그리핀이 새로운 시각에서 일반화된 개념을 제시하여 각국의 유사한 사례들에 적용할 수 있게 했다. 그에 따르면, 파시즘은 근대적 대중 정치의 한 부류로서, 특정한 민족 혹은 종족 공동체의 정치 문화와 사회 문화에 대한 혁명적인 변화를 목적으로 삼는다. 그리고 '신화'를 수단으로 삼아 내적 응집력과 대중의 지지라는 추동력을 얻어낸다. 그 '신화'란 자유주의 몰락 이후의 질서라는 고난 속에서 쇠퇴의 위기에 처한 민족공동체가 새로운 엘리트의 지도 아래 부활한다는 것이다. 파시스트는 이 신화의 틀 내에서 민족공동체의 구성원을 적대적인 세력과 구분하고, 후자에 대해 폭력을 행사하는 것을 의무로 믿었다. 그들에게 폭력은 곧 죽어가는 민족의 '치유'였기 때문이다. 그러나 '치유'만으로는 부족했고, 신화가 실현되기 위해서는 구성원이 오직 역동성과 민족에 대한 헌신으로만 무장한 '파시즘적 인간'으로 거듭나는 것이 필요했다. 그는 또 신화의 궁극적인 실현, 즉 '민족의 유토피아'를 건설하기 위해 자본주의 경제 질서를 수용하고 과학 문명의 성과를 환영하는 근대적 성격을 보여준 것에 주목하여 파시즘을 일종의 '근대적 혁명'이라고 보았다.

- 핵심 키워드: 신화, 민족공동체, 파시즘적 인간, 민족의 유토피아, 근대적 혁명

[다섯 번째 문단] 팩스턴의 반박

> 물론 그리핀의 주장에 동의하지 않는 연구자들도 있다. 예를 들어 ㉡팩스턴은 파시즘이 근대적 혁명이라는 주장을 거부하면서, 파시즘을 전통적인 권위주의적 독재의 변종으로 규정한다. 그는 혁명으로 보이는 파시즘이 실은 기성 제도 및 전통적 엘리트 계층과 연합했다는 점을 중시하기 때문이다. 그는 '이중 국가' 개념을 파시즘 체제 분석에 적용시켰다. '이중 국가'는 합법성에 따라 관료적으로 움직이는 '표준 국가'가 당의 '동형 기구'로 만들어진 독단적 '특권 국가'와 갈등을 빚으면서도 협력 속에 공존한다는 개념이다. 이탈리아의 경우, 당 지부장은 임명직 시장에, 당 서기는 지사에, 파시스트 민병대는 군대에 해당했다. 팩스턴에 따르면, 파시즘 정권은 형식적 관료주의와 독단적 폭력이 혼합된 기묘한 형태였다. 세부적 차이가 있다면, 특권 국가가 결국 우위를 점한 나치와 달리 무솔리니는 표준 국가의 영역에 더 큰 권력을 허용하였다는 점이다. 최종적으로 1943년 7월 연합국의 진격으로 파시즘이 국가 이익에 더는 부합하지 않는다고 판단한 표준 국가는 '지도자' 무솔리니를 권좌에서 끌어내렸다.

- 핵심 키워드: 권위주의적 독재의 변종, 이중 국가, 기성 제도와 전통적 엘리트와의 연합
- 관계망: ㉠ 그리핀 ↔ ㉡ 팩스턴
  → 파시즘을 근대적 혁명으로 보는지 여부에 따라 그리핀과 팩스턴의 주장이 엇갈림을 알 수 있습니다.

STEP 3 지문에서 놓친 세부 내용은 다시 빠르게 읽어보면서 문제를 풀이한다.

지문에 제시된 학설의 키워드와 학설 간의 관계망을 모두 파악한 후 01번 문제부터 풀이해 봅시다. 이때 문제를 풀면서 지문에서 놓친 세부 내용은 다시 빠르게 확인하는 것이 좋습니다.

① 탈하이머와 바이다는 파시즘이 계급 간 대립으로부터 자유롭다고 본 것이지, 계급 간 대립이 존재하지 않는다고 부인한 시각이 아니다. 탈하이머와 바이다는 '마르크스주의적 해석'에 포함되는 학설이기 때문에, 계급투쟁 개념에서 벗어날 수 없다. 또한 탈하이머와 바이다는 자본과 노동이 대립하면서 어느 한 쪽이 절대 우위를 갖추지 못할 때 등장하는 제3의 세력이 파시즘이라고 하였으므로 자본과 노동의 계급 대립을 부인한 것이 아니다.
이러한 오답 선택지 유형을 '범주화의 오류'라고 한다. A라는 이론의 하위에 속하는 A1, A2, A3의 이론은 A의 이론의 특징을 부분적으로 공유하고 있다. 그런데 A1이 A의 이론을 전면으로 부정하는 것처럼 오답 선택지를 만드는 패턴을 '범주화의 오류'라 하며, 학설 비교형 지문에서 자주 등장하는 오답 선택지 패턴이다.

[정답] ①

★ 선생님 TIP
㉠과 ㉡에 밑줄이 표시되어 있으면, 반드시 문제에 나오는 것이므로 그 문단은 집중해서 읽도록 합니다. 또한 학설의 관계망의 측면에서 보아도 ㉠과 ㉡은 대립 관계에 있기 때문에 출제자가 반드시 문제로 만들려고 한 문단임을 알 수 있습니다. 따라서 ㉠과 ㉡의 정보를 대립형으로 기억하고 정리하는 전략이 필요합니다. 즉, ㉠과 ㉡의 대응되는 요소를 연결하듯이 독해를 해야 합니다. 이처럼 문제의 출제 의도가 명확한 경우에는 문제를 먼저 보면서 독해를 병행하는 방식으로 문제 풀이 시간을 줄일 수 있습니다.

02번 문제는 ㉠그리핀과 ㉡팩스턴 간의 사실 관계를 파악할 수 있는지 묻는 문제이므로 두 견해의 입장과 관계를 파악하여 문제를 풀이해 봅시다.

① 그리핀에 따르면, 파시즘은 신화가 실현되기 위한 '필요조건'으로 민족 구성원들이 '파시즘적 인간'으로 거듭날 것을 요구한다. 따라서 그리핀의 이론에서 '파시즘적 인간'은 궁극적 목표가 아니라 수단일 뿐이다.

[정답] ①

03번 문제의 〈보기〉에서 제시된 (가), (나), (다)의 입장이 지문에 제시된 특정 학자와 직접적으로 대응되는 것이 아니기 때문에, (가), (나), (다)의 구체적인 내용을 꼼꼼하게 독해한 후 지문에 등장한 학자들의 주장과 어떤 관계를 맺고 있는지를 파악해야 합니다.

① (가)는 '소유 관계'와 '계급 구조'에 주목하는 입장을 반영하기보다는, 파시즘 치하에서 오히려 '소유 관계'와 '계급 구조'가 변하지 않았음을 지적하며, 파시즘과 '소유 관계'와 '계급 구조'와의 관련성이 미약하다고 보고 있다. 따라서 계급 구조의 측면에서 파시즘을 이해하는 마르크스주의적 시각에 속하는 탈하이머와 바이다의 주장에 (가)가 동의하는 입장을 보일 것이라고 추론하기는 어렵다.
② (가)는 파시즘을 '혁명'으로 간주하기 어렵다는 입장을 보이고 있으므로, 파시즘을 '근대적 혁명'으로 간주하는 그리핀의 주장에 비판적인 입장을 보이리라고 추론할 수 있다.
③ (나)는 파시즘은 통상의 다른 행정부와 같은 사례가 아니라 이탈리아 고유의 현상이라고 주장하고 있는 반면, 그리핀은 파시즘에 대한 일반화된 개념을 제시하였으므로 (나)가 그리핀의 주장에 동의하는 입장을 보일 것이라고 추론하기는 어렵다.
④ (다)는 파시즘이 의회와 부르주아 국가를 파괴한다는 입장인 반면, 팩스턴은 파시즘이 기성 제도 및 전통적 엘리트 계층과 연합한다고 간주하고 있으므로 (다)는 팩스턴의 주장에 동조하기보다는 비판적인 입장을 취할 것이라고 추론된다.
⑤ (다)는 소부르주아에 의한 정치적 현상으로 파시즘을 바라보고 있으며, 톨리아티 또한 이와 마찬가지로 파시즘이 소부르주아적 성격의 대중적 기반 위에 있다고 파악하고 있다. 따라서 (다)는 톨리아티의 주장을 비판하기보다는 동조하는 입장을 취할 것이라고 추론된다.

[정답] ②

연습문제 2

[04~06] 다음 글을 읽고 물음에 답하시오.   2013학년도 LEET 문33~35

아도르노는 문화산업론을 통해서 대중문화의 이데올로기를 비판하였다. 그는 지배 관계를 은폐하거나 정당화하는 허위의식을 이데올로기로 보고, 대중문화를 지배 계급의 이데올로기를 전파하는 대중 조작 수단으로, 대중을 이에 기만당하는 문화적 바보로 평가하였다. 또한 그는 대중문화 산물의 내용과 형식이 표준화·도식화되어 더 이상 예술인 척할 필요조차 없게 되었다고 주장했다. 그러나 그의 이론은 구체적 비평 방법론의 결여와 대중문화에 대한 극단적 부정이라는 한계를 보여 주었고, 이후의 연구는 대중문화 텍스트의 의미화 방식을 규명하거나 대중문화의 새로운 가능성을 찾는 두 방향으로 발전하였다. 전자는 알튀세를 수용한 스크린 학파이며 후자는 수용자로 초점을 전환한 피스크이다.

초기 스크린 학파는 주체가 이데올로기 효과로 구성된다는 알튀세의 관점에서 허위의식으로서의 이데올로기 개념을 비판하고 어떻게 특정 이데올로기가 대중문화 텍스트를 통해 주체 구성에 관여하는지를 분석했다. 이들은 이데올로기를 개인들이 자신의 물질적 상황을 해석하고 경험하는 개념틀로 규정하고, 그것이 개인을 자율적 행위자로 오인하게 하여 지배적 가치를 스스로 내면화하는 주체로 만든다고 했다. 특히 그들은 텍스트의 특정 형식이나 장치를 통해 대중문화 텍스트의 관점을 자명한 진리와 동일시하게 하는 이데올로기 효과를 분석했다. 그러나 그 분석은 텍스트의 지배적 의미가 수용되는 기제의 해명에 집중되어, 텍스트가 규정하는 의미에 반하는 수용자의 다양한 해석 가능성은 충분히 설명하지 못했다.

이 맥락에서 피스크의 수용자 중심적 대중문화 연구가 등장한다. 그는 수용자의 의미 생산을 강조하여 정치 미학에서 대중 미학으로, 요컨대 대중문화 산물이 "정치 투쟁을 발전 또는 지연시켰는가?"에서 "왜 인기가 있는가?"로 초점을 전환했다. 그는 대중을 사회적 이해관계에 따라 다양한 주체 위치에서 유동하는 행위자로 본다. 상업적으로 제작된 대중문화 텍스트는 그 자체로 대중문화가 아니라 그것을 이루는 자원일 뿐이며, 그 자원의 소비 과정에서 대중이 자신의 이해에 따라 새로운 의미와 저항적·도피적 쾌락을 생산할 때 비로소 대중문화가 완성된다. 피스크는 지배적, 교섭적, 대항적 해석의 구분을 통해 대안적 의미 해석 가능성을 시사했던 홀을 비판하면서, 그조차 텍스트의 지배적 의미를 그대로 수용하는 선호된 해석을 인정했다고 지적한다. 그 대신 그는 텍스트가 규정한 의미를 벗어나는 대중들의 게릴라 전술을 강조했던 드 세르토에 의거하여, 대중문화는 제공된 자원을 활용하는 과정에서 그 힘에 복종하지 않는 약자의 창조성을 특징으로 한다고 주장한다.

피스크는 대중문화를 판별하는 대중의 행위를 아도르노 식의 미학적 판별과 구별한다. 텍스트 자체의 특질에 집중하는 미학적 판별과 달리, 대중적 판별은 일상에서의 적절성과 기호학적 생산성, 소비 양식의 유연성을 중시한다. 대중문화 텍스트는 대중들 각자의 상황에 적절하게 기능하는, 다양한 의미 생산 가능성이 중요하다. 따라서 텍스트의 구조에서 텍스트를 읽어 내는 실천 행위로, "무엇을 읽고 있는가?"에서 "어떻게 읽고 있는가?"로 문제의식을 전환해야 한다는 것이다.

피스크는 이를 설명하기 위해 퀴즈 쇼의 여성 수용자를 예로 든다. 상품 가격을 맞히는 퀴즈 쇼인 〈The Price Is Right〉에서는 남성의 돈벌이에 비해 하찮게 여겨졌던 여성의 소비 기술이 갈채를 받고 공적 재미의 대상이 되는데, 이를 보는 여성들은 자신의 일상 지식과 기술의 가치를 확인하고 기존 체제의 경제적, 성적 억압에 주목하게 된다. 특히 피스크는 여성 방청객에게서 바흐친의 카니발적 요소를 읽어 낸다. 방청객의 열광은 일상 규범으로부터의 일탈 욕망을 가상적으로 충족하게 함으로써 기존 질서의 유지에 일조한다. 하지만 그것은 또한 가부장제가 규정한 여성다움에서 벗어나고 사회 규범을 폭로하는 파괴성을 지닌다. 퀴즈 쇼는 자본주의의 가부장적 담론을 중심 코드로 사용하지만, 대중의 소비 과정에서 생겨난 저항적·회피적 의미와 쾌락은 그것을 폭로하고 와해하는 계기가 될 수 있다는 것이다. 피스크는 대중문화가 일상의 진보적 변화를 위한 것이지만, 이를 토대로 해서 이후의 급진적 정치 변혁도 가능해진다고 주장한다.

그러나 피스크는 대중적 쾌락의 가치를 지나치게 높이 평가하고 사회적 생산 체계를 간과했다는 비판을 받았다. 켈러에 따르면, 수용자 중심주의는 일면적인 텍스트 결정주의를 극복했지만 대중적 쾌락과 대중문화를 찬양하는 문화적 대중주의로 전락했다. 특히 수용자 자체도 문화 생산 체계의 산물이기 때문에, 그들의 선호와 기대 또한 대중문화의 효과를 통해 생겨날 수 있다는 점을 간과했다는 것이다.

★ 선생님 TIP
학설들의 관계망이 연결되는 접점 파악하기
각 학설들의 한계점이 제시되는 부분을 정확히 찾아서 체크해야 합니다. 그 이유는 그 한계점을 보완하거나 극복해주는 새로운 학설이 그 다음 문단에 제시되기 때문입니다.

사실 확인
04. 윗글에 대한 이해로 가장 적절한 것은?
① 아도르노는 대중문화 산물에 대한 질적 가치 판단을 통해 그것이 예술로서의 지위를 가지지 않는다고 간주했다.
② 알튀세의 이데올로기론을 수용한 대중문화 연구는 텍스트가 수용자에게 미치는 일면적 규정을 강조하는 시각을 지양하였다.
③ 피스크는 대중문화의 긍정적 의미가 대중 스스로 자신의 문화 자원을 직접 만들어 낸다는 점에 있다고 생각했다.
④ 홀은 텍스트의 내적 의미가 선호된 해석을 가능하게 한다고 주장함으로써 수용자 중심적 연구의 관점을 보여 주었다.
⑤ 정치 미학에서 대중 미학으로의 발전은 대중문화를 이른바 게릴라 전술로 보는 시각을 극복할 수 있었다.

★ 선생님 TIP
선택지들 사이의 상위-하위 위계 파악하기
다섯 개의 선택지 중 하나는 나머지 선택지들을 포괄하는 명제이고, 나머지 네 개의 선택지는 세부 상황을 묘사한 명제입니다. 출제자는 세부 상황을 묘사한 명제의 '조건' 또는 '결론'에서 잘못된 세부 내용을 섞어 미묘하게 오류가 있는 선택지로 만들어 헷갈리게 만들 수 있으므로 이 점에 유의하여 문제를 풀이해 봅시다.

사실 확인
05. 퀴즈 쇼 에 대한 피스크의 논의로 가장 적절한 것은?
① 퀴즈 쇼는 기존 질서의 유지와 전복이라는 이중적 기능을 지닐 수 있다.
② 퀴즈 쇼의 방청객은 여성과 관련된 집안일의 하찮음을 깨닫고 이를 부정하려는 의지를 가질 수 있다.
③ 퀴즈 쇼에 설정된 중심적 코드는 기존의 여성상을 넘어서 새로운 의미를 지닌 여성상을 보여 주는 것이다.
④ 퀴즈 쇼는 일상으로부터의 일탈 욕망을 가상적으로 만족시킴으로써 여성 수용자가 정치 변혁에 참여하게 한다.
⑤ 퀴즈 쇼의 카니발적 특성은 여성들이 스스로를 자율적 행위자로 여겨 지배적 가치를 내면화하는 주체로 만들 수 있다.

학설 연결

06. 윗글에 따를 때, <보기>에 대한 각 입장의 평가로 적절하지 <u>않은</u> 것은?

─〈보기〉─

　큰 인기를 얻었던 뮤직 비디오 〈Open Your Heart〉에서 마돈나는 통상의 피프 쇼 무대에서 춤추는 스트립 댄서 역할로 등장하였다. 그러나 그녀는 유혹적인 춤을 추는 대신에 카메라를 정면으로 응시하며 힘이 넘치는 춤을 추면서 남성의 훔쳐보는 시선을 조롱한다. 이 비디오는 몇몇 남성에게는 관음증적 쾌락의 대상으로, 소녀 팬들에게는 자신의 섹슈얼리티를 적극적으로 표출하는 강한 여성의 이미지로, 일부 페미니스트들에게는 여성 신체를 상품화하는 성차별적 이미지로 받아들여졌다.

① 아도르노는 마돈나의 뮤직 비디오에서 수용자가 얻는 쾌락이 현실의 문제를 회피하게 만드는 기만적인 즐거움이라고 설명했을 것이다.
② 초기 스크린 학파는 마돈나의 뮤직 비디오에서 텍스트의 형식이 다층적인 기호학적 의미를 생산한다는 점을 높게 평가했을 것이다.
③ 피스크는 모순적 이미지들로 구성된 마돈나의 뮤직 비디오가 서로 다른 사회적 위치에 있는 수용자들에게 다른 의미로 해석된 점에 주목했을 것이다.
④ 피스크는 마돈나의 뮤직 비디오가 갖는 의의를 수용자가 대중문화 자원의 지배적 이데올로기로부터 벗어날 수 있는 가능성에서 찾았을 것이다.
⑤ 켈러는 마돈나의 뮤직 비디오에서 수용자들이 느끼는 쾌락이 대중문화에 대한 경험과 문화 산업의 기획에 의해 만들어진 결과라고 분석했을 것이다.

> 더 알아보기
>
> **바흐친의 카니발적 요소**
> 바흐친은 중세 유럽의 카니발이라는 축제를 통해 문화의 해방적 속성을 설명하였습니다. 중세 유럽에서는 카니발 기간이 되면 가면을 쓰고 광장에 모여 자신의 사회적 신분을 숨긴 채 광란의 축제를 벌였는데, 이처럼 인간의 문화 행위는 계급으로부터 일시적으로 일탈하게 하는 해방적 요소가 존재한다는 것이 바흐친이 주장한 문화의 카니발적 요소입니다.
> [예시] 인터넷 문화의 특성을 규정하는 가장 큰 특징은 익명성에 따른 카니발적 속성이다.

📖 가이드 & 정답 확인하기

가이드에 따라 지문과 문제를 분석하고 정답을 확인해 봅시다.

STEP 1 지문에서 학자의 이름이나 이론의 명칭을 동그라미로 표시하고 순간적으로 암기한다.

[첫 번째 문단] 아도르노의 대중문화론과 그 한계

> 아도르노는 ⓛ문화산업론을 통해서 대중문화의 이데올로기를 비판하였다. 그는 지배 관계를 은폐하거나 정당화하는 허위의식을 이데올로기로 보고, 대중문화를 지배 계급의 이데올로기를 전파하는 대중 조작 수단으로, 대중을 이에 기만당하는 문화적 바보로 평가하였다. 또한 그는 대중문화 산물의 내용과 형식이 표준화·도식화되어 더 이상 예술인 척할 필요조차 없게 되었다고 주장했다. 그러나 그의 이론은 구체적 비평 방법론의 결여와 대중문화에 대한 극단적 부정이라는 한계를 보여 주었고, 이후의 연구는 대중문화 텍스트의 의미화 방식을 규명하거나 대중문화의 새로운 가능성을 찾는 두 방향으로 발전하였다. 전자는 알튀세를 수용한 ⓢ스크린 학파이며 후자는 수용자로 초점을 전환한 ⓟ피스크이다.

첫 번째 문단에서 제시된 학자와 이론을 지문에 표시한 후, 이를 간략히 정리하면 다음과 같습니다.
1. 아도르노의 문화산업론
2. 스크린 학파: 대중문화 텍스트의 의미화 방식 규명하기
3. 피스크: 대중문화의 새로운 가능성 찾기

STEP 2 학설의 핵심적인 키워드를 체크하고 학설 간의 관계망을 파악한다.

첫 번째 문단에서 아도르노의 문화산업론은 구체적 비평 방법론이 결여되고 대중문화에 대해 극단적으로 부정한다고 했고, 이와 대비되는 대상으로 스크린 학파와 피스크가 제시되고 있습니다. 이에 따라 학설 간의 관계망을 나타내기 위해 아도르노의 문화산업론은 1, 스크린 학파는 2, 피스크는 3으로 표기하여 구조화하면 다음과 같습니다.
- 관계망 (1): 1 ↔ 2
  → 대립 요소: 아도르노는 구체적 비평이 없습니다.
- 관계망 (2): 1 ↔ 3
  → 대립 요소: 아도르노는 대중문화를 극단적으로 비하합니다.

[두 번째 문단] 스크린 학파의 대중문화론과 그 한계

> 초기 스크린 학파는 주체가 이데올로기 효과로 구성된다는 알튀세의 관점에서 허위의식으로서의 이데올로기 개념을 비판하고 어떻게 특정 이데올로기가 대중문화 텍스트를 통해 주체 구성에 관여하는지를 분석했다. 이들은 이데올로기를 개인들이 자신의 물질적 상황을 해석하고 경험하는 개념틀로 규정하고, 그것이 개인을 자율적 행위자로 오인하게 하여 지배적 가치를 스스로 내면화하는 주체로 만든다고 했다. 특히 그들은 텍스트의 특정 형식이나 장치를 통해 대중문화 텍스트의 관점을 자명한 진리와 동일시하게 하는 이데올로기 효과를 분석했다. 그러나 그 분석은 텍스트의 지배적 의미가 수용되는 기제의 해명에 집중되어, 텍스트가 규정하는 의미에 반하는 수용자의 다양한 해석 가능성은 충분히 설명하지 못했다.

[세 번째 문단] 피스크의 수용자 중심 대중문화론

이 맥락에서 피스크의 수용자 중심적 대중문화 연구가 등장한다. 그는 수용자의 의미 생산을 강조하여 정치 미학에서 대중 미학으로, 요컨대 대중문화 산물이 "정치 투쟁을 발전 또는 지연시켰는가?"에서 "왜 인기가 있는가?"로 초점을 전환했다. 그는 대중을 사회적 이해관계에 따라 다양한 주체 위치에서 유동하는 행위자로 본다. 상업적으로 제작된 대중문화 텍스트는 그 자체로 대중문화가 아니라 그것을 이루는 자원일 뿐이며, 그 자원의 소비 과정에서 대중이 자신의 이해에 따라 새로운 의미와 저항적·도피적 쾌락을 생산할 때 비로소 대중문화가 완성된다. 피스크는 지배적, 교섭적, 대항적 해석의 구분을 통해 대안적 의미 해석 가능성을 시사했던 홀을 비판하면서, 그조차 텍스트의 지배적 의미를 그대로 수용하는 선호된 해석을 인정했다고 지적한다. 그 대신 그는 텍스트가 규정한 의미를 벗어나는 대중들의 게릴라 전술을 강조했던 드 세르토에 의거하여, 대중문화는 제공된 자원을 활용하는 과정에서 그 힘에 복종하지 않는 약자의 창조성을 특징으로 한다고 주장한다.

- 핵심 키워드: 수용자의 주체적 의미 생산 능력
- 관계망 (4): 3 ↔ 홀
            3 ← 드 세르토(드 세르토의 주장이 3을 뒷받침함)

[네 번째 문단] 아도르노와 대조되는 피스크의 대중문화론의 특성들

피스크는 대중문화를 판별하는 대중의 행위를 아도르노 식의 미학적 판별과 구별한다. 텍스트 자체의 특질에 집중하는 미학적 판별과 달리, 대중적 판별은 일상에서의 적절성과 기호학적 생산성, 소비 양식의 유연성을 중시한다. 대중문화 텍스트는 대중들 각자의 상황에 적절하게 기능하는, 다양한 의미 생산 가능성이 중요하다. 따라서 텍스트의 구조에서 텍스트를 읽어 내는 실천 행위로, "무엇을 읽고 있는가?"에서 "어떻게 읽고 있는가?"로 문제의식을 전환해야 한다는 것이다.

- 관계망 (5): 1 ↔ 3
            → 미학적 판별 ↔ 대중적 판별

[다섯 번째 문단] 피스크의 수용자 중심주의의 한계 (1)

피스크는 이를 설명하기 위해 퀴즈 쇼의 여성 수용자를 예로 든다. 상품 가격을 맞히는 퀴즈 쇼인 ⟨The Price Is Right⟩에서는 남성의 돈벌이에 비해 하찮게 여겨졌던 여성의 소비 기술이 갈채를 받고 공적 재미의 대상이 되는데, 이를 보는 여성들은 자신의 일상 지식과 기술의 가치를 확인하고 기존 체제의 경제적, 성적 억압에 주목하게 된다. 특히 피스크는 여성 방청객에게서 바흐친의 카니발적 요소를 읽어 낸다. 방청객의 열광은 일상 규범으로부터의 일탈 욕망을 가상적으로 충족하게 함으로써 기존 질서의 유지에 일조한다. 하지만 그것은 또한 가부장제가 규정한 여성다움에서 벗어나고 사회 규범을 폭로하는 파괴성을 지닌다. 퀴즈 쇼는 자본주의의 가부장적 담론을 중심 코드로 사용하지만, 대중의 소비 과정에서 생겨난 저항적·회피적 의미와 쾌락은 그것을 폭로하고 와해하는 계기가 될 수 있다는 것이다. 피스크는 대중문화가 일상의 진보적 변화를 위한 것이지만, 이를 토대로 해서 이후의 급진적 정치 변혁도 가능해진다고 주장한다.

[여섯 번째 문단] 피스크의 수용자 중심주의의 한계 (2)

그러나 피스크는 대중적 쾌락의 가치를 지나치게 높이 평가하고 사회적 생산 체계를 간과했다는 비판을 받았다. 켈러에 따르면, 수용자 중심주의는 일면적인 텍스트 결정주의를 극복했지만 대중적 쾌락과 대중문화를 찬양하는 문화적 대중주의로 전락했다. 특히 수용자 자체도 문화 생산 체계의 산물이기 때문에, 그들의 선호와 기대 또한 대중문화의 효과를 통해 생겨날 수 있다는 점을 간과했다는 것이다.

STEP 3 지문에서 놓친 세부 내용은 다시 빠르게 읽어보면서 문제를 풀이한다.

지문에 제시된 학설의 키워드와 학설 간의 관계망을 모두 파악한 후 04번 문제부터 풀이해 봅시다. 이때 문제를 풀면서 지문에서 놓친 세부 내용은 다시 빠르게 확인하는 것이 좋습니다.

① 첫 번째 문단에 따르면 아도르노는 대중문화가 예술로서의 지위를 가지지 않는다고 간주하였고, 네 번째 문단에서 그 근거를 텍스트 자체의 특질을 파악한 '미학적 판별'에서 찾았다고 하였으므로 적절하다.
② 두 번째 문단에서 알튀세의 이데올로기론을 수용한 대중문화 연구는 스크린 학파에 해당하며, 스크린 학파는 텍스트가 주체를 세뇌시키는 일방향적인 작용에만 주목한 나머지 주체가 텍스트를 다면적으로 해석할 수 있는 능동적 가능성은 간과하였다. 따라서 일면적 해석을 지양하였다는 내용은 적절하지 않다.
③ 세 번째 문단에서 피스크는 대중문화가 대중에게 주어진 자원이라고 보았고, 그 자원을 주체적으로 활용할 수 있는 대중의 능력에 주목하였다. 피스크가 대중이 직접 자원에 해당하는 대중문화를 창조해 낸다고 주장한 것은 아니므로 적절하지 않다.
④ 세 번째 문단에서 홀은 텍스트의 '내적 의미'가 선호된 해석을 가능하게 했다고 주장한 것이 아니라, 홀은 텍스트의 '지배적 의미'가 대중에게 자신이 선호된 해석을 가능하게 했다고 주장하였다. 따라서 적절하지 않다. → **매력적 오답**
⑤ 세 번째 문단에 따르면 대중문화를 정치 미학에서 대중 미학으로 해석하는 것이 피스크의 대중문화론이고, 피스크는 이러한 대중을 마치 게릴라로 간주하는 드 세르토의 관점에 의거한다. 따라서 적절하지 않다.

[정답] ①

05번 문제의 경우 퀴즈 쇼 가 박스로 강조되어 있으므로 다섯 번째 문단의 내용에 유의하여 문제를 풀이해 봅시다.

① 적절하다. 피스크에 따르면 퀴즈 쇼는 기존 질서의 유지에 기여하기도 하고, 동시에 기존 질서를 전복할 수 있는 파괴성도 지닌다.
② 적절하지 않다. 피스크에 따르면 퀴즈 쇼의 여성 방청객은 집안일을 하찮은 것으로 간주하는 일상 규범으로부터 가상적인 일탈을 경험함으로써, 오히려 이를 부정하려는 의지를 상실하게 된다. 따라서 기존 질서의 유지에 기여한다고 해석한 것이다.
③ 적절하지 않다. 퀴즈 쇼의 중심적 코드는 기존의 여성상을 공적 재미의 대상으로 삼는 것이다.
④ 적절하지 않다. 피스크는 일탈 욕망을 가상적으로 만족시키는 퀴즈 쇼의 속성은 기존 질서의 유지에 기여한다고 보았다.
⑤ 적절하지 않다. 퀴즈 쇼의 카니발적 특성이 여성들을 자율적 행위자로 만드는 것은 맞으나, 그 결과로 지배적 가치를 내면화하는 것이 아니라, 지배적 가치를 폭로하고 와해하는 결과로 이어질 수 있다는 것이 피스크의 입장이다. ⑤의 내용은 초기 스크린 학파의 퀴즈 쇼에 대한 해석에 해당할 것이다.

[정답] ①

다음으로 06번 문제는 학설 연결 문제로 <보기>에서는 뮤직 비디오가 몇몇 남성, 소녀 팬들, 일부 페미니스트들에게 각각 다른 영향력을 제시하고 있음을 보여주고 있습니다. 이에 대해 지문에 제시된 견해들의 평가로 적절하지 않은 선택지를 골라야 합니다. 06번 문제를 풀이하면 다음과 같습니다.

② 두 번째 문단에서 초기 스크린 학파는 텍스트가 수용자에게 미치는 지배적이고 일방향적인 영향력을 강조하였으므로 텍스트가 수용자에 따라 다양하게 해석되어 다층적인 의미를 갖게 되는 상황을 파악하지 못하였을 것이다. 따라서 초기 스크린 학파의 입장으로 적절하지 않다.

[정답] ②

연습문제 3

[07~09] 다음 글을 읽고 물음에 답하시오.

2021학년도 LEET 문19~21

조선 시대를 관통하여 제례는 왕실부터 민간에 이르기까지 폭넓게 시행되었으며, 그 중심에는 유학자들이 있었다. 그런 만큼 유학자들에게 제사의 대상이 되는 귀신은 주요 논제일 수밖에 없었고, 이들의 귀신 논의는 성리학의 자연철학적 귀신 개념에 유의하여 유학의 합리성과 윤리성의 범위 안에서 제례의 근거를 마련하는 데 비중을 두었다.

성리학의 논의가 본격화되기 전에는 대체적으로 귀신을 인간의 화복과 관련된 신령한 존재로 여겼다. 하지만 15세기 후반 남효온은 귀신이란 리(理)와 기(氣)로 이루어진 자연의 변화 현상으로서 근원적 존재의 차원에 있지는 않지만 천지자연 속에 실재하며 스스로 변화를 일으키는 존재라고 설명하여, 성리학의 자연철학적 입장에서 귀신을 재해석하였다. 이에 따라 귀신은 본체와 현상, 유와 무 사이를 오가는 존재로 이해되었고, 이 개념은 인간의 일에 적용되어 인간의 탄생과 죽음에 결부되었다. 성리학의 일반론에 따르면, 인간의 몸은 다른 사물과 마찬가지로 기로 이루어져 있고, 생명을 다하면 그 몸을 이루고 있던 기가 흩어져 사라진다. 기의 소멸은 곧바로 이루어지지 않고 일정한 시간을 두고 진행된다. 흩어지는 과정에 있는 것이 귀신이므로 귀신의 존재는 유한할 수밖에 없었고, 이는 조상의 제사를 4대로 한정하는 근거가 되었다.

기의 유한성에 근거한 성리학의 귀신 이해는 먼 조상에 대한 제사와 관련하여 문제의 소지를 안고 있었기에 귀신의 영원성에 대한 근거 마련이 필요했다. 이와 관련하여 ㉠서경덕은 기의 항구성을 근거로 귀신의 영원성을 주장하였다. 모든 만물은 기의 작용에 의해 생성 소멸한다고 전제한 그는 삶과 죽음 사이에는 형체를 이루는 기가 취산(聚散)하는 차이가 있을 뿐 그 기의 순수한 본질은 유무의 구분을 넘어 영원히 존재한다고 설명하였다. 기를 취산하는 형백(形魄)과 그렇지 않은 담일청허(湛一淸虛)로 구분한 그는 기에 유무가 없는 것은 담일청허가 한결같기 때문이라 주장하였다. 나아가 담일청허와 관계하여 인간의 정신이나 지각의 영원성도 주장하였다. 이 같은 서경덕의 기 개념은 우주자연의 보편 원리이자 도덕법칙인 불변하는 리와, 존재를 구성하는 질료이자 에너지인 가변적인 기라는 성리학의 이원적 요소를 포용한 것이었으며, 물질성과 생명성도 포괄한 것이었다.

㉡이이는 현상 세계의 모든 존재는 리와 기가 서로 의존하여 생겨난다는 입장을 분명히 하는 한편, 귀신이라는 존재가 지나치게 강조되면 불교의 윤회설로 흐를 수 있고, 귀신의 존재를 무시하면 제사의 의미를 잃을 수 있다는 점에 주목하였다. 그는 불교에서 윤회한다는 마음은 다른 존재와 마찬가지로 리와 기가 합쳐져 일신(一身)의 주재자가 된다고 규정하였다. 마음의 작용인 지각은 몸을 이루는 기의 작용이기 때문에 그 기가 한 번 흩어지면 더 이상의 지각 작용은 있을 수 없다고 지적하여 윤회 가능성을 부정하였다. 아울러 그는 성리학의 일반론을 수용하여 가까운 조상은 그 기가 흩어졌더라도 자손들이 지극한 정성으로 제사를 받들면 일시적으로 그 기가 모이고 귀신이 감통의 능력으로 제사를 흠향할 수 있다고 보았다. 기가 완전히 소멸된 먼 조상에 대해서는 서로 감통할 수 있는 기는 없지만 영원한 리가 있기 때문에 자손과 감통이 있을 수 있다고 주장하였다. 하지만 감통을 일으키는 것이 리라는 그의 주장은 작위 능력이 배제된 리가 감통을 일으킨다는 논리로 이해될 수 있어 논란의 소지가 있는 것이었다.

이이의 계승자인 낙론계 유학자들은 귀신을 리와 기 어느 쪽으로 해석하는 것이 옳은가라는 문제의식으로 논의를 전개하였다. 김원행은 귀신이 리와 기 어느 것 하나로 설명될 수 없으며, 리와 기가 틈이 없이 합쳐진 묘처(妙處), 즉 양능(良能)에서 그 의미를 찾아야 한다고 주장하였다. 그는 양능이란 기의 기능 혹은 속성이지만 기 자체의 무질서한 작용이 아니라 기에 원래 자재(自在)하여 움직이지 않는 리에 따라 발현하는 것이라 설명하여 귀신을 리나 기로 지목하더라도 상충되는 것이 아니라고 보았다. 김원행의 동문인 송명흠도 모든 존재는 리와 기가 혼융한 것이라고 전제하고, 귀신을 리이면서 기인 것, 즉 형이상에 속하고 동시에 형이하에 속하는 것이라고 설명하였다. 그는 사람들이 귀신을 리로 보지 않는 이유는 양능을 기로만 간주하였기 때문이라 비판하고, 제사 때 귀신이 강림할 수 있는 것은 기 때문이지만 제사 주관자의 마음과 감통하는 주체는 리라고 설명하였다. 이처럼 기의 취산으로 귀신을 설명하면서도 리의 존재를 깊이 의식한 것은 조상의 귀신을 섬기는 의례 속에서 항구적인 도덕적 가치에 대한 의식을 강화하고자 한 것이었다.

★ 선생님 TIP

대칭 개념 파악하기

아무리 어려운 지문이라도 서로 대칭이 되는 요소가 있으면, 대칭적 요소를 체크해서 독해해야 합니다. 그 대칭 요소에서 문제가 빈번히 출제됩니다.

이이와 낙론계 유학자들의 이기론

기	리
유한함	영원함
귀신의 유한성의 근거	제사가 정당화 되는 근거

사실 확인
07. 윗글에 대한 이해로 적절하지 않은 것은?
① 성리학적 귀신론은 신령으로서의 귀신 이해를 대체하는 것이었다.
② 조선 성리학자들은 먼 조상에 대한 제사가 단순한 추념이 아니라고 보았다.
③ 생성 소멸하는 기를 통해 귀신을 이해하는 것은 윤회설을 반박하는 논거였다.
④ 귀신의 기가 항구적인 감통의 능력을 가진다는 것은 제사를 지내는 근거였다.
⑤ 조선 성리학자들은 귀신이 자연 현상과 관계된 것이라는 공통적인 인식을 가졌다.

★ 선생님 TIP

대칭 개념 파악하기

ⓒ 서경덕	ⓒ 이이
기의 항구성	기의 유한성
귀신의 영원성	귀신의 유한성 (단, 자손과 소통 가능)
지각의 영원성	지각의 유한성

사실 확인
08. ㉠, ㉡에 대한 설명으로 가장 적절한 것은?
① ㉠은 형체의 존재 여부를 기의 취산으로 설명하면서 본질적인 기는 유와 무를 관통한다고 보았다.
② ㉠은 기를 형백과 담일청허로 이원화하여 삶과 죽음에 각각 대응시켜 인간과 자연을 일원적으로 구조화하였다.
③ ㉡은 생명이 다하면 기는 결국 흩어져 사라지기 때문에 제사의 주관자라 하더라도 결국에는 조상과 감통할 수 없게 된다고 보았다.
④ ㉡은 인간의 지각은 리에 근거한 기이지만 기는 소멸하더라도 리는 존재하기 때문에 지각 자체는 사라지지 않는다고 파악하였다.
⑤ ㉠과 ㉡은 모두 기의 취산을 통해 삶과 죽음의 영역을 구분하였기 때문에 귀신의 영원성에 대한 근거를 물질성을 지닌 근원적 존재에서 찾았다.

학설 연결

09. 낙론계 유학자들 의 입장과 부합하는 진술을 <보기>에서 고른 것은?

―〈보기〉―

ㄱ. 귀신을 기의 유행으로 말하면 형이하에 속하고, 리가 실린 것으로 말하면 형이상에 속하는 것이다.

ㄴ. 리가 있으면 기가 있고 기가 있으면 리가 있으니 어찌 혼융하여 떨어지지 않는 지극한 것이 아니겠는가.

ㄷ. 기가 오고 가며 굽고 펼치는 것은 기가 스스로 그러한 것이니 귀신이 없음에 어찌 의심이 있을 수 있겠는가.

ㄹ. 제사 때 능히 강림할 수 있게 하는 것은 리이고, 강림하는 것은 기이니, 귀신의 강림은 기의 강림이라 할 수 있지 않겠는가.

① ㄱ, ㄴ ② ㄱ, ㄷ ③ ㄴ, ㄷ
④ ㄴ, ㄹ ⑤ ㄷ, ㄹ

더 알아보기

낯선 소재가 등장했을 때

LEET 언어이해는 난이도를 어렵게 하기 위해 우리가 일상에서 접하기 어려웠던 낯선 개념 체계를 소개하는 경우가 많습니다. 이런 상황에서는 편견을 버리고, 가치중립적인 시각에서 낯선 개념 체계를 빠르게 받아들이고 소화해야 합니다. 이때 배경지식에만 의존한 LEET 언어이해 공부법은 문제를 일으킬 수 있습니다. 아무리 고등학교 시절에 윤리를 학습한 학생이라도 한국 유교에 대한 지식이 정확히 남아 있지는 않을 것이므로 희미한 기억에 의존하여 정답을 선택한다면 오히려 배경지식이 오답으로 유도하는 상황이 벌어질 수 있습니다. 따라서 오로지 독해 실력으로 지문을 이해하는 훈련을 반복해야 합니다.

🛈 가이드 & 정답 확인하기

가이드에 따라 지문과 문제를 분석하고 정답을 확인해 봅시다.

STEP 1 지문에서 학자의 이름이나 이론의 명칭을 동그라미로 표시하고 순간적으로 암기한다.

[첫 번째 문단] 제례의 정당화 과정에서 등장한 귀신 개념에 대한 유교의 논쟁

> 조선 시대를 관통하여 제례는 왕실부터 민간에 이르기까지 폭넓게 시행되었으며, 그 중심에는 유학자들이 있었다. 그런 만큼 유학자들에게 제사의 대상이 되는 귀신은 주요 논제일 수밖에 없었고, 이들의 귀신 논의는 성리학의 자연철학적 귀신 개념에 유의하여 유학의 합리성과 윤리성의 범위 안에서 제례의 근거를 마련하는 데 비중을 두었다.

[두 번째 문단] 귀신을 자연철학적 존재로 바라본 남효온의 학설

> 성리학의 논의가 본격화되기 전에는 대체적으로 귀신을 인간의 화복과 관련된 신령한 존재로 여겼다. 하지만 15세기 후반 남효온은 귀신이란 리(理)와 기(氣)로 이루어진 자연의 변화 현상으로서 근원적 존재의 차원에 있지는 않지만 천지자연 속에 실재하며 스스로 변화를 일으키는 존재라고 설명하여, 성리학의 자연철학적 입장에서 귀신을 재해석하였다. 이에 따라 귀신은 본체와 현상, 유와 무 사이를 오가는 존재로 이해되었고, 이 개념은 인간의 일에 적용되어 인간의 탄생과 죽음에 결부되었다. 성리학의 일반론에 따르면, 인간의 몸은 다른 사물과 마찬가지로 기로 이루어져 있고, 생명을 다하면 그 몸을 이루고 있던 기가 흩어져 사라진다. 기의 소멸은 곧바로 이루어지지 않고 일정한 시간을 두고 진행된다. 흩어지는 과정에 있는 것이 귀신이므로 귀신의 존재는 유한할 수밖에 없었고, 이는 조상의 제사를 4대로 한정하는 근거가 되었다.

1. 성리학 논의 이전: 귀신은 신령한 존재
2. 남효온의 귀신 해석: 귀신은 실재하는 자연의 변화 현상 → 자연철학적
3. 성리학의 일반론: 기의 소멸 과정에서 나타나는 귀신 → 유한적 존재

STEP 2 학설의 핵심적인 키워드를 체크하고 학설 간의 관계망을 파악한다.

[세 번째 문단] 귀신을 영원한 존재로 바라본 서경덕의 학설

> 기의 유한성에 근거한 성리학의 귀신 이해는 먼 조상에 대한 제사와 관련하여 문제의 소지를 안고 있었기에 귀신의 영원성에 대한 근거 마련이 필요했다. 이와 관련하여 ㉠서경덕은 기의 항구성을 근거로 귀신의 영원성을 주장하였다. 모든 만물은 기의 작용에 의해 생성 소멸한다고 전제한 그는 삶과 죽음 사이에는 형체를 이루는 기가 취산(聚散)하는 차이가 있을 뿐 그 기의 순수한 본질은 유무의 구분을 넘어 영원히 존재한다고 설명하였다. 기를 취산하는 형백(形魄)과 그렇지 않은 담일청허(湛一淸虛)로 구분한 그는 기에 유무가 없는 것은 담일청허가 한결같기 때문이라 주장하였다. 나아가 담일청허와 관계하여 인간의 정신이나 지각의 영원성도 주장하였다. 이 같은 서경덕의 기 개념은 우주자연의 보편 원리이자 도덕법칙인 불변하는 리와, 존재를 구성하는 질료이자 에너지인 가변적인 기라는 성리학의 이원적 요소를 포용한 것이었으며, 물질성과 생명성도 포괄한 것이었다.

4. 서경덕의 귀신 해석: 기가 영원하므로 귀신도 영원하다.
- 핵심 키워드: 기=형백+담일청허

[네 번째 문단] 이이의 귀신 개념

ⓒ이이는 현상 세계의 모든 존재는 리와 기가 서로 의존하여 생겨난다는 입장을 분명히 하는 한편, 귀신이라는 존재가 지나치게 강조되면 불교의 윤회설로 흐를 수 있고, 귀신의 존재를 무시하면 제사의 의의를 잃을 수 있다는 점에 주목하였다. 그는 불교에서 윤회한다는 마음은 다른 존재와 마찬가지로 리와 기가 합쳐져 일신(一身)의 주재자가 된다고 규정하였다. 마음의 작용인 지각은 몸을 이루는 기의 작용이기 때문에 그 기가 한 번 흩어지면 더 이상의 지각 작용은 있을 수 없다고 지적하여 윤회 가능성을 부정하였다. 아울러 그는 성리학의 일반론을 수용하여 가까운 조상은 그 기가 흩어졌더라도 자손들이 지극한 정성으로 제사를 받들면 일시적으로 그 기가 모이고 귀신이 감통의 능력으로 제사를 흠향할 수 있다고 보았다. 기가 완전히 소멸된 먼 조상에 대해서는 서로 감통할 수 있는 기는 없지만 영원한 리가 있기 때문에 자손과 감통이 있을 수 있다고 주장하였다. 하지만 감통을 일으키는 것이 리라는 그의 주장은 작위 능력이 배제된 리가 감통을 일으킨다는 논리로 이해될 수 있어 논란의 소지가 있는 것이었다.

- '기이기에, 영원하지는 않으나' (↔ 불교)
  → 리로 인해, 또는 제사를 통해 영원히 감통 가능

[다섯 번째 문단] 낙론계 유학자들의 이기론적 귀신 논쟁

이이의 계승자인 낙론계 유학자들은 귀신을 리와 기 어느 쪽으로 해석하는 것이 옳은가라는 문제의식으로 논의를 전개하였다. 김원행은 귀신이 리와 기 어느 것 하나로 설명될 수 없으며, 리와 기가 틈이 없이 합쳐진 묘처(妙處), 즉 양능(良能)에서 그 의미를 찾아야 한다고 주장하였다. 그는 양능이란 기의 기능 혹은 속성이지만 기 자체의 무질서한 작용이 아니라 기에 원래 자재(自在)하여 움직이지 않는 리에 따라 발현하는 것이라 설명하여 귀신을 리나 기로 지목하더라도 상충되는 것이 아니라고 보았다. 김원행의 동문인 송명흠도 모든 존재는 리와 기가 혼융한 것이라고 전제하고, 귀신을 리이면서 기인 것, 즉 형이상에 속하고 동시에 형이하에 속하는 것이라고 설명하였다. 그는 사람들이 귀신을 리로 보지 않는 이유는 양능을 기로만 간주하였기 때문이라 비판하고, 제사 때 귀신이 강림할 수 있는 것은 기 때문이지만 제사 주관자의 마음과 감통하는 주체는 리라고 설명하였다. 이처럼 기의 취산으로 귀신을 설명하면서도 리의 존재를 깊이 의식한 것은 조상의 귀신을 섬기는 의례 속에서 항구적인 도덕적 가치에 대한 의식을 강화하고자 한 것이었다.

- 김원행, 송명흠: 이이를 계승하며, 이이 귀신 개념의 한계점을 귀신의 이중성이라는 이론으로 보완
- 핵심 키워드: 양능, 묘처, 리이면서 기, 기이면서 리

STEP 3 지문에서 놓친 세부 내용은 다시 빠르게 읽어보면서 문제를 풀이한다.

사실 확인 문제인 07번 문제를 풀이하면 다음과 같습니다.

① 적절하다. 두 번째 문단에 따르면 성리학의 논의가 시작되기 전에 귀신은 인간의 화복과 관련된 신령한 존재로 여겨졌다.
② 적절하다. 제사의 과정에서 실제로 조상과 마음이 소통한다고 간주하였기에, 귀신의 존재를 철학적으로 규명하는 것이 성리학자들에게 중요한 문제였던 것이다.
③ 적절하다. 네 번째 문단에 따르면 서경덕과 달리 이이가 기의 유한성을 강조한 이유는 기의 유한성은 불교의 윤회설을 지지하는 근거가 될 수 있기 때문이었다.
④ 적절하지 않다. 이이와 낙론계 유학자들은 '기'에서 귀신의 유한성의 근거를, '리'에서 제사의 정당성의 근거를 찾았다. 따라서 성리학의 귀신 개념에서 '기'가 아니라 '리'가 제사의 근거가 된다.
⑤ 적절하다. 성리학의 일반론은 귀신을 자연철학적 존재로 인식하였다.

[정답] ④

㉠과 ㉡의 사실 확인을 위해 08번 문제를 풀이하면 다음과 같습니다.

① 서경덕은 기의 구성 요소 중 담일청허는 영원하기에, 유와 무를 관통한다고 주장하였다.
② 서경덕이 기의 개념을 유한한 형백과 영원한 담일청허로 이원화 한 것은 맞으나, 그 역시도 인간과 자연을 이기론의 이원적 관점에서 해석한 이기론자에 해당한다.
③ 이이는 기가 흩어지거나 사라지더라도 리의 존재로 인해 제사를 통한 자손과의 감통이 가능하다고 주장하였다.
④ 이이가 인간의 지각을 리에 근거한 기로 파악한 것은 사실이나, 기가 흩어지면 더 이상 지각 작용은 불가능하다는 논거로 불교의 윤회설을 반박하였다. 그러나 귀신의 경우에는 기가 흩어지더라도 리의 존재로 자손과 소통할 수 있다고 주장함으로써 제사를 정당화하였다.
⑤ 서경덕의 귀신 관념에만 해당한다. 이이도 기의 취산으로 삶과 죽음을 설명하기는 하였으나, 이이는 귀신의 영원성을 주장하지 않았다.

[정답] ①

학설 연결 문제인 09번 문제를 풀이하면 다음과 같습니다.

ㄱ. 낙론계 유학자들은 귀신이 형이상학적이기도 하고 동시에 형이하학적이기도 한 이중적 존재로 인식하였다. 따라서 적절하다.
ㄴ. 기와 리가 분리될 수 없도록 하나의 존재로 합일된 상태로서 귀신이 존재한다는 김원행의 묘처 개념에 해당한다. 따라서 적절하다.
ㄷ. 귀신이 존재하지 않는다는 주장은 낙론계 유학자들의 입장과는 전혀 관련이 없는 내용이므로 적절하지 않다.
ㄹ. 제사 때 귀신이 강림할 수 있게 하는 것은 '리'가 아니라 '기' 때문이고, 자손과 감통하는 주체는 '리'라고 주장하였으므로 적절하지 않다.

[정답] ①

한 번에 합격, 해커스로스쿨
lawschool.Hackers.com

[01~03] 다음 글을 읽고 물음에 답하시오.

2020학년도 LEET 문16~18

20세기 초 프랑스에서 발생한 드레퓌스 사건은 지식인이라는 집단을 조명하고, 억압적 권력에 저항하는 비판적 지식인이라는 이상을 부각하는 계기가 되었다. 신학을 중심으로 지식이 축적되고 수도원의 사제들이 권력을 행사하는 전문가 지식인으로 존재했던 중세에도 아벨라르와 같은 비판적 지식인이 존재했다. 계몽주의 시대에는 특정 분야를 깊이 파고들지 못하더라도 모든 분야를 두루 섭렵할 수 있는 능력을 지닌 사람을 지식인으로 정의하기도 했다. 한 예로 18세기의 백과전서파는 근대적 분류 체계로 지식을 생산해 개인이 시각 매체에 의존하여 지식을 소비하는 문자 문화시대의 지평을 열었다. 이런 과정에서 지식 권력은 지식의 표준 장악을 둘러싸고 중앙 집중화되었다.

드레퓌스 사건은 근대적 지식인상에 대한 논쟁을 불러일으켰다. ㉠만하임은 지식인 가운데도 출신, 직업, 재산, 정치적·사회적 지위 등에 차이가 있는 경우가 많기에 지식인을 단일 계급으로 간주할 수 없으며, 지식인은 보편성에 입각해 사회의 다양한 계급적 이해들을 역동적으로 종합하여 최선의 길을 모색해야 한다고 보았다. 반면 ㉡그람시는 계급으로부터 독립적인 지식인이란 신화에 불과하다고 지적하면서 계급의 이해에 유기적으로 결합하여 그것을 당파적으로 대변하는 유기적 지식인을 대안으로 제시하였다. 이때 소외 계급의 해방을 위한 과제는 역사적 보편성을 지니며, 지식인은 소외 계급에게 혁명적 자의식을 불어넣고 조직하는 역할을 자임한다. ㉢사르트르는 만하임과 그람시의 지식인 개념 사이에서 긴장을 유지했다. 부르주아 계급에 속한 지식인은 지배 계급이 요구하는 당파적 이해와 지식인이 추구해야 할 보편적 지식 간의 모순을 발견하고, 보편성에 입각하여 소외 계급의 해방을 추구해야 한다. 하지만 그 지식인은 결코 유기적 지식인이 될 수 없는 존재이다. 결국 소외 계급에서 출현한 전문가가 유기적 지식인이 되도록 계급의식을 일깨우는 계몽적 역할이 지식인에게 부여되는 것이다.

오늘날 인터넷의 발달로 가상공간이 열려 탈근대적 지식 문화와 사회 공간이 창조되면서 지식의 개념도 변하고 있다. 또한 디지털화된 다양한 정보들이 연쇄적으로 재조합되면서 하이퍼텍스트 형태를 띠게 된다. 정해진 시작과 끝이 없고 미로나 뿌리줄기같이 얽혀 있어 독자의 입장에서 어떤 길을 선택하느냐에 따라 텍스트의 복수성이 무한해졌다. 그 결과 지식 생산자에 해당하는 저자의 권위는 사라지고 지식 권력은 탈중심화된다. 하이퍼텍스트와 새로운 독자의 탄생은 집단적이고 감정이입적인 구술 문화가 지녔던 특성들을 지식 문화에서 재활성화한다. 특히 가상공간에서 정보와 지식이 공유와 논박을 거쳐 소멸 또는 확산되는 과정은 새로운 지식을 생산해 내는 기제로서 집단 지성을 출현시킨다. 집단 지성은 엘리트 집단으로부터 지식 권력을 회수하고 새로운 민주주의의 가능성을 열어놓기도 한다. 그러나 이는 대중의 자율성에 기초한 참여와 협업을 전제할 때 가능하며, 참여와 협업이 결여될 때 순응주의가 등장하고 집단 지성은 군중심리로 전락할 수도 있다.

하이퍼텍스트 시대에 집단 지성이 출현함에 따라 기존의 지식인상은 재조명될 필요가 있다. 특히 프랑스 68혁명 이후 등장했던 이론가들을 소환할 만하다. 예를 들어 ㉣푸코는 대중의 대변자로서의 지식인이 불필요한 시대에서도 여전히 대중의 지식 및 담론을 금지하고 봉쇄하는 권력 체계와 이 권력 체계의 대리인 역할을 자임하는 고전적 지식인의 존재에 주목했다. 푸코는 이들을 보편적 지식인으로 규정한 후 이를 대체할 새로운 지식인상으로 특수적 지식인을 제시했다. 그가 말하는 특수적 지식인은 거대한 세계관이 아니라 특정 분야에서 전문적인 지식을 지니고 있는 존재이다. 그리고 자신의 분야에 해당하는 구체적인 사안에 정치적으로 개입하면서 일상적 공간에서 투쟁한다. 푸코에 따르면 진실한 담론은 지식과 미시 권력 간의 관계에서 발견될 뿐이다.

한편 지식인상의 탈근대적 모색에 있어 근대론적 시각을 더하려는 시도도 있다. ⓜ부르디외에 따르면, 지식인은 사회 총자본의 관점에서 볼 때에는 지배 계급에 속하지만, 경제 자본보다 문화 자본의 비중이 더 큰 문화생산자적 속성을 지니며, 시장의 기제에 따라 부르주아지에 의해 지배받는다. 이런 점에서 볼 때 지식인은 피지배 분파에 속한다. 따라서 이 문화생산자들은 각자의 특수한 영역에 대한 상징적 권위를 가지고 지식인의 자율성을 위협하는 권력에 저항하며 사회 전체에 보편적인 가치를 전파해 나가는 투쟁을 전개할 때에만 비로소 지식인의 범주에 들 수 있다. 부르디외는 이 과정에서 역사적인 따라서 한시적인 보편을 개념화한다. 그리고 지식인은 정치활동을 통하여 권력이 보편적인 것처럼 제시하는 특수성들을 역사화하는 역할과, 보편적인 것, 예컨대 과학·철학·문학·법 등에 접근하는 조건들을 보편화하는 역할을 함께 수행한다.

01. 윗글의 내용과 일치하는 것은?
① 권력에 대한 비판적 지식인은 드레퓌스 사건과 함께 비로소 출현했다.
② 계몽주의 시대의 지식인은 특정 분야의 전문가라는 특권적 위상을 지녔다.
③ 근대의 지식인은 개개인의 차이에도 불구하고 보편성을 추구해야 하는 존재로 인식되었다.
④ 탈근대의 지식인은 자신의 전문 분야에서 제기되는 문제의 정치적 특성을 인정하지 않으려는 존재이다.
⑤ 탈근대의 대중은 자율적인 참여와 협업에 기초하여 권력에 대한 순응주의로부터 벗어났다.

02. 탈근대적 지식 문화 에 관한 설명으로 가장 적절한 것은?
① 구술 문화적 특성을 공유하는 다양한 텍스트들이 형성되고 지식이 전파된다.
② 지식의 표준을 장악하려는 경쟁을 통해 중앙 집중적 지식 권력의 영향력이 커진다.
③ 사회적 지식의 형성에서 지식을 처음 생산한 자의 권위가 이전 시대보다 강화된다.
④ 문화생산자적 속성을 지닌 지식인의 사회적 지위가 부르주아 계급에서 피지배 계급으로 전락한다.
⑤ 집단 지성이 엘리트로부터 지식 권력을 회수하여 대중의 지식 및 담론을 규제하는 새로운 권력 체계를 형성한다.

03. ㉠~㉤에 대한 이해로 가장 적절한 것은?

① ㉠은 지식인이 전문 지식과 보편적 지식의 종합을 통해 동질적인 계급으로 형성될 수 있는 존재라고 여겼을 것이다.
② ㉡은 지식인이 계급적 이해관계와 이성적 사유 사이의 모순으로부터 출발하여 보편성을 향해 부단히 나아가야 하는 불안정한 존재라고 여겼을 것이다.
③ ㉢은 지식인이 서로 적대 관계에 있는 계급들 중 어느 쪽과 제휴해 있어도 개별 계급의 한계를 딛고 계급적 이해들을 종합할 수 있는 존재라고 여겼을 것이다.
④ ㉣은 지식인이 자신의 특수 분야와 관계된 미시권력에 저항해 보편적 지식을 전파하는 운동을 전개해야 하는 존재라고 여겼을 것이다.
⑤ ㉤은 지식인이 범주의 측면에서 보편적 지식인과 특수적 지식인으로 명확하게 구분할 수 없는 존재라고 여겼을 것이다.

[04~06] 다음 글을 읽고 물음에 답하시오.

2023학년도 LEET 문10~12

농업 중심의 사회를 벗어나면서 급속한 산업화와 도시화에 따른 갈등이 나타나고 있던 19세기 말 미국에서는 터너가 이끌었던 혁신주의 역사학이 대두했다. 혁신주의 역사학의 특징은 역사의 핵심을 갈등이라고 본 점에 있다. 예컨대, 야만과 문명이 공존하는 프런티어야말로 미국 발전의 근원이라고 주장한 터너는 산업이 발달한 북부와 농업이 지배적인 남부 사이의 갈등을 강조했다. 혁신주의 역사가 베커는 미국혁명이 과세를 둘러싼 아메리카 식민지와 모국 간의 투쟁임과 동시에 상층 상인과 지주를 비롯한 보수적이고 봉건적인 식민지 유력자와 하층 수공업자 및 노동자 사이에서 벌어진 권력 다툼이었다는 사실을 밝혀냄으로써 이중혁명론을 제시했다. 혁신주의 역사학은 헌법을 금융업자, 상인 등으로 구성된 동산소유집단과 채무에 시달리던 소농 출신의 부동산 소유집단 사이의 싸움에서 전자가 승리하면서 만들어진 비민주적 문서로 파악하였다. 혁신주의 역사학은 1940년대까지 미국 역사학의 주류를 이루었다.

제2차 세계대전 이후에 나치 독일의 인권 탄압과 공산주의의 팽창에 놀란 보수적 미국인들은 혁신주의 역사학이 비판했던 미국적 가치, 즉 사유재산의 신성시, 개인주의, 경제적 자유주의에 대해 재평가하기 시작했다. 게다가 냉전질서에서 미국의 정체성을 보존하기 위해서는 국민적 단결이 필요했다. 이러한 배경에서 합의사학이 등장했는데, 그것의 특징은 미국사를 합의와 연속성의 시각에서 이해했다는 점이다. 혁신주의 역사가는 보수적인 유산자들과 하층민 간의 극적인 투쟁으로 미국혁명을 파악했으나, 합의사학을 대변하는 호프스태터는 미국적 가치를 공동이념으로 삼은 미국인들은 사회적 동질성을 유지하면서 갈등을 극소화했다고 주장했다. 이처럼 미국사는 기본적으로 혁명으로 인한 단절이나 중단 없이 연속성을 보여주었다는 데 합의사학은 주목하였다. 그러므로 미국혁명은 상당히 제한적인 것이라고 평가되었다. 하츠가 미국에는 봉건적 과거가 없다는 토크빌의 지적에 공감하면서 주장하듯이, 구세계의 봉건적 압제로부터 도피한 사람들은 자유롭게 태어난 사람들이기에 자유로운 세계를 만들기 위해 굳이 혁명을 일으킬 필요는 없었기 때문이다. 비어드와 같은 혁신주의 역사가가 헌법의 제정을 계급적인 갈등으로 파악했다면, 합의사학은 헌법 제정이 중산층의 합의를 통해 이루어졌다는 데 보다 많은 주의를 기울였다. 합의사학은 제헌의회에 참가한 대표들의 경제적 이해관계보다는 그들의 합의를 강조한 셈이다. 부어스틴은 미국인의 관대함과 타협의 정신을 프런티어에서 찾기도 했다. 개혁 사상에 대해 비판적인 태도를 유지하면서 미국의 자유주의적 전통과 국민적 합의를 강조한 합의사학은 50~60년대 미국 사학계를 주도했다.

1960년대 중반 이후 미국은 베트남전쟁과 민권운동으로 대변되는 이념적 격동기를 맞이했다. 이 같은 현실은 합의사학이 제시했던 미국의 밝은 과거상과 현재상에 대해 회의감을 갖게 했다. 합의사학과는 달리, 하지만 혁신주의 역사학과 마찬가지로 갈등과 빈곤에 주목한 경향이 등장했는데, 이를 신좌파 역사학이라고 한다. 이러한 움직임을 선도한 역사가로는 외교사가 윌리엄스를 꼽을 수 있다. 합의사학은 정책 결정자들이 19세기 말엽 이후에는 제국주의적 팽창정책으로부터 거리를 두었다고 보면서 1898년 식민지를 둘러싼 미국-스페인 전쟁을 "거대한 일탈"이라고 규정했다. 윌리엄스는 이런 해석을 비판하며 정치인들이 국내의 분열을 호도하기 위해 혹은 자본의 이익을 위해 문호개방이라는 이름으로 해외 팽창정책을 주도했다고 주장했다. 하워드 진과 같은 신좌파 역사가는 혁신주의 역사학에 동조하면서 역사학을 이데올로기적 요구에도 부응해야 하는 학문으로 보았다. 하지만 혁신주의 역사학과 달리 신좌파 역사학은 역사를 물질적인 조건이나 계급 갈등으로 환원시키지는 않았다. 미국혁명과 헌법에 대한 연구에서 다수의 신좌파 역사가들은 유산계급과 무산계급 사이의 갈등 이외에도 민중의 역사와 권력관계에 주목했다. 흑인들의 민권운동과 소수민족인 아메리카 원주민, 여성, 빈민들의 운동을 배경으로 태동했던 신좌파 역사학은 이러한 피지배집단이 혁명전쟁과 헌법 제정 과정에서 능동적인 행위를 복원하는 데 주의를 기울였다.

04. 윗글의 내용과 일치하지 않는 것은?

① 19세기 후반 미국은 농업 중심의 사회에서 산업화 사회로의 이행이 진행되고 있었다.
② 19세기 말 국외로 세력을 확장하려는 미국의 정책은 스페인과 무력 충돌을 일으켰다.
③ 제2차 세계대전 직후에 보수 성향의 미국인들은 미국의 전통적 가치를 부활시키고자 했다.
④ 베트남전쟁은 미국인들이 경제적 자유주의에 대한 보편적 합의를 이루는 역사적 계기가 되었다.
⑤ 1960년대 이후 미국에서는 다양한 소수집단과 관련된 연구가 대두하였다.

05. 윗글을 바탕으로 추론한 것으로 가장 적절한 것은?

① 터너는 부어스틴과 마찬가지로 프런티어가 미국 역사 발전에서 긍정적인 역할을 하였다고 볼 것이다.
② 베커는 하츠와 달리, 혁신주의적 개혁을 위한 국민적 합의가 미국사의 원동력이라고 볼 것이다.
③ 호프스태터는 유력 세력이 혁명에서 승리함으로써 갈등이 극소화되었다고 볼 것이다.
④ 윌리엄스는 19세기 말 미국의 국제적 영향력 행사를 예외적 현상으로 파악할 것이다.
⑤ 하워드 진은 윌리엄스와 마찬가지로 역사적 분석범위를 넓히면서 역사학의 정치화를 경계했을 것이다.

06. 윗글을 바탕으로 <보기>를 평가한 것으로 적절하지 <u>않은</u> 것은?

―〈보기〉―

영국이 시행한 인지세법 등에 맞서 1774년 식민지 대표들이 필라델피아에 모여 제1차 대륙회의를 개최하면서 영국에 대한 조직적인 저항이 시작되었다. 당시 식민지 뉴욕의 정치는 상층상인과 지주들과 같은 유력자들이 장악하고 있었는데, 독립전쟁은 하층 수공업자와 노동자 출신의 급진주의자들이 정치의 장으로 들어가도록 문을 열어 주었다. 독립전쟁은 1781년 뉴욕 요크타운 전투에서 영국군이 패배하면서 막을 내리게 되었다. 전쟁 이후 미국은 1787년 필라델피아에 모여 헌법의 제정을 논의하기에 이르렀다. 당시 가장 중요한 전제는, 강력하지만 동시에 주정부의 권리를 침해하지 않는 연방정부를 수립하는 것이었다. 필라델피아 제헌의회에는 해밀턴, 매디슨 등 소위 연방주의자와 제퍼슨 등 반연방주의자 간의 대립이 있었고, 현상적으로는 연방주의자들의 승리로 볼 만했다.

① 혁신주의 역사학자라면, 필라델피아 제헌의회는 새로운 헌법에 의해 경제적 이익을 받을 수 있는 집단이 지배하고 있었다는 사실을 덧붙이려 하겠군.
② 합의사학자라면, 제1차 대륙회의와 요크타운 전투에 대해 봉건적 체제를 타파하는 시민혁명에서 미국의 가치와 동질성이 실현되는 과정이었다고 파악하겠군.
③ 합의사학자라면, 제퍼슨, 매디슨, 해밀턴 사이의 차이를 과장하지 않고, 헌법 제정에 대하여 연방주의자들의 승리라기보다는 정치적 합의를 도출한 사건으로 보겠군.
④ 신좌파 역사학자라면, 독립전쟁 당시 하층민들의 급진주의적 정치에서 여성이 차지한 역할을 새롭게 규명할 필요성을 제기하겠군.
⑤ 혁신주의 역사학자나 신좌파 역사학자라면, 독립혁명에서 식민지 뉴욕의 상층 부르주아지와 하층 수공업자들의 대립을 주요하게 취급하는 데 대하여 반대하지 않겠군.

[07~09] 다음 글을 읽고 물음에 답하시오.

현대 문학의 주요 비평 개념 중 하나인 멜랑콜리는 본래 '검은 담즙'을 뜻하는 고대 그리스의 의학 용어였다. 그 당시 검은 담즙은 '우울과 슬픔에 젖는 기질'의 원인으로 간주되었고, 나태함, 게으름, 몽상 등은 '우울질'의 표현이자 멜랑콜리의 속성이라 분류되었다. 이런 속성들은 열정처럼 적극적으로 분출되는 감정이 아니라 열정의 결여 상태, 즉 감정을 느낄 수 있는 능력이 쇠락해진 상태와 관련된다는 공통점이 있다. 멜랑콜리가 야기하는 정신적 무능에 대해 키르케고르는 "멜랑콜리는 무사태평한 웃음 속에서 메아리치는 이 시대의 질병이며, 우리로부터 행동과 희망의 용기를 앗아 간다."라고 평하기도 했다.

멜랑콜리는 상실을 인식하고 그 상실감에 자발적으로 침잠하는 태도이다. 일회적이고 찰나적이어서 다시는 돌이킬 수 없는 대상들을 향한 상실감에서 멜랑콜리는 유래한다. 그럼에도 멜랑콜리는 다만 어둡지만은 않으며 매혹적인 면을 가지고 있다. 삶과 죽음, 사랑과 이별처럼 인식 불가능한 타자성을 외면하기보다 차라리 자기 안에 가두려는 욕망이기 때문이다. 멜랑콜리는 대상의 상실에 따른 퇴행적 반응이라기보다는 오히려 상실된 대상을 살아 있게 만드는 몽환적인 능력이다. 따라서 이처럼 타자성을 자기 속에 가두고 관조하면서 자기만의 세계로 빠져 들려는 자, 즉 멜랑콜리커(Melancholiker)가 진정으로 추구하는 것은 상실된 대상 자체가 아니라 그 대상의 부재이며, 이 대상이 현존하지 않는 한에서 그것은 늘 점유를 향한 멜랑콜리커의 욕망을 추동하는 힘으로 작용한다.

멜랑콜리의 몽환적 능력은 현실을 대하는 태도의 측면에서 여러 견해를 낳았다. 벤야민이 "멜랑콜리커의 고독과 침잠, 즉 외면적 부동성(不動性)은 단순한 무기력이 아니라 사물을 꿰뚫어 보는 깊이 있는 사유를 상징"한다고 한 것은 대표적이다. 그는 멜랑콜리커의 고독이 곧 사물에 대한 통찰의 깊이를 나타낸다고 본다. 프로이트는 충분히 슬퍼한 후에 일상으로 귀환하는 애도와 달리 멜랑콜리는 "상실한 대상과 자아가 하나가 되어 버리는 감정"이라 말하면서, 결과적으로 자아를 일상에서 격리한다는 점을 강조했다. 물론 무기력한 슬픔이라는 멜랑콜리의 특성은 이성적인 절제를 강조해 온 근대 사회에서는 결코 환영받을 만한 것이 못 되었다. 하이데거가 근대에 유일하게 남은 열정이 있다면 '열정의 소멸에 대한 열정'이라고 말한 것도 근대 사회의 이러한 이성주의적 특성과 밀접한 관련이 있다.

그러므로 멜랑콜리는 미래에 대한 낙관과 혁신에 대한 자신감 위에 설립된 근대의 진보적 세계관의 필연적인 그림자가 되었다. 근대가 창출한 ⊙사회적 모더니티는 국민국가, 자본주의 그리고 시민주의를 축으로 하는 공적 제도의 영역에서, 베버의 언급을 따르자면 '정신(Geist) 없는 전문가'와 '가슴 없는 향락가'들을 양산해 낸다. 그러나 사회적 모더니티의 지배적 가치들에 저항하는 태도라 할 ⓒ문화적 모더니티는 진보하는 부르주아지의 공적 세계가 은폐한 사적 공간에서 멜랑콜리커들을 키워 낸다. 문화적 모더니티는 부르주아지의 근대가 아니라 소위 사회적 부적응자들, 즉 몰락한 귀족, 룸펜 프롤레타리아트, 실패한 예술가, 부유(浮遊)하는 지식인들처럼 세계의 바깥에서 떠도는 존재들의 근대이다. 사회적 모더니티의 주체는 계산적 합리성에 근거하여 세계와 대면하고, 규율의 엄격성에 따라 세계에 질서를 부여함으로써 세계의 주인이 된다. 그러나 멜랑콜리커들은 세계의 주인이 되기보다는 자신이 상실했다고 생각하는 그 무엇을 찾는 데에 몰두하고자 한다. 이에 멜랑콜리커는 흔히 탐구자 혹은 수집가의 모습으로 나타난다. 사회적 모더니티는 과학과 기술의 힘으로 외적 자연을 탈신비화하고, 열정을 이해관계로 치환하여 인간의 내적 자연마저 감정의 횡포로부터 해방시켰다. 그러나 문화적 모더니티는 이러한 해방의 역설적 결과로 나타난 환멸감 속에서, 도리어 잃어버린 것들을 우울의 감정으로 보존하려고 한다.

이로써 멜랑콜리는 일종의 문명 비판적인 태도가 된다. 멜랑콜리는 사회적 모더니티가 빠른 속도로 일소한 근원적 가치들과 대상들을 문화적 모더니티의 영역에서 보존한다. 더 이상 지상에 존재하지 않는 것들 앞에서 우리는 우울하다. 그러나 더 정확하게 표현하자면, 우울한 자들에게만 이러한 가치들은 부재하는 현존이라는 역설적 방식으로 살아남는다. 상실된 가치와 대상들을 아직 신앙하는 자는 우울하지 않다. 또한 이들이 완벽하게 소멸되었다고 믿는 자 역시 우울할 수 없다. 멜랑콜리커는 그 중간에 머물면서 '소멸됨으로써 살아있는 어떤 것'을 끝없이 추구하는 것이다.

07. 윗글의 내용과 일치하는 것은?

① 키르케고르는 멜랑콜리의 정신적 무능이 실존적 세계관을 형성하고 절망을 해소하는 요인이 된다고 보았다.
② 벤야민은 고독과 침잠에 빠진 멜랑콜리커의 무기력에서 사물의 본질에 도달할 수 있는 사유의 가능성을 발견하였다.
③ 프로이트는 상실된 대상과 자아가 통합된 애도를 그것이 분리된 멜랑콜리와 구분함으로써 근대인의 몽환적 능력을 강조하였다.
④ 하이데거는 능동적 절제를 통해 감정을 억누르는 것이 감정에 대한 근대인의 근본적 자세가 되어야 한다고 주장하였다.
⑤ 베버는 근대 사회의 모든 영역이 숙련된 기술을 갖춘 엘리트들로 채워져야 한다고 보았다.

08. ㉠과 ㉡에 대한 설명으로 적절하지 않은 것은?

① ㉠은 외적 자연과 내적 자연을 구분하지만 이들 모두를 계산적 합리성으로 지배한다.
② ㉡은 이성으로부터의 해방이 가져온 역설적 결과로 나타난 환멸감을 근간으로 성립된다.
③ ㉠과 ㉡은 세계에 질서를 부여하려는 주체가 존재하느냐의 유무에서 차이를 보인다.
④ ㉠과 ㉡은 공적 영역과 사적 영역에서 근대가 만들어낸 대립적 인간상이 출현하는 양상과 관련된다.
⑤ ㉠은 외적 자연을 변화의 대상으로 삼고, ㉡은 근대적 발전이 앗아간 것들을 부재하는 현존의 상태로 보존한다.

09. 윗글을 바탕으로 <보기>를 이해한 내용으로 적절하지 않은 것은?

─〈보기〉─

최명익의 「비 오는 길」(1936)은 식민지 근대화가 진행되는 도시의 풍경을 그린다. 표제는 주인공 병일의 내면을 '우울한 장맛비'로 비유한 것이다. 작가는 정치적 저항이 불가능해진 상황에서 과거의 이상을 잃고 슬퍼하는 청년을 주인공으로 선택했다. 병일의 상실감은 특정 대상에 집착하는 증세인 독서벽(讀書癖)으로 나타난다. 그의 독서벽은 독서회를 조직하여 삶의 목표와 정치의식을 고민하던 학생 시절의 유산이다. 궁핍하게 살아가는 병일에게 이웃 사내는 책 살 돈으로 저축하라 훈계하지만, 병일은 책이 없으면 최소한의 자기 생활도 없을 것이라고 답한다. 그의 태도는 돈을 모아 '세상살이'를 하는 것이 행복이라는 이웃 사내의 인생관과 대조를 이룬다. 병일은 자신의 무능력을 인정하지만 이웃 사내의 생활이 행복은 아니라고 생각한다. 군중 속에서 홀로 '방향 없이 머뭇거리는 고독감'에 잠기면서도 병일은 책을 읽는다.

① 병일이 느끼는 '방향 없이 머뭇거리는 고독감'에서, 상실된 가치에 대한 믿음과 불신 사이에 끼어 있는 중간자의 모습을 엿볼 수 있군.
② 병일이 '세상살이'를 외면하고 독서에 집착한다는 사실에서, 과거에 지향했던 가치에서 여전히 벗어나지 못하는 탐구자로서의 면모를 찾아볼 수 있군.
③ 이웃 사내가 병일에게 저축의 중요성을 훈계하는 모습에서, 식민지 근대 도시의 일상적 가치에 순응하는 보통 사람의 모습을 떠올릴 수 있군.
④ 이웃 사내가 '세상살이'의 중요성을 강조하고 있다는 사실에서, 그가 '감정'을 느낄 수 있는 능력이 쇠약해진 상태의 인물임을 확인할 수 있군.
⑤ 작가는 정치적 저항이 불가능한 상황에서 방황하는 청년을 통해, 근원적 가치가 부재의 상태로 보존된다는 창작 의도를 드러내려 했다고 해석할 수 있군.

[10~12] 다음 글을 읽고 물음에 답하시오.

당위 명제는 존재 명제에서 도출될 수 없다는 흄의 주장은 현대 도덕철학에 큰 영향을 미쳤다. 도덕 판단이 사실에 관한 참/거짓인 명제임을 부정하며 도덕적 지식은 존재할 수 없다고 주장하는 도덕철학자들에게 흄의 주장은 성서처럼 여겨진다. 하지만 흄의 주장이 진정으로 의미하는 바가 무엇인지에 대해서는 논쟁이 이어지고 있다.

매킨타이어는 흄의 주장이 모든 존재 명제가 아니라 일부의 존재 명제만을 겨냥하고 있다고 본다. 흄은 도덕 판단이 영원한 합목적성이나 신의 의지에 대한 신학적 명제에서 도출되는 것에 대해서만 그 불가능성을 인정한다는 것이다. 신학적 명제는 인간의 필요나 이익과 무관해서 신학적 명제와 도덕적 명제 간에는 간격이 있을 수밖에 없기 때문이다. 결국 매킨타이어는 인간의 필요나 이익과 진정으로 관련되는 존재 명제에서만 당위 명제를 도출할 수 있다고 보는 것이 흄의 진의라고 생각했다. 이런 생각은 흄이 도덕성을 인간에게 정념이나 정서를 불러일으키는 필요나 이익과 관련된 자연적 현상이라고 확신했다는 점에서 도출된다. 매킨타이어는 그 근거로, 흄이 정서에 관해 논의할 때 사회적 규칙이 어떻게 공공의 이익을 증진하는가의 문제와 관련해서 수많은 인류학적, 사회학적 사실을 인용했던 점을 제시한다.

이런 맥락에서 매킨타이어는 '연결 개념'을 제시한다. 이 개념에는 욕구와 필요, 쾌락 등이 포함되는데, 이것들은 사실적인 것인 동시에 도덕적 개념과 밀접하게 연결된 인간 본성의 여러 측면과도 관련된다. 매킨타이어는 연결 개념이 사실들을 그것들과 관련된 도덕적 요구에 연결한다고 보고, 이것이 곧 흄이 실제로 행한 바라고 주장한다.

헌터도 흄이 존재 명제에서의 당위 명제 도출을 전적으로 부정하지는 않았다고 해석한다. 흄은 도덕 판단을 존재 명제처럼 사실적 주장으로 인식했고 따라서 사실적 주장으로서의 도덕 판단은 다른 사실적 주장에서 도출될 수 있다고 생각했다는 것이다. 헌터는 "당신이 어떤 행위나 특성을 사악하다고 말할 때, 이는 당신이 당신의 본성에 의해 그것에 대한 비난 또는 경멸의 느낌이나 정서를 가지게 된다는 사실을 의미할 뿐이다."라는 흄의 언급에 주목한다. 흄의 이 언급은 인간 정서의 사실적 진술에 관한 것이며, 이 사실적 진술은 어떤 행위나 특성에 대한 관찰과 그것에 대한 느낌 간의 인과적 연결을 기술하는 것이다.

결국 헌터의 해석에 따르면, 흄의 당위 명제는 특정한 존재 명제, 즉 이성의 관계들이나 독립적인 외부의 대상들에 관한 명제에서는 도출될 수 없지만, 인간 정서와 관련된 사실적 진술로서의 존재 명제에서는 도출될 수 있다. 이 입장에서는 만일 도덕 판단이 정서의 기술이라면, 그것은 참이거나 거짓이 되며 도덕적 지식을 산출할 수 있을 것이라고 볼 수 있다. 이러한 지식의 내용이 주관적인 것이라 해도 그렇다.

플류와 허드슨은 매킨타이어와 헌터의 흄 해석을 비판하면서, 흄은 도덕 판단을 인간 정서에 관한 사실적 진술이 아니라 정서의 표현으로 보았다고 주장한다. 만일 플류와 허드슨의 주장이 옳다면, 흄은 정서주의의 직접적인 선구자가 될 것이다. 정서주의에서는 흄처럼 사실의 기술과 정서의 표현을 구별하며, 도덕 판단을 시인과 부인의 표현으로 간주하기 때문이다. 이 입장에서 도덕 판단은 정서적 의미를 지닐 뿐이고 단지 발화자의 태도를 표현하는 것에 불과하며, 사실의 기술에서 도출될 수 없다. 따라서 정서주의는 도덕적 논증의 타당성이나 도덕적 지식이 존재할 수 없다고 주장한다. 도덕 판단이 정서의 표현이라면, 그 판단은 참이거나 거짓일 수는 없고 기껏해야 솔직하거나 솔직하지 않은 것일 뿐이기 때문이다. 결국 플류와 허드슨에 따르면, 흄은 존재 명제에서의 당위 명제 도출을 부정하고 도덕적 지식의 불가능성을 주장하는 정서주의자로 해석될 수 있다.

10. 윗글의 내용과 일치하지 <u>않는</u> 것은?

① 도덕철학에서 흄의 주장은 도덕적 지식의 불가능성을 주장하는 철학자들에게 주된 근거로 활용되고 있다.
② 매킨타이어는 흄이 영원한 합목적성이나 신의 의지에 대한 신학적 명제를 존재 명제로 보았다고 해석한다.
③ 헌터는 흄이 존재 명제와 당위 명제를 모두 사실적 주장으로 보았다고 이해한다.
④ 플루와 허드슨은 흄이 인간 정서를 사실적 진술의 대상이 아니라고 보았다고 해석한다.
⑤ 정서주의는 인간 정서가 솔직하게 표현된다면 이를 근거로 존재 명제에서 당위 명제를 이끌어낼 수 있다고 본다.

11. 윗글을 바탕으로 철학자들의 판단을 이해한 것으로 적절한 것만을 있는 대로 고른 것은?

―〈보기〉―
ㄱ. 매킨타이어에 따르면, 공익을 증진하는 사회적 규칙은 우리에게 쾌락을 유발한다면 도덕성을 지닌다는 것이 흄의 생각이다.
ㄴ. 헌터에 따르면, 인간 정서는 주관적이기 때문에 인간 정서에 대한 사실적 진술에서 도출된 도덕 판단은 도덕적 지식이 될 수 없다는 것이 흄의 생각이다.
ㄷ. 플루와 허드슨에 따르면, 도덕 판단은 정서의 표현이기 때문에 도덕적 지식이 될 수 없다는 것이 흄의 생각이다.

① ㄴ　　② ㄷ　　③ ㄱ, ㄴ
④ ㄱ, ㄷ　　⑤ ㄱ, ㄴ, ㄷ

12. 윗글을 바탕으로 〈보기〉를 해석할 때, 가장 적절한 것은?

―〈보기〉―
사악한 것으로 인정된 행위, 예를 들면 고의적 살인을 생각해 보자. 이 행위를 모든 측면에서 검토해 보라. 그리고 여기서 당신이 악덕이라고 부를 수 있는 어떤 사실 또는 진정한 존재를 발견할 수 있는지를 살펴보라. 당신이 그 행위를 어떤 방식으로 검토하든 간에 당신은 오직 어떤 정념과 동기, 의욕과 사고를 발견할 뿐이다. 당신이 그 행위를 대상으로 생각하는 한 그러한 행위에서는 악덕을 전혀 포착할 수 없을 것이다. 당신이 그 행위를 당신의 가슴으로 느껴서 그 행위에 대해 당신 안에 생겨나는 거부의 감정을 발견하기 이전에는 당신은 악덕을 발견할 수 없다. 이때 하나의 사실이 생기는데, 이것은 이성의 대상이 아니라 느낌의 대상이다. 그리고 이것은 당신 자신 안에 있는 것이지 대상에 있는 것이 아니다.
― 흄, 『인간 본성에 관한 논고』 ―

① 헌터는 '고의적 살인'에 대한 도덕 판단이 사람들에게 불러일으킨 부정적 정서의 진술에서 도출된 것이라고 생각하겠군.
② '악덕'이라는 도덕 판단의 근거를 매킨타이어는 인간의 타고난 성질에서 찾겠지만, 헌터는 시인과 부인의 표현에서 찾겠군.
③ 플루와 허드슨은 '악덕'에 대해 '고의적 살인'이 어떤 사람에게 유발한 불쾌감을 기술한 것으로 간주하겠군.
④ 매킨타이어와 달리 헌터는 '거부의 감정'이 사실적 측면과 도덕적 요구를 연결하는 개념이라고 생각하겠군.
⑤ 매킨타이어는 '당신 자신 안에 있는 것'을, 플루와 허드슨은 '대상에 있는 것'을 도덕 판단으로 간주하겠군.

패턴 2 이론 제시형 지문

1 패턴 소개

이론 제시형 지문은 제시된 지문 전체에 걸쳐 하나의 단일한 이론을 전개해 나가는 지문을 말합니다. 초창기 LEET 언어이해의 난이도가 지금에 비해 쉬웠던 시절에는 단일한 이론을 제시하는 지문이 주류를 이루었습니다. 그 이후 여러 이론들을 비교하는 학설 비교형 지문이 등장하였고 이론 제시형 지문은 서서히 출제 빈도가 감소하다가, 특히 2019학년도 LEET 개정 이후로 출제 빈도가 크게 감소하였습니다. 단 하나의 이론으로 구성된 지문보다 여러 개의 이론으로 구성된 지문이 일반적으로는 더 어렵기 때문입니다. 즉, **이론 제시형 지문의 비중은 감소하고, 학설 비교형 지문의 비중이 증가하는 것이 2019학년도 언어이해 시험이 개편된 이후의 LEET 언어이해의 주된 출제 경향이었습니다.**

그런데 2023학년도 언어이해 시험에서는 다시 이론 제시형 지문의 비중이 증가하는 모습을 보였고, 학설 비교형 지문이 적은 수로 출제되는 경향이 나타났습니다. 이러한 경향성이 나타난 2023학년도 언어이해와 2024학년도 언어이해에서는 이론 제시형 지문이 인지적 난도가 매우 높은 하나의 단일한 이론을 다루는 식으로 출제되면서 지문의 난도를 높였습니다. 반면에 2025학년도 언어이해에서는 다시 학설 비교형 지문의 출제 비중이 증가하면서 이론 제시형 지문의 출제 비중이 감소하였습니다.

학설 비교형 지문과 이론 제시형 지문은 분명하게 다른 독해 전략을 요구합니다. 학설 비교형 지문은 여러 명의 학자와 학설이 등장하기 때문에, 각 학자나 학설들이 주장하는 내용이 한두 문장의 내용 정도로 표시됩니다. 따라서 해당 내용을 깊이 있게 이해하기 위해 시간을 허비할 필요도 없고, 완전히 이해하는 것도 불가능합니다. 반면에 이론 제시형 지문은 인지적 난도가 높은 하나의 단일한 이론을 충분히 이해하고 넘어가야 문제를 수월하게 풀 수 있기 때문에 다소 시간이 걸리더라도 제시된 내용을 깊이 있게 이해하는 독해 전략이 요구됩니다.

또한 이론 제시형 지문은 문단을 나누어서 독해하는 것이 아니라 글의 처음부터 끝까지의 내용이 전부 하나의 이론을 설명하기 위해 논리적으로 연결되어 있기 때문에, 중간에 독해를 멈추지 말고 우선은 처음부터 끝까지 글을 독파해 나가는 것이 중요합니다. 반면, 학설 비교형 지문은 한 문단을 읽고 그 문단에 해당되는 문제가 있으면, 그 문제를 먼저 풀고 다시 글로 돌아오는 독해 전략이 유효합니다. 이처럼 이론 제시형 지문과 학설 비교형 지문의 독해 전략과 문제 풀이 전략에는 분명한 차이가 있습니다.

2021학년도부터 이론 제시형 지문과 학설 비교형 지문이 합쳐진 형태의 문제가 등장하기도 했습니다. 학설 비교형 지문처럼 다양한 학설들을 비교하여 제시하면서, 마지막 단락에 제시되는 특정 학설에 대해서는 마치 이론 제시형 지문처럼 세세하게 파고 들어가는 방식으로 글이 종합적으로 서술되는 것입니다. 이러한 구성은 앞선 논의들을 비교하여 서술한 후 자신이 지지하고자 하는 이론으로 글을 마무리하는 논문형 글쓰기 방식에 해당합니다. 앞으로 LEET 언어이해의 난이도가 지금보다 더 어려워진다면, 이러한 논문형 지문이 LEET 언어이해의 킬러 지문이 되리라고 예상합니다. 그렇게 된다면, 대중서를 많이 읽는 것만으로 LEET를 대비하기는 더 어려워질 것입니다. 왜냐하면, 대부분의 대중서들은 하나의 관점만을 저자가 제시하는 경우가 많기 때문에 논문형 지문에 대비하는 데 한계가 분명할 것이기 때문입니다. LEET 수험생들은 LEET 지문 고유의 글쓰기 양식과 LEET 지문에 등장하는 주요 이론들의 사고방식 및 선지화 방식을 정확하게 이해하고 공부하여서 점점 더 난도가 높아지는 LEET 언어이해 지문들에 대비해야 합니다.

2 대표 기출문제

출제시기	소재 및 문제 번호
2025학년도	솔로우 성장모형(16~18번)
2023학년도	제도가능곡선 모델(19~21번)
	낭만주의와 낭만적인 것(22~24번)
2021학년도	가라타니 고진의 풍경론(4~6번)
2018학년도	코즈 정리를 정교화한 윌리엄슨의 거래 이론(26~29번)
	권력의 집중도에 따른 민주주의의 유형 분류 이론(30~32번)
2016학년도	책임 정당정부 이론(17~19번)
	골딘과 카츠의 교육과 기술의 경주 이론(26~28번)
2015학년도	헤겔의 예술론(7~10번)
	레비의 회색 지대(21~23번)
2014학년도	상전이 현상에서 착안한 범죄학 이론(4~7번)
2013학년도	최적통화지역 이론(7~9번)
	주희의 심통성정론(13~15번)
2012학년도	유권자의 정치 선택 이론(9~11번)
	비고츠키의 인지 발달 이론(24~26번)
2010학년도	회슬레의 철학 장르론(33~35번)
2009학년도	판 구조 이론(20~22번)
	정낭의 역류 열전달 이론(35~37번)

3 독해 전략

STEP 1 | 지문에서 이론을 만든 목적, 이론이 태어난 배경을 주목한다.

✓ 수많은 이론들의 이름을 체크하는 것이 중요한 학설 비교형 지문과 달리, 이론 제시형 지문에서는 하나뿐인 이론의 이름보다는 이론을 만든 목적, 이론이 태어난 배경이 더 중요하다. 서문에서 이 부분을 체크하면서 독해를 시작한다.

▼

STEP 2 | 지문을 처음부터 끝까지 독파한다는 생각으로 독해한다.

✓ 독해 중간에 문제로 넘어가는 전략을 사용하지 말고, 우선 끝까지 글을 독파한다.
✓ 이론의 큰 그림이 먼저 파악이 되어야 지문의 세부 내용도 이해될 수 있는 것이 이론 제시형 지문의 특징이다.

▼

STEP 3 | 이론의 구체적 메커니즘을 이해한다. 특히 계량적 메커니즘은 반드시 출제된다.

✓ 이론의 목적성과 큰 그림을 이해하고 나면, 이론의 핵심이 되는 구체적인 메커니즘을 반드시 파고든다.
✓ 메커니즘이 계량적으로 작동한다면 반드시 문제에 출제되므로 대충 이해하고 넘어가서는 안 된다. 메커니즘이 잘 이해가 안 되는 경우에 문제에 제시된 사례가 이해를 돕는 경우도 있으므로 관련 문제를 해설서로 삼아 구체적인 메커니즘을 이해하는 것도 전략이다.

▼

STEP 4 | 지문의 마지막 부분에 이론에 대한 평가, 혹은 이론의 한계점과 이에 대한 보완책이 제시된다면 반드시 체크한다.

✓ 이론 제시형 지문은 이론에 대한 평가로 지문을 마무리 하는 경우가 많다. 특히 지문의 마지막 부분에 이론의 한계점을 지적하면서 이에 대한 보완책이 제시되었다면, 문제에 반드시 출제되므로 이론의 결함이 구체적으로 어느 부분에서 발생하는지를 이해하고 넘어가야 한다.

이 문제는 반드시 출제된다!
- **이론 핵심 파악**: 지문에 제시된 이론이 왜 유용한지, 왜 화제가 되는지 등을 파악해야 한다.
- **이론 적용**: 상황을 제시하고 이론을 적용하는 문제가 지문의 세 번째 문제로 반드시 출제된다.

4 문제에 적용해보기

독해 전략을 적용하여 연습문제를 풀이해 봅시다.

연습문제 1

[01~03] 다음 글을 읽고 물음에 답하시오.   2012학년도 LEET 문24~26

> 인간 의식의 사회 문화적인 측면을 강조한 비고츠키의 이론이 소개되면서, 인간의 인지 발달에 대한 새로운 해석이 가능하게 되었다. 비고츠키는 인간의 인지 발달을 설명하면서 '고등 정신 기능의 사회적 기원'을 강조하였다. 인간의 심리는 본성적으로 사회적 관계들의 총체를 내면적으로 표상한다. 따라서 표상의 대상은 개인이 인식하기 이전에 이미 사회적으로 존재한 것이다. 개인은 심리적 도구인 기호의 매개를 통해 사회적 관계 속에 존재하는 고등 정신 기능을 내면화한다. 고등 정신 기능은 두 국면에서 나타나는데, 먼저 사회적 국면은 심리 간 범주인 사람 사이에서 나타나고, 다음으로 심리적 국면은 심리 내 범주인 인간의 내부에서 나타난다. 여기서 심리 간 범주는 고등 정신 기능의 발달을 위해 구체적인 사회적 상호 작용에서 타인의 도움을 받는 과정을 뜻하며, 심리 내 범주는 그것이 개인 내부에서 습득되는 과정을 말한다.
>
> 여기서 중요한 것은 심리 간 범주에서 일어나는 상호 작용의 내용이 심리 내 범주로 있는 그대로 옮겨 가는 것이 아니라는 점이다. 즉 인식의 주체인 개인은 자기 조절 과정을 거치면서 심리 간 범주의 상호 작용의 내용을 스스로 의미 있게 이해해 간다. 예를 들어, 성인과 아동이 어떤 대상이나 사건에 대해 서로 다른 표상을 갖고 있다고 하자. 아동은 처음에는 아무 의미 없이 성인이 표상을 사용하는 방식을 모방할 수 있지만, 곧 성인과의 상호 작용을 통해 표상이 사용되는 맥락과 의미를 깨닫게 된다. 자신의 이해를 바탕으로, 아동은 스스로 다시 표상을 사용하며 성인과 상호 작용하게 된다. 이런 과정을 반복하면서 아동은 표상의 맥락과 의미를 점차 알아가게 되고, 최종적으로는 성인의 도움 없이 혼자 힘으로 맥락과 의미에 맞게 표상을 사용할 수 있게 된다.
>
> 이런 내면화 과정은 근접 발달 영역에서 일어난다. 근접 발달 영역은 실제적 발달 수준과 잠재적 발달 수준 사이의 간격이다. 실제적 발달 수준은 아동이 혼자서 문제를 해결하는 능력에 의해 결정되고, 잠재적 발달 수준은 성인의 안내 혹은 더 유능한 동료와의 협동을 통해서 문제를 해결할 수 있는 능력에 의해 결정된다. 근접 발달 영역 안에 존재하는 정신 기능은 미래에 성숙할 것이지만 현재는 미성숙 상태에 있는 정신 기능이다. 실제적 발달 수준은 이미 이루어진 정신 발달 수준을 나타내는 반면, 잠재적 발달 수준은 앞으로 기대되는 정신 발달 수준을 나타낸다. 비고츠키는 실제적 발달 수준보다 잠재적 발달 수준이 아동의 발달 수준을 더 잘 보여 준다고 하면서, 아동의 근접 발달 영역 안에서 성인이나 더 유능한 동료가 교수·학습적인 도움을 제공해 줌으로써 발달을 촉진할 수 있다고 하였다.
>
> 그렇다면 근접 발달 영역에서 교수·학습은 구체적으로 어떻게 이루어질 수 있을까? 1단계는 학습자가 더 유능한 타인의 도움을 받아 학습 과제를 수행하는 단계이다. 학습자는 성취해야 할 학습 목표에 대한 이해가 거의 없는 상태에서 교수자의 도움을 받아 학습 과제를 수행한다. 이때 교수자의 역할이 매우 중요하다. 학습자가 주어진 학습 과제를 점차 이해하게 됨에 따라 수행 보조자로서 교수자는 도움의 양을 점차 줄여 간다. 2단계는 학습자 스스로 학습 과제를 수행하는 단계이다. 학습자는 이제 교수자의 도움을 받지 않거나 적은 도움으로 학습 과제를 수행할 수 있게 된다. 그러나 학습자의 과제 수행이 완수된 단계는 아니다. 3단계는 학습 과제 수행이 완수되어 학습 목표가 성취된 단계이다. 이 단계에서 학습자는 더 이상 교수자의 도움을 받을 필요 없이 혼자 힘으로 학습 과제를 수행하게 된다. 마지막 4단계는 학습자가 혼자서 해결할 수 없는 또 다른 새로운 성취 목표에 직면하게 됨에 따라 다음 근접 발달 영역으로 나아가는 단계를 말한다.

지문 요약 연습

연습문제를 풀이하면서 지문의 각 문단을 요약해 보세요.

사실 확인
01. 윗글의 내용과 일치하지 않는 것은?

① 기호를 매개로 한 심리적 활동이 사고 발달을 견인한다.
② 표상의 대상은 학습 이전에 이미 개인의 내면에 존재하던 것이다.
③ 교수·학습의 과정은 심리 간 범주와 심리 내 범주에서 일어난다.
④ 현재의 잠재적 발달 수준은 미래의 실제적 발달 수준이 될 수 있다.
⑤ 인지 발달에서 사회적 국면의 활동은 심리적 국면의 활동으로 전환된다.

★ **선생님 TIP**
제시된 이론의 캐치프레이즈 기억하기
아인슈타인의 상대성 이론을 한 마디로 표현한 캐치프레이즈는 무엇일까요? 바로 '물체의 운동 속도에 따라 시간이 다르게 흐른다.'입니다. 이와 같이 특정 이론을 한 마디, 한 문장으로 표현한 부분에서 문제가 출제되기 때문에 제시된 이론의 캐치프레이즈는 이론 제시형 지문에서 매우 중요합니다.
[예시] 비고츠키의 인지 발달 이론 = 고등 정신 기능의 사회적 기원

이론 핵심 파악
02. 윗글에 제시된 비고츠키의 이론에 기초한 학습 원리를 가장 잘 드러낸 것은?

① 반복적 강화를 통한 사회적 태도의 숙달
② 개인적 경험을 통한 선험적 관념의 확인
③ 단계적 설명을 통한 사실적 지식의 주입
④ 교수적 소통을 통한 개념의 능동적 형성
⑤ 성찰적 숙고를 통한 원리의 직관적 통찰

이론 적용

03. 윗글에 제시된 비고츠키의 이론을 지지하는 가설을 수립하고 이를 검증하기 위한 실험을 <보기>와 같이 설계하였다. 이 과정에서 잘못된 항목이 하나 발견되었다고 할 때, 이를 바르게 수정한 것은?

―〈보기〉―

중학교 1학년 학생들로 실험 집단 A와 B를 구성하고 학습지 형식으로 구성된 학습 과제를 부여하여 학습하게 한 후, 집단 간 학습 효과를 비교한다.
ㄱ. 학습 집단: A, B 집단 모두 하위 수준 학생으로 동질한 집단을 구성한다.
ㄴ. 학습 과제: A, B 집단 모두에게 해당 학년에서 성취해야 할 학습 목표에 부합하는 학습지 형식의 학습 과제를 부여한다.
ㄷ. 학습 방법: A, B 집단 모두 협동적 상호 작용을 통해 학습 과제를 수행하게 한다.
ㄹ. 학습 시간: A, B 집단 모두 총 20시간 동안 학습을 수행하게 한다.
ㅁ. 학습 평가: 학습 수행 후, A, B 집단의 학습 목표 도달 여부를 판단할 수 있는 평가 문제를 풀게 한 다음, 집단 간 점수를 비교한다.

① ㄱ: A 집단은 상위 수준 학생으로, B 집단은 하위 수준 학생으로 구성한다.
② ㄴ: A, B 집단 모두에게 해당 학년의 고난도 학습 과제를 부여한다.
③ ㄷ: A 집단에는 이미 학습 목표에 도달한 상위 수준 학생을 투입하여 하위 수준 학생과 협동적으로 학습 과제를 수행하게 하고, B 집단은 개별적으로 학습 과제를 수행하게 한다.
④ ㄹ: A 집단은 총 10시간, B 집단은 총 20시간 동안 학습을 수행하게 한다.
⑤ ㅁ: 학습 수행 후, A 집단에게는 저난도 평가 문제를, B 집단에게는 고난도 평가 문제를 제시하여 풀게 한 다음, 집단 간 점수를 비교한다.

★ 선생님 TIP

비고츠키 이론의 핵심을 계속 상기하며 문제를 풀이합니다.

📘 더 알아보기

표상

표상(Representation)이라는 단어는 철학 지문에서 자주 등장하므로 그 정확한 의미를 알아두는 것이 좋습니다. 표상은 직관의 과정을 통해 머릿속에 떠오른 이미지를 의미합니다. 즉, 우리가 대상을 직관적으로 이해하였을 때나 눈을 감고 상상하였을 때, 머릿속에 어렴풋하게 떠오르는 이미지의 개념이 바로 표상입니다.

[예시]
1) 표상하다(직관적 상상) ↔ 인식하다(이성적 이해)
2) "우리가 외부의 대상이라고 인식하는 것은 실은 감정의 표상에 불과하다." -칸트-

표상의 의미를 이해하기 위해 지문의 문장을 해석해 봅시다.
1) 인간의 심리는 사회적 관계들의 총체를 내면적으로 표상한다.
   → 인간의 심리는 사회적 관계들의 총체를 내면의 이미지로 떠올린다.
2) 따라서 표상의 대상은 개인이 인식하기 이전에 이미 사회적으로 존재한 것이다.
   → 따라서 머릿속 이미지의 대상은 개인이 인식하기 이전에 이미 사회적으로 존재한 것이다.

📖 가이드 & 정답 확인하기

가이드에 따라 지문과 문제를 분석하고 정답을 확인해 봅시다.

STEP 1 지문에서 이론을 만든 목적, 이론이 태어난 배경을 주목한다.

[첫 번째 문단] 비고츠키의 인지 발달 이론의 요약적 소개

> 인간 의식의 사회 문화적인 측면을 강조한 비고츠키의 이론이 소개되면서, 인간의 인지 발달에 대한 새로운 해석이 가능하게 되었다. 비고츠키는 인간의 인지 발달을 설명하면서 '고등 정신 기능의 사회적 기원'을 강조하였다. 인간의 심리는 본성적으로 사회적 관계들의 총체를 내면적으로 표상한다. 따라서 표상의 대상은 개인이 인식하기 이전에 이미 사회적으로 존재한 것이다. 개인은 심리적 도구인 기호의 매개를 통해 사회적 관계 속에 존재하는 고등 정신 기능을 내면화한다. 고등 정신 기능은 두 국면에서 나타나는데, 먼저 사회적 국면은 심리 간 범주인 사람 사이에서 나타나고, 다음으로 심리적 국면은 심리 내 범주인 인간의 내부에서 나타난다. 여기서 심리 간 범주는 고등 정신 기능의 발달을 위해 구체적인 사회적 상호 작용에서 타인의 도움을 받는 과정을 뜻하며, 심리 내 범주는 그것이 개인 내부에서 습득되는 과정을 말한다.

첫 번째 문단에 제시된 비고츠키의 이론에 따르면 인간은 사회적 관계를 표상함으로써, 즉 머릿속 이미지로 내면화함으로써 고등 정신 기능을 발달시킨다는 것을 알 수 있습니다. 따라서 비고츠키는 인간의 인지 발달 설명을 통해 고등 정신 기능이 사회적으로 어떻게 기원되었는지를 설명하기 위해 이론을 창시했음을 알 수 있습니다.

인간의 인지 발달에 대한 새로운 해석 고등 정신 기능의 사회적 기원	➡	비고츠키의 이론의 핵심 내용

STEP 2 지문을 처음부터 끝까지 독파한다는 생각으로 독해한다.

[두 번째 문단] 인지 발달 이론의 구체적 메커니즘 (내면화 과정)

> 여기서 중요한 것은 심리 간 범주에서 일어나는 상호 작용의 내용이 심리 내 범주로 있는 그대로 옮겨 가는 것이 아니라는 점이다. 즉 인식의 주체인 개인은 자기 조절 과정을 거치면서 심리 간 범주의 상호 작용의 내용을 스스로 의미 있게 이해해 간다. 예를 들어, 성인과 아동이 어떤 대상이나 사건에 대해 서로 다른 표상을 갖고 있다고 하자. 아동은 처음에는 아무 의미 없이 성인이 표상을 사용하는 방식을 모방할 수 있지만, 곧 성인과의 상호 작용을 통해 표상이 사용되는 맥락과 의미를 깨닫게 된다. 자신의 이해를 바탕으로, 아동은 스스로 다시 표상을 사용하며 성인과 상호 작용하게 된다. 이런 과정을 반복하면서 아동은 표상의 맥락과 의미를 점차 알아가게 되고, 최종적으로는 성인의 도움 없이 혼자 힘으로 맥락과 의미에 맞게 표상을 사용할 수 있게 된다.

두 번째 문단에는 '심리 간 범주'의 표정을 자기 조절 과정을 통해 이해함으로써 '심리 내 범주'에 독자적인 표상을 내면화 한다는 내용이 제시되어 있습니다.

자기 조절 과정을 통해 내면화		
사회적 국면	➡	심리적 국면
심리 간 범주		심리 내 범주

STEP 3 이론의 구체적 메커니즘을 이해한다. 특히 계량적 메커니즘은 반드시 출제된다.

[세 번째 문단] 내면화 과정이 발생하는 '근접 발달 영역'의 개념

> 이런 내면화 과정은 근접 발달 영역에서 일어난다. 근접 발달 영역은 실제적 발달 수준과 잠재적 발달 수준 사이의 간격이다. 실제적 발달 수준은 아동이 혼자서 문제를 해결하는 능력에 의해 결정되고, 잠재적 발달 수준은 성인의 안내 혹은 더 유능한 동료와의 협동을 통해서 문제를 해결할 수 있는 능력에 의해 결정된다. 근접 발달 영역 안에 존재하는 정신 기능은 미래에 성숙할 것이지만 현재는 미성숙 상태에 있는 정신 기능이다. 실제적 발달 수준은 이미 이루어진 정신 발달 수준을 나타내는 반면, 잠재적 발달 수준은 앞으로 기대되는 정신 발달 수준을 나타낸다. 비고츠키는 실제적 발달 수준보다 잠재적 발달 수준이 아동의 발달 수준을 더 잘 보여 준다고 하면서, 아동의 근접 발달 영역 안에서 성인이나 더 유능한 동료가 교수·학습적인 도움을 제공해 줌으로써 발달을 촉진할 수 있다고 하였다.

세 번째 문단에서 '근접 발달 영역'의 개념을 계량적으로 정의하고 있으므로 반드시 체크하고 넘어가야 합니다.

• 근접 발달 영역＝잠재적 발달 수준－실제적 발달 수준

[네 번째 문단] 학습 과정을 통해 살펴보는 내면화 과정의 구체적 사례

> 그렇다면 근접 발달 영역에서 교수·학습은 구체적으로 어떻게 이루어질 수 있을까? 1단계는 학습자가 더 유능한 타인의 도움을 받아 학습 과제를 수행하는 단계이다. 학습자는 성취해야 할 학습 목표에 대한 이해가 거의 없는 상태에서 교수자의 도움을 받아 학습 과제를 수행한다. 이때 교수자의 역할이 매우 중요하다. 학습자가 주어진 학습 과제를 점차 이해하게 됨에 따라 수행 보조자로서 교수자는 도움의 양을 점차 줄여 간다. 2단계는 학습자 스스로 학습 과제를 수행하는 단계이다. 학습자는 이제 교수자의 도움을 받지 않거나 적은 도움으로 학습 과제를 수행할 수 있게 된다. 그러나 학습자의 과제 수행이 완수된 단계는 아니다. 3단계는 학습 과제 수행이 완수되어 학습 목표가 성취된 단계이다. 이 단계에서 학습자는 더 이상 교수자의 도움을 받을 필요 없이 혼자 힘으로 학습 과제를 수행하게 된다. 마지막 4단계는 학습자가 혼자서 해결할 수 없는 또 다른 새로운 성취 목표에 직면하게 됨에 따라 다음 근접 발달 영역으로 나아가는 단계를 말한다.

지문을 처음부터 끝까지 독파하는 듯이 독해하였다면, 비고츠키의 인지 발달 이론에 대한 대략적인 큰 그림이 그려졌을 것입니다. 이를 바탕으로 지문의 사실 확인을 묻는 01번 문제부터 풀이해 봅시다.

② 첫 번째 문단에서 '표상의 대상은 개인이 인식하기 이전에 이미 사회적으로 존재한 것이다.'라고 했으므로 ②는 지문의 내용과 일치하지 않는다. '표상'의 의미가 '머릿속 이미지'라는 것을 이해한다면, 다른 사람들과의 관계를 표상의 대상으로 삼는데 이 표상의 대상이 이미 개인의 내면에 존재한다는 것은 어불성설임을 간단하게 파악할 수 있다.

⑤ 두 번째 문단에서 '심리 간 범주(사회적 국면)에서 일어나는 상호 작용의 내용이 심리 내 범주(심리적 국면)로 있는 그대로 옮겨 가는 것이 아니라는 점이다.'라고 했으므로 ⑤를 정답으로 착각하기 쉽다. 그러나 위의 문장에서 부정이 걸린 부분은 '그대로'에 걸린 것이지, '옮겨 가는 것'에 걸린 것이 아니다. 해당 문장의 뒤에 오는 내용을 살펴보면, 심리 간 범주의 상호 작용이 상호 작용을 거쳐 심리 내 범주로 옮겨 간다고 했으므로 ⑤는 지문의 내용과 일치하는 내용이다. → **매력적 오답**

[정답] ②

01번 문제를 풀이하였다면, 이어서 02번 문제를 풀이해 봅시다. 앞선 지문을 분석하면서 비고츠키의 인지 발달 이론을 캐치프레이즈로 정리하면, '고등 정신 기능의 사회적 기원'임을 알 수 있습니다. 이처럼 비고츠키의 인지 발달 이론의 핵심을 떠올리면서 문제를 풀이해 보겠습니다. 이때 발문에서 '비고츠키의 이론에 기초한 학습 원리'라는 문구에 집중합니다.

④ 비고츠키의 인지 발달 이론의 핵심은 사회적 관계를 이미지로 내면화하고, 그 이미지를 주체적으로 조절하여 자신만의 이미지로 만들어 가는 과정으로 요약된다. 즉, 타인과의 사회적 관계에서 개념이 능동적으로 만들어진다는 것이므로 ④가 이에 해당한다.

[정답] ④

마지막으로 03번 문제를 풀이해 봅시다.

③ 비고츠키 이론의 핵심은 사회적 관계를 통한 고등 지능 발달이다. 따라서 비고츠키의 이론이 적용되려면 사회적 관계를 통해 표상을 제공하는 고등 지능 발달자가 주변에 있어야 한다. 이에 따라 A 집단에 상위 수준 학생을 투입한다면 A 집단은 비고츠키의 이론이 적용될 집단이 되고, 아무도 투입하지 않은 B 집단은 비고츠키의 이론이 적용되지 않을 대조군이 된다. A 집단과 B 집단의 학업 성취를 비교함으로서 비고츠키의 이론이 타당한지를 실험적으로 검증할 수 있다.

[정답] ③

연습문제 2

[04~06] 다음 글을 읽고 물음에 답하시오. 2013학년도 LEET 문13~15

인격 완성과 도덕적 실천을 중시한 송대 유학자들에게 심(心)은 중요한 철학적 문제였다. 남송 시대의 주희는 심의 작용에 주목하여 미발이발(未發已發)과 체용(體用)의 논리를 근거로 ⊙심통성정론(心統性情論)을 제시했다. 미발과 이발은 희로애락(喜怒哀樂)과 같은 감정이 심에서 드러나는 과정을 드러나기 이전과 이후로 나누어 설명하는 개념이다. 체용은 본체와 작용으로서, 동일한 사물의 서로 구별되지만 나누어질 수 없는 관계를 가리킨다.

주희는 일신의 주재자인 심에는 인식이 성립하는 과정을 기준으로 하여 미발과 이발의 두 단계가 있다고 주장한다. 그는 심을 이발로만 보던 관점을 극복하고, 지각 작용이 시작하기 이전이 미발 상태이며 그 이후가 이발이라고 보았다. 나아가 그는 감정의 문제를 논하기 위해 심의 본체와 작용으로 각각 성(性)과 정(情)을 규정하고, 정은 성이 드러난 것이요 성은 정의 근거라고 보았다. 이러한 주장을 토대로 심이 성과 정을 통괄하는 총체라는 심통성정론을 구축했다.

심이 성과 정을 통괄한다는 것은 심이 성과 정을 겸하고 있다는 것과 심이 성과 정을 각각 주재한다는 두 가지 의미를 지니고 있다. 감정이 드러나기 이전에 심은 성이 온전한 모습을 유지하도록 주재하고, 감정이 드러나는 단계에서 심은 정이 올바르게 드러나도록 주재하여 도덕적 행위가 가능하도록 한다는 것이다. 주희는 인간이 천리(天理)와 일치하는 순선무악한 천명지성(天命之性)을 하늘로부터 부여받았을 뿐만 아니라 육체라는 기(氣)의 요인을 가진 기질지성(氣質之性)을 타고났다고 보았다. 천명지성은 도덕의 근거이지만, 기질지성은 주어진 청탁후박(淸濁厚薄)의 기질적 차이로 이익의 추구나 감각적 욕구에 빠져 드는 악한 감정의 뿌리가 된다. 기질지성은 성(性)이라는 면에서는 이(理)의 성격을 지니지만 기질이라는 면에서는 기(氣)의 성격을 지니고 있다. 그렇다고 해서 기질지성이 천명지성과 별도로 존재한다는 것은 아니다. 주희가 이러한 주장을 하게 된 것은 인간의 본성이 필연적으로 기질의 영향을 받을 수밖에 없다는 점을 강조하려 했기 때문이다. 즉 도덕적 행위가 가능하기 위해서는 기질지성을 변화시켜 천명지성을 보존해야 한다는 것이다.

심통성정론은 기질지성을 지닌 인간이 어떻게 본성을 발휘하여 도덕적 감정을 실현할 수 있을지에 대답하기 위한 주희의 해결책이다. 심은 정이 드러나기 이전 단계에서 자신의 본체이기도 한 성을 어떻게 주재할 것인가? 주희가 이러한 난문을 해결하기 위해 도입한 방법은 경(敬)을 통한 품성의 함양이었다. 경은 항상 깨어 있으라는 상성성(常惺惺)과 엄숙한 자세인 정제엄숙(整齊嚴肅) 등의 방식으로 흐트러지기 쉬운 심을 한곳에 잡아 두는 것이다. 예법의 준수와 용모의 단정 등과 같은 행위 또한 심성에 영향을 미치므로 경에 들어가는 방도로 인정된다. 품성을 함양하는 경의 단계는 심이 미발일 때이며, 이발일 때는 격물치지(格物致知)의 단계이다. 격물은 구체적인 사물이나 사태에 나아가 하나씩 원리를 궁구해 가는 과정이며, 치지는 이러한 탐구를 통해 점진적으로 학습한 원리가 보편적 원리와 일치함을 깨달아 가는 과정이다. 누적된 지식은 비약적으로 확장하여 만물의 원리를 일관하는 천리와 합일한다. 심의 원리인 성이 천리와 합일하는 것이 주희가 제시한 성즉리(性卽理)의 철학이었다. 이처럼 주희는 미발일 때의 함양과 이발일 때의 격물이라는 수양론을 제시하면서 사회적 실천은 이러한 수양을 전제로 한다고 주장했다.

주희가 제시한 격물의 대상은 조수초목(鳥獸草木)과 윤상 규범(倫常規範)에 이르기까지 광범하였지만, 그 방법은 주로 성현이 이미 원리를 기록해 둔 경전의 학습이었다. 주희의 격물론은 도덕의 원리를 탐구하는 지적인 과정이고 최종의 목표는 인격 완성이었기 때문에 그는 미발 단계에 설정해 두었던 함양 공부를 이발 단계의 공부에까지 확장하여 수양론을 완성했다. 주희의 철학은 심성에 관한 치밀한 분석을 통해 천리에 따르는 인간의 길을 제시했고, 명리(名利)를 좇아가는 세상을 도덕적 사회로 바꾸고자 했다.

★ 선생님 TIP
기초 논리
ⓐ A가 B를 할 가능성이 있다.
≠ ⓑ A는 B를 한다.
→ 'ⓑ이면 ⓐ이다.'는 참이지만, 'ⓐ이면 ⓑ이다.'는 거짓입니다. LEET 언어이해의 사실 확인 문제에서 오답 유형으로 자주 등장하는 논리 패턴이므로 반드시 기억해야 합니다.

사실 확인
04. ㉠에 대한 이해로 바르지 않은 것은?
① 희로애락이라는 감정은 희로애락의 본성에서 나온다.
② 희로애락의 본성은 체이고 희로애락이라는 감정은 용이다.
③ 기질지성으로부터 나오는 희로애락이라는 감정은 순선하지 않다.
④ 심이 미발일 때 희로애락의 본성은 본래의 상태로부터 벗어나 있다.
⑤ 이발 상태의 심은 희로애락이라는 감정이 올바르게 드러나도록 주재한다.

★ 선생님 TIP
이론의 목적성
'이론의 목적성'은 높은 확률로 문제로 출제되므로 이론 제시형 지문을 독해할 때는 '이론의 목적성'을 반드시 체크해야 합니다.

이론 핵심 파악
05. 주희의 수양론으로 바르지 않은 것은?
① 행동거지는 마음의 발현이므로 윤리적 규범에 따라 행동하고자 한다.
② 사회적 실천을 우선시하면서 경을 통해 경전을 학습하여 진리를 탐구하고자 한다.
③ 사물의 이치를 궁구하는 데에는 마음가짐이 중요하므로 품성의 도야에 힘쓰고자 한다.
④ 타고난 마음의 선한 뿌리가 사라지지 않도록 항상 깨어 있는 자세를 유지하고자 한다.
⑤ 자연 및 사회 현상의 원리에 대한 탐구를 통해 궁극적으로 도덕 원리의 파악에 이르고자 한다.

더 알아보기
한문 개념어를 한글 개념어로 바꿔보자
2021년에야 변호사시험에 순한글화 법전이 도입될 정도로 법조계의 한문 사랑은 잘 알려져 있습니다. 즉, 그전까지는 국·한문을 혼용하는 법전을 사용했다는 뜻입니다. 법학의 압축적 개념어들은 대부분 한문으로 구성되어 있고, 법학을 공부하다 보면 자연스럽게 한문에 익숙해질 것입니다. 따라서 LEET 언어이해에서는 국·한문 혼용의 고전 지문이 종종 출제됩니다. 국·한문이 혼용되는 고전 지문은 다음과 같이 접근하기로 합니다.
1. 한문 개념어를 한글 개념어로 바꿔서 읽습니다.
   [예시] 성(性) → 본성
   정(情) → 감정
   심통성정론 → 마음이 본성과 감정을 통제한다는 이론
2. 이론 제시형 지문은 모든 세부 내용을 파악하기보다는 큰 그림을 독해한 후, 문제를 보고 다시 지문에서 근거를 찾으면서 풀어가면 쉽게 풀릴 수 있습니다.

이론 핵심 파악
06. 윗글에 따를 때, 주희의 문제의식으로 볼 수 없는 것은?
① 경전 학습이 도덕적 인간에 이르는 방법이 될 수 있을까?
② 인간이 악한 행동이나 나쁜 감정을 보이는 이유는 무엇일까?
③ 세상 만물을 관통하는 근본적 원리를 어떻게 파악할 수 있을까?
④ 천리와 인도의 위상을 바꾸어 주체적인 삶을 영위하는 방법은 무엇인가?
⑤ 이익을 좋아하는 경향이 있는 세상을 어떻게 도덕적 사회로 만들 수 있을까?

📖 가이드 & 정답 확인하기

가이드에 따라 지문과 문제를 분석하고 정답을 확인해 봅시다.

STEP 1 지문에서 이론을 만든 목적, 이론이 태어난 배경을 주목한다.

[첫 번째 문단] 심통성정설의 요약적 소개

> 인격 완성과 도덕적 실천을 중시한 송대 유학자들에게 심(心)은 중요한 철학적 문제였다. 남송 시대의 주희는 심의 작용에 주목하여 미발이발(未發已發)과 체용(體用)의 논리를 근거로 ㉠심통성정론(心統性情論)을 제시했다. 미발과 이발은 희로애락(喜怒哀樂)과 같은 감정이 심에서 드러나는 과정을 드러나기 이전과 이후로 나누어 설명하는 개념이다. 체용은 본체와 작용으로서, 동일한 사물의 서로 구별되지만 나누어질 수 없는 관계를 가리킨다.

주희가 제시한 '심통성정설'의 목적을 확인하기 위해 첫 번째 문단을 독해해 봅시다. 주희의 '심통성정설'의 목적은 인격 완성과 도덕적 실천에서 '심'의 역할을 규명하기 위해서임을 확인할 수 있습니다.

STEP 2 이론의 구체적 메커니즘을 이해한다.

이 지문은 두 번째 문단부터 심통성정설의 구체적인 메커니즘이 제시되고 있으므로 지문을 처음부터 끝까지 독파하는 전략보다는 메커니즘을 이해하는 데 주력하여 지문을 독해해 봅시다.

[두 번째 문단] 심통성정설의 구체적 메커니즘에 대한 소개

> 주희는 일신의 주재자인 심에는 인식이 성립하는 과정을 기준으로 하여 미발과 이발의 두 단계가 있다고 주장한다. 그는 심을 이발로만 보던 관점을 극복하고, 지각 작용이 시작하기 이전이 미발 상태이며 그 이후가 이발이라고 보았다. 나아가 그는 감정의 문제를 논하기 위해 심의 본체와 작용으로 각각 성(性)과 정(情)을 규정하고, 정은 성이 드러난 것이요 성은 정의 근거라고 보았다. 이러한 주장을 토대로 심이 성과 정을 통괄하는 총체라는 심통성정론을 구축했다.

두 번째 문단에서 제시된 심통성정설의 메커니즘을 정리하면 다음과 같습니다.

- '심'이 Control 한다. → 본성과 감정의 체용관계
  - 성=본성: '심'의 본체(원래 모습)
  - 정=감정: '심'의 작용(Action. '심'이 행동하여 날뛰는 모습)
  - 미발: 감정이 발사되기 전인 상태(Before Action) → **'심'이 '성'인 상태**
  - 이발: 감정이 이미 발사된 상태(After Action) → **'심'이 '정'이 된 상태**

[세 번째 문단] '심'의 Control 기능을 통한 도덕적 행위의 가능성

> 심이 성과 정을 통괄한다는 것은 심이 성과 정을 겸하고 있다는 것과 심이 성과 정을 각각 주재한다는 두 가지 의미를 지니고 있다. 감정이 드러나기 이전에 심은 성이 온전한 모습을 유지하도록 주재하고, 감정이 드러나는 단계에서 심은 정이 올바르게 드러나도록 주재하여 도덕적 행위가 가능하도록 한다는 것이다. 주희는 인간이 천리(天理)와 일치하는 순선무악한 천명지성(天命之性)을 하늘로부터 부여받았을 뿐만 아니라 육체라는 기(氣)의 요인을 가진 기질지성(氣質之性)을 타고났다고 보았다. 천명지성은 도덕의 근거이지만, 기질지성은 주어진 청탁후박(淸濁厚薄)의 기질적 차이로 이익의 추구나 감각적 욕구에 빠져 드는 악한 감정의 뿌리가 된다. 기질지성은 성(性)이라는 면에서는 이(理)의 성격을 지니지만 기질이라는 면에서는 기(氣)의 성격을 지니고 있다. 그렇다고 해서 기질지성이 천명지성과 별도로 존재한다는 것은 아니다. 주희가 이러한 주장을 하게 된 것은 인간의 본성이 필연적으로 기질의 영향을 받을 수밖에 없다는 점을 강조하려 했기 때문이다. 즉 도덕적 행위가 가능하기 위해서는 기질지성을 변화시켜 천명지성을 보존해야 한다는 것이다.

세 번째 문단에서 주희는 기질지성을 변화시켜 천명지성을 보존해야 도덕적 행위가 가능하다고 보았으므로 '심'의 Control 기능의 키워드가 되는 '천명지성'과 '기질지성'을 정리해 봅시다.
- 천명지성: 순선무악, 도덕의 근거, 이(理)의 성격을 지님
- 기질지성: 육체라는 기(氣)의 요인을 가짐, 악해질 수 있음

STEP 3 지문의 마지막 부분에 이론에 대한 평가, 혹은 이론의 한계점과 이에 대한 보완책이 제시된다면 반드시 체크한다.

[네 번째 문단] '경'을 통한 품성의 함양으로 도덕적 감정의 실현 가능성 제시

> 심통성정론은 기질지성을 지닌 인간이 어떻게 본성을 발휘하여 도덕적 감정을 실현할 수 있을지에 대답하기 위한 주희의 해결책이다. 심은 정이 드러나기 이전 단계에서 자신의 본체이기도 한 성을 어떻게 주재할 것인가? 주희가 이러한 난문을 해결하기 위해 도입한 방법은 경(敬)을 통한 품성의 함양이었다. 경은 항상 깨어 있으라는 상성성(常惺惺)과 엄숙한 자세인 정제엄숙(整齊嚴肅) 등의 방식으로 흐트러지기 쉬운 심을 한곳에 잡아 두는 것이다. 예법의 준수와 용모의 단정 등과 같은 행위 또한 심성에 영향을 미치므로 경에 들어가는 방도로 인정된다. 품성을 함양하는 경의 단계는 심이 미발일 때이며, 이발일 때는 격물치지(格物致知)의 단계이다. 격물은 구체적인 사물이나 사태에 나아가 하나씩 원리를 궁구해 가는 과정이며, 치지는 이러한 탐구를 통해 점진적으로 학습한 원리가 보편적 원리와 일치함을 깨달아 가는 과정이다. 누적된 지식은 비약적으로 확장하여 만물의 원리를 일관하는 천리와 합일한다. 심의 원리인 성이 천리와 합일하는 것이 주희가 제시한 성즉리(性卽理)의 철학이었다. 이처럼 주희는 미발일 때의 함양과 이발일 때의 격물이라는 수양론을 제시하면서 사회적 실천은 이러한 수양을 전제로 한다고 주장했다.

네 번째 문단에서 주희는 정이 드러나기 이전 단계에서 성을 어떻게 주재할 것인지에 대한 난문을 해결하기 위해 경(敬)을 통해 품성을 함양할 것을 제시하고 있습니다. '경'은 주희의 심통성정설의 문제점을 보완하는 '수양론'으로, 이론의 보완책에 해당합니다. 이론의 보완책은 문제로 출제될 가능성이 높으므로 '경'의 의미를 반드시 체크해야 합니다.
- 경: (심이 미발일 때) 품성 함양

    (심이 이발일 때) 격물치지 → 구체적인 사물이나 사태의 원리를 탐구하여 점진적으로 학습한 원리가 보편적 원리와 일치함을 깨닫는 과정

[다섯 번째 문단] 인격 완성을 목표로 한 주희의 수양론

> 주희가 제시한 격물의 대상은 조수초목(鳥獸草木)과 윤상 규범(倫常規範)에 이르기까지 광범하였지만, 그 방법은 주로 성현이 이미 원리를 기록해 둔 경전의 학습이었다. 주희의 격물론은 도덕의 원리를 탐구하는 지적인 과정이고 최종의 목표는 인격 완성이었기 때문에 그는 미발 단계에 설정해 두었던 함양 공부를 이발 단계의 공부에까지 확장하여 수양론을 완성했다. 주희의 철학은 심성에 관한 치밀한 분석을 통해 천리에 따르는 인간의 길을 제시했고, 명리(名利)를 좇아가는 세상을 도덕적 사회로 바꾸고자 했다.

지문 분석을 모두 마무리한 후, ㉠ 심통성정론의 사실 확인을 묻는 04번 문제부터 풀이해 봅시다.

① 희로애락이라는 감정의 본성이 '성'이고 희로애락의 감정이 '정'에 해당하며, 본체인 '성'이 작용하여 '정'이 되는 체용의 원리를 주장했으므로 ㉠에 대한 이해로 적절하다.
② '체'와 '용'이라는 개념어는 각각 '본체'와 '작용'이라는 의미를 갖는다. 즉, 본성과 감정 중 본성이 희로애락의 '본체'에 해당하고, 본성이 작용하여 발산된 감정이 '작용'에 해당하므로 ㉠에 대한 이해로 적절하다.
③ 하늘로부터 부여받아 순선무악한 '천명지성'과 달리 육체로부터 비롯된 '기질지성'은 이익이나 감각적 쾌락을 추구하는 마음의 근거가 된다고 했으므로 ㉠에 대한 이해로 적절하다.
④ 심이 미발일 때 희로애락의 본성이 본래의 상태로부터 벗어날 수도 있으나, 벗어나지 않고 본래의 모습을 유지하도록 '심'이 '경'을 통해 본성을 통제한다는 것이 주희의 논리임을 알 수 있다. 따라서 ㉠에 대한 이해로 적절하지 않다.
⑤ 이발 상태에서 '심'이 '정'을 통제하여 올바른 상태로 감정이 드러나도록 주재한다고 했으므로 ㉠에 대한 이해로 적절하다.

[정답] ④

다음으로 주희의 수양론의 핵심을 파악하는 05번 문제를 풀이해 봅시다.

② 다섯 번째 문단에서 '주희의 격물론은 도덕의 원리를 탐구하는 지적인 과정이고 최종의 목표는 인격 완성이었기 때문에'라고 했으므로 주희의 이론이 궁극적으로 추구한 목표는 사회적 실천이 아닌 인격 완성이었음을 알 수 있다. 또한 네 번째 문단에서 '사회적 실천은 이러한 수양을 전제로 한다고 주장했다.'라고 했으므로 위 명제를 통해 주희가 수양이 이루어지지 않으면, 사회적 실천을 하지 말아야 한다고 생각했음을 논리적으로 추론할 수 있다.

[정답] ②

마지막으로 이론 핵심 파악 문제인 06번 문제를 풀이해 봅시다.

④ 세 번째 문단에서 주희는 인간이 천리(天理)와 일치하는 순선무악한 '천명지성'을 하늘로부터 부여받았다는 점을 근거로 도덕적 인간의 가능성을 추구하고 있다. ④의 '천리와 인도의 위상'을 바꾼다는 내용은 '천리'보다 '인도'에 더 높은 위상을 부여한다는 것이므로 인간의 육체에서 비롯된 '기질지성'을 통제하여 본성이 '천리'에 합일하는 길인 '성즉리'를 제시했던 주희의 이론과 일치하지 않는다.

[정답] ④

연습문제 3

[07~10] 다음 글을 읽고 물음에 답하시오.

2018학년도 LEET 문26~29

주어진 조건에서 자신의 이익을 최대화하는 합리적인 경제 주체들의 선택에서 출발하여 경제 현상을 설명하는 신고전파 경제학의 방법론은 오랫동안 경제학에서 주류의 위치를 지켜 왔다. 신고전파 기업 이론은 이 방법론에 기초하여 생산의 주체인 기업이 주어진 생산 비용과 기술, 수요 조건에서 이윤을 극대화하는 생산량을 선택한다고 가정하여 기업의 행동과 그 결과를 분석한다. 그런데 이런 분석은 한 사람의 농부의 행동과, 생산을 위해 다양한 역할을 담당하는 사람들이 참여하는 기업의 행동을 동일한 것으로 다룬다. 이에 대해 여러 의문들이 제기되었고 이를 해결하기 위해 다양한 기업 이론이 제시되었다.

㉠코즈는 가격에 기초하여 분업과 교환이 이루어지는 시장 시스템과 권위에 기초하여 계획과 명령이 이루어지는 기업 시스템은 본질적으로 다르다고 보았다. 이 때문에 그는 모든 활동이 시장에 의해 조정되지 않고 기업이라는 위계 조직을 필요로 하는 이유를 설명해야 한다고 생각했다. 예를 들어 기업이 생산에 필요한 어떤 부품을 직접 만들어 조달할 것인지 아니면 외부에서 구매할 것인지 결정한다고 생각해 보자. 생산 비용 개념만 고려하는 신고전파 기업 이론에 따르면, 분업에 따른 전문화나 규모의 경제를 생각할 때 자체 생산보다 외부 구매가 더 합리적인 선택이다. 생산에 필요한 모든 활동에 이런 논리가 적용된다면 기업이 존재해야 할 이유를 찾기 어렵다. 따라서 기업이 존재하는 이유는 생산 비용이 아닌 ㉡거래 비용에서 찾아야 한다는 것이 코즈의 논리이다.

코즈는 거래 비용을 시장 거래에 수반되는 어려움으로 정의했다. 그리고 수요자와 공급자가 거래할 의사와 능력이 있는 상대방을 만나기 위해 탐색하거나, 서로 가격을 흥정하거나, 교환 조건을 협상하고 합의하여 계약을 맺거나, 계약의 이행을 확인하고 강제하는 모든 과정에서 겪게 되는 어려움을 그 내용으로 들었다. 거래 비용이 너무 커서 분업에 따른 이득을 능가하는 경우에는 외부에서 구매하지 않고 기업 내부에서 자체 조달한다. 다시 말해 시장의 가격이 아니라 기업이라는 위계 조직의 권위에 의해 조정이 이루어진다는 것이다. 코즈가 제시한 거래 비용 개념은 시장 시스템으로만 경제 현상을 이해하지 않는 새로운 방법론의 가능성을 제공했다. 그러나 코즈의 설명은 거래 비용의 발생 원리를 명확하게 제시하지 않았고, 주류적인 경제학 방법론도 '권위'와 같은 개념을 수용할 준비가 되어 있지 않았다.

윌리엄슨은 거래 비용 개념에 입각한 기업 이론을 발전시키기 위해 몇 가지 새로운 개념들을 제시했다. 먼저 '합리성'이라는 가정을 '기회주의'와 '제한적 합리성'이라는 가정으로 대체했다. 경제 주체들은 교활하게 자기 이익을 최대화하고자 하지만, 정보의 양이나 정보 처리 능력 등의 이유로 항상 그렇게 할 수 있는 것은 아니라는 것이다. 그리고 코즈가 시장 거래라고 뭉뚱그려 생각한 것을 윌리엄슨은 현물거래와 계약으로 나누어 설명하면서 계약의 불완전성이란 개념을 제시했다. 계약은 현물거래와 달리 거래의 합의와 이행 사이에 상당한 시간이 걸린다. 그런데 제한적 합리성으로 인해 사람들은 미래에 발생할 수 있는 모든 상황을 예측할 수 없고, 예측한 상황에 대해 모든 대비책을 계산할 수도 없으며, 언어는 원래 모호할 수밖에 없다. 따라서 계약의 이행 정도를 제삼자에게 입증할 수 있는 방식으로 사전에 계약을 맺기 어렵기 때문에 통상적으로 계약에는 빈구석이 있을 수밖에 없다.

상대방이 계약을 이행하지 않을 경우에는, 그가 계약을 이행할 것이라고 신뢰하고 행했던 준비, 즉 관계특수적 투자의 가치는 떨어질 것이다. 이 때문에 윌리엄슨은 계약 이후에는 계약 당사자들 사이의 관계에 근본적인 전환이 일어난다고 말했다. 그 가치가 많이 떨어질수록, 즉 관계특수성이 클수록 계약 후에 상대방이 변화된 상황을 기회주의적으로 활용할 가능성에 대한 우려가 커져 안전장치가 마련되지 않을 경우 관계특수적 투자가 이루어지기 어렵다. 윌리엄슨은 이를 '관계특수적 투자에 따른 속박 문제'라고 부르고, 계약의 불완전성으로 인해 통상적인 수준의 단순한 계약을 통해서는 사전에 이 문제를 방지하기 어렵다고 보았다. 따라서 이 문제가 심각한 결과를 초래하는 경우에는 단순한 계약과는 다른 복잡한 계약을 통해 안전장치를 강구할 것이고, 그런 방식으로도 해결할 수 없다면 아예 자체 조달을 선택할 것이라고 보았다.

이렇게 본다면 안전장치가 필요 없는 거래만 존재하는 상황이 신고전파 경제학이 상정하는 세계이고, 다양한 안전장치를 고려하지 않고 기업의 자체 생산만 대안으로 존재하는 상황이 코즈가 상정하는 세계라고 할 수 있다. 윌리엄슨의 기업 이론이 거둔 성과 덕분에 거래 비용 경제학이 서서히 경제학 방법론의 주류적 위치를 넘볼 수 있게 되었다.

이론 핵심 파악

07. ㉠이 신고전파 기업 이론의 비판을 통해 해결하려고 한 의문으로 가장 적절한 것은?

① 누가 기업의 의사 결정을 담당하는 것이 바람직한가?
② 분석해야 할 기업의 행동에는 생산량의 선택밖에 없는가?
③ 기업에 참여하는 모든 사람들이 기업의 이윤 극대화를 추구하는가?
④ 왜 어떤 활동은 기업 내부에서 일어나고 어떤 활동은 외부에서 일어나는가?
⑤ 다수가 참여하는 기업과 한 사람의 생산자 사이에 생산량의 차이는 없는가?

★ 선생님 TIP
이론의 목적성을 파악하는 것은 이론 제시형 지문을 독해하는 기본 중의 기본입니다.

계량적 사실 확인

08. ㉡에 대한 진술로 가장 적절한 것은?

① 거래량과 반비례 관계이다.
② 현물거래의 경우에는 발생하지 않는다.
③ 계약 제도의 발달을 통해 줄일 수 있다.
④ 기업 내부에서 권위의 행사에 수반되는 비용이다.
⑤ 거래되는 재화의 시장 가치가 확실할수록 더 커진다.

★ 선생님 TIP
계량적 지문에서 'A가 증가하면 B가 증가하는 관계'는 반드시 체크해 두어야 합니다. 출제자가 문제 출제를 위한 선택지로 만들기에 매우 용이하기 때문입니다.

사실 확인

09. 윌리엄슨의 기업 이론에 대한 평가로 적절하지 않은 것은?

① 권위의 원천에 대한 설명을 제시하는 데까지 나아가지는 못했다.
② 경제 주체의 합리성을 대체하는 새로운 가정을 제시하는 수준으로 나아갔다.
③ 현물거래와 자체 생산 이외에도 다양한 계약들이 존재하는 현실을 이해하게 해주었다.
④ 관계특수성이나 계약의 불완전성이 큰 거래일수록 거래 비용이 적어진다는 것을 알게 해주었다.
⑤ 시장 거래를 현물거래와 계약으로 구분하여 새로운 측면에서 거래 비용의 속성을 이해하게 해주었다.

★ 선생님 TIP
계량적 사고
다섯 번째 문단의 관계특수성과 계약 사이의 계량적 관계를 이해하였는지 여부가 10번 문제를 풀이하는 포인트가 됩니다.

이론 적용

10. 윗글을 바탕으로 <보기>의 조사 결과를 해석할 때, 적절하지 <u>않은</u> 것은?

〈보기〉

화력 발전소의 설비는 특정 종류의 석탄에 맞춰 설계되며, 여러 종류의 석탄을 사용하려면 추가적인 건설 비용이 많이 소요된다. 한편 탄전(炭田) 근처에 발전소를 건설한 전력 회사는 송전 비용을 많이 부담해야 하고, 소비지 근처에 발전소를 세운 전력 회사는 석탄 운반 비용을 많이 부담해야 한다. 다음은 1980년대 초에 미국에서 화력 발전 전력 회사들의 석탄 조달 방법을 조사한 결과이다.

[조사 결과]
ⓐ 미국 화력 발전에 쓰인 석탄 가운데 15% 정도는 전력 회사가 자체 조달한 것이었다.
ⓑ 전체 계약 건수 가운데 1년 미만의 초단기 계약은 10%에 못 미쳤고, 1년 이상의 계약 건수 가운데 6년 이상의 장기 계약이 83%였고, 21년 이상의 계약도 34%였다.
ⓒ 특정 탄광에 접한 곳에 발전소를 건설한 경우에는 예외 없이 자체 조달 또는 복잡한 장기 계약을 통한 조달이었는데, 이 경우 평균 계약 기간은 35년, 최대 계약 기간은 50년이었다.
ⓓ ⓒ에서 복잡한 장기 계약의 경우, 품질과 가격에 관한 조건은 매우 복잡하게 설정하면서도 최소 공급 물량은 단순하게 명시했다.

① ⓐ는 탄광의 직접 경영에 따르는 문제보다 복잡한 장기 계약으로도 대처하기 어려운 문제에 대한 우려가 더 커서 거래 비용을 줄이는 방안을 모색한 결과이겠군.
② ⓑ에서 1년 미만의 초단기 계약은, 거래 당사자들 간의 신뢰가 형성되지 않아서 관계특수적 투자에 따른 속박이 심각한 문제를 초래할 가능성이 가장 높은 경우에 맺은 것이겠군.
③ ⓒ는 특정 탄광으로부터 석탄을 공급받을 것을 전제하고 행한 투자의 가치가 떨어질 가능성을 우려하여 특정 탄광과의 계속적인 거래를 보장받고자 한 것이겠군.
④ ⓓ에서 품질과 가격의 계약 조건이 복잡한 것은, 공급되는 석탄의 품질과 가격에 관련된 기회주의적 행동을 제삼자가 판단하기 어렵다고 우려했기 때문이겠군.
⑤ ⓓ에서 최소 공급 물량의 계약 조건이 단순한 것은, 공급 물량의 경우에는 예측 가능성이나 언어의 모호성에 따른 문제가 크지 않아서 계약을 이행하지 않았을 때 법원과 같은 제삼자에게 쉽게 입증할 수 있다고 생각했기 때문이겠군.

더 알아보기

학설 비교형 지문처럼 보이는 '이론 제시형 지문'
해당 지문은 두 명의 학자 코즈와 윌리엄슨이 등장하지만, 학설 비교형 지문이 아니라 '이론 제시형 지문'에 속합니다. 코즈와 윌리엄슨이 동일한 대상에 대해 서로 대조되는 학설을 제기한 것이 아니라, 코즈의 이론을 윌리엄슨이 완성하여 하나의 이론이 된 것이므로 지문 전체가 하나의 이론에 대한 설명이라고 보아야 합니다.

계량적 요소가 부분적으로 등장하는 지문
경제학 소재 지문답게 계량적 요소가 이론 설명 과정에 등장하고, 이 부분이 이론의 핵심 포인트이기에 문제에 출제됩니다. 이러한 계량형 지문에 대한 독해 방법은 심화 과정에서 집중적으로 학습할 예정입니다.

가이드 & 정답 확인하기

가이드에 따라 지문과 문제를 분석하고 정답을 확인해 봅시다.

STEP 1 지문에서 이론을 만든 목적, 이론이 태어난 배경을 주목한다.

[첫 번째 문단] 신고전파 경제 이론의 한계와 기업 이론의 등장

> 주어진 조건에서 자신의 이익을 최대화하는 합리적인 경제 주체들의 선택에서 출발하여 경제 현상을 설명하는 신고전파 경제학의 방법론은 오랫동안 경제학에서 주류의 위치를 지켜왔다. 신고전파 기업 이론은 이 방법론에 기초하여 생산의 주체인 기업이 주어진 생산 비용과 기술, 수요 조건에서 이윤을 극대화하는 생산량을 선택한다고 가정하여 기업의 행동과 그 결과를 분석한다. 그런데 이런 분석은 한 사람의 농부의 행동과, 생산을 위해 다양한 역할을 담당하는 사람들이 참여하는 기업의 행동을 동일한 것으로 다룬다. 이에 대해 여러 의문들이 제기되었고 이를 해결하기 위해 다양한 기업 이론이 제시되었다.

[두 번째 문단] '거래 비용'의 개념을 통해 기업의 존재 이유를 설명한 코즈의 이론

> ㉠코즈는 가격에 기초하여 분업과 교환이 이루어지는 시장 시스템과 권위에 기초하여 계획과 명령이 이루어지는 기업 시스템은 본질적으로 다르다고 보았다. 이 때문에 그는 모든 활동이 시장에 의해 조정되지 않고 기업이라는 위계 조직을 필요로 하는 이유를 설명해야 한다고 생각했다. 예를 들어 기업이 생산에 필요한 어떤 부품을 직접 만들어 조달할 것인지 아니면 외부에서 구매할 것인지 결정한다고 생각해 보자. 생산 비용 개념만 고려하는 신고전파 기업 이론에 따르면, 분업에 따른 전문화나 규모의 경제를 생각할 때 자체 생산보다 외부 구매가 더 합리적인 선택이다. 생산에 필요한 모든 활동에 이런 논리가 적용된다면 기업이 존재해야 할 이유를 찾기 어렵다. 따라서 기업이 존재하는 이유는 생산 비용이 아닌 ㉡거래 비용에서 찾아야 한다는 것이 코즈의 논리이다.

이 지문에서는 코즈의 이론이 등장한 목적성을 정확하게 파악해야 합니다.
신고전파 경제학에 따르면 기업의 행동과 농부의 행동은 동일하게 설명됩니다. 그런데 기업은 모든 교환을 **기업 외부의 시장 경제를 통한 외부 구매**에 의존하는 것이 아니라, **기업 내부의 위계적 조직을 통한 자체 생산**에 의존하기도 합니다. 따라서 이러한 기업의 행동 양상을 설명하기 위해서는 신고전파 경제학으로 불충분하고 새로운 이론의 도입이 필요합니다. 따라서 위와 같은 기업의 행동 양상을 설명하기 위해 코즈는 **거래 비용**의 개념을 도입하였음을 알 수 있습니다.

STEP 2 지문을 처음부터 끝까지 독파한다는 생각으로 독해한다.

[세 번째 문단] 코즈의 거래 비용 개념과 그에 대한 평가

> 코즈는 거래 비용을 시장 거래에 수반되는 어려움으로 정의했다. 그리고 수요자와 공급자가 거래할 의사와 능력이 있는 상대방을 만나기 위해 탐색하거나, 서로 가격을 흥정하거나, 교환 조건을 협상하고 합의하여 계약을 맺거나, 계약의 이행을 확인하고 강제하는 모든 과정에서 겪게 되는 어려움을 그 내용으로 들었다. 거래 비용이 너무 커서 분업에 따른 이득을 능가하는 경우에는 외부에서 구매하지 않고 기업 내부에서 자체 조달한다. 다시 말해 시장의 가격이 아니라 기업이라는 위계 조직의 권위에 의해 조정이 이루어진다는 것이다. 코즈가 제시한 거래 비용 개념은 시장 시스템으로만 경제 현상을 이해하지 않는 새로운 방법론의 가능성을 제공했다. 그러나 코즈의 설명은 거래 비용의 발생 원리를 명확하게 제시하지 않았고, 주류적인 경제학 방법론도 '권위'와 같은 개념을 수용할 준비가 되어 있지 않았다.

- 거래 비용의 정의 = 시장 거래에 수반되는 어려움

STEP 3 이론의 구체적 메커니즘을 이해한다. → 개념 분할

[네 번째 문단] 코즈의 개념들을 세분화한 윌리엄슨의 개념 체계(개념 분할)

> 윌리엄슨은 거래 비용 개념에 입각한 기업 이론을 발전시키기 위해 몇 가지 새로운 개념들을 제시했다. 먼저 '합리성'이라는 가정을 '기회주의'와 '제한적 합리성'이라는 가정으로 대체했다. 경제 주체들은 교활하게 자기 이익을 최대화하고자 하지만, 정보의 양이나 정보 처리 능력 등의 이유로 항상 그렇게 할 수 있는 것은 아니라는 것이다. 그리고 코즈가 시장 거래라고 뭉뚱그려 생각한 것을 윌리엄슨은 현물거래와 계약으로 나누어 설명하면서 계약의 불완전성이란 개념을 제시했다. 계약은 현물거래와 달리 거래의 합의와 이행 사이에 상당한 시간이 걸린다. 그런데 제한적 합리성으로 인해 사람들은 미래에 발생할 수 있는 모든 상황을 예측할 수 없고, 예측한 상황에 대해 모든 대비책을 계산할 수도 없으며, 언어는 원래 모호할 수밖에 없다. 따라서 계약의 이행 정도를 제삼자에게 입증할 수 있는 방식으로 사전에 계약을 맺기 어렵기 때문에 통상적으로 계약에는 빈구석이 있을 수밖에 없다.

코즈의 이론에서 막연하게 제시된 개념을 윌리엄슨은 세분화하였습니다. 이는 기초 단계에서 설명하였던 **개념 분할**이라는 독해 스킬에 해당합니다.

- 합리성 = 기회주의 + 제한적 합리성
- 시장 거래 = 현물거래 + 계약 → 계약의 불완전성

STEP 3 이론의 구체적 메커니즘을 이해한다. → 계량적 메커니즘 확인하기

[다섯 번째 문단] 계약의 관계특수성으로 인해 기업의 자체 조달 유인 발생(계량적 지문)

> 상대방이 계약을 이행하지 않을 경우에는, 그가 계약을 이행할 것이라고 신뢰하고 행했던 준비, 즉 관계특수적 투자의 가치는 떨어질 것이다. 이 때문에 윌리엄슨은 계약 이후에는 계약 당사자들 사이의 관계에 근본적인 전환이 일어난다고 말했다. 그 가치가 많이 떨어질수록, 즉 관계특수성이 클수록 계약 후에 상대방이 변화된 상황을 기회주의적으로 활용할 가능성에 대한 우려가 커져 안전장치가 마련되지 않을 경우 관계특수적 투자가 이루어지기 어렵다. 윌리엄슨은 이를 '관계특수적 투자에 따른 속박 문제'라고 부르고, 계약의 불완전성으로 인해 통상적인 수준의 단순한 계약을 통해서는 사전에 이 문제를 방지하기 어렵다고 보았다. 따라서 이 문제가 심각한 결과를 초래하는 경우에는 단순한 계약과는 다른 복잡한 계약을 통해 안전장치를 강구할 것이고, 그런 방식으로도 해결할 수 없다면 아예 자체 조달을 선택할 것이라고 보았다.

- 관계특수성이 작을수록 → 단순한 계약
- 관계특수성이 클수록 → 복잡한 계약
- 관계특수성이 임계점 이상으로 클 때 → 내부 조달

STEP 4 지문의 마지막 부분에 이론에 대한 평가, 혹은 이론의 한계점과 이에 대한 보완책이 제시된다면 반드시 체크한다.

[여섯 번째 문단] 윌리엄슨의 기업 이론에 대한 평가

> 이렇게 본다면 안전장치가 필요 없는 거래만 존재하는 상황이 신고전파 경제학이 상정하는 세계이고, 다양한 안전장치를 고려하지 않고 기업의 자체 생산만 대안으로 존재하는 상황이 코즈가 상정하는 세계라고 할 수 있다. 윌리엄슨의 기업 이론 이 거둔 성과 덕분에 거래 비용 경제학이 서서히 경제학 방법론의 주류적 위치를 넘볼 수 있게 되었다.

지문을 분석한 후 07번 문제의 선택지부터 검토해 보겠습니다.

코즈가 신고전학파 경제학자들의 설명에서 의문을 품었던 지점은 다음과 같다.

> "신고전학파의 이론대로라면 모든 거래는 분업화되어 기업 외부의 시장에서 이루어져야 하는데, 기업 내부에서 자체 조달로 이루어지는 거래가 상당하다. 그렇다면 이 기업 내부에서 이루어지는 거래가 존재하는 이유가 무엇일까?"

따라서 ④가 코즈가 해결하려고 했던 의문에 해당한다. 이후 나머지 선택지가 오답인 이유를 검토하기로 한다.

①, ③, ⑤ 지문의 내용과 전혀 관련이 없는 선택지이다.
② 신고전파 경제학의 방법론은 기업의 행동을 '생산 비용'이라는 관점에서만 설명하는데, 코즈는 이에 의문을 품고 생산 비용이 아닌 '거래 비용'으로 설명해야 한다고 주장한다. ②의 설명은 '기업의 행동에는 생산 비용만이 영향을 미치는가?'의 의문이 아니라 '생산량의 선택'에 대한 의문이므로 적절하지 않다. 또한 코즈가 의문을 품었던 핵심은 '생산량이 얼마인가?'가 아니라 '생산에 필요한 부품 구매가 어떻게 이루어지는가?'에 해당하므로 적절하지 않다.
→ 매력적 오답

[정답] ④

이후 08번 문제의 선택지를 검토하면 다음과 같습니다.

① 거래량이라는 변수가 거래 비용과 어떠한 관계에 있는지는 지문에서 언급되지 않았다.
② 현물 거래가 계약에 비해 거래에 따른 어려움이 더 크다는 점은 언급되었으나, 현물 거래에 따른 어려움이 전혀 없다는 점은 지문에서 언급되지 않았다.
③ 윌리엄슨의 거래 이론에 따르면 복잡한 계약을 통해 계약의 불완전성이나 관계특수성을 통제할 수 있다. 따라서 계약에 따르는 어려움이 감소하므로 계약 제도의 발달을 통해 거래 비용이 감소한다는 결론을 추론할 수 있다.
④ 거래 비용은 기업 외부의 시장에서 이루어지는 거래에 대한 개념이므로 기업 내부의 거래와는 관련이 없다.
⑤ 재화의 시장 가치라는 변수가 거래 비용과 어떠한 관계에 있는지는 지문에서 언급되지 않았다.

[정답] ③

이후 09번 문제의 선택지를 검토하면 다음과 같습니다.

① 네 번째 문단에 따르면 윌리엄슨의 이론은 코즈의 이론에 대한 한계를 보완한다. 이때 제시된 코즈의 이론에 대한 한계점들 중 권위의 원천을 경제학적으로 설명할 수 없다는 부분에 대해서는 윌리엄슨의 이론이 언급한 바가 없으므로 적절하다.
② 경제 주체의 합리성에 대한 가정을 기회주의와 제한적 합리성이라는 개념으로 대체하였으므로 적절하다.
③ 현물거래와 자체 조달 이외에 관계특수성이 큰 상황에서 등장하는 복잡한 계약들이 나타날 수밖에 없는 배경에 대한 경제학적 설명을 제공하였으므로 적절하다.
④ 세 번째 문단에 따르면 거래 비용은 시장 거래에 수반되는 어려움이고, 관계특수성이나 계약의 불완전성이 큰 거래는 시장 거래에 수반되는 어려움이 크므로 거래 비용도 높다. 따라서 적절하지 않다.
⑤ 시장 거래를 현물거래와 계약으로 구분하여, 시장 거래에 대해 새로운 이해를 제시하였으므로 적절하다.

[정답] ④

마지막으로 10번 문제를 풀이하면 다음과 같습니다.

① ⓐ는 기업 내부의 자체 조달을 의미한다. 시장 거래에 따르는 어려움이 크기 때문에 발생하는데, 특히 계약에 따르는 어려움은 복잡한 계약 조건으로도 해결이 안 되었기 때문에 내부 조달을 선택하게 되었다고 추론할 수 있다.
② 윌리엄슨의 거래 이론에 따르면 관계특수성이 낮게 되면 단순한 계약이 이루어지고, 관계특수성이 높게 되면 복잡한 계약이 이루어진다. 그리고 관계특수성이 너무 높게 되면 아예 계약이 이루어지지 않고, 기업의 자체 조달로 대체되게 된다. 따라서 ⓑ에서 1년 미만의 초단기 계약은 단순한 계약에 해당하며, 이는 관계특수적 투자에 따른 속박이 심각한 문제를 초래할 가능성이 낮을 때, 즉 관계특수성이 낮을 때 이루어지는 계약의 형태이다.
③ 윌리엄슨의 거래 이론에 따르면, 상대가 계약을 이행할 것이라고 투자했던 관계특수적 투자는 상대가 기회주의적 태도를 발휘하여 거래를 이행하지 않을 경우에 그 가치가 떨어지게 된다. 따라서 ⓒ는 상대가 계약을 이행하지 않을 경우에 대비하여 장기 계약으로 상대를 속박하려는 시도로 해석될 수 있다.
④ 네 번째 문단에 따르면 윌리엄슨의 거래 이론은 언어의 모호성 때문에 계약의 이행 정도를 제삼자에게 입증하는 데 한계가 있고, 계약에는 빈 구석이 발생할 수밖에 없다. 품질과 가격의 계약 조건이 복잡한 것은 이처럼 제삼자에게 거래 이행 정도를 입증하기가 까다로운 언어 표현이 모호한 대상에 해당하기 때문이라고 추론할 수 있다.
⑤ 다섯 번째 문단에 따르면 단순한 조건에 의한 계약은 그만큼 상대방이 기회주의적 행동을 범할 관계특수성이 적기 때문에 이루어졌다고 판단할 수 있다. 즉, 예측 가능성이 높거나 언어의 모호한 기술을 피할 수 있기 때문에 제삼자에게 쉽게 입증할 수 있으므로 굳이 계약을 복잡하게 만들 유인이 없었다고 추론할 수 있다.

[정답] ②

한 번에 합격, 해커스로스쿨
lawschool.Hackers.com

[01~03] 다음 글을 읽고 물음에 답하시오.

산수화 이해의 기본적인 개념으로서 '와유(臥遊)'가 있다. 와유의 형성, 발전, 분화 과정이 바로 산수화의 역사를 이룬다. 와유는 『송서』 「은일전」에서 종병(宗炳)을 두고 "누워서 노닌다."라고 기록한 데에서 유래한다. 이것은 절대적인 정신의 자유를 의미하는 『장자』의 '소요유(逍遙遊)'와 관련 있는 것이다. 종병은 위진남북조 시대의 산수화가이자 이론가이면서 불교 수행자이기도 하다. 그리고 유학과 불학 사이에서 일어났던 육체와 정신의 관계에 대한 논쟁, 즉 형신(形神) 논쟁의 한 가운데 있었던 사람이다. 그는 혜원의 여산불교(廬山佛敎) 영향을 받아 산수를 통해 부처의 구원을 얻고자 하였다. 그는 젊어서 유명한 산을 마음껏 유람하고 산에 투영된 영혼을 음미하면서 자신의 정신을 해방하였다. 그러나 나이가 들어 더 이상 이러한 유람을 할 수 없자, 과거에 그가 노닐었던 산을 그려 감상하면서, 인연을 만든 '정(情)'과 '식(識)'을 줄여 나가 점차적으로 정신의 세계로 나아가고자 하였다.

후대에 이 '와유'의 개념은 두 가지 측면에서 산수화와 관련된다. 하나는 감상적 측면을 강조하는 직업 화가인 화원의 그림이고, 다른 하나는 주체적인 창작 과정을 즐기는 문인들의 그림이다. 이러한 분화는 북송 이후 사대부들의 의식 세계와 긴밀하게 관련되어 있다. 그들의 의식 세계에는 사회적 자아와 개인적 자아가 공존하고 있었다. 이 두 자아는 내면적으로 서로 모순되면서도 조화를 이루려고 한다. 사회적 자아란 "나라에 도가 있으면 함께 세상을 구원한다."라는 겸제천하(兼濟天下)를 추구하며, 개인적 자아는 "나라에 도가 없어 홀로 그 몸을 닦는다."라는 독선기신(獨善其身)을 지향한다. 사대부들은 시대 상황에 따라 겸제천하를 자신의 삶의 원리로 현실화하기도 하고, 독신기신을 삶의 가치로 수용하기도 하였다. 북송 시대에 화원화와 문인화가 등장한 것은 이러한 시대적 배경과 깊은 관련을 갖는다.

북송 시대 대표적 화원인 곽희(郭熙)의 저서 『임천고치』에서는 화원화에 대한 이론을 구체적으로 설명하고 있다. 곽희가 살았던 시대는 태평성세였다. 사대부는 충과 효를 사회적으로 실천해야만 했다. 그 때문에 자연에서 노닐며 살고자 하는 개인적 욕망을 실현할 수 없었다. 사대부들은 화원들을 구해 자신들이 간접적으로 경험할 수 있는 산수를 그리게 하였다. 화원은 사대부의 요구를 충족시키기 위해 다양한 방법을 시도하였다. 작품 구상을 위해 시에 의존하고, 사대부들이 작품을 통해 와유할 수 있게끔 대상의 사실적 묘사와 삼원법(三遠法)을 추구하기도 하였다. 특히 삼원법은 상이한 시점들을 서로 교차시켜 감상자가 산수화의 '산수'에 들어가 자연에서 느꼈던 생생함을 경험할 수 있게 하는 화법이다. 또한 삼원의 '원(遠)'은 바로 무한의 세계로 확장하는 방편이기도 하다. 감상자는 이를 통해 산수의 한 공간에 머무는 것이 아니라 정신을 무한한 곳으로 확장하여 절대적인 정신의 자유를 누리게 된다. 그러나 '원'을 통해 자유의 경지를 실현하면서 개인적 자아의 추구에로 치우쳐 또다시 사회적 자아와 균형을 잃을 수 있다. 그래서 사대부는 두 자아의 균형을 위해 ⊙산수에 사회적 가치가 투영되도록 하였다.

문인화 이론은 북송의 문인이었던 소식(蘇軾)의 글에 잘 나타나 있다. 소식에게 문인화는 창작 행위 그 자체를 즐기는 '나를 위한 그림'이다. 소식은 '안'과 '밖'의 일체, 마음과 손의 통일을 주장하면서 마음의 주체적 활동성을 강조하였다. 자연과 일체된 마음의 움직임이 손에 반응하여 필묵으로 표현되며, 이것이 작품에 반영되어 일관된 기세를 가지면서 창조적으로 전개된다는 것이다. 즉 사물의 외형보다 필묵의 묘미를 더 강조하는 것이다. 청나라 초기 석도(石濤)는 문인화의 창작 과정을 일획론(一畫論)으로 기술하고 있다. 일획론이란 내 마음에 간직되어 있는 우주 창조의 원리이면서 창작 행위의 원리이기도 하고 구체적인 화법의 원리이기도 하다. 이 관계들에 대하여 석도는 ⓒ"획은 먹을 받고, 먹은 붓을 받고, 붓은 팔을 받고, 팔은 마음을 받아들여서, 하늘이 이치를 주재하고 땅이 그 이치를 완성하는 것과 같으니, 이것이 바로 '받는다[受]'고 한 이유이다."라고 말하였다. 석도는 하나의 획이 마음에서 일어나 만 가지의 획으로 분화되고 그로부터 자연 형상이 묘사되는 일련의 과정을 강조한 것이다.

01. 위 글의 내용과 일치하는 것은?

① 곽희의 와유론은 소식에게 계승되었고 석도의 일획론에서 이론적인 완성을 이루었다.
② 북송 시대의 문인화는 겸재천하와 독선기신의 지향에 따라 서로 다른 두 경향으로 나뉘었다.
③ 문인화 이론에 따르면 그림은 마음의 움직임에 따라 붓을 놀리는 것과 대상의 정확한 묘사가 함께 구현되어야 했다.
④ 창작 행위 자체를 즐기기 위한 화원화는 '안'과 '밖'의 일체, 마음과 손의 통일이 이루어져서 나타나는 기세를 중시하였다.
⑤ 산수를 통해 부처의 구원을 얻고자 했던 종병은 산수화를 통해 인연의 원인을 줄여 나가면서 정신의 세계로 나아갈 수 있다고 했다.

02. ㉠을 가장 잘 드러내고 있는 것은?

① 석양 비낀 현산의 철쭉길 계속 지나 / 깃털로 꾸민 수레가 경포로 내려가니 / 십 리에 펼친 비단 다리고 다시 다려 / 울창한 솔숲 속에 끝없이 펼쳤으니 / 물결도 잔잔하여 모래를 세겠구나
② 행장을 다 버리고 돌길에 막대 짚어 / 백천동을 옆에 두고 만폭동으로 들어가니 / 은 같은 무지개 옥 같은 용의 꼬리 / 섞여 돌며 뿜는 소리 십 리까지 들리니 / 들을 때는 우레더니 보니까 눈이로다
③ 연꽃을 꽂았는 듯 백옥을 묶었는 듯 / 동해를 박차는 듯 북극을 괴고 있는 듯 / 높을시고 망고대 외로울사 혈망봉이 / 하늘에 치밀어 무슨 일을 아뢰려고 / 천만겁이 지나도록 굽힐 줄 모르는가 / 어와 너로구나 너 같은 이 또 있는가
④ 천 길 절벽을 공중에 세워 두고 / 은하수 한 구비를 마디마디 베어 내어 / 실같이 풀어 내어 베 같이 걸었으니 / 산수 도경 열두 구비가 내 보기엔 여럿이라 / 이태백 이제 있어 다시 의논하게 되면 / 여산이 여기보다 낫단 말을 못 하리라
⑤ 그대를 내 모르랴 상계의 전신이라 / 황정경 한 글자를 어찌 잘 못 읽어서 / 인간에 내려와서 우리를 따르느냐 / 잠시 가지 마오 이 술 한 잔 먹어 보오 / 북두성 기울여 바닷물 부어 내어 / 저 먹고 날 먹이거늘 서너 잔 기울이니 / 바람이 산들산들 양 어깨 치켜드니 / 구만 리 하늘에 왠만하면 날겠구나

03. ㉡을 <u>잘못</u> 이해한 것은?

① 나의 마음에서 일획을 바로 세워 창작의 원리로 삼는다.
② 우주 창조의 원리인 일획은 나의 마음에 간직되어 있다.
③ 몸과 마음의 일체가 문인화를 그리는 기본 원리이다.
④ 그림에 구현된 하늘의 이치를 보고 자연과 합일한다.
⑤ 마음과 손, 그림 사이에 간격과 쉼이 없어야 한다.

[04~06] 다음 글을 읽고 물음에 답하시오.

일반적으로 포유동물의 정소(精巢)는 초기 발생 단계에서 난소와 동일한 부위인 복부 내 등쪽에서 형성된 후, 차츰 아래쪽으로 이동하여 복부 밖에 있는 정낭(精囊)으로 들어오게 된다. 정소의 온도는 체온보다 낮은데, 이는 열에 약한 생식 세포를 체온으로부터 보호함으로써 정자를 생산하는 데 알맞은 환경을 조성하기 위함이다. 한편 다른 체내 기관들처럼 정소도 정상적인 기능을 하기 위해서는 혈액을 지속적으로 공급받아야 하는데, 이렇게 혈액을 공급받다 보면 혈액이 지닌 열까지도 정소로 운반되기 때문에 정소의 온도가 상승하여 체온과 같아지게 될 것이다. 그렇다면 정소는 어떠한 방법으로 자신의 온도를 체온보다 낮게 유지할 수 있는가?

1998년에 발표된 역류 열전달(逆流熱傳達) 이론은 정소 온도의 항상성을 유지하기 위한 방법을 설명해 준다. 정소 정맥에는 정낭 동맥을 감싸고 있는 망사 구조 부분이 있는데, 역류 열전달 이론에서는 이 망사 구조가 핵심적인 역할을 한다. 열은 높은 온도의 물체에서 낮은 온도의 물체로 전도되는 성질을 갖고 있는데, 열이 전도될 때 단위 시간당 이동하는 열의 양은 접촉하는 표면적에 비례한다. 정낭 동맥을 감싸고 있는 망사 구조는 혈관의 표면적을 넓혀서 효율적으로 열을 전달한다. 그러므로 정소에서 나온 정소 정맥의 혈액이 체내에서 들어오는 혈액으로부터 열을 흡수함으로써 정낭 동맥의 혈액 온도를 떨어뜨리고 이렇게 하여 차가워진 정소 동맥 혈액에 의해 정소

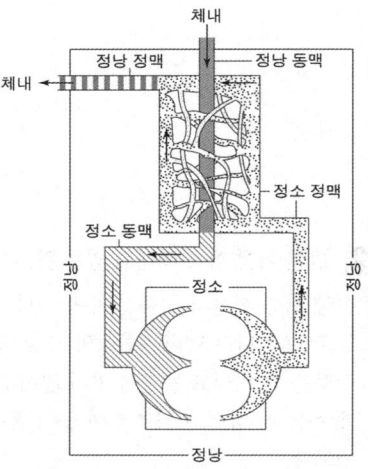

온도가 체온보다 낮은 상태로 유지된다는 것이 이 이론의 핵심이다. 이 이론은 여러 동물 실험을 통해 지지되었는데, 정소가 정낭 속에 있는 양(羊)을 대상으로 한 연구는 정낭 동맥에서 ㉠39℃였던 혈액 온도가 정소 동맥에서는 ㉡34℃로 낮아졌다가, 정소를 통과한 후 정소 정맥에서는 ㉢33℃가 되고 정낭 정맥에서는 ㉣38.6℃로 다시 높아짐을 보여 주었다.

역류 열전달 이론은 정소로 유입되는 혈액의 온도를 체온보다 낮춤으로써 정소의 온도를 체온보다 낮게 유지하는 방법은 제시하였으나 어떻게 정소 온도를 체온보다 낮추는지는 설명하지 못하였다. 이에 대한 설명은 2007년에 발표된 스칸단 연구진의 가설에서 찾을 수 있다. 스칸단 연구진은 정낭이 열을 발산하기에 적합한 구조로 이루어져 있고 일반적으로 세포 분열 과정에서 열이 많이 발생한다는 사실에 착안하여 정소에서 발생한 많은 열이 정낭 표면을 통해 방출됨으로써 정소 온도가 체온보다 낮아진다고 하였다. 번식력을 갖춘 동물의 정소는 지속적인 세포 분열을 통해 매일 수억 개의 정자를 생산하므로 많은 열이 발생할 것인데, 정소의 온도가 높아지면 생산되는 정자의 수가 감소하고 심한 경우 정소가 손상될 것이 예상된다. 실제로 복부 밖에 정소가 있는 동물이 기온이 매우 높은 환경에 노출되었을 경우에는 일시적으로 배출 정자 수가 감소하며 반대의 경우에는 일시적으로 배출 정자 수가 증가하는 것을 볼 수 있다.

이 가설은 정소 내 온도가 상승하거나 더운 기온에 노출되면 정낭의 피부 표면적이 커지고 정낭 근육에 의해 정소가 몸에서 멀어지게 되며, 정소의 온도가 하강하거나 낮은 기온에 노출되면 정낭 피부 표면적이 작아지고 정낭 근육에 의해 정소가 몸에 가까워진다는 사실과 부합한다. 이와 같은 기제에 따라 정소에서 발생한 열이 정낭으로 전도되고 이 열이 체외로 방출되면 정소의 온도가 내려가면서 정낭의 표면 온도가 올라갈 것이라고 스칸단 연구진은 주장한다. 또한 이 가설은 동물의 정소 위치와 번식 사이의 관계를 보여 주는 연구 결과를 통해 힘을 얻는다. 예를 들어 박쥐의 정소는 평상시에는 복부 내에 존재하다가 짝짓기를 하는 계절이 되면 정낭으로 내려온다. 동면 포유동물의 경우 번식을 하지 않는 동면 기간 동안 정자 생산이 감소하는데 이때에는 정소가 정낭에서 복부로 이동하고 동면이 끝나면 다시 정낭으로 내려온다.

역류 열전달 이론은 정소의 온도를 체온보다 낮게 유지시키는 열역학적 기제를 제시하였으며, 스칸단 연구진의 가설은 정소에서 발생하는 열을 정낭을 통해 발산함으로써 정소의 온도를 체온보다 낮추는 기제를 제시해 주었다. 이런 점에서 볼 때, 역류 열전달 이론과 스칸단 연구진의 가설은 어떻게 정소가 정자를 생산하는 데 최적인 온도로 유지될 수 있는지를 설득력 있게 설명해 준다.

04. 윗글의 내용과 일치하지 않는 것은?
① 정낭 근육은 정낭 내에서 정소의 움직임에 관여한다.
② 정소의 온도는 생산되는 정자의 수와 밀접한 관련이 있다.
③ 열의 전도는 정소 온도의 항상성 유지에 핵심적인 역할을 한다.
④ 역류 열전달 이론은 정소로 혈액이 지속적으로 공급되는 기제를 설명한다.
⑤ 스칸단 연구진의 가설에 따르면 정소의 온도 조절에 가장 중요한 역할을 하는 것은 정낭이다.

05. ㉠~㉣에 대한 설명으로 적절하지 않은 것은?
① ㉠은 양의 체온과 비슷할 것이다.
② ㉠에서 ㉡으로의 변화는 정소 정맥이 정낭 동맥의 열을 흡수했기 때문이다.
③ ㉠에서 ㉡으로의 변화와 ㉢에서 ㉣로의 변화는 망사 구조의 기능 때문이다.
④ ㉡에서 ㉢으로의 변화는 역류 열전달 이론에 의해 설명된다.
⑤ ㉢에서 ㉣로의 변화는 정소 정맥이 정낭 동맥의 열을 흡수했기 때문이다.

06. 스칸단 연구진이 제안한 가설을 입증하기 위한 실험으로 적절한 것만을 <보기>에서 있는 대로 고른 것은?

<보기>
ㄱ. 동면 포유동물의 동면 중과 동면 후의 정낭 표면 온도를 비교한다.
ㄴ. 번식력을 갖춘 양과 그렇지 못한 새끼 양의 정낭 표면 온도를 비교한다.
ㄷ. 박쥐의 짝짓기 계절 동안과 짝짓기 계절 후의 정낭 표면 온도를 비교한다.

① ㄱ ② ㄷ ③ ㄱ, ㄷ
④ ㄴ, ㄷ ⑤ ㄱ, ㄴ, ㄷ

[07~09] 다음 글을 읽고 물음에 답하시오.

지난 세기 미국 경제는 확연히 다른 시기들로 나눌 수 있다. 1930년대 이후 1970년대 말까지는 소득 불평등이 완화되었다. 특히 제2차 세계 대전 직후 30년 가까이는 성장과 분배 문제가 동시에 해결된 황금기로 기록되었다. 그러나 1980년 이후로는 소득 불평등이 급속히 심화되었고, 경제 성장률도 하락했다. 이러한 변화와 관련해 많은 경제학자들은 기술 진보에 주목했다. 기술 진보는 성장과 분배의 두 마리 토끼를 한꺼번에 잡을 수 있는 만병통치약으로 칭송되기도 하지만, 소득 분배를 악화시키고 사회적 안정성을 저해하는 위협 요인으로 비난받기도 한다. 그러나 어느 쪽을 선택한 연구든 20세기 미국 경제의 역사적 현실을 통합적으로 해명하는 데는 한계가 있다.

기술 진보의 중요성을 놓치지 않으면서도 기존 연구의 한계를 뛰어넘는 대표적인 연구로는 골딘과 카츠가 제시한 '교육과 기술의 경주 이론'이 있다. 이들에 따르면, 기술이 중요한 것은 맞지만 교육은 더 중요하며, 불평등의 추이를 볼 때는 더욱 그렇다. 이들은 우선 신기술 도입이 생산성 상승과 경제 성장으로 이어지려면 노동자들에게 새로운 기계를 익숙하게 다룰 능력이 있어야 하는데, 이를 가능케 하는 것이 바로 정규 교육기관 곧 학교에서 보낸 수년간의 교육 시간들이라는 점을 강조한다. 이때 학교를 졸업한 노동자는 그렇지 않은 노동자에 비해 생산성이 더 높으며 그로 인해 상대적으로 더 높은 임금, 곧 숙련 프리미엄을 얻게 된다. 그런데 학교가 제공하는 숙련의 내용은 신기술의 종류에 따라 다르다. 20세기 초반에는 기본적인 계산을 할 줄 알고 기계 설명서와 도면을 읽어내는 능력이 요구되었고, 이를 위한 교육은 주로 중·고등학교에서 제공되었다. 기계가 한층 복잡해지고 IT 기술의 응용이 중요해진 20세기 후반부터는 추상적으로 판단하고 분석할 수 있는 능력의 함양과 함께, 과학, 공학, 수학 등의 분야에 대한 학위 취득이 요구되고 있다.

골딘과 카츠는 기술을 숙련 노동자에 대한 수요로, 교육을 숙련 노동자의 공급으로 규정하고, 기술의 진보에 따른 숙련 노동자에 대한 수요의 증가 속도와 교육의 대응에 따른 숙련 노동자 공급의 증가 속도를 '경주'라는 비유로 비교함으로써, 소득 불평등과 경제 성장의 역사적 추이를 해명한다. 이들에 따르면, 기술은 숙련 노동자들에 대한 상대적 수요를 늘리는 방향으로 변화했고, 숙련 노동자에 대한 수요의 증가율 곧 증가 속도는 20세기 내내 대체로 일정하게 유지된 반면, 숙련 노동자의 공급 측면은 부침을 보였다. 숙련 노동자의 공급은 전반부에는 크게 늘어나 그 증가율이 수요 증가율을 상회했지만, 1980년부터는 증가 속도가 크게 둔화됨으로써 대졸 노동자의 공급 증가율이 숙련 노동자에 대한 수요 증가율을 하회하게 되었다. 이들은 기술과 교육, 양쪽의 증가 속도를 비교함으로써 1915년부터 1980년까지 진행되었던 숙련 프리미엄의 축소는 숙련 노동자들의 공급이 더 빠르게 늘어난 결과, 곧 교육이 기술을 앞선 결과임을 밝혔다. 이에 비해 1980년 이후에 나타난 숙련 프리미엄의 확대, 곧 교육에 따른 임금 격차의 확대는 대졸 노동자의 공급 증가율 하락에 의한 것으로 보았다. 이러한 분석 결과에 소득 불평등의 많은 부분이 교육에 따른 임금 격차에 의해 설명되었다는 역사적 연구가 결합됨으로써, 미국의 경제 성장과 소득 불평등은 교육과 기술의 '경주'에 의해 설명될 수 있었다.

그렇다면 교육을 결정하는 힘은 어디에서 나왔을까? 특히 양질의 숙련 노동력이 생산 현장의 수요에 부응해 빠른 속도로 늘어나도록 한 힘은 어디에서 나왔을까? 골딘과 카츠는 이와 관련해 1910년대를 기점으로 본격화되었던 중·고등학교 교육 대중화 운동에 주목한다. 19세기 말 경쟁의 사다리 하단에 머물러 있던 많은 사람들은 교육이 자식들에게 새로운 기회를 제공해 주기를 희망했다. 이러한 염원이 '풀뿌리 운동'으로 확산되고 마침내 정책으로 반영되면서 변화가 시작되었다. 지방 정부가 독자적으로 재산세를 거둬 공립 중등 교육기관을 신설하고 교사를 채용해 양질의 일자리를 얻는 데 필요한 교육을 무상으로 제공하게 된 것이다. 이들의 논의는 새로운 대중 교육 시스템의 확립에 힘입어 신생 국가인 미국이 부자 나라로 성장하고, 수많은 빈곤층 젊은이들이 경제 성장의 열매를 향유했던 과정을 잘 보여 준다.

교육과 기술의 경주 이론은 신기술의 출현과 노동 수요의 변화, 생산 현장의 필요에 부응하는 교육기관의 숙련 노동력 양성, 이를 뒷받침하는 제도와 정책의 대응, 더 새로운 신기술의 출현이라는 동태적 상호 작용 속에서 성장과 분배의 양상이 어떻게 달라질 수 있는가에 관한 중요한 이론적 준거를 제공해 준다. 그러나 이 이론은 ㉠한계도 적지 않아 성장과 분배에 대한 다양한 논쟁을 촉발하고 있다.

07. 윗글에 제시된 미국 경제에 대한 이해로 적절하지 않은 것은?

① 20세기 초에는 강화된 공교육이 경제 성장에 기여했다.
② 20세기 초에는 숙련에 대한 요구가 계산 및 독해 능력에 맞춰졌다.
③ 20세기 초에는 미숙련 노동자가, 말에는 숙련 노동자가 선호되었다.
④ 20세기 말에는 숙련 노동자의 공급이 대학 이상의 고등교육에 의해 주도되었다.
⑤ 20세기 말에는 소득 분배의 악화 및 경제 성장의 둔화 현상이 동시에 발생했다.

08. '교육과 기술의 경주 이론'에 대한 진술로 적절하지 않은 것은?

① 숙련 프리미엄은 숙련 노동자가 미숙련 노동자에 비해 더 기여한 생산성 부분에 대한 보상의 성격을 지닌다.
② 기술 진보가 경제 성장에 미치는 효과를 높이기 위해서는 신기술에 적합한 숙련 노동자의 공급이 필요하다.
③ 숙련은 장비를 능숙하게 다룸으로써 생산성을 높일 수 있도록 연마된 능력을 뜻한다.
④ 숙련 프리미엄의 변화는 소득 불평등 변화의 주요 지표가 된다.
⑤ 교육의 속도가 기술의 속도를 앞서면 소득 불평등은 심화된다.

09. ㉠을 보여주는 사례로 적절하지 않은 것은?

① 숙련이 직장 내에서 이루어지는 경우
② 임금이 생산성 이외의 요인에 의해서도 결정되는 경우
③ 대학 졸업자의 증가로 노동자 간의 임금 격차가 줄어든 경우
④ 직종과 연령대가 유사한 대학 졸업자 간에 임금 격차가 큰 경우
⑤ 신기술에 의한 자동화로 숙련 노동력에 대한 수요가 줄어든 경우

[10~12] 다음 글을 읽고 물음에 답하시오.

우수한 기업들이 그 선도적 지위를 어떻게 상실할 수 있는가를 설명하는 와해성 혁신 이론은 클레이튼 크리스텐슨이 ㉠디스크 드라이브 산업을 연구한 결과 탄생했다. 그는 혁신적 기술을 기존 제품의 성능을 더욱 향상시키는 존속성 기술과, 초기 단계의 성능은 존속성 기술보다 떨어지지만 존속성 기술과 전혀 다른 가치를 지녔기 때문에 일정한 시간이 경과하면 존속성 기술이 가지고 있던 시장을 급격히 무너뜨리는 와해성 기술로 구분하였다. 불행하게도 선도 기업들은 기존 제품의 성능을 향상시키라는 고객의 요구를 잠시도 외면할 수 없기 때문에 자연히 존속성 기술을 중요시하는 반면 와해성 기술을 낮게 평가할 수밖에 없게 된다.

일반적으로 기업은 소비자가 흡수할 수 있는 능력보다 더욱 빠르게 기술을 발전시킨다. 그러면 왜 기업들이 소비자의 요구보다 더 높은 기술 수준을 제공하는 것일까? 그 답은 시장 세분화와 기술 제공자의 가격 정책을 보면 알 수 있다. 시장에서의 경쟁으로 가격과 이익률이 낮아지고 있기 때문에 기업들은 한 단계 높은 시장으로 진출하는 정책을 시도하곤 한다. 이러한 시장에서는 높은 기술 수준을 갖추고 디자인이 세련된 제품을 내 놓으면 제품당 이익률을 높일 수 있다. 소비자들 역시 시간의 경과에 따라 더 높은 기술 수준을 가진 제품을 기대하지만, 소비자들이 이러한 기술 진보를 완전히 활용할 수 있는 능력은 기업이 제공하는 기술 수준보다 낮다. 그것은 소비자가 필요를 느껴 새로운 기술을 어떻게 사용하는지를 배우고 이를 자신들의 일과 생활방식에까지 받아들이는 데 시간이 걸리기 때문이다. 그러므로 기술 발전의 궤도와 소비자 요구의 궤도가 둘 다 우상향하기는 하지만 기술 발전의 궤도가 더 가파른 기울기를 가지고 있다.

<그림 1>에서 기존 기술 발전의 궤도는 대중적 시장의 요구 수준보다 조금 낮은 곳에서 시작하지만 시간이 지날수록 기업은 대중적 시장이 기대하는 정도보다 빠르게 기술 수준을 진보시켜 결국에는 고가 시장을 겨냥하게 된다. 기술의 수준이 높아짐에 따라 제품의 가격도 높아지므로 대중적 시장이나 저가 시장의 소비자는 별로 사용하지 않는 기술에 값을 더 치르게 된다고 생각할 수 있다. 이 경우 소비자들은 자신이 필요로 하지도 않는 높은 기술 수준의 제품을 높은 가격에 구입하거나 아예 사지 않고 지낼 수밖에 없을 것이다.

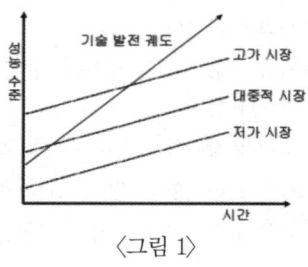
<그림 1>

<그림 2>에서와 같이, 어떤 시점에서 어떤 기업이 단순한 기술을 가지고 저가 시장을 공략하면 원래의 기술 발전 궤도보다 오른쪽에 새로운 직선이 위치하게 된다. 물론 이것 역시 시장이 기대하는 정도보다 더 가파른 기울기를 가지고 있다. 이 궤도가 발전을 거듭하면 마침내 기존 기술보다는 훨씬 낮은 가격에 대중적 시장의 수요를 충족시킬 수 있게 된다. 이쯤 되면 기존 기술로 고사 시장만을 겨냥하던 기업들은 그들이 너무 저가라서 쳐다보지도 않았던 시장에서 다른 기업들이 매우 높은 매출을 올리고 있음을 알게 될 것이며, 그 시장이 더 이상 외면해도 좋을 저가 시장이 아님을 깨달을 것이다.

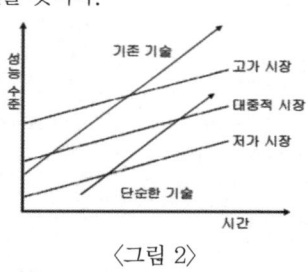
<그림 2>

와해성 기술은 존속성 기술에 비해 그 성능이 미흡하지만 색다른 가치의 측면을 높이 평가받는 특징이 있다. 이 기술을 응용한 제품은 일반적으로 더 싸고 더 작고 더 단순하고 더 편리하다. 이러한 와해성 기술 역시 자체적으로 성능이 향상되어 당초의 존속성 기술 시장이 요구하던 수준에 도달하면, 그때부터 소비자를 급속히 흡수함으로써 존속성 기술이 가졌던 시장을 '와해'시키게 된다. 예컨대 개인용 컴퓨터가 처음 소개되었을 때 당시의 중형 컴퓨터에 비해 그 성능은 장난감 수준이었지만 가격은 '더' 쌌으며, 무엇보다도 '개인'이 소유하면서 마음대로 사용할 수 있다는 '색다른 가치' 때문에 급속히 보급되기 시작했던 것이다.

기업들은 고객이 원하기 시작할 때 와해성 기술에 자원을 투자할 수 있으며, 그 이전에 투자하기에는 어려움이 크다는 것을 잘 알고 있다. 그러나 불행하게도 그러한 고객의 신호가 전달된 후에 비로소 와해성 기술에 관심을 갖는다면 이미 실기(失機)한 것이다. 선도 기업들이 와해성 기술에서 성공을 거두고 선도적 지위를 유지하기 위한 유일한 방안은 와해성 기술을 중심으로 새로운 사업 단위를 설정하여 기존 고객의 압력으로부터 자유로운 조직을 갖는 것이다.

10. 와해성 기술에 대한 설명으로 적절하지 않은 것은?

① 시장적 이유 때문에 선도 기업에 의해 낮게 평가된다.
② 초기에는 시장을 거의 갖고 있지 않다가 점차 기존의 시장을 점유한다.
③ 새로운 시장에서 새로운 가치를 부여받기 때문에 높은 제품 가격을 형성한다.
④ 대다수 고객에게 충분한 만족을 주지 못하는 기술적 약점이 오히려 강점이다.
⑤ 반드시 고도의 기술 수준을 나타내지는 않으나 시간에 따라 그 성능은 향상된다.

11. '크리스텐슨'이 <보기>와 같은 동료의 말에 착안하여 ㉠을 연구했다고 할 때, 그가 주목한 ㉠의 특징으로 가장 적절한 것은?

― <보기> ―

유전학자들은 인체를 대상으로 연구하길 꺼린다네. 새로운 세대가 나타나기까지는 30년이 걸리기 때문에 어떤 변화의 원인과 결과를 이해하는 데에 너무 오랜 시간이 필요하지. 그래서 그들은 단 며칠이면 알을 배고, 태어나서 성숙하고 죽는 초파리로 연구한다네.

① 기술적 내용에 대한 이해가 비교적 쉽다.
② 고객이 증가하는 속도가 무척 빠른 산업이다.
③ 연구 대상으로 적합한 30여 년의 역사를 가졌다.
④ 기술 변화와 기업의 흥망이 빈번하게 진행되어 왔다.
⑤ 컴퓨터 등 다른 산업의 발전에 불가결한 부품 산업이다.

12. 위 글에 근거하여 선도 기업의 경영자에게 제안한다고 할 때, 적절하지 않은 것은?

① 선도적 지위를 계속 유지하려면 신규 사업 추진 여부를 현재의 시장 수요로 판단하지 말라.
② 기술의 성능을 지속적으로 개선하여 다양한 기능을 요구하는 소비자들의 수요에 신속하게 대응하라.
③ 사전에 예측할 수 없는 와해성 기술 시장을 겨냥해서 잠재적인 소비자를 발견하는 마케팅 전략을 구사하라.
④ 경영자들은 자신이 자원의 흐름을 통제한다고 생각하지만, 실제로 이를 좌우하는 것은 고객이라는 사실을 잊지 말라.
⑤ 현재 낮은 성능의 제품도 미래에는 높은 경쟁력을 가질 수 있으므로 시장의 경쟁 기반이 변화하는 지점을 정확히 포착하라.

정답 및 해설 p.258

패턴 3 패러다임형 지문

1 패턴 소개

LEET 언어이해에 등장하는 지문들은 그 내용이 워낙 어렵고 난해하기 때문에 주어진 시간 안에 완벽하게 읽고 이해하는 것이 불가능하다는 의견이 나오는 경우도 있습니다. LEET 시험의 난이도가 너무나도 어려워진 탓에 정석적인 독해 방법 대신에 어떻게 하면 선지를 잘 찍을 것인지에 대한 꼼수 스킬을 중심으로 하는 잘못된 강의들이 유행하는 것도 이 때문이라 하겠습니다. 하지만 LEET 언어이해 지문의 내용을 100% 이해하는 것이 불가능하다고 하더라도, 지문의 내용을 30%만 이해하는 사람과 70%만 이해하는 사람은 분명히 차이가 있습니다. 아무리 어렵고 난해한 소재가 지문에 등장한다고 하더라도 최대한 이해하는 정도를 끌어 올리는 것이 LEET 독해의 중요한 요체라고 할 것입니다.

LEET 지문이 매우 난해한 소재로 출제되는 경우에, 가장 많이 사용되는 지문의 글쓰기 양식이 바로 **패러다임형 지문**입니다. 패러다임형 지문이란 서로 이항대립적인 관계를 가지고 있는 두 패러다임을 비교하는 식으로 글이 전개되는 경우를 말합니다. 이러한 패러다임형 지문은 주어진 정보량의 밀도는 낮지만, 제시되는 내용 자체가 매우 난해한 경우가 많습니다. 따라서 쟁점에 대해 상반된 입장을 취하고 있는 두 패러다임이 대립되는 포인트를 정확히 포착하여 읽는 것이 문제를 해결하는 가장 효율적인 접근법입니다. 지문의 내용 자체는 무지막지하게 어려워도 막상 선지를 보면 풀만한 수준으로 출제되는 것이 이러한 패러다임형 지문의 특징이기도 합니다.

법학의 핵심은 새로운 사고 체계를 이해하는 것입니다. 법학을 수월하게 공부하기 위해서는 어떠한 사고 체계가 자신에게 던져졌을 때, 그 사고 체계를 빠른 시간 안에 이해하고 체화하여 자신의 사고 체계로 흡수하는 능력이 절대적으로 요구됩니다. 따라서 LEET는 사전에 알고 있는 배경지식을 평가하는 시험이 되는 것을 최대한 피하기 위해서, 여러분이 생전에 듣도 보도 못했을 매우 낯선 개념을 제시하여 새로운 시스템을 자신의 것으로 체화하는 능력을 평가하려고 합니다.

이러한 능력을 평가하기 위해 패러다임형 지문은 우리가 일상적으로 또는 관습적으로 당연하다고 여겨왔던 '통념'과 어긋나고 반대되는 내용을 제시하는 식으로 글이 전개되는 경우가 많습니다. 통념에 해당하는 패러다임과 그 통념과 상반되는 낯선 패러다임을 빠르게 파악하여야 하며, 특히 새롭게 제시되는 낯선 패러다임에 대하여 자신이 기존에 가지고 있던 배경지식이나 편견에 휩싸여서 독해를 하면, 지문의 의도와 전혀 다른 방향으로 독해하게 될 수 있으니 주의하여야 합니다.

패러다임형 지문에서는 통념과 새로운 패러다임이 뒤집히는 부분이 문제가 출제되는 핵심 포인트가 됩니다. 특히 기존에 익숙해져 있던 어휘가 다른 의미를 갖는 어휘로 사용되는 경우도 빈번하기 때문에, 개념의 외연을 정확히 파악하는 독해가 요구됩니다. 일상어법에서 A라고 지칭되었던 개념을 지문에서 다른 개념으로 다시 정의하되 여전히 그 이름은 A가 되는 상황이 LEET 패러다임형 지문에서 빈번히 출제됩니다. 따라서 개념의 외연이 어떻게 새롭게 정의되는지를 정확히 파악하여야 합니다. 또한 두 패러다임이 대립적인 관계를 취한다고 하더라도, 각 패러다임에 속하는 모든 요소가 전부 이항대립적 관계를 가지는 것은 아닐 수도 있다는 점에 주의하셔야 합니다. 이 점을 놓칠 경우, 자칫 잘못하면 **이항대립적 오독**을 범할 수도 있기 때문입니다.

2 대표 기출문제

출제시기	소재 및 문제 번호
2025학년도	희곡의 무대화에 대한 상반된 관점(28~30번)
2024학년도	법학의 학문성에 대한 알베르트와 사비니의 논쟁(1~3번)
2023학년도	법과 폭력의 관계(28~30번)
2022학년도	민주주의와 민주주의의 규범(22~24번)
2021학년도	르포르의 새로운 자유와 권리 개념(13~15번)
2019학년도	법의 기원에 대한 세 가지 이론(1~3번)
2019학년도	심적 회계(16~18번)
2019학년도	극우민족주의의 새로운 네이션 개념(25~27번)
2017학년도	미국 연방주의자들의 헌법 개념과 오늘날의 헌법(11~13번)
2017학년도	새로운 전쟁(24~26번)
2016학년도	컨스터블 풍경화에 대한 새로운 해석(23~25번)
2015학년도	고고학의 유형론과 개체군론(33~35번)
2014학년도	증권화의 관점에서 본 세계 금융 위기(1~3번)
2011학년도	20세기 물리학의 패러다임의 전환(15~17번)
2010학년도	주가 이론의 패러다임의 전환(4~6번)
2010학년도	도상해석학과 신미술사학(13~15번)
2009학년도	합의의 법적 개념의 역사(5~7번)
2009학년도	언론의 사회적 역할에 대한 법인식의 변화(38~40번)

3 독해 전략

STEP 1 | '새로운 개념'을 소개하거나 기존의 개념을 다르게 정의하고 있는지 파악한다.

✓ 지문에서 '새로운 개념'을 소개하거나, 기존의 개념을 다른 방식으로 정의하는 내용이 등장한다면 그 지문은 패러다임형 지문일 가능성이 높다.

▼

STEP 2 | 개념의 외연이 어떤 방식으로 다르게 구성되는지를 이해한다.

✓ 패러다임의 전환이 어떻게 이루어지는지, 기존의 개념과의 차별성이 어느 지점에서 발생하는지를 파악한다.
✓ 개념을 다르게 정의했다면 외연이 어떻게 다르게 구성되는지를 중심으로 독해한다. 이때 '개념 분할'의 독해 스킬을 적극적으로 활용한다.

▼

STEP 3 | 지문의 결론에서 새로운 패러다임에 대한 글쓴이의 태도를 파악한다.

✓ 지문의 결론에서 글쓴이가 새로운 패러다임에 대해 비판적으로 보고 있는지, 긍정적으로 보고 있는지를 체크하면서 문제의 출제 방향을 예상한다. 새로운 패러다임에 대한 글쓴이의 태도는 문제의 선택지로 출제될 가능성이 높다.

이 문제는 반드시 출제된다!
- 패러다임의 차별성 파악: 새로운 패러다임이 기존의 개념과 어떠한 부분에서 차이가 있는지 파악하는 문제가 출제된다.
- 패러다임의 비교: 제3의 패러다임과 지문의 패러다임을 비교하는 문제가 출제된다.

4 문제에 적용해보기

독해 전략을 적용하여 연습문제를 풀이해 봅시다.

연습문제 1

[01~03] 다음 글을 읽고 물음에 답하시오.　　　2021학년도 LEET 문13~15

68혁명 이후 구조에서 차이로, 착취에서 자유나 배제로 문제 설정이 변화하고, 신자유주의적 반(反)정치의 경향이 강화되었던 1980년대에 르포르는 '정치적인 것'의 활성화를 제기하였다. 그에 앞서 아렌트가 고대 아테네의 시민적 덕성의 복원을 통한 정치적인 것의 활성화를 제기했다면, 르포르는 근대 민주주의 자체의 긴장에 주목하면서 '인권의 정치'를 통한 정치적인 것의 부활을 시도하였다. 그는 인권을 공적 공간의 구성 요소로 파악하면서 개인에 내재된 자연권으로 보거나 개인의 이해관계에 기반한 소유권적 관점에서 파악하려는 자유주의적 입장을 거부한다. 르포르는 자유주의가 인간의 권리를 개인의 권리로 환원시킴으로써 사회적 실체에 접근하지 못하고, 결국 민주주의를 개인과 국가의 표상관계를 통해 개인들의 이익의 총합으로서 국가의 단일성을 확보하기 위한 수단으로 볼 뿐이라고 비판한다.

르포르는 1789년 「인권선언」의 조항들이 '개인적 자유'보다 '관계의 자유'를 의미한다고 본다. 선언의 제4조에서 언급한 '타인에게 해를 끼치지 않는 모든 것을 할 수 있는 자유'는 사회적 공간이 권력에 대해 권리들의 자율성을 향유한다는 의미이자, 어떤 것도 그 공간을 지배할 수 없다는 의미이다. 그리고 제11조에서 언급한 '생각과 의견의 자유로운 소통의 자유' 역시 근대 사회의 시민이 자신의 생명과 재산에 대한 위협을 느끼지 않고 의견을 표현할 수 있는 권리를 의미한다. 르포르는 이러한 권리가 개인과 개인의 존엄성에 대한 보호라기보다는 개인들끼리의 공존 형태, 특히 권력의 전능으로 인해 인간 간의 관계가 침탈될 우려에서 비롯된 특정한 공존 형태에 대한 정치적 개념이라고 본다.

르포르는 ⊙권리와 권력의 관계에 주목한다. 18세기에 형성된 인간의 권리는 사회 위에 군림하는 권력의 표상을 붕괴시키는 자유의 요구로부터 출현했다. 근대에 '인간의 권리'는 '시민의 권리'로서 존재해 왔다. 인간은 특정 국민국가의 성원으로서 국가권력에 의해 인정될 때, 즉 이방인이었던 아렌트가 포착했던 '권리들을 가질 수 있는 권리'가 전제될 때 비로소 권리를 향유할 수 있다. 하지만 르포르가 제기하는 것은 권력이 권리에 순응해야 한다는 점이다. 특히 저항권은 시민 고유의 것이지 결코 국가에게 그것의 보장을 요구할 수 없는 것이다. 그것은 권력에 대한 권리의 선차성이며, 권력이 권리에 어떤 영향도 미칠 수 없다는 것을 의미한다.

하지만 그의 비판자들은 권리가 권력을 통해서만 존재해 온 역사를 르포르가 간과하고 있다고 지적한다. 인권의 정치를 통한 권리의 확장은 권력의 동시적인 확장, 나아가 전체주의적 권력의 등장을 가져올 수 있다는 것이다. 근대 민주주의의 속성인 인민과 대표의 동일시에 따른 대표의 절대화를 통해 '하나로서의 인민'과 '사회적인 것의 총체로서의 당'에 대한 표상의 일치, 당과 국가의 일치, 결국 '일인' 통치로 귀결된 전체주의가 그 예라고 르포르를 비판한다.

물론 르포르도 새로운 권리의 발생이 국가권력을 강화시킬 수 있음을 인정한다. 따라서 국가권력에 대한 제어와 감시가 필요하며, 억압에 대한 저항으로서 정치적 자유가 강조된다. 공적 영역에서 실현되는 정치적 자유는, 시민들의 관계를 표현하는 장치이자 권력에 대한 통제 수단으로서 정치적인 것의 활성화를 통해 공론장과 같은 민주적 공간을 구성한다. 그러한 민주적 공간을 구성하는 권리로부터 법률이 형성된다. 따라서 권리의 근원은 그 누구에 의해서도 독점되지 않는 권력이어야 한다. 국가권력은 상징적으로는 단일하지만 실제적으로는 민주적으로 공유되어야 함에도, 이를 오해한 것이 전체주의이다.

결국 르포르는 권력이 제어할 수 있는 틀을 넘어 쟁의가 발생하는 장소로서 민주주의 국가를 제시함으로써 법이 인정하는 한에서 권리를 사유하는 자유주의적 법치국가의 한계를 넘어서고자 하며, 역사적으로 다양한 권리들이 권력이 정한 경계를 넘어서 생성되어 왔다는 점을 강조한다. 이때 인권의 정치는 차별과 배제에 대한 저항과 새로운 주체들의 자유를 위한 무기가 된다. 나아가 '권리들을 가질 수 있는 권리'라는 관념은 인간의 권리의 실현 조건으로서 국가권력이라는 틀 자체를 거부하면서, 자신이 거주하는 곳에서 권리의 실현을 요구하는 급진적 흐름으로서 세계시민주의의 가능성을 보여준다.

지문 요약 연습

연습문제를 풀이하면서 지문의 각 문단을 요약해 보세요.

패러다임의 차별성 파악
01. 윗글과 일치하지 않는 것은?

① 아렌트는 시민적 덕성의 복원을 통해, 르포르는 인권의 정치를 통해 공적 공간의 민주화에 대해 사유한다.
② 르포르는 근대 국가권력의 상징적 측면에서, 자유주의자들은 개인과 국가의 표상관계를 통해 권력의 단일성을 이해한다.
③ 자유주의자들은 자연권 혹은 소유권적 관점에서 개인의 권리를 파악하면서 민주주의를 개인의 권리들의 관계가 만들어 내는 쟁의의 공간으로 이해한다.
④ 전체주의는 근대 민주주의가 피통치자로서의 인민과 통치자로서의 대표를 동일시하는 경향이 극단화될 때 나타난다.
⑤ 세계시민주의는 인간의 권리가 실현되는 조건으로 국민국가의 성원이라는 전제를 거부할 필요가 있음을 주장한다.

패러다임의 차별성 파악
02. 윗글에 따를 때 ⊙에 대한 르포르의 관점을 이해한 것으로 적절하지 않은 것은?

① 국가권력이 보장할 수 없는 시민 고유의 권리가 존재할 수 있다고 본다.
② 근대의 민주적 권력은 상징적 및 실제적 권력의 단일성에 근거하여 권리를 확장시켜 왔다고 본다.
③ 근대국가에서는 국가권력이 개인을 국민이라는 성원으로 인정하는 한에서 권리를 부여해 왔다고 본다.
④ 국가권력이 설정한 권리의 한계를 극복하면서 국민국가 초기에 인정되지 않았던 권리들이 인정받았다고 본다.
⑤ 권리를 사회적 관계의 산물로 이해함으로써 권리는 누구도 독점할 수 없는 민주적 공간을 구성하는 동력이 된다고 본다.

패러다임의 비교

03. 르포르 와 <보기>의 푸코 를 비교한 것으로 가장 적절한 것은?

―〈보기〉―

푸코는 개인의 삶 자체가 위험이라는 인식하에서 국가가 출생에서 죽음에 이르기까지의 개인의 삶 전체를 관리하는 '생명관리권력의 시대'가 등장하였다고 주장한다. 근대에 개인의 권리의 확대는 개인을 위험으로부터 보호하려는 문제의식에서 비롯되었지만, 그것은 동시에 국가가 더 깊이 개인의 삶에 침투하는 권력으로 전환되는 역설을 낳았다. 개인이 권력의 시선, 즉 규율을 내면화함으로써 권력이 만들어 낸 주체가 되어간다는 점에서, 근대의 자율적 주체는 사라져 버렸다. 푸코는 개인에 대한 억압을 강조했던 기존의 권력 관념을 대신하여 국가권력이 생산적 권력임을 강조한다.

① 르포르는 권리에 대한 권력의 종속을 비판했다면, 푸코는 개인의 삶에 침투하는 권력의 특성에 주목했다.

② 르포르는 인권의 정치를 통해 민주주의의 확장을 주장했다면, 푸코는 권리에 대한 요구를 통해 권력을 제한하려 했다.

③ 르포르는 권리의 확장이 가져올 수 있는 권력의 비대화 및 독점화를 우려했다면, 푸코는 자율적 주체에 의한 권리의 확장을 주장했다.

④ 르포르는 권력이 설정한 경계를 넘어 권리의 주체를 형성할 것을 주장했다면, 푸코는 국가권력이 권력의 시선을 내면화하는 주체를 생산하고 관리한다는 점에 주목했다.

⑤ 르포르는 전체주의가 될 위험에서 벗어나기 위한 해결책을 근대 민주주의 내에서 찾으려 했다면, 푸코는 권력으로부터 개인의 안전을 확보하기 위한 해결책을 권력 내에서 찾으려 했다.

★ **선생님 TIP**

패러다임의 비교 문제
지문에 전혀 언급되지 않았던 푸코의 관점이 <보기>에서 요약적으로 제시되고 있습니다. 이 경우 <보기>의 내용도 지문이라고 생각하고 꼼꼼하게 독해하는 것이 좋습니다.

더 알아보기

르포르의 관점 파악
이 지문의 경우 자유와 권리에 대한 개념을 기존과 다른 방식으로 새롭게 정의한 르포르의 관점을 이해하는 것이 독해의 핵심입니다. 지문은 정치적 올바름을 중시하는 'PC주의'의 이론적 기반이 되는 르포르의 정치 철학을 소개하고 있습니다. 이와 같이 LEET 언어이해는 동시대적 이슈가 되는 내용을 지문에 반영하기도 합니다.

🏛 가이드 & 정답 확인하기

가이드에 따라 지문과 문제를 분석하고 정답을 확인해 봅시다.

STEP 1 '새로운 개념'을 소개하거나 기존의 개념을 다르게 정의하고 있는지 파악한다.

[첫 번째 문단] 자유주의에 대한 비판을 바탕으로 한 르포르의 인권정치론

> 68혁명 이후 구조에서 차이로, 착취에서 자유나 배제로 문제 설정이 변화하고, 신자유주의적 반(反)정치의 경향이 강화되었던 1980년대에 르포르는 '정치적인 것'의 활성화를 제기하였다. 그에 앞서 아렌트가 고대 아테네의 시민적 덕성의 복원을 통한 정치적인 것의 활성화를 제기했다면, 르포르는 근대 민주주의 자체의 긴장에 주목하면서 '인권의 정치'를 통한 정치적인 것의 부활을 시도하였다. 그는 인권을 공적 공간의 구성 요소로 파악하면서 개인에 내재된 자연권으로 보거나 개인의 이해관계에 기반한 소유권적 관점에서 파악하려는 자유주의적 입장을 거부한다. 르포르는 자유주의가 인간의 권리를 개인의 권리로 환원시킴으로써 사회적 실체에 접근하지 못하고, 결국 민주주의를 개인과 국가의 표상관계를 통해 개인들의 이익의 총합으로서 국가의 단일성을 확보하기 위한 수단으로 볼 뿐이라고 비판한다.

인권에 대한 기존의 통념을 비판하면서 새로운 개념을 제안하고 있습니다. 패러다임형 지문의 전형적인 도입부에 해당한다는 것을 확인할 수 있습니다.

STEP 2 개념의 외연이 어떤 방식으로 다르게 구성되는지를 이해한다.

[두 번째 문단] 「인권선언」의 자유 개념에 대한 르포르의 재해석

> 르포르는 1789년 「인권선언」의 조항들이 '개인적 자유'보다 '관계의 자유'를 의미한다고 본다. 선언의 제4조에서 언급한 '타인에게 해를 끼치지 않는 모든 것을 할 수 있는 자유'는 사회적 공간이 권력에 대해 권리들의 자율성을 향유한다는 의미이자, 어떤 것도 그 공간을 지배할 수 없다는 의미이다. 그리고 제11조에서 언급한 '생각과 의견의 자유로운 소통의 자유' 역시 근대 사회의 시민이 자신의 생명과 재산에 대한 위협을 느끼지 않고 의견을 표현할 수 있는 권리를 의미한다. 르포르는 이러한 권리가 개인과 개인의 존엄성에 대한 보호라기보다는 개인들끼리의 공존 형태, 특히 권력의 전능으로 인해 인간 간의 관계가 침탈될 우려에서 비롯된 특정한 공존 형태에 대한 정치적 개념이라고 본다.

개인의 자유	→	관계의 자유
개인의 소유권으로서의 자유		공동체에 대한 정치적 개념

[세 번째 문단] 권력에 선행하는 권리 개념의 절대적 위상

> 르포르는 ⊙권리와 권력의 관계에 주목한다. 18세기에 형성된 인간의 권리는 사회 위에 군림하는 권력의 표상을 붕괴시키는 자유의 요구로부터 출현했다. 근대에 '인간의 권리'는 '시민의 권리'로서 존재해 왔다. 인간은 특정 국민국가의 성원으로서 국가권력에 의해 인정될 때, 즉 이방인이었던 아렌트가 포착했던 '권리들을 가질 수 있는 권리'가 전제될 때 비로소 권리를 향유할 수 있다. 하지만 르포르가 제기하는 것은 권력이 권리에 순응해야 한다는 점이다. 특히 저항권은 시민 고유의 것이지 결코 국가에게 그것의 보장을 요구할 수 없는 것이다. 그것은 권력에 대한 권리의 선차성이며, 권력이 권리에 어떤 영향도 미칠 수 없다는 것을 의미한다.

- 핵심 키워드: 권리들을 가질 수 있는 권리 → 국가권력으로부터의 양보가 전제되지 않는 절대적 권리 개념

> (A) 자유주의적 법치 국가의 권리 개념(우리에게 익숙한 시각)
> → 국가권력으로부터 저항하여 획득한 개념으로서의 권리
> ↕
> (B) 르포르의 절대적 권리 개념(우리에게 낯선 시각)
> → 국가권력에 선행된 공동체의 구성 원리로서의 권리

[네 번째 문단] 르포르에 대한 비판: 전체주의로 경도될 수 있는 르포르의 정치관의 내재된 위험성

> 하지만 그의 비판자들은 권리가 권력을 통해서만 존재해 온 역사를 르포르가 간과하고 있다고 지적한다. 인권의 정치를 통한 권리의 확장은 권력의 동시적인 확장, 나아가 전체주의적 권력의 등장을 가져올 수 있다는 것이다. 근대 민주주의의 속성인 인민과 대표의 동일시에 따른 대표의 절대화를 통해 '하나로서의 인민'과 '사회적인 것의 총체로서의 당'에 대한 표상의 일치, 당과 국가의 일치, 결국 '일인' 통치로 귀결된 전체주의가 그 예라고 르포르를 비판한다.

- (A)의 (B)에 대한 비판: 절대적 위상의 권리 개념이 국가권력을 포섭하게 된다면, 단일화된 전체주의 권력이 탄생할 수 있음

[다섯 번째 문단] 비판에 대한 르포르의 재반박: 민주적 공론장의 활성화를 통한 전체주의 배격

> 물론 르포르도 새로운 권리의 발생이 국가권력을 강화시킬 수 있음을 인정한다. 따라서 국가권력에 대한 제어와 감시가 필요하며, 억압에 대한 저항으로서 정치적 자유가 강조된다. 공적 영역에서 실현되는 정치적 자유는, 시민들의 관계를 표현하는 장치이자 권력에 대한 통제 수단으로서 정치적인 것의 활성화를 통해 공론장과 같은 민주적 공간을 구성한다. 그러한 민주적 공간을 구성하는 권리로부터 법률이 형성된다. 따라서 권리의 근원은 그 누구에 의해서도 독점되지 않는 권력이어야 한다. 국가권력은 상징적으로는 단일하지만 실제적으로는 민주적으로 공유되어야 함에도, 이를 오해한 것이 전체주의이다.

- (B)의 (A)에 대한 재반박: 권리로부터 구성된 국가권력은 민주적 공동체에서 비롯된 것이므로 상징적으로만 단일하고 실제적으로는 민주적으로 구성됨

STEP 3 지문의 결론에서 새로운 패러다임에 대한 글쓴이의 태도를 파악한다.

[여섯 번째 문단] 국가권력의 틀에서 벗어난 인권 기반 권리 개념의 세계시민주의적 의의

> 결국 르포르는 권력이 제어할 수 있는 틀을 넘어 쟁의가 발생하는 장소로서 민주주의 국가를 제시함으로써 법이 인정하는 한에서 권리를 사유하는 자유주의적 법치국가의 한계를 넘어서고자 하며, 역사적으로 다양한 권리들이 권력이 정한 경계를 넘어서 생성되어 왔다는 점을 강조한다. 이때 인권의 정치는 차별과 배제에 대한 저항과 새로운 주체들의 자유를 위한 무기가 된다. 나아가 '권리들을 가질 수 있는 권리'라는 관념은 인간의 권리의 실현 조건으로서 국가권력이라는 틀 자체를 거부하면서, 자신이 거주하는 곳에서 권리의 실현을 요구하는 급진적 흐름으로서 세계시민주의의 가능성을 보여준다.

자유주의적 법치 국가의 권리 개념		르포르의 권리 개념
국가권력의 인준이 전제된 권리 개념		국가 외부의 영역에서의 세계시민주의적 권리 개념

지문 분석을 한 내용을 바탕으로 01번 문제부터 풀이해 봅시다.

② 다섯 번째 문단에서 르포르의 전체주의자들에 대한 비판에서 권력의 단일성이란 상징적인 개념이라는 르포르의 관점이 소개되고 있다. 또한 첫 번째 문단에서 르포르는 자유주의자들이 개인과 국가권력 사이의 표상관계에서 개인들의 이익의 총합으로서 국가권력의 단일성을 이해하고 있다고 비판하므로 적절하다. → **매력적 오답**

③ 자유주의자들이 자연권 또는 소유권적 관점에서 개인의 권리를 파악한다는 부분은 타당하나, 민주주의를 개인의 권리들의 관계가 만들어 내는 쟁의의 공간으로 이해한다는 부분은 자유주의자들이 아니라 르포르의 관점이다. 관계들이 만들어 내는 정치공동체를 이론적 틀로 다루는 것이 누구의 관점인지를 생각하면, 명쾌하게 정답을 고를 수 있다.

[정답] ③

이어서 02번 문제를 풀이해 보겠습니다.

② 다섯 번째 문단에서 르포르는 권력의 단일성은 상징적인 것이지 실제적인 것이 아니므로 민주적으로 공유되어야 한다고 주장했으므로 '실제적 권력의 단일성'은 르포르의 주장에 해당하지 않는다.

[정답] ②

마지막으로 03번 문제를 풀이하여 지문 분석을 마치겠습니다.

① 르포르는 권리에 대한 권력의 종속을 비판한 것이 아니라 권력에 대한 권리의 종속을 비판한 것이므로 적절하지 않다.
② 푸코는 개인의 권리 요구가 오히려 권력의 개인에 대한 통제를 강화하는 생체 권력의 개념을 제시했으므로 푸코가 권리에 대한 요구를 주장하였다는 것은 적절하지 않다.
③ 권리의 확대에 따른 권력의 비대화를 우려한 것은 르포르를 비판한 자유주의자의 관점이며, 푸코는 권리의 확대가 주체를 권력에 종속시키는 측면을 비판했으므로 적절하지 않다.
④ 르포르는 권력의 허락이 전제되지 않는 권리 개념을 제시했고, 국가권력의 통제에서 벗어난 영역에서의 권리를 정당화했으므로 르포르에 대한 설명은 적절하다. 또한 푸코에 대해서도 국가권력이 개인에게 권력의 시선을 내면화하여 통제를 강화한다는 생체 권력의 개념을 정확하게 요약하고 있으므로 적절하다.
⑤ 르포르는 근대 민주주의를 근거로 극복하려고 했던 대상은 전체주의가 아니라 자유주의이며, 푸코는 개인의 안전을 위해 권력이 개인에게 권력의 시선을 내면화시키는 현상에 비판적이었다. 따라서 르포르와 푸코에 대한 설명 모두 적절하지 않다.

[정답] ④

연습문제 2

[04~06] 다음 글을 읽고 물음에 답하시오.　　2010학년도 LEET 문4~6

오늘날 경제학은 법적 판단을 내리는 데에도 적극 활용되고 있다. 그 한 사례가 주주들의 집단소송에서 경제 이론을 주요한 근거로 하여 판결이 내려졌던 '베이식 사 대(對) 레빈슨' 사건이다. 베이식 사는 컴버스천 사와의 인수합병을 진행하는 과정에서 이를 공개적으로 부인하다가 결국 컴버스천 사에 합병이 되었다. 그 후, 합병 발표 이전에 주식을 처분했던 일부 주주들은 베이식 사의 부인으로 인해 재산상의 큰 손실을 입었다며 집단소송을 제기했다. 원고 측과 피고 측 사이에 뜨거운 논쟁이 오간 끝에 1988년 미국 연방 대법원은 ㉠원고 측의 손을 들어 주는 판결을 하였다.

당시 경제학에서는 "사람들은 기업의 진정한 가치를 염두에 두고 주식 투자를 하며, 해당 기업의 진정한 가치에 관한 모든 정보는 주가에 반영되므로, 기업의 진정한 가치와 주가는 일치한다."라는 전통적 이론이 힘을 발휘하고 있었다. 이 이론이 현실에서 항상 성립하는지 아니면 오랜 기간에 걸쳐 근사적으로만 성립하는지에 대해서는 논란이 있었지만 기본 취지는 많은 학자들의 동의를 얻었다. 연방 대법원은 주식시장이 모든 이에게 열려 있다면 이 이론을 법적 판단에 적용할 수 있다고 보았다. 이러한 상황에서는 사람들이 주가만 가지고도 투자 결정을 내린다고 볼 수 있으므로, 베이식 사가 합병 과정을 공개하지 않음으로써 투자자들로 하여금 잘못된 결정을 하게 하여 재산상의 손실을 입게 했다고 추정할 만한 충분한 합리적 근거가 있다는 것이 연방 대법원의 판단이었다. 이 판결은 이후 부정 공시 관련 집단소송의 판단 기준으로 자리 잡게 되었다. 이는 결국 기업의 진정한 가치에 관한 중요한 정보의 공시와 관련된 분쟁에서 부정 공시로 인한 피해 여부를 어떻게 입증할 것인가 하는 어려운 문제를 해결할 확실한 논리를 경제학이 제공했다는 것을 의미한다.

하지만 ㉡전통적 이론의 정당성을 약화시킬 논의들도 적지 않다. 우선, "주식 투자자들의 진정한 관심은 기업의 가치에 있는 것이 아니라 주식을 얼마에 팔아넘길 수 있는가에 있다."라는 케인스의 주장은 전통적 이론의 근본 전제를 뒤흔드는 비판으로 해석될 수 있다. 그리고 1980년대 초부터는 전통적 이론에 대해 더욱 직접적으로 문제가 제기되었다. 주가가 진정한 가치를 반영한다는 전통적 이론이 성립하려면 진정한 가치에 관심을 기울이는 사람과 그렇지 않은 사람 사이에 끊임없는 매수와 매도의 상호 작용이 있어야만 한다. 그리고 이것이 가능하려면 진정한 가치에 관심을 갖는 전문적인 주식 투자자들이 정보가 부족한 투자자들을 상대로 미래 주가의 향방에 대한 상반되는 예상 위에서 매매 차익을 얻을 여지가 있어야만 한다. 그런데 매매 차익을 얻을 기회란 주가와 진정한 가치가, 적어도 단기적으로는, 일치하지 않을 때에만 발생한다는 점에서, 이는 전통적 이론의 또 다른 약점으로 해석될 수 있다.

최근 들어 경제학계에서 새롭게 주목받고 있는 행동경제학은 주식시장의 정보 전달 메커니즘에 관한 전통적 이론의 문제점을 보다 통렬하게 비판하고 있다. 이들은 심리학의 연구 성과를 적극적으로 받아들여 전통적인 견해와는 다른 방식으로 행동하는 인간의 모습을 제시한다. 이들에 따르면, 인간은 자신의 미래를 통제할 수 있다고 과신하는 반면, 남들이 성공할 때 자신만 뒤처지는 것을 지나치게 두려워하는 존재이다. 이러한 비합리적 특성이 주식시장에서 발현되면 심지어 기업의 진정한 가치를 알고 있는 전문적인 투자자들까지도 주가와 진정한 가치의 괴리를 키우는 역설적인 행동을 하게 된다. 이들은 주가가 진정한 가치와 괴리되어 있다고 확신하더라도, 주가가 어느 시점에서 진정한 가치와 일치할지를 정확하게 알 수 없으므로, 현재의 추세가 반전되기 직전에 빠져나갈 수 있다고 자신하며, 다수에 맞서는 대신 대세에 편승하는 선택을 할 것이기 때문이다.

법적 문제의 해결 과정에서 경제학의 다양한 영역 중 그동안 상대적으로 주목을 받지 못했던 연구 성과들을 적극적으로 수용한다면, 연방 대법원의 판결은 이론적 근거도 취약할뿐더러 기업의 진정한 가치에 관심을 갖는 투자자들을 보호한다는 본래의 취지 또한 제대로 반영하지 못한다는 비판에 직면할 가능성이 높다.

사실 확인
04. ㉠에 담긴 판단 내용으로 보기 어려운 것은?
① 인수합병을 부인한 공시로 인해 주가가 기업의 진정한 가치를 반영하지 못했다.
② 인수합병을 부인한 공시로 인해 주식 투자자들에게 재산상의 손실이 발생했다.
③ 인수합병이 진행 중이라는 정보가 주식시장에 유포되었다면 주가가 상승했을 것이다.
④ 인수합병 진행이 공시되었다면 주식 투자자들은 이것이 반영된 주가를 근거로 투자 결정을 했을 것이다.
⑤ 인수합병을 부인한 공시를 보았던 주식 투자자들이 그동안 공시자료를 근거로 주식 투자를 해 왔다는 사실이 입증되어야 한다.

패러다임의 비교
05. 윗글의 맥락에서 볼 때, ㉡에 포함되는 것으로 보기 어려운 것은?
① 주식 투자자들은 기업에 대한 정보의 진위 여부를 판단하기 쉽지 않다.
② 주가가 기업의 진정한 가치에 대한 정보를 신속하게 반영하지 못하고 있다.
③ 주식 투자자들은 기업의 진정한 가치보다는 타인의 선택에 더 큰 영향을 받는다.
④ 주식 투자자들은 대부분 미래의 주가 등락 추세에 대해 같은 방향으로 예상한다.
⑤ 전문적인 주식 투자자는 그렇지 않은 주식 투자자에 비해 기업의 진정한 가치에 대한 더 많은 정보를 가지고 시장에 참여한다.

패러다임의 차별성 파악
06. 주식시장의 정보 전달 메커니즘과 관련한 다음의 진술 중 윗글의 '행동경제학'이 동의하지 않을 것은?
① 주식 투자자들은 남들이 돈을 벌 때 자신만 돈을 벌지 못하는 상황을 두려워하여 주식 매매에서 다수의 편에 선다.
② 주식 투자자들은 스스로의 능력을 과신하므로 기업의 진정한 가치에 관한 어떠한 정보에도 관심을 기울이지 않는다.
③ 주식 투자자들은 비합리적인 특성을 띠기 때문에, 주식시장에 더 많은 정보가 제공되더라도 주가가 이를 반영하기는 쉽지 않다.
④ 전문적인 주식 투자자는 주식시장의 정보 전달 메커니즘 내에서 주요한 행위자로 참여한다.
⑤ 미래 주가의 불확실성으로 인해 전문적인 주식 투자자도 기업의 진정한 가치에 근거한 주식 매매를 하기 어렵다.

가이드 & 정답 확인하기

가이드에 따라 지문과 문제를 분석하고 정답을 확인해 봅시다.

STEP 1 '새로운 개념'을 소개하거나 기존의 개념을 다르게 정의하고 있는지 파악한다.

[첫 번째 문단] 주가 이론이 법적 판단의 근거가 된 '베이식 사 대 레빈슨' 사건

> 오늘날 경제학은 법적 판단을 내리는 데에도 적극 활용되고 있다. 그 한 사례가 주주들의 집단소송에서 경제 이론을 주요한 근거로 하여 판결이 내려졌던 '베이식 사 대(對) 레빈슨' 사건이다. 베이식 사는 컴버스천 사와의 인수합병을 진행하는 과정에서 이를 공개적으로 부인하다가 결국 컴버스천 사에 합병이 되었다. 그 후, 합병 발표 이전에 주식을 처분했던 일부 주주들은 베이식 사의 부인으로 인해 재산상의 큰 손실을 입었다며 집단소송을 제기했다. 원고 측과 피고 측 사이에 뜨거운 논쟁이 오간 끝에 1988년 미국 연방 대법원은 ㉠원고 측의 손을 들어 주는 판결을 하였다.

[두 번째 문단] 정보가 불투명한 상황에서의 투자자 손실을 보상하는 이론적 근거로 작용한 전통적 투자 이론

> 당시 경제학에서는 "사람들은 기업의 진정한 가치를 염두에 두고 주식 투자를 하며, 해당 기업의 진정한 가치에 관한 모든 정보는 주가에 반영되므로, 기업의 진정한 가치와 주가는 일치한다."라는 전통적 이론이 힘을 발휘하고 있었다. 이 이론이 현실에서 항상 성립하는지 아니면 오랜 기간에 걸쳐 근사적으로만 성립하는지에 대해서는 논란이 있었지만 기본 취지는 많은 학자들의 동의를 얻었다. 연방 대법원은 주식시장이 모든 이에게 열려 있다면 이 이론을 법적 판단에 적용할 수 있다고 보았다. 이러한 상황에서는 사람들이 주가만 가지고도 투자 결정을 내린다고 볼 수 있으므로, 베이식 사가 합병 과정을 공개하지 않음으로써 투자자들로 하여금 잘못된 결정을 하게 하여 재산상의 손실을 입게 했다고 추정할 만한 충분한 합리적 근거가 있다는 것이 연방 대법원의 판단이었다. 이 판결은 이후 부정 공시 관련 집단소송의 판단 기준으로 자리 잡게 되었다. 이는 결국 기업의 진정한 가치에 관한 중요한 정보의 공시와 관련된 분쟁에서 부정 공시로 인한 피해 여부를 어떻게 입증할 것인가 하는 어려운 문제를 해결할 확실한 논리를 경제학이 제공했다는 것을 의미한다.

[세 번째 문단] 전통적 투자 이론의 외적·내적인 한계 - 논증형 문단

> 하지만 ㉡전통적 이론의 정당성을 약화시킬 논의들도 적지 않다. 우선, "주식 투자자들의 진정한 관심은 기업의 가치에 있는 것이 아니라 주식을 얼마에 팔아넘길 수 있는가에 있다."라는 케인스의 주장은 전통적 이론의 근본 전제를 뒤흔드는 비판으로 해석될 수 있다. 그리고 1980년대 초부터는 전통적 이론에 대해 더욱 직접적으로 문제가 제기되었다. 주가가 진정한 가치를 반영한다는 전통적 이론이 성립하려면 진정한 가치에 관심을 기울이는 사람과 그렇지 않은 사람 사이에 끊임없는 매수와 매도의 상호 작용이 있어야만 한다. 그리고 이것이 가능하려면 진정한 가치에 관심을 갖는 전문적인 주식 투자자들이 정보가 부족한 투자자들을 상대로 미래 주가의 향방에 대한 상반되는 예상 위에서 매매 차익을 얻을 여지가 있어야만 한다. 그런데 매매 차익을 얻을 기회란 주가와 진정한 가치가, 적어도 단기적으로는, 일치하지 않을 때에만 발생한다는 점에서, 이는 전통적 이론의 또 다른 약점으로 해석될 수 있다.

- 외적 한계: 케인스의 비판 → 전통적 투자 이론이 간주한 투자 동기 이외에 투기적 투자 동기가 존재할 수 있음

★ 선생님 TIP

전통적인 주가 이론에 대한 비판이 정교한 논증으로 이루어져 있으므로 이 논증의 구조를 면밀하게 파고드는 문제가 출제될 수 있습니다. 새로운 패러다임의 어떠한 요소가 과거 패러다임을 비판하고 대체할 수 있는지를 잘 파악하여야 합니다.

STEP 2 개념의 외연이 어떤 방식으로 다르게 구성되는지를 이해한다.

[네 번째 문단] 행동경제학의 관점에서 재해석한 주가 이론

> 최근 들어 경제학계에서 새롭게 주목받고 있는 행동경제학은 주식시장의 정보 전달 메커니즘에 관한 전통적 이론의 문제점을 보다 통렬하게 비판하고 있다. 이들은 심리학의 연구 성과를 적극적으로 받아들여 전통적인 견해와는 다른 방식으로 행동하는 인간의 모습을 제시한다. 이들에 따르면, 인간은 자신의 미래를 통제할 수 있다고 과신하는 반면, 남들이 성공할 때 자신만 뒤처지는 것을 지나치게 두려워하는 존재이다. 이러한 비합리적 특성이 주식시장에서 발현되면 심지어 기업의 진정한 가치를 알고 있는 전문적인 투자자들까지도 주가와 진정한 가치의 괴리를 키우는 역설적인 행동을 하게 된다. 이들은 주가가 진정한 가치와 괴리되어 있다고 확신하더라도, 주가가 어느 시점에서 진정한 가치와 일치할지를 정확하게 알 수 없으므로, 현재의 추세가 반전되기 직전에 빠져나갈 수 있다고 자신하며, 다수에 맞서는 대신 대세에 편승하는 선택을 할 것이기 때문이다.

STEP 3 지문의 결론에서 새로운 패러다임에 대한 글쓴이의 태도를 파악한다.

[다섯 번째 문단] '베이식 사 대 레빈슨' 사건의 판결 결과의 이론적 한계

> 법적 문제의 해결 과정에서 경제학의 다양한 영역 중 그동안 상대적으로 주목을 받지 못했던 연구 성과들을 적극적으로 수용한다면, 연방 대법원의 판결은 이론적 근거도 취약할뿐더러 기업의 진정한 가치에 관심을 갖는 투자자들을 보호한다는 본래의 취지 또한 제대로 반영하지 못한다는 비판에 직면할 가능성이 높다.

지문을 분석한 내용을 바탕으로 04번 문제부터 풀이해 봅시다.

⑤ 두 번째 문단에서 주가에는 주식의 가치가 반영되어 있으므로 부정 공시가 존재하지 않는다면 공시를 확인하지 않고도 주가만으로 주식 투자를 합리적으로 진행할 수 있다고 했으므로 이것이 판결의 경제학 이론적 배경이었음을 알 수 있다. 따라서 주식 투자자들이 기존에 주가만을 근거로 주식 투자를 해왔다고 해도, 부정 공시의 책임이 사라지지는 않는다.

[정답] ⑤

이어서 05번 문제를 풀이해 보겠습니다.

⑤ 네 번째 문단에 따르면, 전통적 이론은 기업의 진정한 가치에 대해 잘 알고 있는 전문적인 주식 투자자와 그렇지 못한 일반 투자자가 주식의 향방에 대해 상반된 판단을 내리게 되어 양자 사이의 차익 거래를 통해 주가가 결국 기업의 가치에 수렴한다고 주장한다. 반면에 행동경제학은 기업의 진정한 가치에 대해 잘 알고 있는 전문적인 주식 투자자도 비합리적인 추세추종적 판단을 하게 되어 일반 투자자와 동일한 판단을 하게 된다고 주장한다. 따라서 ⑤는 전통적 이론과 행동경제학이 모두 동의하는 공통 전제에 해당하므로 전통적 이론의 정당성을 약화하는 논의로 볼 수 없다.

[정답] ⑤

마지막으로 06번 문제를 풀이하여 지문 분석을 마치겠습니다.

② 행동경제학은 기업의 진정한 가치에 대해 잘 알고 있는 전문적인 주식 투자자라 할지라도 자기 과신과 비합리적 공포라는 심리적 경향성에서 벗어나기가 쉽지 않기 때문에 추세추종적 매매를 하게 된다고 설명한다. 행동경제학은 주식 투자자들 중 일부 전문적인 주식 투자자는 기업의 진정한 가치에 대한 정보에 관심을 기울이지만, 그 정보에 따른 판단을 하기가 어렵다고 주장하는 것이지, 모든 주식 투자자들이 기업의 진정한 가치에 대한 정보에 관심을 기울이지 않는다고 주장하는 것이 아니다.

[정답] ②

연습문제 3

[07~09] 다음 글을 읽고 물음에 답하시오.

2015학년도 LEET 문33~35

　근대적 의미의 고고학이 시작된 이래, 고고학자들은 수집과 발굴 조사를 거쳐 유물들을 분류하고, 유물들 사이의 시공간적 관계와 그 변화 과정을 추정하여, 이를 과거 인간의 행위와 관련지어 해석하려 했다. 이때, 유물 분류를 바라보는 시각은 크게 보아 '유형론'과 '개체군론'으로 나눌 수 있다.

　초기 고고학 연구를 주도하며 기본적인 분류 체계를 세운 이들은 유형론자들이다. 이들은 분류를 위해 먼저 유물이 가지고 있는 인지 가능한 형태적 특질을 검토하여 그룹을 짓는다. '형식'이라는 용어로 개념화되는 본질적이고 형태적인 특징, 혹은 중심적 경향을 찾으면 이를 바탕으로 하나의 '유형'이 만들어진다. 이 작업은 특정한 하나의 형식을 공통적으로 가진 여러 유물 가운데, 원형이 되는 유물을 확인하고 이 유물을 이상적인 기준으로 삼아 다른 유물들과 비교하는 과정을 거쳐 이루어진다. 각각의 유형 안에는 개별 유물 간의 차이, 즉 '변이'가 있기 마련이지만 그것이 새 유형을 설정할 수 있을 정도로 본질적이라고 판단되지 않는 한, 유형론자들은 그것을 편차 정도로만 인식하여 설명할 가치가 없다고 본다. 그러므로 이들은 유물의 모든 변화를 한 유형에서 다른 유형으로 바뀌는 '변환'이라고 인식한다. 이러한 관점은 유형의 구분, 유형 사이의 경계 설정 및 순서 지음을 통해 시간적 연쇄나 뚜렷한 문화적·공간적 경계를 가진 집단을 구별할 수 있는 근거를 마련하는 데 결정적으로 기여하였다. 그렇지만 실제 관찰되는 개별 유물의 형태 변화는 연속적인 경우가 많다. 또한 유형론자들은 유형의 변화를 단속적이라고 파악하여 자체적이고 내부적인 진화의 과정에 대한 고려를 배제한 채, 외부로부터의 유입이나 새로운 발명 등의 요인으로만 설명하려고 하였다. 더구나 유형론적 접근 방식을 취할 경우 발굴 조사된 유물들 사이의 상사성과 상이성만을 단순 비교할 수밖에 없다는 단점도 있었다.

　이러한 문제점들 때문에 고고학자들은 또 다른 시각에서 유물 분류를 시도하였다. 이것이 개체군론적 사고에 의한 방식이다. 개체군론자들은 유물의 본질적 특징이란 실재하는 것이 아니며, 중심적인 경향 또한 경험적 관찰의 결과일 뿐이라고 주장한다. 이들은 특히 중심적인 경향은 유물의 수와 기준에 따라 언제든지 바뀔 수 있다고 본다. 따라서 이들은 유형이 유물 자체에 고유한 본질에 따라 존재하는 것이 아니라, 관찰을 통해 추론된 것이며 연구자가 자신의 연구 목적에 따라 고안한 도구일 뿐이라고 주장한다. 존재하는 것은 사물의 상태를 의미하는 현상과 변이뿐이라는 것이다. 개체군론자들에 따르면 특정한 유형 내에서 그 유형을 대표할 수 있는 형식의 유물, 즉 원형은 실재하지 않는다. 따라서 이들은 변이에 관심을 집중한다. 이 변이는 다양하게 나타나는데, 최초로 등장한 이후 점차적으로 많아지다가 서서히 소멸해간다. 그들은 이런 식으로 변화가 연속적으로 일어난다고 파악한다. 즉 변이의 빈도는 시공간에 따라 다르게 나타나며, 변화는 변이들이 시공간에 따라 얼마나 분포되어 있는지에 의해 결정된다고 보아 그러한 변이들의 빈도 변화와 특정 변이들의 차별적인 지속을 강조한다. 개체군론자들은 이러한 변이의 빈도 변화와 차별적인 지속을 '유동성'과 '선택'이라는 개념으로 설명한다. 유동성은 하나의 유물군 내에서 예측 불가능한 변이들을 가진 유물들이 지속적으로 등장하면서 변이들의 빈도에서 무작위적 변화가 일어나게 되는 현상을 의미한다. 선택은 그러한 변이들 가운데 특정 환경에 잘 적응한 변이들이 그렇지 못한 변이들에 비해 양적으로 증가하는 것이다.

　이러한 시각의 차이가 실제 조사 과정에서 어떻게 적용되는지 살펴보면 흥미로운 사실을 발견할 수 있다. 일반적으로 고고학자들은 새로운 유물들이 발견되었을 경우, 그 중 일부에 대한 직접적 관찰을 통해 형태적 특징을 파악하고 기존의 사례를 검토하여 유형의 배정이나 설정에 필요한 중요 속성들을 선별한다. 이를 바탕으로 모든 유물들이 그러한 중요 속성을 가지고 있는지를 다시 관찰하여 속성의 유무에 따라 분류하고 이에 따라 유형을 배정 또는 설정한다. 이때 유형이 둘 이상이라면, 확인된 복수의 유형들을 일단 시공간적으로 배열하여 그 의미의 해석을 시도한다. 여기서 만약 연구자가 대상 유물들의 시간적 선후 관계나 사용 집단의 차이를 확인하고 싶다면 유형의 설정과 배열에 주목한다. 반면에 각 유형 간의 변화 과정을 구체적으로 확인하고 싶다면, 이렇게 시공간 상에 배열된 유형 내 변이들에 주목하여 그 변이들의 빈도와 그 빈도들 사이의 상대적인 비율을 측정하고, 여러 변이들 가운데 어떤 변이들이 선택되어 지속적으로 사용되는지에 주목한다. 고고학자는 유물의 분류에 대한 입장의 차이에도 불구하고 이처럼 실제로는 자신들이 해결하고자 하는 문제에 따라 양자의 방식 중 어느 하나를 선택하거나 적절히 혼용하여 사용한다.

사실 확인
07. 윗글의 내용과 부합하지 <u>않는</u> 것은?
① 유형론적 사고에서는 유형이 본질적이라고 생각한다.
② 유형론적 사고에서는 변화를 본질이 바뀌는 것으로 파악한다.
③ 유형론적 사고에서 편차는 유형을 설정할 때 중요시되지 않는다.
④ 개체군론적 사고는 실재하는 형식을 발견해 내고자 노력한다.
⑤ 개체군론적 사고에서 '선택'은 특정한 변이의 빈도수 증가를 의미한다.

사실 확인
08. 윗글의 글쓴이가 동의할 만한 것은?
① 유형론적 사고는 개체군론적 사고보다 경험적 증거를 더 중시하는 이론이다.
② 실제 조사 과정에서는 유형론적 기준과 개체군론적 기준이 상보적으로 활용되고 있다.
③ 개체군론적 사고의 등장에도 불구하고 유형론적 사고는 여전히 지배적인 연구 태도이다.
④ 유물 분류에 있어서 개체군론자의 기준이 유형론자의 기준을 포괄하도록 보완되어야 한다.
⑤ 유물의 시간적 선후관계를 보여주기 위해서는 개체군론적 사고 대신 유형론적 사고를 적용해야 한다.

패러다임의 비교
09. 윗글을 바탕으로 <보기>에 대해 추론한 것으로 적절하지 않은 것은?

─〈보기〉─

특정 지역에서 발견된 토기들은 입구의 형태와 손잡이의 유무에 따라 A유형과 B유형으로 구분되고, A유형에서 B유형으로 변화했다는 것이 현재까지의 통설이다. A유형 토기는 각진 입구에 손잡이가 없고 바닥이 편평하며, B유형 토기는 둥근 입구에 두 개의 손잡이가 있고 바닥이 뾰족하다. 그런데 그 지역에서 각진 입구에 손잡이 한 개가 있고 바닥이 둥근 토기들이 새로 발견되고 있다.

① 어떤 유형론자는 새로 발견된 토기의 각진 입구에 주목하여 A유형 토기로 분류하거나 손잡이가 있는 것에 주목하여 B유형 토기로 분류할 것이다.
② 어떤 유형론자는 새로 발견된 토기의 바닥 형태에 주목하여 새로운 유형의 설정을 고려할 것이다.
③ 어떤 유형론자는 새로 발견된 토기의 특이성에 주목하여 외부에서 들어온 이주민들이 썼던 것이라고 추정할 것이다.
④ 어떤 개체군론자는 새로 발견된 토기를 A유형에서 B유형으로의 점진적인 변이를 보여주는 사례들로 판단할 것이다.
⑤ 어떤 개체군론자는 새로운 토기의 발견 빈도수가 충분히 많지 않다면 중요한 의미가 없다고 보아 새로운 토기를 A유형과 B유형 중 한쪽으로 분류할 것이다.

★ 선생님 TIP
'어떤' or '모든'의 논리적 차이에 주의해야 합니다.

📖 가이드 & 정답 확인하기

가이드에 따라 지문과 문제를 분석하고 정답을 확인해 봅시다.

STEP 1 '새로운 개념'을 소개하거나 기존의 개념을 다르게 정의하고 있는지 파악한다.

[첫 번째 문단] 고고학의 이론적 방법론으로서 유형론과 개체군론

> 근대적 의미의 고고학이 시작된 이래, 고고학자들은 수집과 발굴 조사를 거쳐 유물들을 분류하고, 유물들 사이의 시공간적 관계와 그 변화 과정을 추정하여, 이를 과거 인간의 행위와 관련지어 해석하려 했다. 이때, 유물 분류를 바라보는 시각은 크게 보아 '유형론'과 '개체군론'으로 나눌 수 있다.

STEP 2 개념의 외연이 어떤 방식으로 다르게 구성되는지를 이해한다.

[두 번째 문단] 유적을 유형으로 범주화하는 유형론의 연구 방법론과 그 한계

> 초기 고고학 연구를 주도하며 기본적인 분류 체계를 세운 이들은 유형론자들이다. 이들은 분류를 위해 먼저 유물이 가지고 있는 인지 가능한 형태적 특질을 검토하여 그룹을 짓는다. '형식'이라는 용어로 개념화되는 본질적이고 형태적인 특징, 혹은 중심적 경향을 찾으면 이를 바탕으로 하나의 '유형'이 만들어진다. 이 작업은 특정한 하나의 형식을 공통적으로 가진 여러 유물 가운데, 원형이 되는 유물을 확인하고 이 유물을 이상적인 기준으로 삼아 다른 유물들과 비교하는 과정을 거쳐 이루어진다. 각각의 유형 안에는 개별 유물 간의 차이, 즉 변이가 있기 마련이지만 그것이 새 유형을 설정할 수 있을 정도로 본질적이라고 판단되지 않는 한, 유형론자들은 그것을 편차 정도로만 인식하여 설명할 가치가 없다고 본다. 그러므로 이들은 유물의 모든 변화를 한 유형에서 다른 유형으로 바뀌는 변환이라고 인식한다. 이러한 관점은 유형의 구분, 유형 사이의 경계 설정 및 순서 지음을 통해 시간적 연쇄나 뚜렷한 문화적·공간적 경계를 가진 집단을 구별할 수 있는 근거를 마련하는 데 결정적으로 기여하였다. 그렇지만 실제 관찰되는 개별 유물의 형태 변화는 연속적인 경우가 많다. 또한 유형론자들은 유형의 변화를 단속적이라고 파악하여 자체적이고 내부적인 진화의 과정에 대한 고려를 배제한 채, 외부로부터의 유입이나 새로운 발명 등의 요인으로만 설명하려고 하였다. 더구나 유형론적 접근 방식을 취할 경우 발굴 조사된 유물들 사이의 상사성과 상이성만을 단순 비교할 수밖에 없다는 단점도 있었다.

• 유적의 본질로서의 형식 → 형식을 통한 유형화

[세 번째 문단] 변이의 연속성에 초점을 둔 개체군론의 연구 방법론과 그 특징

> 이러한 문제점들 때문에 고고학자들은 또 다른 시각에서 유물 분류를 시도하였다. 이것이 개체군론적 사고에 의한 방식이다. 개체군론자들은 유물의 본질적 특징이란 실재하는 것이 아니며, 중심적인 경향 또한 경험적 관찰의 결과일 뿐이라고 주장한다. 이들은 특히 중심적인 경향은 유물의 수와 기준에 따라 언제든지 바뀔 수 있다고 본다. 따라서 이들은 유형이 유물 자체에 고유한 본질에 따라 존재하는 것이 아니라, 관찰을 통해 추론된 것이며 연구자가 자신의 연구 목적에 따라 고안한 도구일 뿐이라고 주장한다. 존재하는 것은 사물의 상태를 의미하는 현상과 변이뿐이라는 것이다. 개체군론자들에 따르면 특정한 유형 내에서 그 유형을 대표할 수 있는 형식의 유물, 즉 원형은 실재하지 않는다. 따라서 이들은 변이에 관심을 집중한다. 이 변이는 다양하게 나타나는데, 최초로 등장한 이후 점차적으로 많아지다가 서서

히 소멸해간다. 그들은 이런 식으로 변화가 연속적으로 일어난다고 파악한다. 즉 변이의 빈도는 시공간에 따라 다르게 나타나며, 변화는 변이들이 시공간에 따라 얼마나 분포되어 있는지에 의해 결정된다고 보아 그러한 변이들의 빈도 변화와 특정 변이들의 차별적인 지속을 강조한다. 개체군론자들은 이러한 변이의 빈도 변화와 차별적인 지속을 '유동성'과 '선택'이라는 개념으로 설명한다. 유동성은 하나의 유물군 내에서 예측 불가능한 변이들을 가진 유물들이 지속적으로 등장하면서 변이들의 빈도에서 무작위적 변화가 일어나게 되는 현상을 의미한다. 선택은 그러한 변이들 가운데 특정 환경에 잘 적응한 변이들이 그렇지 못한 변이들에 비해 양적으로 증가하는 것이다.

STEP 3 지문의 결론에서 새로운 패러다임에 대한 글쓴이의 태도를 파악한다.

[네 번째 문단] 유형론과 개체군론이 동시에 적용되는 고고학 연구의 실무적 과정

이러한 시각의 차이가 실제 조사 과정에서 어떻게 적용되는지 살펴보면 흥미로운 사실을 발견할 수 있다. 일반적으로 고고학자들은 새로운 유물들이 발견되었을 경우, 그 중 일부에 대한 직접적 관찰을 통해 형태적 특징을 파악하고 기존의 사례를 검토하여 유형의 배정이나 설정에 필요한 중요 속성들을 선별한다. 이를 바탕으로 모든 유물들이 그러한 중요 속성을 가지고 있는지를 다시 관찰하여 속성의 유무에 따라 분류하고 이에 따라 유형을 배정 또는 설정한다. 이때 유형이 둘 이상이라면, 확인된 복수의 유형들을 일단 시공간적으로 배열하여 그 의미의 해석을 시도한다. 여기서 만약 연구자가 대상 유물들의 시간적 선후 관계나 사용 집단의 차이를 확인하고 싶다면 유형의 설정과 배열에 주목한다. 반면에 각 유형 간의 변화 과정을 구체적으로 확인하고 싶다면, 이렇게 시공간 상에 배열된 유형 내 변이들에 주목하여 그 변이들의 빈도와 그 빈도들 사이의 상대적인 비율을 측정하고, 여러 변이들 가운데 어떤 변이들이 선택되어 지속적으로 사용되는지에 주목한다. 고고학자는 유물의 분류에 대한 입장의 차이에도 불구하고 이처럼 실제로는 자신들이 해결하고자 하는 문제에 따라 양자의 방식 중 어느 하나를 선택하거나 적절히 혼용하여 사용한다.

지문을 분석한 내용을 바탕으로 07번 문제의 선택지를 검토해 봅시다.

① 두 번째 문단에서 '형식'이라는 본질적인 특징을 바탕으로 '유형'이 만들어진다고 했으므로 유형론적 사고에서는 유형이 본질적으로 간주된다는 것은 적절하다.
② 두 번째 문단에서 유물론자들은 유물의 모든 변화를 한 유형에서 다른 유형으로 바뀌는 '변환'이라고 인식한다고 하였고, 유형은 본질적 요소로 간주되므로 유형론자들이 변화를 본질이 바뀌는 것이라고 생각하는 것은 적절하다.
③ 두 번째 문단에서 새 유형을 설정할 수 있을 정도로 본질적이라고 판단되지 않는 '변이'는 편차 정도로만 인식하여 설명할 가치가 없다고 했으므로 편차는 유형을 설정할 때 중요시되지 않는다는 것은 적절하다.
④ 세 번째 문단에서 개체군론자들은 특정한 유형 내에서 그 유형을 대표할 수 있는 형식의 유물, 즉 원형은 실재하지 않는다고 했으므로 개체군론자들의 입장에서 형식은 실재하지 않는다. 따라서 적절하지 않다.
⑤ 세 번째 문단에서 선택은 변이들 가운데 특정 환경에 잘 적응한 변이들이 그렇지 못한 변이들에 비해 양적으로 증가하는 것이라고 했으므로 적절하다.

[정답] ④

이어서 08번 문제의 선택지를 검토해 봅시다.

① 두 이론 모두 고고학적 유물이 발굴되는 과정에서의 경험적 요소를 중시한다. 또한 유형론적 사고에서는 변이를 무시하기도 하지만 개체군론적 사고에서는 모든 변이를 중시하므로 유형론적 사고보다 개체군론적 사고가 경험적 증거를 더 중시한다고 해석할 여지도 있다.
② 네 번째 문단에서 유형론적 사고와 개체론적 사고가 혼용되어 두 이론이 상보적으로 활용되고 있다고 했으므로 적절하다.
③ 두 이론 중 유형론적 사고가 지배적이라는 내용은 지문에서 확인할 수 없으므로 적절하지 않다.
④ 개체군론자의 기준이 유형론자의 사고를 포괄해야 한다는 주장은 개체군론자의 기준이 더 합당함을 전제한 주장이므로 적절하지 않다.
⑤ 네 번째 문단에서 시간적 선후관계를 보여주기 위해서는 유형의 설정과 배열에 주목하여야 한다고 했다. 이때 배열이란 앞 문장에서 시공간적 배열을 의미하므로 이는 세 번째 문단에서 언급된 개체군론적 연구에 해당한다. 따라서 적절하지 않다.

[정답] ②

이어서 09번 문제의 선택지를 검토해 봅시다.

① 유형론에 따른 유물에 대한 일반적인 접근 방식이므로 적절하다.
② 두 번째 문단에서 유형론자는 새 유형을 설정할 정도로 본질적으로 판단되지 않는 변이에 대해서는 무시한다고 하였다. 이는 어떤 유형론자는 〈보기〉에 나타난 변이가 본질적이라고 판단하여 새 유형을 설정할 것임을 추론할 수 있으므로 적절하다.
③ 두 번째 문단에서 유형론자는 유물의 변화를 단속적으로 판단하여 외부의 유입에서 그 원인을 찾는다고 했으므로 적절하다.
④ 개체군론에 따른 유물에 대한 일반적인 접근 방식이므로 적절하다.
⑤ 개체군론자는 유형은 본질적인 것이 아니라 경험적이고 주관적인 관찰의 산물일 뿐이라고 간주하므로 새로운 토기를 기존의 관찰로 만들어진 A유형과 B유형 중 하나로 분류하지 않을 것이다. 따라서 적절하지 않다.

[정답] ⑤

연습문제 4

[10~12] 다음 글을 읽고 물음에 답하시오.

2019학년도 LEET 문1~3

　법의 본질에 대해서는 많은 논의들이 있어 왔다. 그 오래된 것들 가운데 하나가 사회에 형성된 관습에서 그 본질을 파악하려는 견해이다. 관습이론에서는 이런 관습을 확인하고 재천명하는 것이 법이 된다고 본다. 곧 법이란 제도화된 관습이라고 보는 것이다. 관습을 재천명하는 역할은 원시 사회라면 족장 같은 권위자가, 현대 법체계에서는 사법기관이 수행할 수 있다. 입법기관에서 이루어지는 제정법 또한 관습을 확인한 결과이다. 예를 들면 민법의 중혼 금지 조항은 일부일처제의 사회적 관습에서 유래하였다고 설명한다. 나아가 사회의 문화와 관습에 어긋나는 법은 성문화되어도 법으로서의 효력이 없으며, 관습을 강화하는 법이어야 제대로 작동할 수 있다고 주장한다. 성문법이 관습을 변화시킬 수 없다는 입장을 취하는 것이다.

　법을 사회구조의 한 요소로 보고 그 속에서 작용하는 기능에서 법의 본질을 찾으려는 구조이론이 있다. 이 이론에서는 관습이론이 법을 단순히 관습이나 문화라는 사회적 사실에서 유래한다고 보는 데 대해 규범을 정의하는 개념으로 규범을 설명하는 오류라 지적한다. 구조이론에서는 교환의 유형, 권력의 상호 관계, 생산과 분배의 방식, 조직의 원리들이 모두 법의 모습을 결정하는 인자가 된다. 이처럼 법은 구조화의 결과물이며, 이 구조를 유지하고 운영할 수 있는 합리적 방책이 필요하기에 도입한 것이다. 따라서 구조이론에서는 상이한 법 현상을 사회 구조의 차이에 따른 것으로 설명한다.

　1921년 팔레스타인 지역에 세워진 모샤브 형태의 정착촌 A와 키부츠 형태의 정착촌 B는 토지와 인구의 규모가 비슷한 데다, 토지 공유를 바탕으로 동종의 작물을 경작하였고, 정치적 성향도 같았다. 그런데도 법의 모습은 서로 판이했다. A에서는 공동체 규칙을 강제하는 사법위원회가 성문화된 절차에 따라 분쟁을 처리하고 제재를 결정하였지만, B에는 이러한 기구도, 성문화된 규칙이나 절차도 없었다. 구조이론은 그 차이를 이렇게 ㉠분석한다. B에서는 공동 작업으로 생산된 작물을 공동 소유하는 형태를 지니고 있어서 구성원들 사이의 친밀성이 높고 집단 규범의 위반자를 곧바로 직접 제재할 수 있었다. 하지만 작물의 사적 소유가 인정되는 A에서는 구성원이 독립적인 생활 방식을 바탕으로 살아가기 때문에 비공식적인 규율로는 충분하지 않고 공식적인 절차와 기구가 필요했다.

　법의 존재 이유가 사회 전체의 필요라는 구조이론의 전제에 의문을 제기하면서, 법과 제도로 유지되고 심화되는 불평등에 주목하여야 한다는 갈등이론도 등장한다. 갈등이론에서 법은 사회적 통합을 위한 합의의 산물이 아니라, 지배 집단이 억압 구조를 유지·강화하여 자신들의 이익을 영위하려는 하나의 수단이라고 주장한다. 19세기 말 미국에서는 아동의 노동을 금지하는 아동 노동 보호법을 만들려고 노력하여 20세기 초에 제정을 보았다. 이것은 문맹, 건강 악화, 도덕적 타락을 야기하는 아동 노동에 대한 개혁 운동이 수십 년간 지속된 결과이다. 이에 대해 관습이론에서는 아동과 가족생활을 보호하여야 한다는 미국의 전통적 관습을 재확인하는 움직임이라고 해석할 것이다. 구조이론에서는 이러한 법 제정을 사회구조가 균형을 이루는 과정으로 설명하려 할 것이다. 하지만 갈등이론에서는 법 제정으로 말미암아 값싼 노동력에 근거하여 생존하는 소규모 기업이 대거 퇴출되었다는 점, 개혁 운동의 많은 지도자들이 대기업 사장의 부인들이었고 운동 기금도 대기업의 기부에 많이 의존하였다는 점을 지적한다.

　이론 상호 간의 비판도 만만찮다. 관습이론은 비합리적이거나 억압적인 사회·문화적 관행을 합리화해 준다는 공격을 받는다. 구조이론은 법의 존재 이유가 사회적 필요에서 나온다는 단순한 가정을 받아들이는 것일 뿐이고, 갈등이론은 편향적인 시각으로 흐를 수 있을 것이라고 비판받는다.

사실 확인
10. 윗글에 대한 이해로 가장 적절한 것은?

① 관습이론은 지배계급의 이익을 위한 억압적 체계를 합리화한다는 비판을 받는다.
② 구조이론은 법이 그런 모습을 띠는 이유보다는 법이 발생하는 기원을 알려 주려 한다.
③ 구조이론은 규범을 정의하는 개념으로 규범을 설명하기 때문에 논리적 문제가 있다고 공격을 받는다.
④ 갈등이론은 사회관계에서의 대립을 해소하는 역할에서 법의 기원을 찾는다.
⑤ 갈등이론은 법 현상에 대한 비판적 접근을 통해 전체로서의 사회적 이익을 유지하는 기능적 체계를 설명한다.

패러다임의 비교
11. ㉠의 내용으로 적절하지 않은 것은?

① A의 사법위원회가 지닌 사회 구조 유지의 기능이 사적 소유제의 도입에 따른 가정 간 빈부 격차를 고착시키는 역할을 수행하였다고 규명한다.
② B의 공동생활 방식은 구성원들이 일상적인 비난과 제재의 가능성에 놓이도록 만들기 때문에 천명되지 않은 관습도 법처럼 지켜졌다고 파악한다.
③ A와 B는 사회의 조직이나 구조가 상이하기 때문에 서로 다른 법체계를 가졌다고 설명한다.
④ B와 달리 A에서 성문화된 규칙이 발전한 모습을 보고 사회 관행과 같은 비공식적 규율은 독립적인 생활 방식의 규율에 적합하지 않았다고 해석한다.
⑤ B와 달리 A는 구성원이 함께 하는 생활 속에서 규범을 체득하는 구조가 아니라서 규율 내용을 명시하여야 규범을 둘러싼 갈등을 억제할 수 있었다고 이해한다.

패러다임의 차별성 파악

12. 관습이론 에 관한 추론으로 적절하지 않은 것은?

① 구조이론이나 갈등이론이 법을 자연적으로 발생한 것이 아니라고 보는 데 대하여 관습이론도 동의할 것이다.

② 상이한 법체계를 가진 두 사회에 대하여 구조이론이 조직 원리상의 차이로 그 원인을 설명할 때, 관습이론은 관습이 서로 다르기 때문이라고 이를 반박할 것이다.

③ '여성발전기본법', '남녀차별금지및구제에관한법률'의 제정이 한국 사회에서 여성에 대한 차별 관행의 전환을 이끌어 냈다는 평가는 관습이론의 논거를 강화할 것이다.

④ 과거 남계 혈통 중심의 호주제가 현재의 변화된 가족 문화에 맞지 않기 때문에 개정 민법으로 폐지되었다는 분석에 대해, 관습이론은 관습을 재천명하는 법의 역할을 보여 준다고 하여 지지할 것이다.

⑤ 허례허식을 일소하기 위하여 1993년 제정된 '가정의례에관한법률'이 금지한 행위들이 국민들 사이에서 여전히 지속되다가 1999년에 그 법률이 폐지되었다는 사실에서, 성문법이 관습을 변화시킬 수 없다는 주장은 힘을 얻을 것이다.

📖 가이드 & 정답 확인하기

가이드에 따라 지문과 문제를 분석하고 정답을 확인해 봅시다.

10번 문제의 선택지를 검토해 봅시다.

① 마지막 문단에서 '관습이론은 비합리적이거나 억압적인 사회·문화적 관행을 합리화해 준다는 공격을 받는다.'라는 부분을 통해 확인할 수 있다.
② 구조이론은 법이 그런 모습을 띠는 이유가 '사회적 필요에 의한 것'이라는 답변을 제시한다. 법이 발생하는 기원을 알려주는 것은 구조이론이 아니라 '관습이나 문화'와 같은 사회적 사실에서 법의 발생 기원을 제시하는 관습이론이다.
③ 두 번째 문단에서 '이 이론(구조이론)에서는 관습이론이 법을 단순히 관습이나 문화라는 사회적 사실에서 유래한다고 보는 데 대해 규범을 정의하는 개념으로 규범을 설명하는 오류라 지적한다.'라고 제시되었다. 즉 규범을 정의하는 개념으로 규범을 설명하기 때문에 논리적 문제가 있다고 공격을 받는 이론은 구조이론이 아닌 관습이론이다.
④ 네 번째 문단에 따르면, 갈등이론은 법이 오히려 사회적 갈등과 불평등을 심화시킨다고 간주한다.
⑤ 갈등이론이 법 현상에 대한 비판적 접근을 하는 것은 맞으나, 전체로서의 사회적 이익을 유지하는 기능적 체계를 설명하는 관점은 갈등이론보다는 구조이론에 대한 설명에 가깝다.

[정답] ①

이어서 11번 문제의 선택지를 검토해 봅시다.

① ㉠은 구조이론의 관점이므로 A의 사법위원회가 A 사회의 필요에 부합하는 역할을 수행한다는 분석을 내놓을 것이다. 주어진 선택지는 A의 사법위원회가 오히려 가정 간 빈부 격차를 고착시키는 역할을 수행했다고 분석하고 있으므로, 이는 법이 갈등을 유지하고 심화시키는 역할을 한다고 간주하는 갈등이론에 따른 분석에 해당한다.
② 구조이론은 B에서 관습이 법의 사회적 필요를 대신하고 있기 때문에 공식적인 사법 기구가 마련되지 않은 것이라고 분석할 것이다.
③ 두 번째 문단에 따르면, 구조이론은 '교환의 유형, 권력의 상호 관계, 생산과 분배의 방식, 조직의 원리'와 같은 사회의 구조가 법의 모습을 결정하는 인자가 된다고 간주한다. 따라서 A와 B 사회의 구조가 상이하므로 서로 다른 법체계를 가진다고 설명할 것이다.
④ 구조이론은 독립적인 생활을 영위하는 A 사회의 구조적 특성이 비공식적인 규율과 부합하지 않고 성문화된 규칙에 대한 사회적 필요를 야기하였다고 분석할 것이다.
⑤ 구조이론은 함께 하는 생활을 영위하는 B 사회의 구조적 특성이 명시적인 규범체계와 부합하지 않고 생활 속에서 규범을 체득하는 시스템과 부합하였다고 분석할 것이다.

[정답] ①

이어서 12번 문제의 선택지를 검토해 봅시다.

① 관습이론은 법이 사회적 관습으로부터 기원하였다고 간주하므로, 법이 자연적으로 발생한 것이 아니라는 주장에 동의할 것이다.
② 구조이론은 서로 다른 사회의 상이한 법체계가 두 사회의 구조적 특성의 차이에서 비롯한다고 간주하는 반면에, 관습이론은 두 사회의 관습이 상이한 것에서 비롯한다고 간주할 것이다.
③ 첫 번째 문단에서 '(관습이론은) 성문법이 관습을 변화시킬 수 없다는 입장을 취하는 것이다.'라고 제시되었다. 주어진 선택지는 여성 차별에 대한 성문법의 제정이 여성 차별 관습을 완화시켰다는 내용을 담고 있으므로, 관습이론의 입장과 완전히 상반된다. 따라서 관습이론의 논거를 강화하는 것이 아니라 오히려 약화한다.
④ 주어진 선택지의 내용은 가족 문화의 변화가 민법의 변화를 추돌했다는 것이므로, 법의 역할이 관습의 변화를 재천명하는 것에 불과하다고 간주하는 관습이론의 논거에 부합한다.

⑤ 주어진 선택지의 내용은 허례허식에 해당하는 행위를 성문법이 금지하였어도, 그 행위가 관습으로 남아있는 한 성문법이 효력을 발휘하지 못하였다는 것이다. 이는 '성문법이 관습을 변화시킬 수 없다'는 관습이론의 입장에 부합한다.

[정답] ③

실전문제

[01~03] 다음 글을 읽고 물음에 답하시오.

2024학년도 LEET 문1~3

규범교의적 학문을 자처하는 법학은 학문성에 관한 논쟁에 시달려 왔다. 입법자의 권력 행사로 법전의 한마디가 바뀌면, 오랫동안 가꾼 해석의 축적이 순식간에 무용지물이 되기 때문이다. 이에 대한 도전으로서 알베르트는 경험적 반증가능성을 강조하는 비판적 합리주의에 입각하여 법학의 학문성을 새롭게 이해하고자 한다.

알베르트는 우선 법학의 은폐된 특징을 신학과의 비교를 통해 문제 삼는다. 법학은 당국의 고시(告示)에서 진리를 얻어내는 점에서 신학과 구조적 유사성을 가지기 때문이다. 신학이 경전의 해석을 통해 권위를 확보하듯, 법학은 법전을 확인하고 문제 해결과 관련하여 이를 해석한다. 이때 경전이나 법전은 학문적 비판이나 성찰의 대상이 아니라 해석적 권위의 원천이자 근거가 될 따름이다. 그가 보기에 법학이 신학과의 구조적 유사성을 탈피하려면, 해석에서 자연법이냐 사회학이냐의 양자택일을 감수해야 한다. 선택의 결과는 자명하다. 절대성을 가진 규범적 현실에 의해 실정법이 구성되고 또 구속된다고 보는 견해는 신적인 힘으로 설립된 세계를 믿는 관점에 의해서만 유지될 수 있기 때문이다. 알베르트는 법을 인간의 문화적 성취로 간주하고, 사회적 삶의 사실 중 사회 구성원의 상호 행위 조종의 영역에 속하는 것으로 본다.

물론 이 경우에도 법을 현실주의적으로 보느냐, 규범주의적으로 보느냐의 문제는 남는다. 알베르트는 법을 사회적 사실로, 법학을 경험과학으로 볼 것을 주장한다. 그에 따르면 규범에 관한 법학적 언명은 규범 자체와 다르게 규범성이 없으며, 이 구별을 무시한다면 규범의 인식적 파악이라는 이념은 사라지게 된다. 그는 법률 문언의 규범성은 인정하지만, 그 문언에 관하여 의미를 밝히는 법학은 다르다고 말한다.

법학에 대한 알베르트의 현실주의적 파악에는 곤란해 보이는 점도 있다. 예컨대, 법률 문언에 흠결이 존재하여 적극적으로 법을 형성하는 것이 불가피할 때가 그렇다. 이처럼 법형성의 과제를 앞에 두고 알베르트는 법형성의 실태에 주의를 기울인다. 법형성에서 규범주의자들이 법해석이 따라야 할 목적을 가리키면서 가치적 관점을 내세울 때, 그는 이를 반대하지 않는다. 하지만 알베르트는 그 목적이나 가치적 관점은 일반적인 평가가 가능하도록 명시되어야 한다고 요구한다. 적용될 규범이나 제안될 해석이 사회생활에 미칠 작용에 관한 고려에 대해서도 마찬가지이다. 법률이나 그 해석은 규범 체계에 작용하기에 법형성 과정에는 규범 체계의 논리적 지식도 동원해야 한다고 알베르트는 본다.

결국 알베르트가 제안하는 법학은 ㉠일정한 가치적 관점에 정향된 사회공학이다. 이는 가설적으로 전제된 관점 밑에서, 현행법에서 승인된 규범 명제에 대한 해석 제안, 규범 충돌의 제거를 위한 현행법 체계의 변형 제안, 입법을 통한 새로운 규범 체계의 형성 제안을 합리적으로 작성하는 것을 목표로 삼는다.

이상과 같은 알베르트의 도전에 대하여 사비니는 여전히 규범교의적 학문으로서 법학을 정당화하고자 한다. 그에 따르면, 규범적 교의는 법률의 해석을 위해서 결정의 근거지움에 사용하는 법률 바깥의 법명제이며, 법률과 함께 법체계를 형성한다. 이러한 법체계 속에서 법률 문언은 정당한 법명제로 인식되고, 법률 바깥의 법명제 역시 정당한 것으로 추정된다. 요컨대 규범적 교의는 법체계 수립에 필수적이며 이를 다루는 법학도 전통적이고 직관적인 학문 개념을 충족시킨다고 사비니는 주장한다.

이러한 입장에서 사비니는 알베르트의 주장을 반박한다. 법학의 계시모델성에 관해서는 법학이 규범적 교의를 가지고 어떻게 하면 최선에 이를 수 있을지를 모색하면서 비판적 검토를 법체계 안으로 수용한다고 해명한다. 자연법과 사회학의 해석적 양자택일에 관해서는 법학의 모든 논의가 자연법적인 것도 아니고, 모든 자연법적 논의가 비합리적인 것도 아니라고 응수한다. 법학적 언명의 권위성에 관해서도 법률에 관련된 메타 언명으로부터 규범성을 완전히 박탈하는 것이 가능한지에 의문을 표하는 동시에 도대체 왜 법학으로부터 수락할 만한 해석의 제안권을 박탈해야 하느냐고 반문한다.

사비니는 경험적 인식만을 과학적 인식으로 보면서 규범적 인식을 학문 세계에서 배척하는 태도를 문제로 지적하고, '규범적/경험적'의 구분을 '비학문적/학문적'의 구분과 동일시해서는 안 된다고 주장한다. 이는 규범교의적 학문으로서 법학의 토대를 확보하는 차원을 넘어 비판적 합리주의에 대하여 성찰을 요구하는 것이기도 하다.

01. 윗글을 바탕으로 ㉠을 이해할 때, 적절하지 않은 것은?

① 법학은 법전의 의심할 수 없는 권위를 인정하는 한 규범교의적 학문에서 벗어나지 못한다고 비판한다.
② 법을 인간의 문화적 성취로 간주하고 사회적 삶의 사실 중 사회 구성원의 상호 행위 조종의 영역에서 바라본다.
③ 법의 해석·변형·형성에 관한 제안을 법체계에 제도화된 가치적 관점에서 합리적으로 작성하는 것을 목표로 삼는다.
④ 법형성 과정에서 목적이나 가치적 관점에 반대하지 않지만, 이를 반드시 명시하여 일반적 판단을 가능하게 한다.
⑤ 현실주의적 관점에서 법을 사회적 사실로 법학을 경험과학으로 보고, 규범 자체와 규범에 관한 법학적 언명을 구분한다.

02. '알베르트'와 '사비니'에 대한 설명으로 적절하지 않은 것은?

① 알베르트는 법학과 신학의 구조적 유사성은 법전과 경전이 학문적 비판이나 성찰의 대상이 아니라 해석의 근거와 원천이 된다는 점에서 찾을 수 있다고 본다.
② 알베르트는 법의 해석에서 자연법 대신 사회학을 선택하더라도 법을 현실주의적으로 볼 것인지 규범주의적으로 볼 것인지의 문제는 여전히 남는다고 본다.
③ 알베르트는 법률이나 그 해석은 규범 체계에 작용하여 변화를 가져오기 때문에 법형성 과정에는 규범 체계의 논리적 지식도 동원해야 한다고 본다.
④ 사비니는 법률 문언에 흠결이 존재하여 이를 보완하기 위한 적극적인 법형성이 불가피할 때, 법학은 부득이 규범주의를 포기할 수밖에 없다고 본다.
⑤ 사비니는 자연법의 이념에 따라 법을 해석하더라도, 이에 관한 법학의 모든 논의가 자연법적인 것은 아니며, 모든 자연법적 논의가 비합리적인 것도 아니라고 본다.

03. 윗글을 바탕으로 '사비니'의 입장에 대해 추론한 것으로 적절한 것만을 <보기>에서 있는 대로 고른 것은?

―――――――――〈보기〉―――――――――
ㄱ. 전통적이고 직관적인 학문이론의 관점에서 규범교의적 법학의 학문성을 옹호하면서, 경험적 인식만을 과학적 인식으로 보는 비판적 합리주의에 대하여 성찰을 요구한다.
ㄴ. 법률의 해석을 위해서 결정의 근거지움에 사용하는 법률 바깥의 법명제로 규범적 교의를 이해하면서, 이를 통해 법학이 법체계 바깥에서 비판적 검토를 수행한다고 본다.
ㄷ. 법률만이 아니라 규범적 교의도 법체계의 필수적 구성 요소로 인정하면서, 법률에 관한 메타 언명으로서 법학적 언명에는 법률에 관한 수락할 만한 해석의 제안권이 있다고 주장한다.

① ㄱ　　　　　　② ㄴ　　　　　　③ ㄱ, ㄷ
④ ㄴ, ㄷ　　　　　⑤ ㄱ, ㄴ, ㄷ

[04~06] 다음 글을 읽고 물음에 답하시오.　　2020학년도 LEET 문19~21

세상은 변화를 겪는다. 사람이 그렇게 여기는 이유는 시간이 흐른다고 생각하기 때문이다. 그런데 4차원주의자는 시간이 흐르지 않는다고 주장한다. 시간이 흐르지 않는다면, 과거, 현재, 미래는 똑같이 존재할 것이다. 이러한 견해를 가진 사람을 ⊙영원주의자라고 한다. 시간의 흐름 여부에 대한 인식의 차이는 과거, 현재, 미래에 대한 개념 혹은 표상의 차이를 가져온다. 영원주의자들에게 매 순간은 시간의 퍼즐을 이루는 하나의 조각처럼 이미 주어져 있다. 영원주의자에게 시제는 특별한 의미를 가지지 않으며, 과거, 현재, 미래 사이에는 앞 또는 뒤라는 관계만이 존재한다. 현재는 과거의 뒤이고 동시에 미래의 앞일 뿐이다. 영원주의 세계에서 한 사람은 각 시간 단계를 가지는데, 그 사람이 없던 수염을 기르면 이는 시간의 흐름에 따른 변화가 아니다. 외모의 차이는 단지 그 사람의 서로 다른 단계 사이의 차이일 뿐이다. 반면에 3차원주의자는 시간이 흐른다는 견해를 내세운다. 시간이 흐른다면, 과거, 현재, 미래 시제는 모두 다른 의미나 표상을 지닌다. 이러한 생각을 지니는 이들 중에 오직 현재만이 존재한다고 보는 사람이 바로 현재주의자이다. 그들에게는 이미 지나간 과거와 아직 도래하지 않은 미래는 존재하지 않으므로, 지금 주어진 현재만이 존재한다.

시간여행은 시간에 관한 견해가 첨예하게 대립하는 주제이다. 현재주의자에 따르면, 현재에서 과거, 미래의 특정 시점을 찾아가는 것은 영원주의자의 생각처럼 시간 퍼즐의 여러 조각 중 하나를 찾아가는 것이 아니다. ⓒ현재주의자 중에 다수는 시간여행이 불가능하다고 주장한다. 누군가가 시간여행을 하려면 과거나 미래로 이동할 수 있어야 하지만, 이미 흘러간 과거와 아직 오지 않은 미래는 실재하지 않는다. 이를 도착지 비존재의 문제라고 할 수 있다.

현재주의자 중에도 시간여행이 가능하다고 보는 사람이 있다. 과거로의 시간여행을 시작하는 현재 시점 T_n에서 과거의 특정 시점 T_{n-1}은 실재가 아니다. 그러나 시간여행자가 T_{n-1}에 도착할 때 그 시점은 그에게 현재가 되어 존재하지 않을까? 하지만 이는 과거를 마치 현재인 양 여기게 하는 속임수라고 보는 사람도 있다. 과거 시점 T_{n-1}에 도착한다면, 과거는 이제 현재가 된다. 그러나 시간여행의 가능성을 따질 때 우리가 관심을 가지는 현재는 애초에 출발하는 시점인 T_n이지 과거의 도착지인 T_{n-1}이 아니다. 만일 T_{n-1}이 현재가 된다는 것이 중요하다면, T_{n-1}에 도착한 사람에게 T_n은 이제 미래가 된다는 것 역시 중요하다. 그런데 현재주의자는 미래의 비존재를 주장하므로, T_{n-1}에 도착한 시간여행자는 존재하지 않는 미래에서 출발하여 현재에 도착한 셈이다. 이것이 바로 출발지 비존재의 문제이다. 결국 3차원주의 세계에서 시간여행이 가능하다는 점을 보여주려면 출발지 비존재의 문제를 해소해야 한다.

시간여행의 가능성을 믿는 3차원주의자는 '출발지 비존재'를 '출발지 미결정'으로 보게 되면 문제가 해소된다고 주장할 수 있다. 시간여행자가 과거 T_{n-1}에 도착하는 순간, 그는 실재하지 않는 미래로부터 현재로 이동한 것이 아니라 미결정된 미래로부터 현재로 이동한 것이 된다. 그렇다고 하더라도 출발지 비존재의 문제와 마찬가지로, 미래는 아직 존재하지 않기에 전혀 결정되지 않았으며 아직 결정되지 않은 것이 다른 어떤 것의 원인이 될 수 없으므로 시간여행은 여전히 불가능하다는 비판에 직면할 수 있다. 그러나 T_{n-1}에 도착하는 사건의 원인이 T_n에서의 출발이라는 점을 고려한다면, T_{n-1}에 도착하는 순간 미래 사건이 되는 시간여행은 도착 시점에서 이미 결정된 사건으로 여겨질 수 있다. 즉 미래는 계속 미결정된 것이 아니라, 시간여행 여부에 따라 미결정되었다고도 할 수 있고 결정되었다고도 할 수 있다. 이에 ⓒ조건부 결정론자는 출발지 미결정의 문제가 해소되어 시간여행에 걸림돌이 없다고 주장한다. 그러나 시간여행이 3차원주의와 양립할 수 없음을 고수하는 이들은 출발지 비존재의 문제를 출발지 미결정의 문제로 대체하여 이를 해소하는 전략을 받아들이지 않을 것이다.

04. ㉠~㉢에 관한 설명으로 가장 적절한 것은?
① ㉠과 ㉡은 모두 미래가 이미 결정되어 있는 시간이라고 본다.
② ㉠과 ㉡은 모두 시간여행에서 과거에 도착하는 순간 출발지는 더 이상 존재하지 않는다고 본다.
③ ㉠과 ㉢은 모두 과거로 출발하는 시간여행이 가능하다고 본다.
④ ㉡과 달리 ㉢은 시제가 특별한 의미를 가지지 않는다고 본다.
⑤ ㉢과 달리 ㉡은 시간여행에 필요한 도착지가 존재한다고 본다.

05. 윗글에서 추론한 내용으로 적절하지 않은 것은?
① 3차원주의자 중에는 과거를 거슬러 올라갈 수 없는 시간으로 여기는 사람이 있을 것이다.
② 현재주의자는 누군가의 외모가 변한 것을 보면 이는 시간이 흘렀기 때문이라고 생각할 것이다.
③ 4차원주의자는 도래하지 않은 시간으로부터 이미 지나간 시간으로 시간의 흐름을 거슬러 올라갈 수 있다고 생각할 것이다.
④ 시간여행이 가능하다고 믿는 3차원주의자는 출발지 미결정의 문제가 해결되면 출발지 비존재의 문제가 해소된다고 생각할 것이다.
⑤ 시간여행의 가능성을 부인하는 3차원주의자는 우리가 미래에 도착하는 순간 도착지가 생겨난다는 주장에 대해, 그 경우에도 출발지 비존재의 문제가 남아 있다고 비판할 것이다.

06. 윗글을 바탕으로 <보기>를 설명할 때, 적절하지 않은 것은?

─〈보기〉─

밴드 결성 전, 존 레논은 자신이 유명한 가수가 될 것이라는 예언을 듣는다. 자신의 미래가 궁금해진 레논은 마침 타임머신 실험 소식을 듣고 10년 후의 미래로 가고자 자원하였다. 10년 후, 그의 밴드는 유명해지고 데뷔 이전 머리가 짧았던 그는 긴 머리를 가지게 된다. 만일 10년 후로의 시간여행이 가능하다면, 미래를 방문한 무명의 레논은 장발의 록 스타인 자신을 직접 보게 될 것이다. 그러나 이는 '동일한 것은 서로 구별될 수 없다.'라는 ⓐ원리에 위배된다. 즉 '동일한 사람이 무명이면서 동시에 스타이다.'라는 ⓑ논리적 모순이 발생하는 것이다. 이 문제가 해소되지 않으면 레논은 10년 후로 시간여행을 할 수 없다.

① 시간여행의 도착지가 존재하지 않는다는 논리에 따를 경우, ⓐ에 위배되는 사건은 아예 일어나지 않겠군.
② 레논의 서로 다른 단계 중에 현재 단계가 뒤의 단계를 방문할 수 있다고 가정하면, 영원주의자에게 ⓑ는 문제가 되지 않겠군.
③ 조건부 결정론자의 논리에 따를 경우, 레논이 미래에 도착하면 자신의 10년 후 모습을 직접 보기 이전이라도 도착 순간에 이미 출발지 비존재의 문제가 해소되겠군.
④ 미래에 도착하는 시점의 레논과 미래에 있던 레논이 동일한 외모를 가질 수 있다고 가정하면, 현재주의자는 ⓐ에 위배되는 일이 발생하지 않았다고 주장할 수 있겠군.
⑤ 두 사람이 만나는 시간은 제3의 관찰자가 볼 때는 동시인 것처럼 보이지만 각자의 시간 흐름에서는 동시가 아니라고 가정하면, 현재주의자 중에는 ⓑ가 해소될 수 있다고 보는 사람도 있겠군.

[07~09] 다음 글을 읽고 물음에 답하시오.

2010학년도 PEET 예비 문25~27

'심신 동일론'은 심리 상태가 두뇌 또는 중추 신경계의 어떤 물리적 상태와 동일하다는 주장이다. 번개가 대기의 전기 방전이고, 온도가 입자의 운동 에너지인 것처럼, 우리가 여태껏 심리 상태라고 불러 온 것들은 실상은 두뇌 상태들이라는 것이다. 심리 상태의 여러 유형들과 두뇌 상태의 유형들 간의 상관관계는 신경 생리학이 발달함에 따라 속속 드러나고 있는데, 이러한 상관관계는 두 유형 사이의 동일성에 의해 가장 잘 설명된다.

동일론자들이 말하는 심신 간의 동일성에는 주의할 점이 있다. 첫째, 그 동일성은 동일한 종류를 말하는 것이 아니라 ⓐ수적(數的) 동일성을 뜻한다. 예를 들어 "나는 네가 어제 산 시계와 똑같은 시계를 방금 샀어."라고 말할 때의 동일성이 아니라, "그 시계는 내가 어제 잃어버린 바로 그 시계야."라고 말할 때의 동일성이다. 둘째, 이 동일성은 개념적이고 선험적인 동일성이 아니라 ⓑ경험적인 동일성이다. '총각은 결혼 안 한 남자'는 개념적이고 선험적인 동일성이지만, '물은 H_2O'라는 동일성은 경험적 연구를 통해 발견된 것이다. 예컨대, '통증은 두뇌 상태 S'라는 동일성은 '통증'이나 '두뇌 상태 S'의 개념적 분석이 아니라 신경 생리학의 연구를 통해 얻은 경험적 진리이다.

수적 동일성은 "두 대상이 모든 속성을 공유할 경우 그리고 오직 그때에만 그 두 대상은 동일하다."라는 ⓒ라이프니츠 법칙에 지배된다. 통증이 두뇌 상태 S와 동일한 상태라면 이 두 상태는 모든 속성을 공유해야 한다. 어떤 철학자들은 공간적 속성을 들어 동일론을 반박하려 하였다. 모든 두뇌 상태는 물리적 상태이므로 특정한 공간적 위치를 갖지만, 많은 심리 상태들은 위치를 말하기 어렵다는 것이다. 그러므로 통증과 두뇌 상태 S를 동일시하는 것은 5가 초록색이라고 말하는 것처럼 일종의 ⓓ범주 착오라는 것이다. 수는 색깔을 부여할 수 있는 범주가 아니기 때문이다. 그러나 빛이 주파수를 갖는다고 말하는 것도 예전에는 터무니없는 말로 들렸으리라는 것을 생각해 보라. 동일론이 경험적 증거를 축적해 가고 신경 과학의 용어들이 일상화되어 가면서 심리 상태에 두뇌 상태를 연결하는 진술들의 의미론적 기이함은 점점 줄어들고 있다.

"내가 두뇌 상태 S에 있다는 것은 알지 못하면서도 내가 통증을 느끼고 있다는 것은 알 수 있으므로 통증은 두뇌 상태 S와 동일할 수 없다."라는 반론도 라이프니츠 법칙에 호소하고 있다. 그러나 이 논증은 이른바 ⓔ내포적 오류를 범하는 것이다. "내가 두뇌 상태 S에 있다는 것을 알지 못하면서도 내가 통증을 느끼고 있다는 것은 알 수 있다."라는 전제로부터 도출되는 결론은 두 개의 개념이 같지 않다는 것뿐이다. 이러한 경우가 동일론을 반박한다면 온도의 개념을 알지만 운동 에너지가 무엇인지는 모를 수 있다는 것이 온도가 입자의 운동 에너지라는 물리학의 동일성을 반박하는 셈이 될 것이다.

데카르트 이래 제기되었던 동일론에 대한 많은 반론들은 답변이 가능하거나, 적어도 결정적인 반박이 되지는 못하였다. 그러나 퍼트넘이 제기한 다수 실현 논변은 동일론에 대하여 결정적인 반박을 제시한 것으로 인정된다. 동일론이 옳다면 "통증은 두뇌 상태 S이다."라는 진술은 법칙적 일반성을 갖는 진술일 것이다. 그렇다면 두뇌 상태 S를 갖지 않는 생물체는 통증을 가질 수 없어야 한다. 그러나 중추 신경계가 인간과는 매우 다른 연체동물도 통증을 가지는 것으로 보인다. 또 감각과 지능은 인간과 비슷한데 신경 계통은 실리콘 기반인 외계인도 법칙적으로 불가능하지 않다.

우리가 '통증'이라고 부르는 심리 상태는 신체를 손상하는 자극에 의해 발생하며, 공포나 분노 같은 다른 내적 상태를 낳기도 하고, 우리의 믿음이나 감정들과 결합하여 특정한 행동 반응을 산출하기도 한다. 그런데 인간과 물리적 조성이 전혀 다른 외계인이나 로봇도 인간과 기능적으로 동일한 심리 상태를 가질 수 있다. 환경의 여러 입력들에 대하여 그들이 인간과 동일하게 감응하고, 인간과 동일하게 분류될 수 있는 내적 상태들을 가지며, 입력 자극에 대하여 인간과 동일한 방식으로 반응하면서, '환경적 입력들-내적 상태들-출력 반응들'의 연결도 인간과 동일하게 가질 수 있다. 이러한 외계인을 만난다면 우리는 그들도 인간과 같은 심리 상태를 갖는다고 믿게 될 것이다. 심리 상태를, 그것을 실현하는 물리적 기반이 아니라 그 상태가 체계의 '환경적 입력들-내적 상태들-출력 반응들'에서 하는 역할로 정의하는 관점을 '심리적 기능주의'라고 부른다.

심리 상태의 물리적 기반을 강조하는 동일론자들은 심리적 개념에 상응하는 신경적 기반이 종(種)에 따라 다르다고 말함으로써 이런 주장에 대응한다. 온도가 물체를 구성하는 분자 운동의 에너지이기는 하지만, 이것은 엄밀히 말하면 기체에서만 성립하고 고체나 플라스마에서는 다른 방식으로 나타난다. 그래도 기체에서의 온도가 그 기체에서의 평균 분자 운동에너지와 동일하지 않은 것은 아니다. 마찬가지로 '인간에서의 고통'은 두뇌 상태 S이고, '외계인에서의 고통'은 전적으로 다른 어떤 것이다. 이것은 처음 기대했던 것보다는 범위가 축소된 동일성이기는 하지만 심리 상태가 결국 물리적 상태와 동일하다는 애초의 주장이 완전히 무너지는 것은 아니다.

07. 위 글로부터 추론한 것으로 적절하지 않은 것은?

① 동일론자는 심리 상태에 공간적 위치를 부여할 수 없다는 기존의 생각은 변할 것이라고 말할 것이다.
② 동일론자는 다수 실현 논변에 대해 인간의 복잡한 통증과 연체동물의 단순한 통증이 동일한 상태가 아니라고 말함으로써 반박할 수 있을 것이다.
③ 동일론자는 신경 생리학이 완성되어 각각의 심리 상태와 동일한 두뇌 상태를 모두 알게 되면 심리 상태를 가리키는 개념은 불필요하다고 믿을 것이다.
④ 심리적 기능주의자는 인간과 동일한 심리 법칙의 지배를 받는 로봇을 제작하기 위하여 사람과 같은 인공 신경 체계를 만들 필요는 없다고 생각할 것이다.
⑤ 심리적 기능주의자는 가상현실에서 형성된 심리 상태는 실제 현실과 동일한 입력을 받은 것이 아니므로 실제 현실 속에서 형성된 심리 상태와 다르다고 말할 것이다.

08. ㉠~㉤에 대해 적용한 것으로 적절하지 않은 것은?

① ㉠: "내가 알던 퇴계는 알고 보니 이황이었다."라는 말에서 '퇴계'와 '이황'의 동일성은 수적 동일성이다.
② ㉡: '샛별'과 '개밥바라기'가 같은 행성 '금성'이라는 것은 천체관찰에 의해 발견된 것이므로 경험적 동일성이다.
③ ㉢: 내가 용의자와 닮지 않았음을 입증함으로써 범죄 혐의를 벗어난 것은 라이프니츠 법칙이 적용된 것이다.
④ ㉣: '움직인다'는 말을 '지구를 기준으로 한 위치 변화'로 정의하면, '지구'는 움직이는 것의 범주에 속하지 않으므로 "지구는 움직인다."라는 진술은 범주 착오에 해당한다.
⑤ ㉤: 귀신이 존재하는지는 알지 못하지만 귀신이 존재하지 않는다는 것도 알지 못하므로, 귀신은 존재한다고 생각하는 것은 내포적 오류이다.

09. 다음의 가상 상황에 대한 진술로 가장 적절한 것은?

심신 동일론을 지지하는 심리학자 A와 심리적 기능주의를 지지하는 심리학자 B가 속한 어떤 탐험대가 우주 탐사 중 인간과 동일한 환경에 인간과 동일한 방식으로 적응한 외계인들을 만나게 되었다. 탐험대는 그 외계인들이 인간과 같은 종인지는 모르겠지만 행동과 말이 놀랍게도 인간과 똑같다는 것을 알게 되었다. 예를 들어 외계인들은 자신의 신체에 손상이 가해지면 인간과 동일한 회피 동작을 보였다. 그리고 그런 상태를 인간처럼 '통증'이라고 불렀다. 그러나 A와 B는 그들이 경험하는 주관적 느낌이 정말로 인간과 동일한지는 확신할 수 없었다. 그들이 '통증'이라고 분류하는 상태가 환경적 입력들, 내적 상태들, 출력 반응들의 관계 속에서 인간이 통증으로 분류하는 것과 같은 역할을 하지만, 그 주관적 느낌은 혹시 통증이 아니라 간지러움일지도 모르기 때문이다.

① A는 인간과 달리 그들의 통증을 실현하는 물리적 상태가 아직 확인되지 않았으므로, 그들의 통증과 인간의 통증이 동일한지 확정할 수 없다고 판단할 것이다.

② A는 그들과 인간이 대응하는 심리 상태를 지시하는 데 사용하는 단어가 엄격하게 동일하므로, 그들의 통증과 인간의 통증은 동일한 심리 상태를 가리키는 말이라고 판단할 것이다.

③ A는 그들과 인간이 동일한 단어로 지시하는 심리 상태가 동일한 주관적 느낌인지 모르므로, 그들의 통증과 인간의 통증은 동일한 심리 상태를 가리키는지 알 수 없다고 판단할 것이다.

④ B는 그들과 인간이 각각의 통증 상태를 동일한 단어로 지시하므로, 인간의 통증과 그들의 통증이 동일한 심리 상태라고 판단할 것이다.

⑤ B는 그들과 인간이 동일한 단어로 지시하는 심리 상태가 맡고 있는 기능적 역할이 동일하므로, 인간과 그들의 주관적 느낌도 동일하다고 판단할 것이다.

[10~12] 다음 글을 읽고 물음에 답하시오.

경제 이론은 경제 주체들의 행동에 관한 예측을 시도하는데, 현실에서 관찰되는 사람들의 행동이 이론에서의 예측과 다르게 나타나는 경우도 적지 않다. 경제학은 이들 '이상 현상'을 분석하고 토론하는 과정에서 발전했는데, 최근 이 흐름은 사람들의 행동에 관한 ⊙전통적 경제학의 가정을 문제 삼는 ⓒ행동경제학에 의해 주도되었다.

전통적 경제학과 행동경제학의 차이가 본격적으로 확인되는 대표적 영역이 저축과 소비에 관련한 분야이다. 전통적 경제학에서는 사람들이 자신에게 무엇이 최선인지를 잘 알면서 전 생애 차원에서 최적의 소비 계획을 세우고 불굴의 의지로 실행한다고 가정한다. 이들은 또한 돈에는 사용 범위를 제한하는 꼬리표 같은 것이 붙어 있지 않아 전용(轉用)이 가능하다고 가정하며, 이러한 '전용 가능성'이 자유롭고 유연한 선택을 촉진함으로써 후생을 높여 준다고도 믿는다. 전통적 경제학은 이러한 인식을 근거로 사람들이 일생 동안 소비 수준을 비교적 고르게 유지할 것이며 소득의 경우 나이가 들면서 점점 증가하다가 퇴직 후 급속히 감소하는 패턴을 보인다는 점에 착안해, 연령에 따른 소비 패턴은 연령에 따른 소득 패턴과 독립적으로 유지될 것이라고 예측했다. 그러나 사람들의 연령에 따른 실제 소비 패턴은 연령에 따른 소득 패턴과 상당히 유사하게 나타났다. 전통적 경제학에서는 이러한 이상 현상을 '유동성 제약' 개념을 통해 해명했다. 즉 금융 시장이 완전치 않아 미래 소득이나 보유 자산 등을 담보로 현재 소비에 충분한 유동성을 조달하는 데 제약이 존재하므로, 소비 수준이 이론의 예측에 비해 낮다는 것이다.

행동경제학에서는 청년 시절과 노년 시절의 소비가 예측보다 적은 것은 외부 환경의 제약에 따른 어쩔 수 없는 행동이 아니라 자발적 선택의 결과물이라며, 이를 '심적 회계'에 의해 설명한다. 사람들은 현금, 보통 예금, 저축 예금, 주택 등 각종 자산을 마음 속 별개의 계정에 배치하고 그 사용에도 상이한 원리를 적용한다는 것이다. 자산의 피라미드 중 맨 아래층에는 지출이 가장 용이한 형태인 현금이 있는데, 이는 대부분 지출에 사용된다. 많은 이들은 급전이 필요할 경우 저축 예금이 있는데도 연리 20%가 넘는 신용카드 현금 대출 서비스를 받아 해결한다. 금융적으로 바람직한 방법은 예금을 인출해 지출을 하는 것임에도, 높은 금리로 돈을 빌리고 낮은 금리로 저축을 하는 비합리적 행동을 하는 것이다. 마음속 가장 신성한 계정에는 퇴직 연금이나 주택과 같이 노후 대비용 자산들이 놓여 있는데, 이들은 최악의 사태가 발생하지 않는 한 마지막까지 인출이 유보되는 자산들이다. 심적 회계가 이런 방식으로 작동하는 경우 자산의 전용 가능성은 현저히 떨어지며, 특정 연도에 행하는 소비는 일생 동안의 소득 총액뿐 아니라 그 소득을 낳는 자산들이 마음속 어느 계정에 있는가에 따라서도 달라진다.

행동경제학에 따르면, 사람들은 자신에게 무엇이 최선인지 잘 알고 전 생애에 걸친 최적의 소비 계획을 세우지만, 미래보다 현재를 더 선호하고 유혹에 빠지기 쉽다. 사람들은 자신과 가족의 장기적 안전을 지키기 위해 행동을 제약하기 위한 속박 장치를 마음속에 만들어 내는데, 이러한 자기 통제 기제가 바로 심적 회계이다. 심적 회계의 측면에서 본다면, 전통적 경제학이 주목했던 유동성 제약은 장기적으로 자신에게 불리한 지출 행위를 사전에 차단하기 위한 자발적 선택의 결과로 이해될 수 있다. 심적 회계가 당장의 유혹을 억누르고 현재의 지출을 미래로 미루는 행위, 곧 저축을 스스로 강제하는 기제라면, 퇴직 연금이나 국민 연금 제도는 이런 기제가 사회적 차원에서 구현된 것이다.

10. 윗글의 내용과 일치하지 않는 것은?

① 이상 현상에 대한 분석은 경제학을 발전시키는 자양분으로 작용했다.
② 퇴직 연금 제도는 개인의 심적 회계가 사회적 차원으로 확장된 것이다.
③ 저축은 현재의 소비를 미룸으로써 미래의 지출 능력을 높이려는 행위이다.
④ 심적 회계는 미래보다 현재를 중시하는 본능을 억제하려는 자기 통제 기제이다.
⑤ 자산 피라미드의 하층부에 있는 자산일수록 인출을 하지 않으려는 계정에 배치된다.

11. ㉠과 ㉡을 비교한 내용으로 가장 적절한 것은?

① ㉠과 ㉡에서는 사람들이 유혹에 취약한 존재라고 여긴다는 점에서 의견을 같이할 것이다.
② ㉠에서는 연령대별 소비의 특성을 자발적 선택으로 이해하고, ㉡에서는 그 특성을 외부적 제약 요인에서 찾을 것이다.
③ ㉠에서는 유동성 제약의 원인을 금융 시장의 불완전성에서 찾고, ㉡에서는 그 원인을 개인의 심리적 요인에서 찾을 것이다.
④ ㉠에서는 ㉡에서와 달리 유동성 제약이 심화되면 소비가 자유롭고 원활하게 행해진다고 볼 것이다.
⑤ ㉠과 ㉡에서는 모두 급전이 필요한 상황에서 신용카드 현금 대출 서비스를 받는 대신 저축 예금을 인출하는 선택이 금융적으로 바람직한 방법이라는 것을 부정적으로 판단할 것이다.

12. 윗글을 바탕으로 <보기>를 설명한 내용으로 적절하지 <u>않은</u> 것은?

―〈보기〉―

A 국가에서는 1980년대 후반에 세법을 개정하여, 세금 공제 대상을 줄였다. 자동차·카드·주택 등 여러 영역에서 허용되던 공제 대상을 주택 담보 대출로 제한함으로써 주택 소유의 확대를 유도했다. 은행들은 주택가액과 기존 담보 대출액의 차액을 담보로 한 2차 대출 상품을 내놓는 방식으로 이에 대응하였다. 그 결과 다양한 대출 상품들이 생겨나고 주택 가격 거품이 부풀어 오름에 따라 주택을 최후의 보루로 삼던 사회적 규범이 결국 붕괴했고 노인 가구들도 2차 주택 담보 대출을 받는 상황이 초래되었다. 또한 주택 가격 상승에 따른 미실현 이익을 향유하며 지출을 늘리는 가구가 늘어나면서 경제의 불안정성은 커졌고 마침내 20여 년 후 금융 위기 사태가 발발했다. 그 결과 가계의 소득 감소와 소비 위축 등으로 경기 침체가 나타났다.

① 1980년대 후반의 새로운 조세 정책이 촉진한 새로운 대출 상품에 대한 A 국가 국민들의 대응으로 볼 때, 주택 자산이 전통적으로 지니던 '마음속 가장 신성한 계정'으로서의 성격이 약화되었겠군.

② 정부 정책과 금융 관행의 변화가 야기한 위기로 볼 때, 금융 위기 이후의 A 국가는 주택 소유자들이 '유동성 제약'을 완화하게끔 '심적 회계'의 작동 방식을 바꾸도록 유도하는 정책을 필요로 했겠군.

③ '자산의 전용 가능성' 제고가 경제의 불안정성 심화로 이어졌던 것으로 볼 때, A 국가에서 '자발적 선택 가능성'의 확대는 장기적으로 경제 활동을 위축시키는 부정적 결과를 낳았다고 평가할 수 있겠군.

④ 부동산 거품 현상으로 초래된 '사회적 규범'의 변화로 볼 때, 금융 위기 이전의 은행들은 주택을 저축이 아닌 소비 확대의 수단으로 바꾸도록 유도함으로써 A 국가 국민들이 장래를 대비할 여력을 약화시켰겠군.

⑤ 현재 소득이 없는 경제 주체들도 2차 주택 담보 대출 상품을 통해 추가적인 지출을 했던 것으로 볼 때, 전통적 경제학에서는 '소비 패턴은 연령에 따른 소득 패턴과 독립적으로 유지'되리라는 예측이 실현되었다고 여겼겠군.

한 번에 합격, 해커스로스쿨
lawschool.Hackers.com

해커스 LEET 이재빈 언어이해 기본

PART 2
제재별 기출문제

제재 1 문학
제재 2 역사학
제재 3 철학
제재 4 정치학

제재 1 문학

1 제재 소개

초창기 LEET 언어이해는 지금과는 상당히 다른 시험이었습니다. 로스쿨과 사법고시가 공존하던 과도기에 LEET라는 시험이 급작스럽게 도입되었고, 이때의 언어이해는 과거의 수능 국어 시험의 양식을 그대로 답습하였습니다. 이에 따라 난이도가 현행 LEET에 비해 훨씬 쉬웠고 지금과 같이 LEET 언어이해 지문만이 가지고 있는 고유한 특색들이 적었으며, 무엇보다 문학 문제가 출제되었습니다.

그러나 문학 문제는 법학 적성을 측정한다는 LEET의 취지에 맞지 않았기 때문에 2018학년도부터 출제 대상에서 제외되었고, **문학 비평**이라는 제재가 그 자리를 대신하게 되었습니다. 이후 문학 이외에 다른 예술 소재 지문들은 거의 출제되지 않는 반면에, 2018학년도 LEET부터 문학 비평 제재는 반드시 한 지문이 출제되고 있습니다. 법조인에게 최우선적으로 요구되는 능력은 언어 능력이므로 앞으로도 언어 예술에 해당하는 **문학 비평**이 예술 파트에서 빈번하게 출제될 가능성이 높습니다.

또한 2016학년도 이전까지의 문학 비평 지문은 문학적 감수성에 기반을 둔 문학적인 글의 성격도 다소 있었으나, 2018학년도 기출문제 이후에는 완전히 하드한 성격의 학술적 비평문을 중심으로 출제됩니다. 또한 외국 학자의 문학 이론을 지문의 주된 소재로 삼으면서, 이를 한국의 문학 작품(시, 소설, 희곡)에 적용하는 문제를 출제하는 패턴도 유지되고 있습니다. 문학 비평을 출제하는 국어국문학과의 학제적 특성상 이러한 경향은 앞으로도 유지될 것으로 보입니다.

최근의 출제 경향을 살펴보면, 2021학년도와 2022학년도 LEET 언어이해 문학 지문은 각각 **이론 제시형**과 **학설 비교형**이라는 LEET 언어이해 지문의 패턴에 정확히 부합하도록 논증적이고 정보량의 밀도가 높게 구성되어 매우 완성도가 뛰어난 지문이 출제되었습니다. 2023학년도 LEET 언어이해 문학 지문은 (가)와 (나)로 지문이 분리되어 (가)에는 문학 비평이, (나)에는 문학 작품의 원문이 출제되는 식의 **신유형**의 지문이 출제되었습니다. 특히 2023학년도 문학 지문의 세 번째 문제는 문학 작품에 대한 감상을 요구하는 문제가 출제되었기 때문에, 문학에 대한 학습도 간과해서는 안 된다는 점을 명심해두어야 합니다.

얼핏 **문학 비평**은 난이도가 낮은 지문으로 인식되기가 쉬울 수 있으나, 사실은 정답률이 높지 않은 편입니다. 제가 추론하기에 그 이유는 대부분의 수험생들이 관련 전공자가 아닌 이상 고등학교 졸업 이후에는 문학을 많이 접하지 않고, 문학을 학문적인 연구 대상으로 냉철하게 연구하는 사고방식을 접하지 않았기 때문에 낯설게 느꼈다는 점 때문인 것 같습니다. 수능 국어 비문학 지문에서 문학 비평은 출제된 적이 없었지요? 그런 점에서 오히려 많은 수험생들이 친숙하게 느낄 수 있는 경제학 제재에 비해 문학 비평 제재가 더 난해하게 느껴질 수도 있습니다. 따라서 문학 비평 제재는 난해하게 출제될 수 있다는 점을 명심하고 집중하여 독해하도록 합시다.

2 대표 기출문제

출제시기	세부 제재	소재 및 문제 번호
2025학년도	문학 비평(희곡)	희곡의 무대화에 대한 상반된 관점(28~30)
2024학년도	문학 비평(일반론)	문학 언어의 진실성(16~18)
2023학년도	문학 비평(한국 희곡)	김자림의 『이민선』과 그에 대한 비평(16~18번)
2022학년도	문학 비평 (소설: 화자와 시점)	소설 속 화자에 대한 다양한 학술적 관점(7~9번)
2021학년도	문학 비평 (소설: 주관/객관)	가라타니 고진의 풍경론(4~6번)
2020학년도	문학 비평(한국 소설)	채만식의 소설 『탁류』에 대한 비평(10~12번)
2019학년도	문학 비평(일반론)	근대 문학과 멜랑콜리커(10~12번)
2018학년도	문학 비평(한국 시)	예이츠의 '비극적 황홀'에 비추어 본 한국 시(10~12번)
2016학년도	문학 비평(한국 시)	김춘수와 김수영의 시론(7~10번)
	미술	컨스터블 풍경화에 대한 새로운 해석(23~25번)
2015학년도	문학 비평(한국 시)	김소월의 시론(17~20번)
2014학년도	미술/음악	재현적 회화와 재현적 음악(14~16번)
2012학년도	영화	멜로 드라마(33~35번)
2011학년도	음악	선법 음악과 조성 음악(21~23번)
2010학년도	미술	도상해석학과 신미술사학(13~15번)
2009학년도 예비시험	영화	존 포드와 서부 영화(11~13번)

3 독해 전략

STEP 1 | 지문에서 문학 비평 용어가 어떻게 정의되는지 면밀하게 파악하여 독해한다.

✓ 문학 비평은 우리가 추상적이고 막연하게만 알고 있는 문학적 개념을 논리정연하게 개념화하여 제시하는 것으로 글의 서문을 시작하는 경우가 많다. 따라서 문학 비평 용어가 어떻게 정의되는지를 면밀하게 파악하여 독해하는 것이 가장 중요하다.

▼

STEP 2 | 작품이 문제에 배치되는 위치를 확인하고 지문과 어떤 관련이 있는지 확인한다.

✓ 작품이 지문 내부에 배치되는 경우
- 제시된 작품이 문단의 어떤 주장과 연관되는지를 파악하면서 독해한다. 이는 작품의 구체적인 내용이 지문 내부에 직접적으로 인용되는 경우뿐만 아니라, 작품이 요약되어 간접적으로 인용되는 경우에도 해당된다.

✓ 작품이 지문 외부에 배치되는 경우
- 이 경우에는 주로 세 번째 문제에 작품의 구체적인 내용이 제시되는데, 지문의 마지막 문단과 작품이 연관되는 경우가 많다. 이때 지문 외부의 작품과 작품이 연관되는 문단을 동시에 읽으며, 세 번째 문제를 가장 먼저 풀이한다. 지문의 내용이 이해가 잘 가지 않았더라도 문제 속 작품의 내용과 연관 지어 보는 과정에서 문제 해결의 실마리가 풀릴 수 있다.

이 문제는 반드시 출제된다!

- **문학적 개념 파악**: 문학 비평에 사용되는 '문학적 개념'은 관념적이고 추상적이므로 까다로운 문제가 될 수 있다.
- **문학 작품 적용**: <보기>를 통해 문학 작품의 일부를 제시하고 지문에서 제시된 문학론을 <보기>에 적용해 보는 문제가 지문의 세 번째 문제로 출제될 수 있다.
- **문학 이론 재해석**: 주어진 지문의 내용과는 또 다른 제3의 문학론을 제시하고 양자의 관점을 비교·적용하는 문제가 출제될 수 있다.

4 문제에 적용해보기

독해 전략을 적용하여 연습문제를 풀이해 봅시다.

연습문제 1

[01~03] 다음 글을 읽고 물음에 답하시오.　　　　　　　　　　　2018학년도 LEET 문10~12

> 　예이츠는 어느 편지에서 "내게 지상 목표는 비극 한가운데서 사람을 환희하게 만드는 신념과 이성에서 우러나오는 행위"라고 하면서, "동양은 언제나 해결이 있고, 그러므로 비극에 대해선 아무것도 모르오. 영웅적인 절규를 발해야 하는 것은 우리지 동양은 아니오."라고 말한 바 있다. 이러한 대조는 기실 동서 양분론에 기초를 둔 흔한 관념 이상의 것은 아니다. 이 대조가 어떤 진실을 담고 있음을 인정하면서도 우리는 예이츠의 견해를 다시 검토할 필요가 있는 것이다. 근대 한국시의 몇몇 순간들은 비극적 황홀 을 볼 수 있는 예이츠의 만년의 시 「유리」에 비길 만하기 때문이다.
>
> 　　햄릿과 리어는 즐겁다
> 　　두려움을 송두리째 변모시키는 즐거움
> 　　모든 사람들이 노리고 찾고 그리곤 놓쳤다
> 　　암흑, 머릿속으로 타들어 오는 천국
> 　　비극이 절정에 달할 때
>
> 　근대 한국시사에서 황매천과 이육사와 윤동주가 보여주는 비극적 황홀의 순간들은 그들이 상황에 참여한 방식에 따라 그 성격이 다소 다르다. 유생이며 전통적 원칙주의자인 황매천은 소극적 저항의 삶을 살면서 비극적인 최후를 선택한다. 그는 일제의 국권 강탈에 항거하여, "난리를 겪어 나온 허여센 머리/죽재도 못 죽는 게 몇 번이더뇨./오늘에는 어찌할 길이 없으니/바람 앞의 촛불이 창공 비추네."라는 절명시를 남기고 자결했다. '바람 앞의 촛불'의 이미지로 자신이 성취한 비극적 황홀의 순간을 표현했던 것이다.
>
> 　어려서 한학을 배운 이육사의 시는 겉으로는 형식적인 균형과 절제에 바탕을 둔 고전적인 풍격을 보여준다. 동시에 그의 시는 현대적인 혁명가로서의 이상주의를 품고 있다. 혁명가로서의 삶을 가장 힘차게 나타낸 작품 「절정」에서 시인은 자신이 부딪치게 된 식민지 상황을 한계상황으로 표현한다. 시인은 자신이 비극 한가운데 놓여 있음을 깨닫고 '겨울' 즉 '매운 계절'을 '강철로 된 무지개'로 본 것이다. 이 비극적인 비전은 또 하나의 비극적 황홀의 순간을 나타내거니와 여기서 우리는 시인이 자기가 놓인 상황에서 거리를 두고 하나의 객관적인 이미지를 발견함을 본다.
>
> 　기독교 집안에서 자란 윤동주는 비록 비극적인 종말을 맞기는 했지만, 황매천처럼 가차 없는 비평가도 아니었고, 이육사처럼 두려움을 모르는 투사도 아니었다. 그 대신 그는 자신의 시대를 괴롭게 살다 죽어간 외롭고 양심적인 문학도였다. 그의 생애의 수동적인 외관과는 달리 그는 그리스도와 같은 죽음을 일종의 황홀 가운데서 꿈꿀 정도로 민족주의적이었다. 그의 소원이 실현될 때까지 "모가지를 드리우고/꽃처럼 피어나는 피"(「십자가」)를 흘림으로써 비극적인 상황에서 놓여나기까지 때를 기다리는 것이다.
>
> 　그러나 이 시인들의 비극적인 비전은 공통된 특징을 가지고 있다. 그 비전은 사유와 관조 또는 명상의 산물이었다. 말을 바꾸면 그것은 시인이 상황을 객관적으로 바라봄으로써 얻은 충분히 자각된 비전이다. 그런데 이것을 가능케 한 것은 동양인의 정신에 특유한 초연함과 달관의 상태로 생각된다. 동양에서 비극적인 순간은 흔히 주인공의 신념에 찬 행위보다 초연한 관조 속에서 드러났던 것이다. 예이츠가 생각한 것처럼 동양에는 비극이 없는 것이 아니라 서양처럼 열정적이거나 야단스럽지는 않을지라도 그 나름의 비극을 가지고 있는 셈이다.

지문 요약 연습

연습문제를 풀이하면서 지문의 각 문단을 요약해 보세요.

우리가 다룬 모든 시인에게 공통된 또 하나의 특징은 시인이 그러한 비극적 순간의 작자일 뿐만 아니라 그들 자신이 비극의 주인공이라는 점이다. 이것은 동양에 있어서 시의 전통적인 개념 및 성질과 무관하지 않은 듯하다. 중국에서 시에 관한 오래된 정의는 '마음속에 있는 바의 발언', 즉 ㉠'언지(言志)'이다. 이러한 뜻에서의 시는 작품과 시인 사이의 구별을 용납하지 않는 개인적이며 서정적인 시이다. 허구로서의 '포에시스'의 개념과는 반대로 동양에서 시는 시인 자신의 삶과 하나가 되어 있었다. 그것은 전통적으로 수양의 일부이며 내면생활의 직접적인 음성으로 생각되었다.

그러므로 동양에서는 비극이 허구적인 세계에 형상화된 경우로 존재하지 않고, 비극이 있다면 시인 자신이 주인공이 되는 비극으로 존재한다. 이것은 분명 예이츠가 만년에 시적 계획으로뿐만 아니라 또한 개인적인 이상으로서 매우 골몰했던 바이다. 그것은 그의 '지상 목표'였으며, 그가 "모든 사람들이 노리고 찾고 그리곤 놓쳤다"라고 말하고 있는 것으로 보아 지극히 달성하기 어려운 목표이기도 했다. 그러나 우리가 살펴 본 세 사람의 한국 시인들은 이 어려운 이상을 그들의 삶과 시에서 실현했으며, 적어도 황매천과 이육사의 경우 그들의 비극적 황홀의 시적 가치는 기이하게도 예이츠의 인식과 흡사했다.

사실 확인
01. 윗글의 내용과 일치하는 것은?

① 황매천은 시대 현실에 초연한 덕분에 시적 성취에 성공했다.
② 이육사는 전통적인 것과 현대적인 것의 갈등을 자신의 한계상황으로 인식했다.
③ 황매천과 이육사는 예이츠가 추구했던 시적 계획을 실제 삶에서 구현했다.
④ 황매천과 윤동주는 원칙과 신념에 따라 능동적으로 죽음을 맞이했다.
⑤ 황매천, 이육사, 윤동주는 모두 종교로 인해 빚어지는 내적 갈등을 창작에 담아냈다.

문학적 개념 파악
02. ㉠에 대한 설명으로 가장 적절한 것은?

① 시를 시인의 도야된 인격을 담는 언어적 구성물로 본다.
② 시를 시인의 개인적인 서정을 담은 허구적 표현물로 본다.
③ 시를 현실을 초월하려는 시인의 의지를 표현한 정신적 생산물로 본다.
④ 시를 세련된 언어를 통해 독자들에게 즐거움을 주는 심미적 구조물로 본다.
⑤ 시를 시인이 살고 있는 현실을 사실적으로 형상화한 문화적 창조물로 본다.

문학적 개념 파악

03. 비극적 황홀 에 대한 글쓴이의 입장으로 가장 적절한 것은?

① 시인의 비극적 삶은 시에서의 비극적 황홀에 도달하기 위한 필수 조건이다.
② 비극적 황홀은 작품 속에 등장하는 주인공의 삶 외에 작품을 창작하는 작자의 삶에서도 발견할 수 있다.
③ 비극적 상황에 놓인 주인공의 비극적 황홀을 통해 독자들의 현실 참여를 이끌어내는 것이 이상적인 서정시이다.
④ 비극적 황홀은 주인공의 신념에 찬 행위에 바탕을 두고 있기 때문에 상황에 대한 관조만으로는 도달할 수 없다.
⑤ 햄릿이나 리어 같은 주인공이 도달한 비극적 황홀은 절망적 상황을 극적으로 해결함으로써 얻어지는 체험이다.

📖 가이드 & 정답 확인하기

가이드에 따라 지문과 문제를 분석하고 정답을 확인해 봅시다.

STEP 1 지문에서 문학 비평 용어가 어떻게 정의되는지 면밀하게 파악하여 독해한다.

[첫 번째 문단] 예이츠가 추구한 '비극적 황홀'의 개념과 예이츠의 편견에 대한 비판

> 예이츠는 어느 편지에서 "내게 지상 목표는 비극 한가운데서 사람을 환희하게 만드는 신념과 이성에서 우러나오는 행위"라고 하면서, "동양은 언제나 해결이 있고, 그러므로 비극에 대해선 아무것도 모르오. 영웅적인 절규를 발해야 하는 것은 우리지 동양은 아니오."라고 말한 바 있다. 이러한 대조는 기실 동서 양분론에 기초를 둔 흔한 관념 이상의 것은 아니다. 이 대조가 어떤 진실을 담고 있음을 인정하면서도 우리는 예이츠의 견해를 다시 검토할 필요가 있는 것이다. 근대 한국시의 몇몇 순간들은 비극적 황홀 을 볼 수 있는 예이츠의 만년의 시 「유리」에 비길 만하기 때문이다.
>
> > 햄릿과 리어는 즐겁다
> > 두려움을 송두리째 변모시키는 즐거움
> > 모든 사람들이 노리고 찾고 그리곤 놓쳤다
> > 암흑, 머릿속으로 타들어 오는 천국
> > 비극이 절정에 달할 때

- 비극적 황홀: 비극의 한 가운데에서 몰아치는 환희의 감정
→ 예이츠는 '비극적 황홀'이라는 개념이 동양의 문학에서는 부재하다고 주장하고 있습니다.

STEP 2 작품이 문제에 배치되는 위치를 확인하고 지문과 어떤 관련이 있는지 확인한다.

[두 번째 문단] 황매천의 절명시에 드러난 '비극적 황홀'

> 근대 한국시사에서 황매천과 이육사와 윤동주가 보여주는 비극적 황홀의 순간들은 그들이 상황에 참여한 방식에 따라 그 성격이 다소 다르다. 유생이며 전통적 원칙주의자인 황매천은 소극적 저항의 삶을 살면서 비극적인 최후를 선택한다. 그는 일제의 국권 강탈에 항거하여, "난리를 겪어 나온 허여센 머리/죽재도 못 죽는 게 몇 번이더뇨./오늘에는 어찌할 길이 없으니/바람 앞의 촛불이 창공 비추네."라는 절명시를 남기고 자결했다. '바람 앞의 촛불'의 이미지로 자신이 성취한 비극적 황홀의 순간을 표현했던 것이다.

첫 번째 문단과 두 번째 문단 사이에 시가 직접적으로 인용되고 있으므로 '작품이 지문 내부에 배치되는 경우'로 볼 수 있습니다. 따라서 제시된 작품이 문단의 어떤 주장에 연관되는지를 파악하면서 독해해야 합니다.

[세 번째 문단] 이육사의 시 「절정」에 드러난 '비극적 황홀'

> 어려서 한학을 배운 이육사의 시는 겉으로는 형식적인 균형과 절제에 바탕을 둔 고전적인 풍격을 보여준다. 동시에 그의 시는 현대적인 혁명가로서의 이상주의를 품고 있다. 혁명가로서의 삶을 가장 힘차게 나타낸 작품 「절정」에서 시인은 자신이 부딪치게 된 식민지 상황을 한계상황으로 표현한다. 시인은 자신이 비극 한가운데 놓여 있음을 깨닫고 '겨울' 즉 '매운 계절'을 '강철로 된 무지개'로 본 것이다. 이 비극적인 비전은 또 하나의 비극적 황홀의 순간을 나타내거니와 여기서 우리는 시인이 자기가 놓인 상황에서 거리를 두고 하나의 객관적인 이미지를 발견함을 본다.

[네 번째 문단] 윤동주의 시 「십자가」에 드러난 '비극적 황홀'

> 기독교 집안에서 자란 윤동주는 비록 비극적인 종말을 맞기는 했지만, 황매천처럼 가차 없는 비평가도 아니었고, 이육사처럼 두려움을 모르는 투사도 아니었다. 그 대신 그는 자신의 시대를 괴롭게 살다 죽어간 외롭고 양심적인 문학도였다. 그의 생애의 수동적인 외관과는 달리 그는 그리스도와 같은 죽음을 일종의 황홀 가운데서 꿈꿀 정도로 민족주의적이었다. 그의 소원이 실현될 때까지 "모가지를 드리우고/꽃처럼 피어나는 피"(「십자가」)를 흘림으로써 비극적인 상황에서 놓여나기까지 때를 기다리는 것이다.

네 번째 문단에서 '비극적 황홀'이 동양 문학에서도 존재하였던 사례가 제시되고 있습니다. 이는 예이츠의 주장에 대한 반박으로 볼 수 있습니다.

[다섯 번째 문단] 서양의 비극 관념과 차별화된 동양의 독자적 비극 관념

> 그러나 이 시인들의 비극적인 비전은 공통된 특징을 가지고 있다. 그 비전은 사유와 관조 또는 명상의 산물이었다. 말을 바꾸면 그것은 시인이 상황을 객관적으로 바라봄으로써 얻은 충분히 자각된 비전이다. 그런데 이것을 가능케 한 것은 동양인의 정신에 특유한 초연함과 달관의 상태로 생각된다. 동양에서 비극적인 순간은 흔히 주인공의 신념에 찬 행위보다 초연한 관조 속에서 드러났던 것이다. 예이츠가 생각한 것처럼 동양에는 비극이 없는 것이 아니라 서양처럼 열정적이거나 야단스럽지는 않을지라도 그 나름의 비극을 가지고 있는 셈이다.

[여섯 번째 문단] 비극에서의 시인과 시적 화자의 일치성 문제

> 우리가 다룬 모든 시인에게 공통된 또 하나의 특징은 시인이 그러한 비극적 순간의 작자일 뿐만 아니라 그들 자신이 비극의 주인공이라는 점이다. 이것은 동양에 있어서 시의 전통적인 개념 및 성질과 무관하지 않은 듯하다. 중국에서 시에 관한 오래된 정의는 '마음속에 있는 바의 발언', 즉 ⊙'언지(言志)'이다. 이러한 뜻에서의 시는 작품과 시인 사이의 구별을 용납하지 않는 개인적이며 서정적인 시이다. 허구로서의 '포에시스'의 개념과는 반대로 동양에서 시는 시인 자신의 삶과 하나가 되어 있었다. 그것은 전통적으로 수양의 일부이며 내면생활의 직접적인 음성으로 생각되었다.

[일곱 번째 문단] 예이츠의 예술적 이상으로서 포에시스적 비극 세계

> 그러므로 동양에서는 비극이 허구적인 세계에 형상화된 경우로 존재하지 않고, 비극이 있다면 시인 자신이 주인공이 되는 비극으로 존재한다. 이것은 분명 예이츠가 만년에 시적 계획으로뿐만 아니라 또한 개인적인 이상으로서 매우 골몰했던 바이다. 그것은 그의 '지상 목표'였으며, 그가 "모든 사람들이 노리고 찾고 그리곤 놓쳤다"라고 말하고 있는 것으로 보아 지극히 달성하기 어려운 목표이기도 했다. 그러나 우리가 살펴 본 세 사람의 한국 시인들은 이 어려운 이상을 그들의 삶과 시에서 실현했으며, 적어도 황매천과 이육사의 경우 그들의 비극적 황홀의 시적 가치는 기이하게도 예이츠의 인식과 흡사했다.

일곱 번째 문단에서는 동양의 '비극적 황홀' 개념과 서양의 '비극적 황홀'에 대한 비교가 제시되고 있습니다.

지문을 분석한 후 01번 문제부터 풀이해 보겠습니다.

① 황매천은 시대 현실에 초연하기보다는 시대 현실의 비극성에 깊이 감정 이입하여 자살이라는 방식으로 대응했으므로 적절하지 않다.
② 이육사가 자신의 한계상황으로 인지한 갈등 요인은 전통적인 것과 현대적인 것 사이의 대립이 아니라 일본 제국의 탄압으로 인한 모국의 식민지 현실이었다.
③ 일곱 번째 문단에서 '세 사람의 한국 시인들은 이 어려운 이상을 그들의 삶과 시에서 실현'했다고 했으므로 황매천과 이육사, 윤동주는 예이츠의 예술적 이상을 현실에서 구현한 시인이었음을 알 수 있다.
④ 네 번째 문단에서 '그(윤동주)는 자신의 시대를 괴롭게 살다 죽어간 외롭고 양심적인 문학도였다.'라고 했으므로 윤동주가 원칙과 신념에 따라 능동적으로 죽음을 맞이했다는 근거를 찾아볼 수 없다. 이러한 묘사는 황매천의 경우에만 해당하므로 적절하지 않다.
⑤ 종교로 인한 내적 갈등을 시에 담아낸 시인은 윤동주만 해당하므로 적절하지 않다.

[정답] ③

다음으로 02번 문제를 확인해 봅시다.

① 여섯 번째 문단에서 '그것(언지)은 전통적으로 수양의 일부이며 내면생활의 직접적인 음성으로 생각되었다.'라고 했으므로 언지는 시를 인격 도야를 통해 획득된 언어적 산출물로 보았음을 알 수 있다.
② 시인이 직접 체험한 삶을 담아내야 하므로 허구적 표현물로 보는 것은 적절하지 않다.
③ 현실에 초탈하려는 태도와 현실을 초월하려는 태도는 별개의 개념이므로 초월하려는 시인의 의지로 보는 것은 적절하지 않다.
④ 언어의 심미성은 관련이 없는 내용이므로 적절하지 않다.
⑤ 현실을 있는 그대로 사실적으로 그려냈느냐의 여부는 관련성이 없는 사항이므로 시를 시인이 살고 있는 현실을 사실적으로 형상화한 문학적 창조물로 보는 것은 적절하지 않다. 시는 서정성이 강조되므로 시인이 주관적으로 현실을 형상화하였다고 보는 편이 더 타당하다.
→ 매력적 오답

[정답] ①

다음으로 03번 문제를 확인해 봅시다.

① 예이츠는 비극적 삶을 실제로 살지 않았지만 비극적 황홀을 작품 내에서 그려냈으므로 적절하지 않다.
② 마지막 문단에 따르면 지문의 화자가 이육사 등 한국 시인들은 실제의 삶에서 비극적 황홀을 구현하였다고 주장하고 있으므로 적절하다.
③ 독자들의 현실 참여를 이끌어내야 한다는 조건은 지문의 내용과 전혀 관련성이 없으므로 적절하지 않다.
④ 동양의 비극적 황홀은 관조와 성찰을 통한 초탈적인 태도를 전제로 한다고 했으므로 비극적 황홀을 상황에 대한 관조만으로는 도달할 수 없다는 내용은 적절하지 않다.
⑤ 햄릿과 리어와 같은 주인공은 상황을 해결해서가 아니라 오히려 상황을 관조하고 초탈함으로써 비극의 한 가운데에서 비극적 황홀에 도달한다고 했으므로 적절하지 않다.

[정답] ②

연습문제 2

[04~06] 다음 글을 읽고 물음에 답하시오. 2021학년도 LEET 문4~6

　15세기 초 브루넬레스키가 제안한 선원근법은 서양의 풍경화에 큰 변화를 가져왔다. 고정된 한 시점에서 대상을 통일적으로 배치하는 기하학적 투시도법으로 인간의 눈에 보이는 대로 자연을 화폭에 담을 수 있게 된 것이다. 문학 비평가 가라타니 고진은 이러한 풍경화의 원리를 재해석한 '풍경론'을 통해 특정 문학 사조를 추종하는 문단의 관행을 비판했다.

　고진에 따르면, 풍경이란 고정된 시점을 가진 한 사람에 의해 통일적으로 파악되는 대상이다. 내 눈 앞에 펼쳐진 풍경은 있는 그대로 존재하는 자연이 아니라 내가 보았기 때문에 여기 있는 것이며, 그런 점에서 모든 풍경은 내가 새롭게 발견한 대상이 된다. '풍경'은 단순히 외부에 존재해서가 아니라 주관에 의해 지각될 때 비로소 풍경이 된다.

　고진은 이러한 과정을 '풍경의 발견'이라 부르고, 이를 근대인의 고독한 내면과 연결시켰다. 가령, 작가 구니키다 돗포의 소설에는 외로움을 느끼지만 정작 자기 주변의 이웃과 사귀지 않고 산책길에 만난 이름 모를 사람들이나 이제는 만날 일이 없는 추억 속의 존재들을 회상하며 그들에게 자신의 감정을 일방적으로 투사하는 주인공이 등장한다. 죽어갈 운명이라는 점에서는 모두가 동일하다면서, 주인공은 인간이란 누구든 다 친근한 존재들이라 말한다. 실제 이웃과의 관계 맺기를 기피한 채, 주인공은 현실적으로 아무 상관이 없는 사람들과 하나의 세계를 이루어 살고 있다. 고진은 인간마저도 하나의 풍경으로 취급해 버리는 주인공으로부터, 전도(顚倒)된 시선을 통해 풍경을 발견하는 '내적 인간'의 전형을 읽는다. 이로부터 고진은 "풍경은 오히려 외부를 보지 않는 자에 의해 발견된 것"이라는 결론을 얻는다.

　고진의 풍경론은 한쪽에서는 내면성이나 자아라는 관점을, 다른 한쪽에서는 대상의 사실적 묘사라는 관점을 내세우며 대립하는 문단의 세태를 비판하기 위해 제시되었다. 주관의 재현과 객관의 재현을 내세우기에 마치 상반된 듯 보이지만 사실 두 관점은 서로 얽혀 있다는 것이다. 이미 풍경에 익숙해진 사람은 주관에 의해 배열된 세계를 벗어나지 못하고, 눈에 보이는 것이 본래적인 세계의 모습이라 믿는다. 풍경의 안에 놓여 있으면서도 풍경의 밖에 서 있다고 믿는 것이다. 고진은 만일 이러한 믿음에서 나온 외부 세계의 모사(模寫)를 리얼리즘이라 부른다면 그것이 곧 전도된 시선에서 비롯된 것임을 알아야 한다고 말한다. 리얼리즘의 본질을 '낯설게 하기'에서 찾는 러시아 형식주의의 견해 또한 마찬가지이다. 너무 익숙해서 실은 보고 있지 않은 것을 보게 만들어야 한다는 이 견해를 따른다면, 리얼리즘은 항상 새로운 풍경을 창출해야 한다. 따라서 리얼리스트는 언제나 '내적 인간'일 수밖에 없다.

　물론 자신이 풍경 안에 갇혀 있다는 사실을 자각하는 이가 있을 수도 있다. 작가 나쓰메 소세키는 '문학이란 무엇인가'라는 질문을 던졌을 때, 자신이 참고해 온 문학책들이 자신의 통념을 만들고 강화했을 뿐이라는 사실을 깨닫고는 책들을 전부 가방에 넣어 버렸다. "문학 서적을 읽고 문학이 무엇인가를 알려고 하는 것은 피로 피를 씻는 일이나 마찬가지라고 생각했기 때문"이다. 고진은 소세키야말로 자신이 풍경에 갇혀 있다는 사실을 자각했던 것이라 본다. 일단 고정된 시점이 생기면 그에 포착된 모든 것은 좌표에 따라 배치되며 이윽고 객관적 세계의 형상을 취한다. 이 세계를 의심하기 위해서는 결국 자신의 고정된 시점 자체에 질문을 던지며 회의할 수밖에 없다. 이른바 '풍경 속의 불안'이 시작되는 것이다.

　그렇다면 만일 선원근법에 의존하지 않는 풍경화, 예컨대 서양의 풍경화가 아닌 동양의 산수화를 고려한다면 고진의 풍경론은 달리 해석될까. 기하학적 투시도법을 따르지 않은 산수화에는 그야말로 자연이 있는 그대로 재현된 것처럼 보이니 말이다. 그러나 산수화의 소나무조차도 화가의 머릿속에 있는 소나무라는 관념을 묘사한 것이지 특정 시공간에 실재하는 소나무가 아니다. 요컨대 질문을 던지며 회의한들 그 외의 방식으로는 세계와 대면하는 방법을 알지 못하기에 막연한 불안이 생기는 사태를 막을 수는 없다. 그럼에도 불구하고 문학을 다루는 사람은 자신의 전도된 시선을 의심하는 일에 게을러서는 안 된다. 전도된 시선의 기만적 구도는 풍경 속의 불안을 느끼는 이들에 의해서만 감지될 수 있다. 이 미묘한 앞뒷면을 동시에 살피려는 시도가 없다면, 우리는 풍경의 발견이라는 상황을 보지 못할 뿐 아니라 단지 풍경의 눈으로 본 문학만을 쓰고 해석하게 될 것이다.

사실 확인
04. 윗글과 일치하지 않는 것은?

① 브루넬레스키의 선원근법은 풍경화에 사실감을 부여했다.
② 러시아 형식주의자들은 익숙한 세계를 새롭게 인식해야 한다고 주장했다.
③ 산수화와 풍경화는 기하학적 투시도법의 적용 여부에 따라 대상의 재현 양상이 대비된다.
④ 나쓰메 소세키는 문학 서적을 통해서 문학을 연구하는 작업이 자기 반복이라고 보았다.
⑤ 구니키다 돗포는 공적 관계를 기피하고 사적 관계에 몰두하는 인물을 소설의 주인공으로 삼았다.

★ **선생님 TIP**
구니키다 돗포의 소설 내용이 '전도된 시선'과 관련되어 있다는 것에 집중해 보세요.

문학적 개념 파악
05. '전도된 시선'을 설명한 것으로 가장 적절한 것은?

① 세계의 미묘한 앞뒷면을 동시에 살피는 것이다.
② 내면의 세계를 외부자의 시선으로 발견하는 것이다.
③ 현실을 취사선택하여 비현실적 세계를 만드는 것이다.
④ 실재로서 존재했지만 아무도 보지 못했던 풍경을 보는 것이다.
⑤ 주관적 시각을 통해 구성된 세계를 객관적 현실이라 믿는 것이다.

문학 이론 재해석

06. 윗글에 따를 때 고진의 관점에서 <보기>에 나타난 최재서의 입장을 해석한 것으로 가장 적절한 것은?

―〈보기〉―

최재서는 내면성과 자아의 실험적 표현을 추구하는 이상의 소설을 사실적 묘사라는 관점에서 '리얼리즘의 심화'라고 비평한 바 있다. 이상의 「날개」에는 돈을 사용하는 법도 모르고 친구를 사귀지도 않으며 자신의 작은 방을 벗어나지 않는 주인공이 등장한다. 최재서에 따르면, 자폐적으로 자기 세계에 갇혀 지내는 사내의 심리에 주목한 「날개」는 특정 대상의 내면까지도 '주관의 막을 제거한 카메라'를 들이대어 투명하게 조망한 사례이다. 대상에 따라 관점은 이동할 수 있다는 것, 문학 작품의 해석에 미리 확정된 관점이나 범주란 없다는 것이 최재서의 결론이다.

① 대상에 따라 관점이 이동할 수 있다는 의견은, 고진에게는 작가의 머릿속에 있는 관념이 서양 풍경화의 방식으로 재현되는 것이라 해석되겠군.
② 작품 해석에서 미리 확정된 범주란 없다는 의견은, 고진에게는 주관이 외부를 적극적으로 파악하여 풍경 속의 불안을 벗어난 것이라 해석되겠군.
③ 내면성과 자아의 실험적 표현을 추구하는 작품도 리얼리즘에 속할 수 있다는 의견은, 고진에게는 풍경 안에 갇혀 있음을 자각한 것이라 해석되겠군.
④ 「날개」가 대상의 내면에 '주관의 막을 제거한 카메라'를 들이댔다는 의견은, 고진에게는 주관의 재현과 객관의 재현을 내세우며 대립하는 것이라 해석되겠군.
⑤ 이상이 「날개」에서 자폐적으로 자기 세계에 갇혀 지내는 사내를 그렸다는 의견은, 고진에게는 풍경을 지각하지 못하는 '내적 인간'의 전형을 그린 것이라 해석되겠군.

★ 선생님 TIP
가라타니 고진은 '근대 문학의 죽음'을 선언한 학자로 유명합니다.

📖 가이드 & 정답 확인하기

가이드에 따라 지문과 문제를 분석하고 정답을 확인해 봅시다.

STEP 1 지문에서 문학 비평 용어가 어떻게 정의되는지 면밀하게 파악하여 독해한다.

[첫 번째 문단] 풍경화의 원리가 문학에 미친 영향

> 15세기 초 브루넬레스키가 제안한 선원근법은 서양의 풍경화에 큰 변화를 가져왔다. 고정된 한 시점에서 대상을 통일적으로 배치하는 기하학적 투시도법으로 인간의 눈에 보이는 대로 자연을 화폭에 담을 수 있게 된 것이다. 문학 비평가 가라타니 고진은 이러한 풍경화의 원리를 재해석한 '풍경론'을 통해 특정 문학 사조를 추종하는 문단의 관행을 비판했다.

[두 번째 문단] 주관적으로 구성되는 대상으로서의 풍경 개념

> 고진에 따르면, 풍경이란 고정된 시점을 가진 한 사람에 의해 통일적으로 파악되는 대상이다. 내 눈 앞에 펼쳐진 풍경은 있는 그대로 존재하는 자연이 아니라 내가 보았기 때문에 여기 있는 것이며, 그런 점에서 모든 풍경은 내가 새롭게 발견한 대상이 된다. '풍경'은 단순히 외부에 존재해서가 아니라 주관에 의해 지각될 때 비로소 풍경이 된다.

STEP 2 작품이 문제에 배치되는 위치를 확인하고 지문과 어떤 관련이 있는지 확인한다.

[세 번째 문단] 구니키다 굿포의 소설을 통해 구체화된 고진의 풍경론

> 고진은 이러한 과정을 '풍경의 발견'이라 부르고, 이를 근대인의 고독한 내면과 연결시켰다. 가령, 작가 구니키다 돗포의 소설에는 외로움을 느끼지만 정작 자기 주변의 이웃과 사귀지 않고 산책길에 만난 이름 모를 사람들이나 이제는 만날 일이 없는 추억 속의 존재들을 회상하며 그들에게 자신의 감정을 일방적으로 투사하는 주인공이 등장한다. 죽어갈 운명이라는 점에서는 모두가 동일하다면서, 주인공은 인간이란 누구든 다 친근한 존재들이라 말한다. 실제 이웃과의 관계 맺기를 기피한 채, 주인공은 현실적으로 아무 상관이 없는 사람들과 하나의 세계를 이루어 살고 있다. 고진은 인간마저도 하나의 풍경으로 취급해 버리는 주인공으로부터, 전도(顚倒)된 시선을 통해 풍경을 발견하는 '내적 인간'의 전형을 읽는다. 이로부터 고진은 "풍경은 오히려 외부를 보지 않는 자에 의해 발견된 것"이라는 결론을 얻는다.

구니키다 굿포의 소설이 지문에서 언급되고 있고 이에 대해 고진의 풍경론이 제시되어 있으므로 '작품이 지문 내부에 배치되는 경우'로 볼 수 있습니다. 이때 제시된 작품이 문단의 어떤 주장에 연관되는지를 파악하면서 독해해야 합니다. 이를 통해 세 번째 문단의 핵심 키워드와 캐치프레이즈를 정리하면 다음과 같습니다.

- 핵심 키워드: 내적 인간
- 캐치프레이즈: 풍경은 오히려 외부를 보지 않는 자에 의해 발견된 것

[네 번째 문단] 동전의 양면으로서 주관과 객관 개념 - 논증형

> 고진의 풍경론은 한쪽에서는 내면성이나 자아라는 관점을, 다른 한쪽에서는 대상의 사실적 묘사라는 관점을 내세우며 대립하는 문단의 세태를 비판하기 위해 제시되었다. 주관의 재현과 객관의 재현을 내세우기에 마치 상반된 듯 보이지만 사실 두 관점은 서로 얽혀 있다는 것이다. 이미 풍경에 익숙해진 사람은 주관에 의해 배열된 세계를 벗어나지 못하고, 눈에 보이는 것이 본래적인 세계의 모습이라 믿는다. 풍경의 안에 놓여 있으면서도 풍경의 밖에 서 있다고 믿는 것이다. 고진은 만일 이러한 믿음에서 나온 외부 세계의 모사(模寫)를 리얼리즘이라 부른다면 그것이 곧 전도된 시선에서 비롯된 것임을 알아야 한다고 말한다. 리얼리즘의 본질을 '낯설게 하기'에서 찾는 러시아 형식주의의 견해 또한 마찬가지이다. 너무 익숙해서 실은 보고 있지 않은 것을 보게 만들어야 한다는 이 견해를 따른다면, 리얼리즘은 항상 새로운 풍경을 창출해야 한다. 따라서 리얼리스트는 언제나 '내적 인간'일 수밖에 없다.

- 러시아 형식주의자들이 처한 딜레마: 낯선 것과 익숙한 것을 동시에 가질 수 없다.
  → **딜레마**란 A와 B를 동시에 가질 수 없는 것을 의미합니다. 러시아 형식주의자들은 '낯설게 하기'를 통해 익숙해서 인지하지 못했던 기존 세계의 리얼한 모습을 문학을 통해서 보여주고자 했으나, 고진에 따르면 어떠한 소설 속 풍경이든 작가의 주관에 의해 재구성된 것이므로 이는 독자가 이미 익숙해진 사실적인 세계가 아니라, 작가가 만들어낸 새로운 세계라는 딜레마에 부딪치게 됩니다. 즉, 리얼한 풍경이란 '내적 인간'에 의한 주관적 풍경을 의미합니다. 이는 주관과 객관이 동전의 양면이라는 고진의 논증에 부합합니다.

[다섯 번째 문단] 나쓰메 소세키를 통해 바라본 '풍경 속의 불안'

> 물론 자신이 풍경 안에 갇혀 있다는 사실을 자각하는 이가 있을 수도 있다. 작가 나쓰메 소세키는 '문학이란 무엇인가'라는 질문을 던졌을 때, 자신이 참고해 온 문학책들이 자신의 통념을 만들고 강화했을 뿐이라는 사실을 깨닫고는 책들을 전부 가방에 넣어 버렸다. "문학 서적을 읽고 문학이 무엇인가를 알려고 하는 것은 피로 피를 씻는 일이나 마찬가지라고 생각했기 때문"이다. 고진은 소세키야말로 자신이 풍경에 갇혀 있다는 사실을 자각했던 것이라 본다. 일단 고정된 시점이 생기면 그에 포착된 모든 것은 좌표에 따라 배치되며 이윽고 객관적 세계의 형상을 취한다. 이 세계를 의심하기 위해서는 결국 자신의 고정된 시점 자체에 질문을 던지며 회의할 수밖에 없다. 이른바 '풍경 속의 불안'이 시작되는 것이다.

[여섯 번째 문단] 고진의 풍경론이 문학에 제기하는 함의

> 그렇다면 만일 선원근법에 의존하지 않는 풍경화, 예컨대 서양의 풍경화가 아닌 동양의 산수화를 고려한다면 고진의 풍경론은 달리 해석될까. 기하학적 투시도법을 따르지 않은 산수화에는 그야말로 자연이 있는 그대로 재현된 것처럼 보이니 말이다. 그러나 산수화의 소나무조차도 화가의 머릿속에 있는 소나무라는 관념을 묘사한 것이지 특정 시공간에 실재하는 소나무가 아니다. 요컨대 질문을 던지며 회의한들 그 외의 방식으로는 세계와 대면하는 방법을 알지 못하기에 막연한 불안이 생기는 사태를 막을 수는 없다. 그럼에도 불구하고 문학을 다루는 사람은 자신의 전도된 시선을 의심하는 일에 게을러서는 안 된다. 전도된 시선의 기만적 구도는 풍경 속의 불안을 느끼는 이들에 의해서만 감지될 수 있다. 이 미묘한 앞뒷면을 동시에 살피려는 시도가 없다면, 우리는 풍경의 발견이라는 상황을 보지 못할 뿐 아니라 단지 풍경의 눈으로 본 문학만을 쓰고 해석하게 될 것이다.

지문을 분석한 후 04번 문제를 검토하도록 하겠습니다.

① 첫 번째 문단에 따르면 15세기 초 브루넬레스키가 제안한 선원근법의 도입으로 인간의 눈에 보이는 대로 자연을 화폭에 담을 수 있게 되었다. 선원근법으로 그려진 풍경화의 원리가 문학에 도입되면서 문학이 마치 사실을 그대로 재현한다고 착각하게 되었다는 것이 고진의 '풍경

론'의 핵심 논지이므로 브루넬레스키의 선원근법은 풍경화에 사실감을 부여했다고 추론할 수 있다.
② 세 번째 문단에서 러시아 형식주의자들은 리얼리즘의 핵심은 '낯설게 하기'라고 주장하였고, 이미 익숙한 세계를 낯설게 하여 다시 인식하게 하는 것이 리얼리즘 문학의 목적이라고 주장했으므로 적절하다.
③ 마지막 문단에서 '만일 선원근법에 의존하지 않는 풍경화, 예컨대 서양의 풍경화가 아닌 동양의 산수화'라고 했으므로 산수화는 기하학적 투시도법이 적용되지 않았음을 확인할 수 있다. 또한 자연이 있는 그대로 재현된 것처럼 보이는 (서양의) 풍경화와 달리, 산수화는 특정 시공간에 실재하는 대상을 묘사한 것이 아니라 관념을 묘사한 것이라고 했으므로 적절하다.
④ 다섯 번째 문단에서 '자신이 참고해 온 문학책들이 자신의 통념을 만들고 강화했을 뿐이라는 사실을 깨닫고는 책들을 전부 가방에 넣어 버렸다.'라는 내용을 통해 확인할 수 있다.
⑤ 구니키다 돗포 소설의 주인공이 기피한 대상은 이웃인데, 이웃과의 관계는 공적 관계가 아니라 사적 관계에 해당하므로 적절하지 않다.

[정답] ⑤

다음으로 05번 문제를 검토하도록 하겠습니다.

⑤ '전도된 시선'은 구니키다 돗포의 소설에서 자신의 내면을 투영하여 관찰된 풍경을 객관적 풍경이라고 생각하는 소설 속 주인공의 시선에 대한 설명이다. 따라서 주관적 시각을 통해 구성된 세계를 객관적 현실이라 믿는 것이라는 내용은 전도된 시선을 설명한 것으로 가장 적절하다.

[정답] ⑤

마지막으로 06번 문제를 검토하여 지문 분석을 마무리하도록 하겠습니다.

고진의 풍경론이 내포하고 있는 핵심적인 주장은 소설 텍스트가 객관적이면서 동시에 주관적일 수 있다는 역설적인 결론입니다. 이는 〈보기〉의 최재서가 주관을 다룬 이상의 소설이 객관적인 텍스트가 될 수 있다고 파악한 관점과 일맥상통합니다.

① 서양 풍경화의 방식은 하나의 고정된 관점에 의해 풍경이 재현되는 것이므로, '대상에 따라 관점이 이동할 수 있는 의견'이 서양 풍경화의 방식으로 재현되는 것을 말한다고 보기 어렵다.
② 고진은 소설을 쓰는 작가는 결코 풍경 속의 불안에서 벗어날 수 없으며, 풍경 안에 갇혀 있음을 자각하는 것이 중요하다고 강조하고 있다. 따라서 '미리 확정된 범주가 없다는 의견'이 풍경 속의 불안을 벗어난 것이라고 해석되지는 않을 것이다.
③ 고진은 소설 텍스트의 객관성과 주관성이 동전의 앞뒷면과 같이 공존하는 것이라는 점을 깨달을 때, 풍경 안에 갇혀 있다는 사실을 자각하게 된다고 주장하였다. 〈보기〉의 최재서는 자아의 내면을 기술하는 작품이 객관성을 추구하는 리얼리즘이 될 수 있다고 주장하고 있으므로, 이는 풍경 안에 갇혀 있음을 자각한 시각에 해당한다.
④ 〈보기〉의 최재서는 대상의 주관적인 내면을 다룬 작품이 객관적인 카메라를 들이댄 작품이 될 수 있다고 주장하고 있다. 이는 주관의 재현과 객관의 재현이 대립하는 것이 아니라 공존할 수 있음을 전제로 한 시각이다.
⑤ 이상의 「날개」에서 자폐적으로 자기 세계에 갇혀 지내는 사내는 '친구를 사귀지도 않으며 자신의 작은 방을 벗어나지도 않는다.'고 제시되었다. 이는 얼핏 보기에 지문에서 다루어진 구니키다 돗포의 소설에서 주인공이 '자기 주변의 이웃과 사귀지도 않고', '이웃과의 관계 맺기를 기피'하는 삶의 방식과 유사해 보이며, 따라서 '풍경을 지각하지 못하는 내적 인간의 전형'이라는 선지의 서술이 타당하다고 잘못 판단하기 쉽다. 그러나 지문의 3단락에서 "고진은 인간마저도 하나의 풍경으로 취급해 버리는 주인공으로부터, 전도(顚倒)된 시선을 통해 **풍경을 발견하는 '내적 인간'의 전형**을 읽는다."라고 제시된 부분을 통해, '내적 인간'이라는 개념어는 오히려 '풍경을 지각하는 자'라고 정의된 것을 확인할 수 있다. '풍경은 오히려 외부를 보지 않는 자에 의해 발견된 것'이라는 점이 고진의 이론의 핵심이므로, 고진의 이론을 이상의 「날개」에 제시된 사내에 적용해 볼 때, '풍경을 지각하지 못하는 내적 인간'이라는 평가가 나오기는 불가능할 것이다. → **매력적 오답**

[정답] ③

연습문제 3

[07~09] 다음 글을 읽고 물음에 답하시오.

2022학년도 LEET 문7~9

소설을 읽는다는 것은 이야기를 하는 누군가의 목소리를 듣는다는 것을 뜻한다. 독자에게 특정한 배경 속에서 여러 인물들이 펼치는 사건에 대해 '말하는 주체'를 우리는 화자라고 부른다. 그래서 독자는 항상 화자의 목소리를 통해서 허구 세계에 대한 정보를 얻는다. 가령 등장인물의 대화가 직접화법으로 표현된 장면을 떠올려보자. 드라마가 화자 없이 등장인물의 대사로 진행된다는 점에서 이 장면도 드라마와 유사하게 느낄 수 있겠지만, 사실은 화자가 의도적으로 간접화법 대신 직접화법을 채택한 것이어서 독자에게 대화를 직접 듣는다는 착각을 이끌어내려는 책략이라고 보아야 한다. 독자는 화자가 자신의 말로 바꾸었는가 혹은 그렇지 않았는가 상관없이 언제나 그의 목소리를 들을 뿐이다.

화자가 사건에 대해 말하기 위해서는 먼저 사건을 보는 것이 필요하다. ㉠브룩스와 워렌은 순전히 화자가 보는 위치를 기준으로 일인칭과 삼인칭을 구분한 뒤, 목격자로서 사건을 관찰하는지 그렇지 않으면 탐구자로서 사건을 분석하는지에 따라 일인칭 주인공 시점과 일인칭 관찰자 시점, 작가 관찰자 시점과 전지적 작가 시점으로 구분한다. 그렇지만 이들의 논의는 삼인칭 시점에서 '화자'의 시점을 '작가'의 시점으로 치환하였고, 특정 인물의 내면을 그려내는 것과 모든 인물의 내면을 그려내는 것을 전지적 작가 시점으로 뭉뚱그렸다는 비판을 받았다.

'보는 주체'로서의 화자의 역할에 대한 또 다른 접근은 ㉡랜서에 의해 이루어졌다. 그는 화자의 역할을 이야기의 내용이나 주제와 결합시켰다. 기존 논의가 '시점'이라는 말에서 짐작할 수 있듯이 사건을 보는 위치에 치중했던 것을 반성하고, 사건을 보는 입장도 고려하고자 했다. 화자가 다른 공간적 위치에 서거나 다른 이념적 입장을 가질 때, 같은 사건도 다르게 인식되어 다르게 재현된다는 것이다. 그래서 랜서는 화자를 작가가 창조한 세계를 보여주는 인식틀이라고 언급했다. 독자가 화자를 통해서 이야기를 접한다는 점을 고려할 때, 독자가 바라볼 수 있는 시선과 들을 수 있는 목소리는 항상 화자에 의존한다는 것을 알려준 셈이다.

이와 관련하여 화자가 작품에 개입하는 것과 독자에게 진실을 전달하는 방식을 둘러싼 ㉢플라톤의 고전적인 문제제기는 흥미롭다. 그는 모방을 논하면서 영혼의 진정성 문제를 연결시킨다. 화자의 개입을 최소화하여 독자들이 실재와 가상을 착각하게 만들수록 진정성을 의심한 반면, 주관적인 논평을 섞는 방식으로 화자를 떠올리게 할수록 좀 더 진정성을 지닌 것으로 평가했던 것이다. 이러한 관점을 소설에 비추어 보면 화자를 이야기에 개입하여 객관성을 훼손하는 존재로 바라보던 태도에서 벗어나야 한다는 것을 시사한다. 즉 소설은 화자 때문에 객관성에 도달할 수 없는 것이 아니라 화자 덕분에 다른 양식과 구별되는 독자성을 획득할 수 있었던 것이다.

이렇듯 소설의 화자에 대해 지금까지 다양한 논의가 진행되었지만, 수많은 소설작품을 포괄할 만큼 충분히 정교하지 못한 것은 사실이다. 그리고 개별 작품의 경우에도 하나의 시점을 처음부터 끝까지 유지한 작품을 찾는 것이 쉽지 않다. 우리가 훌륭하다고 손꼽는 작품들 또한 그러하다. 따라서 화자의 위치나 입장, 역할 등을 이론적으로 따지기보다 구체적인 작품 감상과 결부시키는 편이 훨씬 현명하다. 작가 또한 메시지를 전달하는 데 가장 효과적인 방법이 무엇인지를 고민하는 것이다. 소설을 읽는 것을 등장인물, 화자, 독자가 정보량을 둘러싸고 벌이는 일종의 게임으로 바라보자는 견해가 바로 그것이다. 이 견해에 따르면 동일한 사건이라도 누가 정보를 더 많이 갖느냐에 따라 다른 이야기로 변주될 수 있다. 가령 화자가 등장인물이 모르는 정보를 독자에게 제공하는 경우, 자신이 처한 위기를 모르는 등장인물을 지켜보며 독자는 마음을 졸일 수밖에 없다. 하지만 등장인물과 독자가 동일한 정보를 공유하는 경우, 독자는 인물과 같은 수준으로 작중의 상황을 이해하고 함께 퍼즐을 풀어가는 기분으로 사건을 경험할 것이다. 그리고 등장인물이 독자에게 공개하지 않은 비밀을 숨기고 있는 경우, 독자는 결말에 이르러서야 사건의 전모를 파악하면서 반전의 효과를 체험할 수도 있다. 이처럼 어떤 메시지를 전달하는 데 어울리는 화자를 창조하는 일은 작품의 성공과 실패를 가르는 첫걸음이다.

사실 확인
07. 윗글의 내용과 일치하는 것은?

① 독자가 소설을 감상하고자 할 때, 독자와 접촉하며 정보를 제공하는 존재는 화자이다.
② 소설이 진행되는 동안 하나의 시점을 유지하는 것이 예술적으로 성공하는 지름길이다.
③ 소설에서 등장인물의 대화를 직접화법으로 묘사할 때에는 화자의 목소리가 개입하지 않는다.
④ 드라마에서는 통상 등장인물의 목소리뿐만 아니라 '말하는 주체'의 목소리도 관객에게 직접 들린다.
⑤ 이야기되는 사건이 같다면 작가가 화자의 위치나 입장, 독자와의 관계를 변화시켜도 다른 소설로 만들기 어렵다.

학설 비교
08. ㉠~㉢에 대한 이해로 적절하지 않은 것은?

① ㉠은 현실에 존재하는 작가와 작가가 창조한 화자를 개념적으로 구분하지 않고 있다.
② ㉡은 화자에 대해 이야기를 수용하는 독자의 입장에 영향을 미치는 인식틀로 작용한다고 보고 있다.
③ ㉢은 독자들이 실재와 가상을 혼동하지 않도록 하는 것이 진정성 있는 태도라고 판단하고 있다.
④ ㉠과 ㉡은 '말하는 주체'에 선행하는 '보는 주체'로서의 화자의 역할을 소설의 내용적 측면에서 분석하고 있다.
⑤ ㉡과 ㉢은 화자를 통해서 작가의 입장이나 태도를 파악할 수 있다고 믿고 있다.

문학 작품 적용
09. 윗글을 바탕으로 <보기>에 대해 평가한 것으로 적절하지 않은 것은?

―〈보기〉―

시내에 나갔다 왔다. 그 사이 누군가가 집에 다녀간 흔적이 있다. 조심스러운 손길이었지만 분명히 집을 뒤졌다. 몇몇 물건들은 도저히 찾을 수가 없다. 가져간 것이 분명하다. 도둑일까? 집에 도둑이 든 일은 지금껏 없었다.

저녁에 퇴근한 은희에게 집에 도둑이 들었다고 말했다. 은희는 딱한 얼굴로 나를 바라보며 그런 일은 없었다고 한다. 뭐가 없어졌느냐고 묻는데 생각이 나지 않았다. 그러나 분명히 뭐가 없어 졌다. 느낄 수 있다. 그런데 입 밖으로 꺼내 말할 수가 없다.

"치매에 걸리면 다들 그런대요. 며느리도 도둑이라고 하고 간호사도 도둑이라고 하고."

그래, 그걸 도둑망상이라고들 하지. 나도 그건 알아. 그런데 이건 망상이 아니야. 분명히 뭔가 없어졌다고. 일지와 녹음기는 몸에 지니고 있으니 무사했지만 다른 무언가가 사라졌다.

"그래, 개가 없어졌다. 개가 없어졌어."

"아빠, 우리 집에 개가 어디 있어요?"

이상하다. 분명히 개가 있었던 것 같은데.

― 김영하,『살인자의 기억법』 ―

① 화자가 주인공과 동일한 인물이기 때문에, 독자들은 주인공의 내면 변화를 파악할 수 있겠군.

② 화자가 다른 등장인물과 함께 허구세계에 있기 때문에, 독자들은 사건의 전모를 모른 채 상황이 발생할 때마다 긴장감을 경험할 수 있겠군.

③ 주인공과 화자와 독자의 정보가 일치하기 때문에, 독자들은 주인공과 등장인물들에 대한 화자의 정보를 객관적 사실로 받아들일 수 있겠군.

④ 주인공인 화자가 다른 등장인물의 내면을 파악할 수 없기 때문에, 독자들은 자신의 상황을 정확히 알지 못하는 주인공을 안타깝게 느낄 수 있겠군.

⑤ 모든 등장인물에 대한 정보가 화자의 시선과 목소리로 전달되기 때문에, 독자들은 다른 등장인물의 진실이 뒤늦게 알려지면 이야기의 흐름이 달라지리라 기대할 수 있겠군.

📖 가이드 & 정답 확인하기

가이드에 따라 지문과 문제를 분석하고 정답을 확인해 봅시다.

STEP 1 | 지문에서 문학 비평 용어가 어떻게 정의되는지 면밀하게 파악하여 독해한다.

[첫 번째 문단] 소설만의 고유한 특징으로서 '화자'의 개념

> 소설을 읽는다는 것은 이야기를 하는 누군가의 목소리를 듣는다는 것을 뜻한다. 독자에게 특정한 배경 속에서 여러 인물들이 펼치는 사건에 대해 '말하는 주체'를 우리는 화자라고 부른다. 그래서 독자는 항상 화자의 목소리를 통해서 허구 세계에 대한 정보를 얻는다. 가령 등장인물의 대화가 직접화법으로 표현된 장면을 떠올려보자. 드라마가 화자 없이 등장인물의 대사로 진행된다는 점에서 이 장면도 드라마와 유사하게 느낄 수 있겠지만, 사실은 화자가 의도적으로 간접화법 대신 직접화법을 채택한 것이어서 독자에게 대화를 직접 듣는다는 착각을 이끌어내려는 책략이라고 보아야 한다. 독자는 화자가 자신의 말로 바꾸었는가 혹은 그렇지 않았는가 상관없이 언제나 그의 목소리를 들을 뿐이다.

[두 번째 문단] 화자의 보는 위치에 따라 소설을 분류한 브룩스와 워렌의 방식

> 화자가 사건에 대해 말하기 위해서는 먼저 사건을 보는 것이 필요하다. ㉠브룩스와 워렌은 순전히 화자가 보는 위치를 기준으로 일인칭과 삼인칭을 구분한 뒤, 목격자로서 사건을 관찰하는지 그렇지 않으면 탐구자로서 사건을 분석하는지에 따라 일인칭 주인공 시점과 일인칭 관찰자 시점, 작가 관찰자 시점과 전지적 작가 시점으로 구분한다. 그렇지만 이들의 논의는 삼인칭 시점에서 '화자'의 시점을 '작가'의 시점으로 치환하였고, 특정 인물의 내면을 그려내는 것과 모든 인물의 내면을 그려내는 것을 전지적 작가 시점으로 뭉뚱그렸다는 비판을 받았다.

[세 번째 문단] 화자의 보는 입장에 따라 작가에게 인식틀이 되는 측면을 부각시킨 랜서의 이론

> '보는 주체'로서의 화자의 역할에 대한 또 다른 접근은 ㉡랜서에 의해 이루어졌다. 그는 화자의 역할을 이야기의 내용이나 주제와 결합시켰다. 기존 논의가 '시점'이라는 말에서 짐작할 수 있듯이 사건을 보는 위치에 치중했던 것을 반성하고, 사건을 보는 입장도 고려하고자 했다. 화자가 다른 공간적 위치에 서거나 다른 이념적 입장을 가질 때, 같은 사건도 다르게 인식되어 다르게 재현된다는 것이다. 그래서 랜서는 화자를 작가가 창조한 세계를 보여주는 인식틀이라고 언급했다. 독자가 화자를 통해서 이야기를 접한다는 점을 고려할 때, 독자가 바라볼 수 있는 시선과 들을 수 있는 목소리는 항상 화자에 의존한다는 것을 알려준 셈이다.

[네 번째 문단] 독자와 작가 사이에서 주관적인 논평을 함으로써 사건의 허구성을 자각시키는 존재로서 화자를 인식한 플라톤의 관점

> 이와 관련하여 화자가 작품에 개입하는 것과 독자에게 진실을 전달하는 방식을 둘러싼 ㉢플라톤의 고전적인 문제제기는 흥미롭다. 그는 모방을 논하면서 영혼의 진정성 문제를 연결시킨다. 화자의 개입을 최소화하여 독자들이 실재와 가상을 착각하게 만들수록 진정성을 의심한 반면, 주관적인 논평을 섞는 방식으로 화자를 떠올리게 할수록 좀 더 진정성을 지닌 것으로 평가했던 것이다. 이러한 관점을 소설에 비추어 보면 화자를 이야기에 개입하여 객관성을 훼손하는 존재로 바라보던 태도에서 벗어나야 한다는 것을 시사한다. 즉 소설은 화자 때문에 객관성에 도달할 수 없는 것이 아니라 화자 덕분에 다른 양식과 구별되는 독자성을 획득할 수 있었던 것이다.

STEP 2 작품이 문제에 배치되는 위치를 확인하고 지문과 어떤 관련이 있는지 확인한다.

[다섯 번째 문단] 등장인물, 화자, 독자 사이의 정보량을 둘러싼 게임으로서의 소설 속 사건 전개에 대한 이해

> 이렇듯 소설의 화자에 대해 지금까지 다양한 논의가 진행되었지만, 수많은 소설작품을 포괄할 만큼 충분히 정교하지 못한 것은 사실이다. 그리고 개별 작품의 경우에도 하나의 시점을 처음부터 끝까지 유지한 작품을 찾는 것이 쉽지 않다. 우리가 훌륭하다고 손꼽는 작품들 또한 그러하다. 따라서 화자의 위치나 입장, 역할 등을 이론적으로 따지기보다 구체적인 작품 감상과 결부시키는 편이 훨씬 현명하다. 작가 또한 메시지를 전달하는 데 가장 효과적인 방법이 무엇인지를 고민하는 것이다. 소설을 읽는 것을 등장인물, 화자, 독자가 정보량을 둘러싸고 벌이는 일종의 게임으로 바라보자는 견해가 바로 그것이다. 이 견해에 따르면 동일한 사건이라도 누가 정보를 더 많이 갖느냐에 따라 다른 이야기로 변주될 수 있다. 가령 화자가 등장인물이 모르는 정보를 독자에게 제공하는 경우, 자신이 처한 위기를 모르는 등장인물을 지켜보며 독자는 마음을 졸일 수밖에 없다. 하지만 등장인물과 독자가 동일한 정보를 공유하는 경우, 독자는 인물과 같은 수준으로 작중의 상황을 이해하고 함께 퍼즐을 풀어가는 기분으로 사건을 경험할 것이다. 그리고 등장인물이 독자에게 공개하지 않은 비밀을 숨기고 있는 경우, 독자는 결말에 이르러서야 사건의 전모를 파악하면서 반전의 효과를 체험할 수도 있다. 이처럼 어떤 메시지를 전달하는 데 어울리는 화자를 창조하는 일은 작품의 성공과 실패를 가르는 첫걸음이다.

다섯 번째 문단은 등장인물, 화자, 독자 사이의 정보량에 따라 소설이 전개되는 효과가 달라질 수 있다는 이야기를 하고 있으며, 이 지문에서 작품이 제시되지는 않았음을 알 수 있습니다. 이때 09번 문제에 작품이 직접적으로 제시되어 있고, 등장인물, 화자, 독자 사이의 정보량을 언급하고 있으므로 다섯 번째 문단과 09번 문제가 직접적으로 연관되는 부분임을 알 수 있습니다. 따라서 다섯 번째 문단과 09번 문제를 동시에 독해한 후 09번 문제를 가장 먼저 풀이하는 것이 좋습니다.

09번 문제를 풀이하면 다음과 같습니다.

주어진 소설 속 내용에서 화자는 주인공과 일치하며, 다섯 번째 문단에서 '등장인물과 독자가 동일한 정보를 공유하는 경우, 독자는 인물과 같은 수준으로 작중의 상황을 이해하고 함께 퍼즐을 풀어나가는 기분으로 사건을 경험할 것이다.'의 케이스에 해당한다. 그런데 사건의 전모가 미궁에 빠져 있는 이유는 화자이자 주인공인 인물의 인지적 능력에 결함이 있는 것이 명확하게 드러나 있기 때문이다. 따라서 독자들은 인지적 결함이 있는 것이 분명한 화자의 정보를 객관적 사실로 받아들이지 못하며, 그 사실을 의심하는 과정에서 소설의 재미가 발생하게 된다. 이에 따라 '주인공과 화자와 독자의 정보가 일치하기 때문에, 독자들은 주인공과 등장인물들에 대한 화자의 정보를 객관적 사실로 받아들일 수 있겠군.'이라는 내용은 윗글을 바탕으로 〈보기〉를 평가한 것으로 적절하지 않다.

[정답] ③

이후 07번 문제의 선택지를 검토해 봅시다.

① 첫 번째 문단에서 '독자는 화자가 자신의 말로 바꾸었는가 혹은 그렇지 않았는가 상관없이 언제나 그의 목소리를 들을 뿐이다.'라는 내용을 통해 추론할 수 있다.
② 다섯 번째 문단에서 '개별 작품의 경우에도 하나의 시점을 처음부터 끝까지 유지한 작품을 찾는 것이 쉽지 않다. 우리가 훌륭하다고 손꼽는 작품들 또한 그러하다.'라고 했으므로 적절하지 않다.

③ 첫 번째 문단에 따르면 드라마뿐만 아니라 소설에서 직접 화법으로 대사가 전달될 때에도 독자에게 대사를 전달하는 대상은 등장인물이 아니라 화자이므로 적절하지 않다.
→ **매력적 오답**
④ 첫 번째 문단에 따르면 드라마는 화자 없이 등장인물의 대사가 독자에게 직접 전달된다. 따라서 말하는 주체, 즉 화자의 개념이 드라마에는 존재하지 않는다. → **매력적 오답**
⑤ 다섯 번째 문단에서 '동일한 사건이라도 누가(등장인물, 화자, 독자 중) 정보를 더 많이 갖느냐에 따라 다른 이야기로 변주될 수 있다.'라고 했으므로 적절하지 않다.

[정답] ①

마지막으로 08번 문제의 선택지를 검토하여 지문 분석을 마무리하겠습니다.

① 두 번째 문단에 따르면 ㉠은 삼인칭에 대한 논의에서 화자의 시점과 작가의 시점을 구분하고 있지 않으므로 적절하다.
② 세 번째 문단에서 '랜서는 화자를 작가가 창조한 세계를 보여주는 인식틀이라고 언급했다.'라고 했으므로 적절하다.
③ 네 번째 문단에 따르면 ㉢은 실재와 가상을 착각하게 할수록 진정성이 결여된 것으로 평가했으므로 적절하다.
④ ㉠은 화자가 보는 위치를 우선적으로 기준으로 삼아 일인칭과 삼인칭을 구분했으므로 보는 주체로서의 화자의 역할을 말하는 주체에 선행하는 것으로 보고 있다는 설명에 해당한다. 그러나 ㉡은 ㉠을 비판하면서 (㉠에 의한) 기존 논의가 사건을 보는 위치에 치중했던 것을 반성하고, 사건을 보는 입장도 고려해야 한다고 주장했고, 이에 대한 연속선상에서 화자의 보는 입장이 독자에게 이야기로 전달되면서 인식의 틀을 형성한다고 주장하였다. 따라서 보는 주체가 말하는 주체에 선행된다고 간주하는 입장을 견지하고 있는 것이 아니므로 적절하지 않다.
⑤ 세 번째 문단에서 '랜서는 화자를 작가가 창조한 세계를 보여주는 인식틀이라고 언급했다.'라고 했으므로 ㉡에 대해서는 적절하다고 추론할 수 있다. 또한 ㉢의 경우 화자의 존재가 작가의 주관적인 논평을 제시하는 것이라고 했으므로 화자는 작가의 주관성을 드러내 주는 매개라고 볼 수 있다. 따라서 ㉢에 대해서도 적절하다고 추론할 수 있다. → **매력적 오답**

[정답] ④

연습문제 4

[10~12] 다음 글을 읽고 물음에 답하시오.　　　　　2023학년도 LEET 문16~18

(가)

　1960년대 근대화 담론은 해방과 분단으로 공고화된 민족주의를 경제성장의 동력으로 동원한다. 민족주의에 기반한 근대화를 비판하는 것이 용인되지 않았던 분위기에서, 김자림의 희곡 「이민선」(1964)은 이민과 여성을 매개로 시대의 단층을 드러낸다.

　당시 브라질 영농 이민은 경제성장뿐 아니라 인구 억제를 위해 산업화 과정에서 도태된 국민들을 겨냥하고 있었다. 「이민선」의 중심 서사를 이루는 창수네 일가를 살펴보자. 창수에게 브라질은 사탕무를 심어 부를 일구는 미래다. 해방을 맞아 귀국하던 감격을 잊지 못하는 창수댁은 이민으로 고향을 떠나야 하는 회환에서 쉽게 벗어나지 못한다. 아들 만세는 농업에는 관심이 없고 이민을 통해 예술로 "세계 속에 한국을 이해시키는 정신적 지주"가 되기를 바란다. 딸 소라는 성인임에도 원숭이 인형을 들고 다니며 유년기의 감상에서 벗어나지 못한 인물로, 이민을 '속일 줄도 속을 줄도 모르는 그대로의' 존재인 인형의 고향에 가는 여정으로 생각한다. 창수의 처남 덕보는 제대 후 실업자로 있다가 속이고 미워하는 아수라장 같은 이 땅에 지쳐 이민을 결심한다. 이민단의 다른 가족도 사정이 있다. 득찬은 실업 상태를 견디다 못해 아내와 자식, 아버지와 동생까지 데리고 왔다. 월남민 피양댁은 이민을 위해 깡패 물개와 복덕방 영감을 끌어들여 가족을 급조하고 돈으로 좌지우지한다. 피양댁의 친딸 보비도 이민단에 동참하나 조국에서 추방되는 듯하여 소극적이다.

　세 일가가 부산에 도착해 이민을 축하하는 파티까지 열었지만, 창수네 일가는 빚보증 때문에, 피양댁 일가는 물개에 얽힌 투서 때문에 이민선을 타지 못하고 보름 가량을 보낸다. 그동안 보비는 만세의 포부에 감동하고 그의 연인이자 이민의 지지자가 된다. 창수는 피양댁의 요구대로 헐값에 땅을 팔려 하나 무산되었다. 이민선이 출항하기 전날, 창수는 다른 해결의 실마리를 찾았고, 소라는 그녀를 백치로 여겼던 물개에게 겁탈당한 뒤 바다에 투신한다. 이에 이민을 포기하려 했던 만세는 이상을 포기하지 말라는 보비의 독려로 의지를 회복하지만, 창수댁은 이민선 탑승 직전 소라의 버려진 인형을 발견하고 착란을 일으켜 지금을 해방 후 귀국하던 날로 안다. 애국가의 주악 소리를 배경으로 창수 일가는 착란 사태의 창수댁을 부축하여 승선한다.

　「이민선」은 근대화를 이민으로 은유하면서도 여성에 대한 억압과 배제의 모습을 출항하는 이민선의 얼룩처럼 남겨둔다. 개인들의 합의를 유보한 채 미래의 환상을 내세워 이민을 이끌어가는 남성들의 강박이 암시되는 것이다. 여성인물들은 전쟁을 거치며 요구되었던 가정과 국가에 헌신하는 '좋은' 여성의 상과, 비난의 대상이던 성적 만족과 이익을 좇다 파멸하는 '나쁜' 여성의 상 사이의 다양한 빛깔로 남아 있다. 그럼에도 작품에서 여성인물들은 자기 안에 잠재된 사회·역사적 비판의 가능성을 충분히 펼치지는 못했다. 창수댁의 정신 착란이나 소라의 인형 등이 얼룩처럼 남지만 이민선은 가족을 태우고 출항한다. 바로 여기에서 여성인물을 통해 당대를 문제시하면서도, 한편으로 그에 대한 회의를 접어두고 근대화 논리에 수긍하는 여성 극작가의 모순된 정체성을 읽을 수 있다.

(나)

[부산에 도착한 첫날 밤 세 가족은 파티를 연다.]

창수댁: (한쪽이 터진 트렁크를 들고) 여보, 이것 좀 보세요. 뚜껑을 덮으니까 또 터지겠죠. (돌아보지 않는 창수를 보고) 아니 여보, 당신은 남의 것을 보듯 거들떠보지도 않는구려. (창수, 외면하고 서 있다.)

창　수: 인젠 제에발 그 구질구질한 짐짝을 끌구 다니지 말자구 했잖소. […] 바다 깊이 때묻은 과거를 수장해 버리란 말요. 새로운 옷을 입으려거든 낡은 것을 미련 없이 벗어 버려야 하는 거야.

창수댁: (트렁크를 뺏으며) 안 돼요. 하나두 버릴 수 없어요. 이것들은 지난 세월을 말해 주는 웃음과 울음과 한숨이 섞여 부서진 감정의 파편들이에요.

지문 요약 연습

연습문제를 풀이하면서 지문의 각 문단을 요약해 보세요.

창　수: (끌어 올리며) 지지리 못난 여편네야. (점점 흥분된 어조로) 우리는 내일 새벽 떠나는 거야. 우리의 이민선 쨍카호를 타고 신천지를 향해 저 푸른 바다를 뚫고 나가는 거야. 예수가 죽음에서 부활하듯이 우리도 다시 사는 거야. (돌아보며) 그러니 그 구질구질한 과거는 저 바다에 처넣으란 말이야. (광적인 몸부림으로) 자 여러분 술, (컵을 들고) 이 번쩍이는 소망에 행운이 있으라.
모　두: (술잔을 쳐들고) 브라보!
창수댁: 만세야, 이 노끈으로 같이 얽어매 보자. 손을 빌어라.
득　찬: 자 누구든지 나와 춤을 춰요, 소리두 하구.
영　찬: 내 소리 한 마디 하겠어요.
모　두: 여ㅡ(좋아라 박수를 친다.)

　영찬, 장타령*을 하며 신나게 엉덩이춤을 춘다. 모두들 손뼉으로 박자를 맞춘다.

창　수: 여보게들, 우리 이다음엔 상파울루 제일가는 호텔에서 만나세. 거기서 우린 샴페인을 펑펑 터뜨리구 갓 구운 칠면조 고기를 뜯으면서 우리들의 성공담을 신나게 지껄여 보세나, 하하 …….

　일동, 왁자지껄 웃어 댄다.

덕　보: (불쑥 튀어나오더니 목멘 소리로) 그, 그만들 하슈, 그만. (괴로운 듯 머리를 움켜쥐며) 제에발 부탁이오. [……] 그렇지 않아도 우린 거, 거지 떼……. (영찬, 천천히 일어선다.)
모　두: 뭐?
덕　보: (고래를 쳐들며) 유쾌한 거지 떼지 뭡니까?

― 김자림, 「이민선」 ―

* 장타령: 동냥하는 사람이 돌아다니며 구걸을 할 때 부르는 노래

사실 확인

10. 윗글의 내용에 대한 이해로 적절하지 <u>않은</u> 것은?

① 만세는 이민선에 오를 때까지 적극적인 이민 의지로 일관한 반면, 보비는 이민에 소극적인 태도를 지녔다가 변화한다.
② 창수는 브라질에 대한 환상을 바탕으로 이민의 현실을 낙관하는 반면, 덕보는 이민의 현실을 비판적으로 본다.
③ 덕보는 사회의 비정함을 비관하며 이민에 접근하는 반면, 소라는 순수함을 동경하며 이민에 접근한다.
④ 창수는 경제적인 성공이 이민의 목표인 반면, 만세는 예술을 통한 국위 선양이 이민의 목표이다.
⑤ 피양댁은 이민을 위해 가족을 새로 구성하는 반면, 득찬은 기존의 가족 관계를 유지한다.

문학 작품 적용
11. 여성인물을 형상화하는 극작가의 관점을 추론한 것으로 적절하지 않은 것은?

① 경제적 이해타산을 중시했던 피양댁을 통해 남성중심적 근대화가 요구하는 '좋은' 여성상을 형상화한다.
② 물개에게 폭력을 당한 소라를 통해 남성중심적 근대화에서 희생되는 전후 여성의 현실을 형상화한다.
③ 이민을 함께 하지 못하게 된 소라를 통해 성장 지향의 근대화에서 낙오된 전후 여성의 일면을 형상화한다.
④ 민족적 열정을 지닌 남성 주체와 관계를 맺고 있는 보비를 통해 근대화의 논리에 젖어드는 전후 여성의 양상을 형상화한다.
⑤ 정신 착란에 빠진 채 이민선에 타게 되는 창수댁을 통해 근대화 과정에 강제로 참여할 수밖에 없었던 전후 여성의 모습을 형상화한다.

문학 작품 적용
12. (가)를 바탕으로 (나)를 감상할 때 가장 적절한 것은?

① '한쪽이 터진 트렁크'는 과거의 경험에 대한 등장인물들의 유사한 태도를 보여주는군.
② '바다'는 등장인물이 육체적 죽음을 극복하고 정신의 재생을 꿈꾸는 공간이군.
③ '이민선'은 격정적인 기억 속의 '신천지'로 등장인물을 인도하는 상징이군.
④ '노끈'은 등장인물의 파편화된 기억을 원래대로 복원하려는 의지를 보여주는군.
⑤ '장타령'은 낙관적인 기대에 부푼 등장인물들이 현재의 처지를 환기하도록 하는 계기이군.

가이드 & 정답 확인하기

가이드에 따라 지문과 문제를 분석하고 정답을 확인해 봅시다.

10번 문제를 풀이하면 다음과 같습니다.

① (가)의 세 번째 문단에서 '(소라의 투신 사건 이후) 이민을 포기하려 했던 만세는 이상을 포기하지 말라는 보비의 독려로 의지를 회복한다'는 부분을 통해 만세가 이민을 향한 의지를 포기하였다가 회복한다는 점을 확인할 수 있다. 따라서 만세가 '적극적인 이민 의지로 일관'하였다는 서술은 타당하지 않다.

② (가)의 두 번째 문단에서 '창수에게 브라질은 사탕무를 심어 부를 일구는 미래'로 인식된다는 점이 제시되었으며, (나)에서 '바다 깊이 때 묻은 과거를 수장해 버리란 말요. 새로운 옷을 입으려거든 낡은 것을 미련 없이 벗어 버려야 하는 거야.'라는 창수의 대사를 통해 창수가 이민에 대한 환상을 가진 인물임을 확인할 수 있다. 반면에 (나)에서 '유쾌한 거지 떼'라고 자조하는 덕수의 대사를 통해 덕수가 이민의 현실을 비판적으로 인식한다는 점을 확인할 수 있다.

③ (가)의 두 번째 문단에서 '덕보는 제대 후 실업자로 있다가 속이고 미워하는 아수라장 같은 이 땅에 지쳐 이민을 결심한다.'라는 부분을 통해 덕보의 이민 동기가 확인된다. 또한 (가)의 두 번째 문단에서 '딸 소라는 성인임에도 원숭이 인형을 들고 다니며 유년기의 감상에서 벗어나지 못한 인물로, 이민을 '속일 줄도 속을 줄도 모르는 그대로의' 존재인 인형의 고향에 가는 여정으로 생각한다.'라는 부분을 통해 소라의 이민 동기가 확인된다.

④ (가)의 두 번째 문단에서 '창수에게 브라질은 사탕무를 심어 부를 일구는 미래다.'라는 부분을 통해 경제적 성공이 창수의 이민 동기임이 확인된다. 또한 (가)의 두 번째 문단에서 '만세'는 '이민을 통해 예술로 "세계 속에 한국을 이해시키는 정신적 지주"가 되기를 바란다.'라는 부분을 통해 '만세'의 이민 동기를 확인할 수 있다.

⑤ (가)의 두 번째 문단에서 '피양댁은 이민을 위해 깡패 물개와 복덕방 영감을 끌어들여 가족을 급조'한다는 부분을 통해 피양댁이 이민을 위해 가족을 새로 구성하였다는 점이 확인된다. 또한 (가)의 두 번째 문단에서 '득찬은 실업 상태를 견디다 못해 아내와 자식, 아버지와 동생까지 데리고 왔다.'라는 부분을 통해 득찬이 기존의 가족을 유지하여 이민을 떠났음을 확인할 수 있다.

[정답] ①

11번 문제를 풀이하면 다음과 같습니다.

① (가)의 두 번째 문단에서 '피양댁'은 돈으로 모든 것을 좌지우지하는 인물이며, 세 번째 문단에서 창수의 땅을 헐값에 사들이려고 한다는 정보가 제시된다. 이 점에 비추어 볼 때, '피양댁'은 (가)의 마지막 문단에서 제시된 '이익을 좇다 파멸하는 '나쁜' 여성의 상'에 가깝다는 사실을 추론할 수 있다.

②, ③ (가)의 세 번째 문단에서 '소라는 그녀를 백치로 여겼던 물개에게 겁탈당한 뒤 바다에 투신한다.'라는 서사가 제시된다. 또한 (가)의 마지막 문단에서 '소라의 인형 등이 얼룩처럼 남지만 이민선은 가족을 태우고 출항한다.'는 해석이 제시된다. 이를 종합하여 볼 때, 남성 물개에 의한 폭력으로 이민 과정에서 희생된 '소라'의 존재는, 이민으로 은유되는 남성중심적이고 성장 지향적인 근대화 과정에서 희생당한 전후 여성의 존재를 대변한다고 해석할 수 있다.

④ (가)의 두 번째 문단에서 '만세'는 이민을 통해 예술로 국위선양을 하려는 민족적 열망을 지닌 캐릭터라는 점이 제시된다. 또한 (가)의 세 번째 문단에서 '보비는 만세의 포부에 감동하고 그의 연인이자 이민의 지지자가 된다.'라는 서사 정보가 제시된다. 이민이 근대화 과정을 은유한다는 점을 고려해 볼 때, '보비'는 민족적 열정을 지닌 남성 주체인 '만세'와의 관계를 통해 근대화의 논리에 젖어드는 여성을 대변한다고 해석할 수 있다.

⑤ (가)의 세 번째 문단에서 '창수댁은 이민선 탑승 직전 소라의 버려진 인형을 발견하고 착란을 일으켜 지금을 해방 후 귀국하던 날로 안다. 애국가의 주악 소리를 배경으로 창수 일가는 착란 사태의 창수댁을 부축하여 승선한다.'라는 부분을 통해 창수댁이 근대화 과정에 강제로 참여하게 된 여성의 모습을 대변한다고 추론해 볼 수 있다.

[정답] ①

12번 문제를 풀이하면 다음과 같습니다.

① (나)에서 '한쪽이 터진 트렁크'를 두고 '창수'는 '인젠 제에발 그 구질구질한 짐짝을 끌구 다니지 말자구 했잖소.'라며 부정적인 태도를 보이는 반면에, '창수댁'은 '안 돼요. 하나두 버릴 수 없어요. 이것들은 지난 세월을 말해 주는 웃음과 울음과 한숨이 섞여 부서진 감정의 파편들이에요.'라며 애착을 보이고 있다. 즉, '한쪽이 터진 트렁크'가 상징하는 이민 이전의 삶에 대해 등장인물들이 서로 상반된 태도를 보여주고 있는 것이다.
② (나)에서 '창수'는 '예수가 죽음에서 부활하듯이 우리도 다시 사는 거야. (돌아보며) 그러니 그 구질구질한 과거는 저 바다에 처넣으란 말이야.'라고 말한다. 그러나 (가)에서 '창수'는 이민을 통한 경제적 성공과 부의 획득을 목적하는 인물이라는 정보가 제시되었으므로, 위 대사가 정신의 재생을 꿈꾸는 태도를 보여주는 것이라고 해석되는 것은 적합하지 않다.
③ '신천지'는 과거의 격정적인 기억으로부터 해방된 공간에 해당하지, 과거의 격정적인 기억 속에 얽매인 공간에 해당하지 않는다. → **매력적 오답**
④ (나)에서 '노끈'은 '창수댁'이 '한쪽이 터진 트렁크'를 얽어매기 위하여 동원하는 수단이다. 따라서 '노끈'은 과거에 대한 회한과 추억을 잊지 않기 위한 의지가 반영된 소재라고 해석하는 것이 타당하다. (가)에서 '창수댁'이 정신 착란을 겪는 인물이라는 정보가 등장했다고 해서, '노끈'이 '창수댁'의 **파편화된 정신 상태(정신 착란 상태)**를 복원하려는 의지로 오독하지 않도록 주의하여야 한다. → **매력적 오답**
⑤ (나)에서 '장타령'은 '동냥하는 사람이 돌아다니며 구걸을 할 때 부르는 노래'라고 제시되었으며, 이민에 대한 낙관과 희망에 젖은 등장인물들이 흥에 겨워 추는 춤인 동시에, 덕보에게 등장인물들의 처지가 '유쾌한 거지 떼'와 다름없음을 인식하게 해주는 계기가 된다. 따라서 '장타령'은 등장인물들의 낙관적인 기대가 현재의 비참한 처지에 대한 자각으로 전환되도록 하는 계기가 되는 소재라고 해석할 수 있다.

[정답] ⑤

실전문제

13문항/28분

[01~04] 다음 글을 읽고 물음에 답하시오.

2016학년도 LEET 문7~10

김춘수와 김수영은 대척되는 위치에서 한국 시의 현대성을 심화시킨 시인들이다. 김춘수는 순수시론의 일종인 ㉠무의미시론으로 새로운 해체시를 열어젖혔고, 김수영은 '온몸의 시학'으로 알려진 ㉡참여시론으로 현실참여시의 태두가 되었다. 비슷한 시기에 태어나 활동했던 두 시인은 개인의 자유와 실존이 위협을 받던 1960년대의 시대 현실을 비판적으로 인식하고 각자의 실존 의식과 윤리관을 예각화하면서 시적 언어와 창작 방법에 대한 성찰을 제시하였다. 하지만 두 모더니스트가 선택한 미학적 실험은 그 방향이 사뭇 달랐다.

김춘수는 「꽃」과 같은 자신의 1950년대 시가 '관념에의 기갈'에 사로잡혀 있었다고 진단한다. 그 결과 시적 언어는 제 구실의 가장 좁은 한계, 즉 관념과 의미 전달의 수단에 한정되었고 시는 대상의 재현과 모방에 머물렀다는 것이다. 추상적인 관념을 전달하는 이미지·비유·상징과 같은 수사에 대한 집착은 이런 맥락과 관련이 깊다. 하지만 김춘수는 말의 피안에 있는 관념이나 개인의 실존을 짓누르는 이데올로기로 인해 공포를 느꼈다. 이 공포에서 벗어나 자아를 보존하려는 충동이 그를 '생의 구원'으로서의 시 쓰기로 이끈 것이다. 그 방법으로 김춘수는 언어와 이미지의 유희, 즉 기의(記意) 없는 기표(記標)의 실험을 시도하였다. 기의에서 해방된 기표의 유희는 시와 체험, 시와 현실의 연속성을 끊는 것은 물론 역사 현실과 화해할 수 없는 자율적인 시를 만드는 원천이라고 믿었기 때문이다. 이 믿음은 비유와 상징은 물론 특정한 대상을 떠올리게 하는 이미지까지 시에서 배제하는 기법 및 형식 실험으로 이어졌다.

구체적으로 그는 이미지를 끊임없이 새로운 이미지로 대체하여 의미를 덧씌울 중심 대상을 붕괴시키고, 마침내 대상이 없는 이미지 그 자체가 대상이 되게 함으로써 무의미 상태에 도달하고자 했다. 물론 대상의 구속에서 벗어나 자유를 얻는 과정에는 창작자의 의식과 의도가 개입해야 한다. 이 점에서 무의미시는 인간의 무의식을 강조한 초현실주의와 차이가 있지만 자유연상 혹은 자동기술과 예술적 효과가 흡사한 결과를 얻을 수 있었다. 한편 김춘수는 언어 기호를 음소 단위로까지 분해하거나 시적 언어를 주문이나 염불 소리 같은 리듬 혹은 소리 이미지에 근접시키기도 하였다. 김춘수의 「처용단장」 제2부는 이런 시적 실험들의 진면목을 드러낸 작품이다.

김춘수에게 시 쓰기란 현실로 인해 빚어진 내면의 고뇌와 개인적 실존의 위기를 벗어던지고 자신의 생을 구원하는 현실 도피의 길이었다. 이와 달리 김수영에게 시 쓰기란 자유를 억압하는 군사 정권과 대결하고 정치적 자유의 이행을 촉구하며 공동체의 운명을 노래하는 것이었다. 4·19 직후의 풍자시는 참여시 실험을 알리는 신호탄이었던 셈이다. 참여시론의 핵심은 진정한 자유의 이행을 위해 ⓐ'온몸으로 온몸을 밀고나가는 것'이란 모순어법으로 집약된다. 이는 내용과 형식은 별개가 아니며 시인의 사상과 감성을 생활(현실) 속에서 언어로 표현할 때 그것이 바로 시의 형식이 된다는 의미이다. 그런 까닭에 시의 현대성은 실험적 기법의 우열보다는 현실에 대해 고민하는 시인의 양심에서 찾아야 한다.

물론 김수영도 김춘수가 추구한 무의미시의 의의를 일부 인정했다. 그 역시 '무의미'란 의미 너머를 지향하는 욕망, 즉 우리 눈에 보이는 것 이상을 보려는 것이고 시와 세계의 화해 불가능성을 드러내려는 것이라고 생각했다. 하지만 그는 김춘수가 시의 무의미성에 도달하기 위해 선택한 방법을 너무 협소한 것이라고 여겼다. 이런 점에서 "'의미'를 포기하는 것이 무의미의 추구도 되겠지만, '의미'를 껴안고 들어가서 그 '의미'를 구제함으로써 무의미에 도달하는 길"도 있다는 김수영의 말은 주목된다. 그는 김춘수처럼 시어의 무의미성에 대한 추구로 시의 무의미성에 도달하는 것도 현대시가 선택할 수 있는 유효한 실험이라고 보았다. 하지만 그는 시어의 의미성을 적극적으로 수용함으로써 마침내 시의 무의미성에 도달하는 것이 더 바람직한 시인의 태도라고 생각했던 것이다. 김수영은 김춘수의 궁극적인 꿈이기도 했던 시와 예술의 본질 혹은 존재 방식으로서의 무의미성까지 도달하기 위해 오히려 시어의 범위를 적극적으로 확대하고 시와 현실의 접촉을 늘려 세계 변혁을 꾀하는 현실 참여의 길로 나아갔던 것이다. 실제로 그의 참여시는 시와 산문의 언어적 경계를 허물어 산문적 의미까지 시에 담아내려 했다. 이를 통해 그는 일상어·시사어·관념어, 심지어 비속어와 욕설까지 폭넓게 시어로 활용하여 세계의 의미를 개진하고 당대 현실을 비판할 수 있었다.

사실 김춘수의 시적 인식은 김수영의 그것에 대한 대타 의식의 소산이다. 김춘수는 김수영을 시와 생활을 구별하지 못한 '로맨티스트'였지만 자신의 죽음까지도 시 쓰기의 연장선상에 있었던 훌륭한 시인이라고 평가했다. 김춘수는 세계에 대한 허무감에서 끝내 벗어날 수 없었던 자신과 달리 김수영이 현대 사회의 비극적 운명에 '온몸'으로 맞서는 시인의 윤리를 실천한 점에 압박감을 느끼고 있었지만, 김수영의 시와 시론에서 시와 예술에 대한 공유된 인식을 발견했던 것이다.

01. ㉠과 ㉡에 대한 설명으로 적절하지 않은 것은?

① ㉠은 언어유희를 활용하여 세계에 대한 허무 의식을 극복했다.
② ㉠은 시에서 중요한 것은 내용이나 의미가 아니라 형식이나 기법이라고 여겼다.
③ ㉡은 해체시 실험에 치중하면 현실 극복이 불가능하다고 인식했다.
④ ㉡은 시어의 범위와 시의 내용을 확장하여 시의 현실성을 강화했다.
⑤ ㉠과 ㉡은 모더니스트였던 시인의 예술관과 현실 대응 방식을 보여 준다.

02. 윗글의 김수영에 대한 서술을 근거로 ⓐ를 설명할 때, 적절하지 않은 것은?

① ⓐ는 동일한 존재가 행위의 수단이자 행위의 대상이 됨을 의미한다.
② ⓐ는 현실 도피 대신에 현실 참여를 시인의 윤리로 받아들이는 태도를 보인다.
③ ⓐ는 정치 현실로 인해 억압된 자유를 되찾으려 했던 시인의 고뇌를 담고 있다.
④ ⓐ의 행위 자체가 형식인 시에서 내용은 시인이 느끼는 사상과 감성에 관련된다.
⑤ ⓐ는 실험적 기법이 시의 현대성을 성취하는 근본 요건이라는 인식을 담고 있다.

03. 김춘수와 김수영의 공유된 인식에 해당하지 않는 것은?

① 공동체적인 삶의 지향을 통한 자아의 보존
② 개인의 실존을 억압하는 현실의 부조리성
③ 의미가 제거된 시어의 활용 가능성
④ 시의 존재 방식으로서의 무의미성
⑤ 시와 세계의 화해 불가능성

04. 윗글에 비추어 <보기>의 시 쓰기 방법을 평가할 때, 가장 적절한 것은?

〈보기〉

불러다오, 멕시코는 어디 있는가
사바다는 사바다, 멕시코는 어디 있는가,
사바다의 누이는 어디 있는가,
말더듬이 일자무식 사바다는 사바다,
멕시코는 어디 있는가,
사바다의 누이는 어디 있는가,
불러다오
멕시코 옥수수는 어디 있는가

– 김춘수, 「처용단장」 제2부에서

① 김춘수는 <보기>에 외래어와 관념어를 사용하면 시적 언어를 확장하고 시와 산문의 경계를 허물 수 있다고 보았을 것이다.
② 김춘수는 <보기>의 염불 소리 같은 강렬한 청각 영상과 리듬감은 현실이 초래했던 고뇌와 공포를 상징한다고 여겼을 것이다.
③ 김수영은 <보기>가 '사바다'를 비하하여 '말더듬이 일자무식'에 비유함으로써 당대 현실을 풍자한다고 평가했을 것이다.
④ 김수영은 <보기>의 무의미성이 시어의 의미를 포기한 결과이므로 진정한 자유의 이행이 어려울 것으로 평가했을 것이다.
⑤ 김춘수와 김수영은 모두 <보기>가 의미를 덧씌울 대상을 붕괴시킴으로써 새로운 내용적 요소를 담을 여지가 생겼다고 평가했을 것이다.

[05~07] 다음 글을 읽고 물음에 답하시오.

2012학년도 MDEET 문14~16

최근 탈식민주의 문학 연구에서 큰 논란을 불러일으킨 것 가운데 하나는 양가성 개념이다. 원래 양가성은 어떤 것과 그 정반대의 것을 동시에 욕망하는 것을 가리키는 심리학 용어인데, 탈식민주의 이론가들은 이것을 식민 상황의 일반적 특징으로 확장한다. 곧 식민자(colonizer)와 피식민자(colonized)의 정체성, 언어, 문화는 분열적이고 모순적이라는 것이다.

'분열된 정형'은 이러한 식민지적 양가성의 대표적 사례이다. 원래 정형이란 그 이미지가 고정되어 있음을 의미한다. 그러나 식민지 문학 작품에서 피식민자를 묘사할 때 그 정형은, ㉠'충직한 거짓말쟁이'라는 말이 잘 보여 주듯이, 분열·모순되어 있으면서 양가적인 두 이미지 사이를 끊임없이 왕복하는 것으로 나타난다. 피식민자의 유동하는 정형, 즉 '재현된 타자성'은 그것을 거울로 하여 형성되는 식민자의 정체성마저 불안정하게 만든다.

식민자가 피식민자를 본국에 맞게 교화하려 하거나 거꾸로 피식민자가 식민자에게 자발적으로 동화되려 할 때, 피식민자는 식민자의 문화, 언어 등을 모방하게 된다. 그러나 아무리 피식민자가 식민자를 모방하려 해도 그 모방은 완전히 똑같은 복제가 되지는 못한다. 그것은 피식민자의 완전한 동화를 두려워한 식민자가 본국의 문화와 언어 등을 불완전하게 전달하기 때문이기도 하지만, 둘이 놓인 맥락(역사, 전통, 언어 등)이 다르기 때문이기도 하다. 따라서 피식민자의 모방은 거의 같지만 똑같지는 않은 '흉내 내기'가 될 뿐이다. 모방 과정에서의 차이는 피식민자의 의도 때문에 발생하기도 한다. 피식민자는 식민자의 문화와 담론을 모방하면서도 그것을 비틀어 조롱하기 위해 의도적으로 차이를 발생시키는데, 이를 '전유'라 한다.

주목할 점은 신성하고 권위적이어야 할 식민자의 담론과 문화가 흉내 내기나 전유의 과정에서 피식민자에 의해 오염되고 훼손된다는 것이다. 탈식민주의 이론은 이런 이유로 흉내 내기나 전유가 모두 식민자에 대한 '저항'으로 기능한다고 말하며 저항의 외연을 확장한다. 그 때문에 피식민자의 의식적인 동화 행위도 차이를 낳는 무의식적인 저항이 될 수 있다. 식민자의 문학을 흉내낸 ㉡'검은 셰익스피어'는 차이를 통해 의식적으로든 무의식적으로든 식민자에 저항했던 것이다.

흉내 내기나 전유는 식민자와 피식민자의 문화, 담론, 인종, 언어 등을 섞이게 만드는데, 이러한 섞임을 '혼종'이라 한다. 혼종은 상호 전염·변형을 통해 식민자에게도 나타난다. 혼종은 절대적이고 뛰어넘을 수 없는 차이와 위계를 상정하는 식민자에게 위협적이고 뛰어넘을 수 없는 차이와 위계를 상정하는 식민자에게 위협적이다. 식민자와 피식민자가 모두 그 정체성이 오염되고 유동적인 혼종이라면 자기 우월성의 근거도, 따라서 식민 지배의 근거도 뿌리째 흔들리기 때문이다.

한국 근대 문학 연구는 이러한 양가성 개념을 도입함으로써 친일과 반일이라는 민족주의적 이분법으로 설명할 수 없는 다양한 식민 경험을 새로운 시각으로 해석하면서도 식민 지배를 비판할 수 있게 되었다. 민족주의는 피식민자의 정체성이건 식민자의 정체성이건 단일하고 고정된 것으로 상정하고 피식민자의 민족적 정체성을 강화하는 것이 식민 지배를 극복할 수 있는 최선의 방법이라고 강조해 왔다. 그렇기 때문에 민족주의는, 친일과 반일의 어느 한쪽으로 재단할 수 없는 일상적인 식민 경험에 주목하지 않았다. 탈식민주의 문학 연구는 이러한 한계를 넘어서 식민 지배에 대한 다양한 문화적 저항의 가능성을 발견할 수 있게 되었다.

05. ㉠과 ㉡에 대한 설명으로 적절한 것은?

① ㉠은 식민자와 피식민자 사이의 차이를 드러내고, ㉡은 그 차이가 사라진 것이다.
② ㉠은 피식민자의 분열된 정체성을 보여 주고, ㉡은 식민자의 분열된 정체성을 보여 준다.
③ ㉠은 피식민자의 단일한 타자성을 드러내고, ㉡은 피식민자의 불완전한 모방을 드러낸다.
④ ㉠은 식민자에 의해 부여된 양가적 이미지이고, ㉡은 피식민자가 생산한 혼종적 문화이다.
⑤ ㉠은 피식민자가 식민자를 재현할 때 발생하고, ㉡은 피식민자가 식민자를 모방할 때 발생한다.

06. 민족주의와 탈식민주의를 비교하여 이해한 것으로 적절하지 <u>않은</u> 것은?

① 민족주의와 탈식민주의는 식민 지배를 비판·극복하고자 한다는 점에서는 비슷하다.
② 민족주의는 탈식민주의와 달리 의식적 협력과 무의식적 저항이 공존할 수 있다고 본다.
③ 민족주의는 탈식민주의와 달리 피식민자의 모방이 분열적인 혼종을 낳을 수 없다고 본다.
④ 민족주의는 탈식민주의와 달리 식민자와 피식민자가 서로 다른 고정된 정체성을 가지고 있다고 본다.
⑤ 민족주의는 단일하고 고정된 주체에 의해, 탈식민주의는 분열되고 모순된 주체에 의해 저항이 가능하다고 본다.

07. <보기>는 일제 강점기에 창작된 소설의 일부이다. 위 글의 관점에 따라 <보기>를 분석한 것으로 적절하지 <u>않은</u> 것은?

―〈보기〉―

숙부는 한 군(郡)의 수장으로서 조선어를 사용하는 게 위신에 관련된 일이라고 확신하고 있었기 때문에 일본어로 연설하고 코풀이 선생에게 조선어로 통역하게 했다. 인식(仁植)은 숙부가 일본어 따윈 전혀 알지도 못하는 젊은 첩을 향해서조차 어찌나 득의양양하게, 그게 또 대단한 일본어라도 되는 양 청산유수로 떠들어 대는 것을 몇 번이고 봐 왔기 때문에, 숙부가, 누구 하나 일본어를 아는 사람 없는 화전민들을 향해, 굳이 통역을 대동하여 실로 애처로우리만큼 엉터리 일본어로 연설을 하고 있다는 사실에 대해서는 특별히 놀라지도 않았다.

(중략)

숙부는 말했다.
"저 여우 같은 낯짝을 하고 있는 내무 주임은 말이다. 연설만은 나를 당해 낼 수 없어서 두 손 다 들었단 말이지. 아무리 자기가 일본인이고 상관인 나보다 실권도 월급도 많다고 잘난 척해도, 연설하는 것을 보면 내가 월등하다는 건 명백하니까."

① 숙부가 일본어를 흉내 내어 구사하는 엉터리 일본어는 혼종으로 볼 수 있다.
② 숙부가 구사하는 일본어는 원어와 차이가 있기 때문에 일본어를 훼손한다고 할 수 있다.
③ 숙부는 일본어를 고집한다는 점에서 식민자를 자발적으로 모방하고 있다고 할 수 있다.
④ 숙부가 엉터리 일본어를 구사하는 것은 자기도 모르게 식민자에 대한 저항으로 기능하고 있다고 할 수 있다.
⑤ 숙부가 구사하는 일본어가 식민자가 구사하는 일본어와 차이가 있기 때문에 숙부의 행위는 전유라 할 수 있다.

[08~10] 다음 글을 읽고 물음에 답하시오.

2020학년도 LEET 문10~12

채만식의 소설 「탁류」는 1935년에서 1937년에 이르는 2년간의 이야기로, 궁핍화가 극에 달해 연명에 관심을 가질 수밖에 없었던 조선인의 현실을 중요한 문제로 삼은 작품이다. 그런데 채만식이 「탁류」에서 현실을 대하는 태도에는 식민지 근대화 과정에 대한 작가의 민감한 시선이 들어 있었다. 그는 전 지구적 자본주의 시스템과 토착적 시스템의 갈등에 의해서 만들어진, 게다가 식민지적 상황 때문에 더욱더 굴곡진 수많은 우여곡절에 주목하였다. 채만식의 민감한 시선은 「탁류」에서 집중적으로 그려진 '초봉'의 몰락 과정에서도 구체적으로 드러난다. 그것은 인간과 사물을 환금의 가능성으로만 파악하는 자본주의의 기제가 인간의 순수한 영혼을 잠식해 들어가고, 그러면서 그 이윤 추구의 원리를 확대 재생산하는 과정을 보여 준다.

소설의 앞부분에서 초봉은 경제적 어려움에 시달리는 가족을 위해서라면 자기희생을 마다하지 않는 순수한 영혼의 소유자로 등장한다. 태수는 그런 초봉에게 끊임없이 베풀면서 초봉을 그녀의 ㉠고유한 영토로부터 끌어낸다. 그런 베풂을 순수 증여라고 해도 될까. 아니, 꽤나 검은 의도를 숨기고 행한 증여이니 그것은 사악한 증여라고 해야 할 터이다. 하여간 태수는 끊임없이 증여하고 선물하면서 초봉의 고유한 모럴, 그러니까 노동을 통해 조금씩 무언가를 축적해 가는 삶의 방식을 회의에 빠뜨린다. 그리고 그 증여 행위를 집요하게 반복함으로써 초봉의 호의적인 시선을 얻어낸다. 하지만 그 순간이란 ㉡하나의 변곡점과도 같은 것이었다. 그때부터 그는 초봉에게 증여한 것의 대가로 무언가를 요구함으로써 초봉을 타락한 교환가치의 세계 속으로 끌어들인다.

초봉이 교환의 정치경제학에 익숙해질 무렵, 제호가 초봉에게 접근한다. 제호는 객관적인 지표를 가지고 초봉의 육체를 돈으로 측량하고 그와의 거래를 제안한다. 초봉 또한 제호가 자신의 상품성을 그만치 높게 봐 주자 이 거래를 흔쾌하게 받아들인다. 비록 그 교환이 서로 간의 의지가 관철된 것이었어도 이 거래 이후로 초봉은 상품으로 전락하게 된다. 그리고 그런 초봉에게 형보가 나타나 초봉과 송희 모녀의 호강을 구실로 가학성을 노골적으로 드러내면서 잉여의 성적 착취를 반복한다. 형보는 이 타락한 사회에 동화된 초봉이 어떠한 고통을 겪게 될지라도 이 세계 바깥으로 나갈 용기를 낼 수 없을 것이라고 확신하고 있었기에 초봉의 거부감을 아랑곳하지 않았다.

'초봉의 몰락'은 이렇듯 초봉이 교환의 정치경제학을 자기화함으로써 ㉢영혼이 없는 자동인형으로 전락하는 것으로 귀결되었다. 그리고 그 과정에서 초봉은 아버지 정주사가 미두*로 일확천금을 꿈꾸듯 자신의 인격을 버리고 스스로를 상품으로 만들어 나갔다. 자신에 대한 착취에 강렬한 거부감을 가지기도 하였지만 결국에는 모든 것을 상품화하는, 특히 여성의 몸을 상품화하는 자본주의 기제의 ㉣노회함과 집요함 앞에 굴복하고 말았다. 그렇다면 「탁류」에는 추악한 세상의 탁류에서 벗어날 가능성이 전혀 없는 것일까? 채만식은 「탁류」에서 그 특유의 냉정한 태도로 한편으로는 부정적인 삶의 양태들을 냉소하고 풍자하는가 하면, 다른 한편으로는 보다 의미 있는 삶의 형식 혹은 보다 나은 미래를 가능케 할 잠재적 가능성이나 가치들을 끈질기게 탐색해 내었다.

"위험이 있는 곳에 구원의 힘도 함께 자란다."라는 ㉤횔덜린의 말을 좀 뒤집어 말하자면, 「탁류」가 세상을 위험이 가득한 곳으로 묘사할 수 있었던 것은 아마도 그 위험 속에 같이 자라는 구원의 힘을 어느 정도 감지했기 때문이리라. 그 구원의 가능성은 소설의 결말 부분에서 초봉이 형보를 죽였다는 점으로만 한정되지는 않는다. 「탁류」에는 개념의 위계를 갖춰 계기가 제시되는 것은 아니나 타락한 교환의 질서 바깥으로 나갈 수 있는 여러 계기들이 곳곳에 흩어져 있다. 딸 송희를 낳으면서 초봉이 어머니 마음을 갖게 되는 것도, 자유주의자이자 냉소주의자인 계봉이 일하는 만큼의 대가를 얻어야 한다는 철칙을 지니고 살아가는 것도, 승재가 남에게 그저 베풀려고 하는 것도 모두 그에 해당하는 것들이다. 이것들 중에서도 초봉과 승재의 삶에서 드러나는 증여의 삶은 「탁류」가 타락한 세계를 넘어설 수 있는 길로 제시하는 것이며, 이를 우리는 '증여의 윤리'라고 부를 수 있을 터이다.

* 미두(米豆): 미곡의 시세를 이용하여 약속으로만 거래하는 일종의 투기 행위

08. 윗글에 대한 설명으로 가장 적절한 것은?

① 시대의 특수성을 고려하여 삶의 양태에 대한 소설가의 비판적 인식을 추적한다.
② 인물의 내면 심리에 대한 세밀한 분석을 통해 소설가의 내면 심리를 천착한다.
③ 궁핍으로 인한 연명의 문제보다 윤리의 문제를 중시한 소설가의 인식을 비판한다.
④ 인간의 존재론적 모순에 대한 소설가의 염세적 시선에 주목하여 삶의 의미를 반추한다.
⑤ 현실을 대하는 소설가의 이중적 태도를 인물들이 표방하는 이념의 분석을 통해 통찰한다.

09. '초봉'의 몰락 과정과 관련하여 ㉠~㉤을 이해할 때, 적절하지 <u>않은</u> 것은?

① ㉠은 자본주의 기제로부터 영향을 받기 이전에 가족에 대한 증여자로서 '초봉'이 지녔던 순수한 영혼을 환기한다.
② ㉡은 '초봉'이 노동에 의해 빈곤에서 벗어날 수 있다는 믿음을 되찾으면서 교환의 정치경제학이라는 틀 속에 빠져들기 시작한다는 점을 알려준다.
③ ㉢은 '초봉'이 물신주의적 가치관을 수용하게 됨으로써 인간과 사물을 환금의 가능성으로만 파악하게 되었음을 나타낸다.
④ ㉣은 '초봉'의 몰락 과정이 순진성의 세계를 끈덕지고도 교활하게 파괴하는 식민지 근대화 과정과 상통함을 보여 준다.
⑤ ㉤은 구원의 힘이 역설적 방식으로 존재함을 강조하는 것으로, 왜곡된 자본주의 논리를 벗어날 힘이 '초봉'의 몰락 과정에서 생성되어 가기도 함을 시사해 준다.

10. 윗글을 바탕으로 <보기>를 감상할 때, 적절하지 <u>않은</u> 것은?

<보기>

　계봉이는 승재가 오늘도 아침에 밥을 못 하는 눈치를 알고 가서, 더구나 방세가 밀리기는커녕 이달 오월 치까지 지나간 사월달에 들여왔는데, 또 이렇게 돈을 내놓는 것인 줄 잘 알고 있다.
　계봉이는 승재의 그렇듯 근경 있는 마음자리가 고맙고, 고마울 뿐 아니라 이상스럽게 기뻤다. 그러나 그러면서도 한편으로는 얼굴이 꼿꼿하게 들려지지 않을 것같이 무색하기도 했다.
　"이게 어인 돈이고?"
　계봉이는 돈을 받는 대신 뒷짐을 지고 서서 준절히 묻는다.
　"그냥 거저······."
　"그냥 거저라니? 방세가 이대지 많을 리는 없을 것이고······."
　"방세구 무엇이구 거저, 옹색하신데 쓰시라구······."
　계봉이는 인제 알았다는 듯이 고개를 두어 번 까댁까댁하더니,
　"나는 이 돈 받을 수 없소."
하고는 입술을 꽉 다문다. 장난엣말로 듣기에는 음성이 너무 강경했다.
　승재는 의아해서 계봉이의 얼굴을 짯짯이 건너다본다. 미상불, 여전한 장난꾸러기 얼굴 그대로는 그대로지만, 그러한 중에도 어디라 없이 기색이 달라진 게, 일종 오만한 빛이 드러났음을 볼 수가 있었다.
　승재는 분명히 단정하기는 어려우나, 혹시 나의 뜻을 무슨 불순한 사심인 줄 오해나 받은 것이 아닌가 하는 생각도 들었다. 그렇게 생각하고 보니, 비록 마음이야 담담하지만 일이 좀 창피한 것도 같았다. (중략)
　계봉이는 문제된 오 원짜리 지전을 내려다본다. 아무리 웃고 말았다고는 하지만 그대로 집어 들고 들어가기가 좀 안되었다. 그러나 그렇다고 종시 안 가지고 가기는 더 안되었다. 잠깐 망설이다가 할 수 없이 그는 돈을 집어 든다.

– 채만식, 「탁류」 –

① 초봉을 전락시킨 돈은 이윤 추구 원리의 작동을, 승재가 계봉에게 건네는 '돈'은 순수 증여를 표상하는 것으로 볼 수 있겠군.
② 제호는 속물주의적 논리를 통해 자신의 의지를 관철하고, 승재는 '마음'의 가치를 통하여 자신의 선의를 드러낸다고 볼 수 있겠군.
③ 형보는 돈의 위력을 믿고 초봉의 고통을 아랑곳하지 않고, 계봉은 자존심 때문에 '근경 있는 마음자리'에 대해 양가적인 태도를 보인다고 볼 수 있겠군.
④ 태수의 과잉 증여와는 달리, 승재의 증여는 대가를 바라는 '불순한 사심'을 지니지 않은 것이기에 타락한 교환 세계에서 벗어날 희망의 표지로 볼 수 있겠군.
⑤ 교환의 정치경제학을 무의식적으로 자기화한 초봉과는 달리, '입술'을 꽉 다무는 계봉의 모습은 '증여의 윤리'를 의식적으로 수용하려는 태도를 나타낸 것으로 볼 수 있겠군.

[11~13] 다음 글을 읽고 물음에 답하시오.

역사적으로 희곡과 공연의 관계에 대한 탐색은 연극의 고유한 특성에 대한 물음과 이어져 있다. 아리스토텔레스는 비극은 단지 읽기만 해도 그 성질을 알 수 있다는 전제에서 비극의 창작술을 플롯을 중심으로 논했다. 다만 비극의 또 다른 요소인 '볼거리'는 비록 창작술과 거리가 멀지만 쾌감을 산출한다고 보았다. 고전주의 시대를 경과하면서 희곡의 대사는 작가의 사상과 플롯을 집약하는 공연의 중심 요소로 각인되었다.

이러한 위계는 연극학자 혼비가 희곡과 공연의 첫 번째 관계 유형으로 언급한 심포니 모델과 유사하다. 지휘자와 연주자의 개성이 존중되며 매번 다른 연주가 펼쳐지지만, 음표·선율 등을 지시한 악보의 존재는 절대적이다. 현대 연극은 다른 관계를 모색하는데, 무대 창작자들의 위상과 제작 과정에 따라 두 유형으로 나뉜다. 시네마 모델은 희곡과 공연의 관계를 영화 제작에 비유한다. 감독은 시나리오를 골격으로 삼되 이를 촬영 대본으로 고친다. 영화는 리허설 상황, 현장 여건, 스태프의 요구 등을 고려하여 대본을 조금씩 수정하며 제작된다. 조각 모델에서 연출가는 조각가에 비유된다. 조각가는 작업장에 있는 대리석 덩어리를 염두에 두며 작품을 구상한다. 적당한 아이디어가 떠오르면 작업이 시작되지만, 영감은 과정 중에도 찾아온다. 조각가는 애초의 아이디어와 새로운 영감을 견주어 좋은 점을 선택하면서 작업해 나가며, 조각품이 그의 상상력을 오롯이 반영하였는지는 마지막에서야 파악된다. 온전한 '작품'으로서의 희곡은 대본으로 대체되거나 단지 많은 공연 요소 중 하나로 취급되기도 하는 셈이다.

희곡의 위상이 조정되는 과정은 20세기 연극인들의 논의에 힘입었다. 아르토는 연극에서 발화와 대화 상황을 우선한 나머지 연극적 표현은 그동안 억압되어 왔다고 분석한 후, 이제 연극의 독자적인 표현 수단을 회복하여야 하며 대사 역시 무대효과와 무대적 규칙 등과 유기적으로 연결해야 한다고 주장하였다. 이 주장은, '글로 쓰인 자료'에서 출발하여 무대에 실제 구축되는 '기호들의 두께', 혹은 제스처·어조·공간의 간격·오브제·조명 등에 대한 총괄적 지각을 가리키는 '연극성'에 대한 바르트의 논의와도 상통한다.

일반적으로 대사는 몸짓·어투·말소리의 크기와 같은 다양한 표현 안에 놓여 있고, 무대·조명·음향·소품 등은 희곡 안에 응축되어 있다. 그런 까닭에 독자들은 희곡만 읽어도 연극성을 확인할 수 있다. 하지만 앞의 연극성 논의는 극의 대사나 무대지시문이 불러일으키는 상상이 무대적 전이보다 우선되는 '문학성 풍부한 희곡'이나 사실주의 연극관과 마찰하면서 논의의 지평을 넓혔다.

그렇다면 연극성은 희곡의 무대화 과정에서 어떻게 창조되는가. 현대 연출가들은 현실을 모형화하거나 상황과 감정의 본질적 특성들을 압축시켜 일정한 형식으로 표현하는 '양식화'에 대해 깊이 고민한다. 희곡의 플롯에 대한 분석을 토대로 극작가가 제안한 메시지를 무대에 구현하는 방식을 우선하는 ⊙해석적 연출가와 달리, ⓒ창조적 연출가는 자신만의 미적 원칙 또한 중요하게 고려한다. 그래서 해석적 연출가는 희곡의 역사·사회적 맥락과 극작가의 사상 속에서 희곡을 검토하고 무대 기호의 확장을 고민하지만, 창조적 연출가는 플롯 이면의 숨겨진 의미나 이중의 메시지에도 관심을 둔다. 두 부류의 연출가들은 연극적 표현을 구체화하기 위해 여타 무대 창작자들과 함께 희곡을 양식화 안에서 재차 분석한다. 해석적 연출가는 통합적 무대 기호의 사용을 우선하지만, 창조적 연출가는 희곡의 지시 사항에서 다소 자유로운 표현에 대한 의견에 귀를 기울이며 공연 요소의 상호작용도 검토한다. 창조적 연출가의 작업에서 플롯의 전개와 호응하는 연극적 표현은 양식화의 원리와 충돌하지 않으면 일순 변형될 수 있고, 무대와 관객 간의 약속 또한 장면 안에서 재구축할 수 있다. 특정한 무대 기호를 부각하거나 무대 기호들의 의미가 서로 충돌하여 연출가의 관점과 극작가의 관점이 긴장하는 장면 역시 시도될 수 있다.

11. 윗글에 대한 이해로 적절하지 <u>않은</u> 것은?

① 고전주의 연극에서는 극사건의 전개를 효과적으로 재현하는 것이 중요시되었다.
② 대사 전달을 중시한 희곡을 읽을 때에도 무대 구성의 상상은 존중되어야 한다.
③ 아리스토텔레스는 볼거리가 창작술과 거리가 있으나 플롯을 구성하는 일부라 보았다.
④ 바르트는 희곡 안의 언어도 연극성을 구현하는 기호의 두께를 드러내는 요소로 보았다.
⑤ 아르토는 대사 행위와 연결되지 않은 공연 요소를 축소하려는 시도에 대해 부정적이었다.

12. 심포니 모델, 시네마 모델, 조각 모델에 대한 추론으로 적절하지 <u>않은</u> 것은?

① 심포니 모델에서 지시문에 기술된 인물의 감정은 연기 창조를 제약하는 요소이다.
② 시네마 모델에서 대사는 조명, 음향, 무대장치의 구성에 참조하는 요소이다.
③ 시네마 모델에서 고전 희곡은 극장 규모를 고려하여 내용을 각색하여 공연될 수 있다.
④ 조각 모델에서 무대지시문에 기술된 '작가의 말'은 연출적 구상에서 확고한 지침이 된다.
⑤ 조각 모델에서 연출가에게 영감을 주는 배우의 즉흥적 몸짓은 공연용 대본의 재구성에 활용될 수 있다.

13. <보기>의 무대화를 구상할 때, 윗글의 내용으로 보아 적절하지 않은 것은?

―〈보기〉―

[앞부분의 줄거리: 황야의 망루. 위에서 '이리떼다!'라고 외치면 아래의 파수꾼은 양철북을 쳐야 한다. '나'는 외로움 끝에 새로 충원을 요청했고 '다'가 유일한 지원자였다.]

　황혼이 점점 짙어진다. 해설자, 슬그머니 등장, 마분지로 만든 초승달을 하늘에 걸어놓고 퇴장. 두 파수꾼은 어깨를 나란히 하고 앉아 있다.

나: 야, 하늘 곱다. 그지?
다: 네.
나: 어제 저녁 네가 올 때도 이랬다. 난 평생 그 광경을 잊지 못할 거다. (잠시 침묵) 어떠냐, 너 양철북 치는 방법을 배우지 않을래?
다: 배우겠어요.
나: 그러면서도 넌 망루 위만 바라보는구나. 그렇게도 올라가고 싶으냐?

　다, 고개를 떨군다.

나: 양철북 치는 것두 괜찮은 거란다. 소리가 요란하긴 하지만 귀에 익으면 그 재미를 알게 된다. 자아, 우선 여러 가지 박자 만드는 법을 가르쳐 주마. (그는 강약을 두어 양철북을 두드린다) 재미있지? 이 박자치기에 맛 들이면 어느새 이리떼같은 건 다 잊어버린다. 자, 너도 쳐보아라.
다: (나를 따라 양철북을 치다가 갑자기 겁에 질려서 나의 등 뒤에 숨는다) 저기, 저기…….
나: 왜 그러니?
다: 이리가 오구 있어요.

　해설자, 식량 운반인이 되어 등장. 이리 껍질을 썼다. 유모차 비슷한 작은 손수레를 밀며 들어온다.

― 이강백, 「파수꾼」 ―

① ㉠과 ㉡은 모두 불그스름한 조명과 '나'의 대사, 황야의 바람 소리를 동시에 연출하여, 희곡에 등장하는 시공간을 풍요롭게 표현할 수 있겠군.
② ㉠과 ㉡은 모두 '침묵'을 무대화할 때 '망루'를 보는 '다'와 '다'를 보는 '나'의 시선을 어긋나게 배치하여, 인물의 지향이 서로 어긋나 있음을 보여줄 수 있겠군.
③ ㉠이라면 '다'의 '양철북' 소리를 기계 음향으로 대체하고, '손수레'가 등장할 때까지 점차 빨라지는 북소리를 연출하여 희곡 속의 불안과 긴장감을 고조할 수 있겠군.
④ ㉡이라면 '해설자'가 관객을 인도하여 '초승달'을 걸게 하는 장면을 연출하여, 공연은 관객과 배우 사이의 약속된 놀이라는 관점을 드러낼 수 있겠군.
⑤ ㉡이라면 '손수레'를 고급 승용차처럼 꾸며 무대 위에 연출하여, 희곡에서 다루지 않았던 새로운 의미망을 조직할 수 있겠군.

한 번에 합격, 해커스로스쿨

lawschool.Hackers.com

제재 2 역사학

1 제재 소개

전략적인 관점에서 볼 때, LEET 언어이해는 지문 제재별로 난이도의 편차가 존재하므로 시간 내에 모든 문제를 풀기 위해서는 시간을 차등적으로 투입해야 합니다. LEET 언어이해에서 **역사학**은 다른 제재에 비해 자주 출제되는 편은 아니며, 출제되더라도 난이도가 어렵지 않은 지문인 경우가 많습니다. 따라서 **역사학**은 모든 내용을 이해하도록 독해하여 모든 문제를 맞혀야 하는 득점 포인트입니다. 즉, 역사학에서 지문을 빠르게 읽고 정확하게 정답을 모두 맞혀야 다른 고난도 지문에 시간을 투자할 수 있는 여력을 확보할 수 있게 됩니다.

역사학은 최근 우리에게 생소한 시·공간을 배경으로 지문을 출제하여 낯설게 하는 방식으로 난이도를 어렵게 하는 출제 경향을 보입니다. 특히 구체적인 사건이 진행되는 **사건의 역사**보다는 사람들의 생각이 어떻게 변모하였는지를 다루는 인식의 역사를 주요 소재로 삼는데, 이 경우 **학설 비교형 지문**의 패턴과 매우 흡사한 성격을 가집니다. 따라서 생소한 역사적 인물의 이름을 정확하게 체크하고, 인식이나 사상의 차이점과 변곡점을 정확하게 파악하면서 독해해야 합니다.

또 다른 경향은 우리가 생각하는 일반적인 역사학 소재뿐만 아니라 상당 부분이 법사학과 법제사학에서 출제된다는 점입니다. **법사학**은 자연스러운 역사적인 구성물로서 법의 역사를 다루는 학문으로 '역사학'의 하위 항목이며, **법제사학**은 제도화된 법이 현실에서 어떤 시간적 경과를 거쳐 왔는지를 다루는 학문으로 '법학'의 영역입니다. 출제 기관이 **법학전문대학원협의회**로 바뀌면서 법사학보다는 법제사학의 비중이 증가하였으나, 법사학도 언제든 다시 출제될 수 있기 때문에 대비를 해야 합니다. 법학과의 관련성이 깊은 법제사학은 심화 교재에서 살펴보도록 하고, 기본 교재에서는 법사학까지만 다뤄보도록 하겠습니다.

역사학에서는 낯선 개념어 파악 문제, 학설 비교 문제, 사료 적용 문제가 주로 출제됩니다. **낯선 개념어 파악 문제**는 지문에서 특정 시·공간에서 발생하는 현상을 포착하는 인류학이나 과거에 존재했던 독특한 인식의 틀을 연구하는 역사학과 관련된 내용이 제시되고, 이 내용에서 등장하는 '낯선 개념'을 정확히 파악하였는지 묻는 방식으로 출제됩니다. 이 경우 낯선 개념에 따옴표나 네모 박스가 표시되는 경우가 많으므로 집중하여 독해해야 합니다. **학설 비교 문제**는 제시되는 학설이 동시대적인 것이기보다는 시간 순의 변모 과정을 다룬다는 특징이 있습니다. 따라서 역사학 지문은 시간 순으로 진행된 변화 과정에서 시기를 혼동하지 않도록 시기를 구별할 수 있는 자신만의 지점을 체크하는 것이 중요합니다. 마지막으로 **사료 적용 문제**는 구체적인 사료를 지문에서 해당된 시기나 관점을 찾아야 하는 형태의 문제가 지문의 세 번째 문제로 빈번히 출제됩니다.

또한 조선왕조실록을 비롯한 한문국역의 역사 사료들, 특히 과거의 형벌 제도를 다룬 고전 지문들이 종종 출제됩니다. 이 경우에는 한문국역이라는 준 외국어로 쓰인 고전 지문의 언어적 특성이 독해를 어렵게 하기 때문에, 고전 지문의 파트로 묶어서 다시 정리해 보도록 하겠습니다.

종합하면, **역사학**은 반드시 점수를 따고 가야 하는 제재에 속하며, 일부 까다로운 지점들만 잘 대비한다면 여러분들의 득점 포인트가 되어 줄 것입니다.

2 대표 기출문제

출제시기	세부 제재	소재 및 문제 번호
2025학년도	고대사	그리스 로마 시대의 소년애 풍속(7~9번)
2024학년도	조선사	박세당, 『예송변』(19~21번)
2023학년도	미국사	19세기 말 이후 미국사학의 사상적 조류(10~12번)
2021학년도	중세사	이슬람 수피즘의 종파적 조류(16~18번)
2020학년도	조선사	중혼 규제에 대한 논의(4~6번)
2019학년도	고대사	로마에 대한 그리스 속주민의 인식 변화(4~6번)
2018학년도	현대사	폴란드의 사례를 통한 민족주의의 적대적 공존(4~6번)
2017학년도	조선사	여성 재가에 대한 논의(21~23번)
2015학년도	현대사	레비의 회색 지대(21~23번)
	고고학	고고학의 유형론과 개체군론(33~35번)
2014학년도	현대사	제국주의와 근대 역사학(17~19번)
	인류학	빈곤 산업(20~22번)
2013학년도	조선사	조선의 수령 제도(22~24번)
2011학년도	법사학	중세 유럽의 동물 재판(30~32번)
2010학년도	조선사	조선시대의 실정법 체계(7~9번)
2009학년도	법사학	합의의 역사(5~7번)
	미시사	한국인 이민자의 미국 정착 과정(8~10번)
2009학년도 예비시험	법사학	서구 근대법과 자본주의의 관계(29~31번)
	조선사	조선 세종 시대 황종관의 제작 과정(35~37번)

3 독해 전략

STEP 1 | 지문에 제시된 고밀도의 정보량을 정확하게 정리한다.

✓ 역사학은 논증 전개가 현란하거나 개념 자체의 인지적 난이도가 높아서 어렵다기보다는 정보량의 밀도가 높아서 어려운 지문이 대부분이다. 따라서 고밀도의 정보량을 헷갈리지 않고 정리하는 것이 중요하다.
✓ 학설 비교형 지문의 독해 전략을 활용하면 고밀도의 정보량을 정리하는 데 유용하다.

▼

STEP 2 | 시대의 흐름과 변곡점을 따라 독해하면서 키워드 등의 특징점을 체크한다.

✓ 역사학에서 제시된 정보가 어렵게 느껴지는 이유는 다음과 같다.
  ① 통념과 어긋나서 낯설다.
  ② 시간의 순서가 헷갈린다.
  ③ 정보량이 너무 많다.
✓ 정보가 어렵게 느껴질 경우 다음의 독해 전략을 활용하여 극복한다.
  ① 현재의 개념과 차이가 나는 포인트를 정확히 체크한다.
  ② 각 시기를 정의하는 특징점이 될 수 있는 고유명사나 캐치프레이즈를 체크하여 일종의 이름표로 삼는다.
  ③ 시대의 흐름과 변곡점을 큰 그림으로 독해하여 파악하고, 문제를 풀면서 세부 정보를 재확인한다.

▼

STEP 3 | 지문에 제시된 대상과 문제에 출제된 사료가 서로 매칭되는지 확인한다.

✓ 사료를 해석하는 문제는 그 사료의 대상이 지문 안의 어떠한 대상과 정확하게 연결된다.
✓ 수학처럼 명확한 정답이 존재한다는 마음가짐으로 지문의 대상과 문제에서 출제된 사료를 매칭하면 매력적 오답을 피해 정답을 고를 수 있다.

이 문제는 반드시 출제된다!

- **낯선 개념어 파악**: 특정 시·공간에서 발생하는 현상을 포착하는 인류학이나 과거에 존재했던 독특한 인식의 틀을 연구하는 역사학에서는 현재와는 다른 낯선 개념을 소개하는 방식으로 글이 전개되는 경우가 많다. 이 과정에서 등장하는 '낯선 개념'을 반드시 정확하게 이해해야 하며, 이 개념에 따옴표나 네모 박스가 쳐져 있는 경우에는 특히 집중하여 독해를 진행해야 한다.
- **학설 비교**: 역사학 지문은 지문의 패턴으로서는 학설 비교형 지문인 경우가 많다. 이때 제시되는 학설은 동시대적인 것이기보다는 시간 순의 변모 과정을 다룬다는 특징이 있다. 따라서 역사학 지문은 시간 순으로 진행된 변화 과정에서 시기를 혼동하지 않도록 시기를 구별할 수 있는 자신만의 지점을 체크하는 것이 중요하다.
- **사료 적용**: 구체적으로 사료를 제시하고 지문에서 해당되는 시기나 관점을 찾아야 하는 형태의 문제가 세 번째 문제로 빈번히 출제된다.

4 문제에 적용해보기

독해 전략을 적용하여 연습문제를 풀이해 봅시다.

연습문제 1

[01~03] 다음 글을 읽고 물음에 답하시오. 2019학년도 LEET 문4~6

서기 2세기 중엽, 로마의 속주 출신 그리스인 아리스티데스는 로마 통치의 특징을 묘사하는 「로마 송사(頌辭)」라는 연설문을 남긴다. 이 글은 로마 제국에 대한 동시대인의 증언이자, 정복자가 아닌 속주, 즉 식민지 지식인의 논평이라는 점에서 흥미롭다. 그렇지만 로마의 통치 원리에 대한 그의 설명은 정작 로마인에게는 익숙한 것이 아니었다. 예를 들어 그는 '보편 시민'을 구현하려는 시민권 정책의 개방성 원리를 칭찬하지만, 로마인은 그 정책 배후의 이념을 숙고하지 않았다. 로마인에게 속주 엘리트들에 대한 시민권 개방은 분리 통치를 위한 '지배 비결'이었을 뿐이다.

하지만 아리스티데스는 로마의 정책을 이념의 측면에서 볼 필요가 있었다. 이미 300여 년간 그리스 지식인들은 로마 권력의 속성과 그리스인이 로마 통치에 관해 취할 태도에 대한 담론을 지속해 왔기 때문이다. 우선 로마의 지배에 들어간 기원전 2세기 중엽 이래 그리스 지식인들은 그리스인의 대처 자세에 대해 고민했다. 가장 먼저 이를 논의한 이들은 기원전 2~1세기의 철학자 파나이티오스와 포세이도니오스였다. 그들의 논리는 최선자(最善者)의 지배가 약자에게 유익하다는 것이었다. 그로써 그리스인은 로마인에 대해 지배의 도덕적 정당성을 인정하면서 ㉠순응주의를 드러냈다. 하지만 과연 로마인은 최선자였던가? 속주에 배치된 군 지휘관과 관리들에 대한 속주민의 고발이 잦았던 당시 현실에서 보면 그 대답은 어렵지 않다.

한편 서기 1세기 초 로마의 정체(政體)가 공화정에서 제정으로 바뀐 뒤, 그때까지 통치하기보다는 그저 점령해 온 지역에서 실질적 행정이 시작되었다. 그 결과 로마의 통치가 공고해지고, 로마가 가져온 평화의 혜택이 자명해졌다. 그리스 문화를 존중하는 로마 황제들의 배려가 늘어가면서, 그리스인의 자유 상실감은 상당히 약화되었다. 이제 그들은 문학과 철학에서의 문화 권력을 인정받는 대가로 권력과 타협할 준비가 되어 있었다. 이를 ㉡타협주의라고 부를 수 있을 것이다. 예컨대 서기 1세기 초의 역사가 디오니시우스는 실체적 근거도 없이 로마인의 뿌리는 사실 그리스인이라며 일종의 동조론(同祖論)을 제기했다. 그렇지만 이는 로마인에 대한 아부가 아니라 그리스인을 위한 타협의 신호였다. 정복자로 성공한 로마인을 불편하게 대할 이유가 없다는 것이었다. 거의 같은 시기의 수사학자 디오는 황제들이 타락하지 않으면, 로마가 관대한 통치를 펴고 그리스인의 이상인 '화합'을 실현할 것이라고 전망하였다. 아직까지는 자신들의 정체성을 지키기 위한 노력을 포기하지 않았기 때문이다.

그러나 아리스티데스의 시기에 이르면 속주 지식인들의 기조는 ㉢동화주의로 변했다. 역사가 아피아누스는 제정이 안정과 평화, 풍요를 안겨 주었다고 보았고, 그런 의미에서 로마가 공화정에서 제정으로 전환된 것을 축복이라고 묘사했다. 이는 그가 아직도 옛 정체에 대한 향수를 짙게 간직하고 있던 로마의 전통적 지배 계층보다 새로운 체제와 일체감을 더 지녔음을 보여 준다. 그리고 아리스티데스는 「로마 송사」에서 그리스에 대한 혜택과 배려를 더 이상 논하지 않고, 제국 시민으로서의 관점을 강조한다. 그리고 제국 통치가 가져다 준 평화의 전망 속에서 그리스의 지역 엘리트들은 더 이상 통치할 권리를 두고 서로 싸우지 않는다고 말한다. 요컨대 아리스티데스는 식민지 엘리트들의 탈정치화를 상정하고 있다. 그는 모든 속주 도시의 정치적 자립성이 세계 제국 안에서 소멸되는 상태를 꿈꾸는 것이다.

게다가 그가 보기에 로마는 이전의 다른 제국인 페르시아에 비해 행정 조직과 지배 이념에 있어서 비교 우위를 지녔다. 로마의 행정 조직은 거대하지만 동시에 체계적인 점이 특징이라는 것이다. 이 체계적인 면이란 곧 통치의 탈인격성을 가리키며, 바로 페르시아 왕의 전횡과 대척을 이루는 것이다. 이렇게 「로마 송사」는 '팍스 로마나'가 절정에 달해 있던 서기 2세기 중엽의 로마 정책에 대해 공감하고 동조하며 결국 동화되었던 그리스 지식인들의 자세를 잘 보여 주고 있다.

지문 요약 연습
연습문제를 풀이하면서 지문의 각 문단을 요약해 보세요.

★ 선생님 TIP
이 지문은 시기 순으로 제시된 학설 비교형 지문입니다. 시간 순으로 나열될 사실들이 뒤섞여서 오답 선택지를 만들고 있으므로 시기를 혼동하지 않도록 주의해야 합니다.

사실 확인
01. 윗글의 내용과 일치하는 것은?

① 공화정 말기에 로마의 속주 행정은 페르시아와 달리 전횡성을 극복하였다.
② 공화정 말기에 속주민은 로마 군 지휘관과 관리들의 통치에 이견을 표하지 못했다.
③ 제정 초기에 로마의 상류층은 평화와 안정을 보장하는 체제의 변화를 환영하였다.
④ 제정 초기에 그리스 지식인들은 로마의 그리스 문화 존중을 바탕으로 자존감을 지켰다.
⑤ '팍스 로마나' 절정기의 시민권 정책은 '보편 시민' 양성이라는 통치 원리의 산물이었다.

사실 확인
02. ㉠~㉢에 대한 설명으로 적절하지 않은 것은?

① ㉠에서는 지배의 정당성을 윤리적 정당성과 일치시키는 논리를 내세웠다.
② ㉡에서는 그리스 정체성의 유지를 중시한다는 특징을 갖고 있다.
③ ㉢에서는 제국 행정 시스템의 체계적인 면을 높이 평가했다.
④ ㉡과 ㉢에서는 자유보다 평화와 안전을 중시한다는 공통점을 지녔다.
⑤ ㉠, ㉡, ㉢ 모두 로마의 정체 변화를 긍정적으로 파악하고 있다.

사료 적용

03. 윗글을 바탕으로 <보기>를 평가한 내용으로 가장 적절한 것은?

─〈보기〉─

정치가는 자신과 출신 도시가 로마 통치자들에게 책잡히지 않도록 해야 함은 물론, 로마의 고위 인사 중에 친구를 가지도록 해야만 한다. 로마인은 친구들의 정치적 이익을 증대시켜 주는 데 열심이기 때문이다. 우리가 거물들과의 우정에서 이득을 보게 되었을 때, 그 이점이 우리 도시의 복지에 이어지도록 하는 것도 좋다. …… 우리 그리스 도시들이 누리는 축복들인 평화, 번영, 풍요, 늘어난 인구, 질서, 화합을 생각해 보라. 그리스인이 이민족들과 싸우던 모든 전쟁은 자취를 감추었다. 자유에 관한 한, 우리 도시 주민들은 통치자들이 허용해 주는 커다란 몫을 누리고 있다. 아마 그 이상의 자유는 주민들을 위해서도 좋지 않을 것이다.

— 플루타르코스, 「정치가 지망생을 위한 권고」—

① '우리 도시'와 '화합'을 말하고 있다는 점에서, 그리스인의 정체성 지키기를 포기하지 않은 디오와 같은 자세를 견지한다고 보아야겠군.
② '자신과 출신 도시', '평화'와 '풍요'를 거론하고 있다는 점에서, 황제의 통치를 환영한 아피아누스와 동시대인의 주장이라고 보아야겠군.
③ 로마는 '친구들'의 '정치적 이익'을 지켜 준다고 한다는 점에서, 시민권 확대에 주목한 아리스티데스와 같은 태도를 보이고 있다고 보아야겠군.
④ 그리스인이 '이민족들'과 싸우던 전쟁이 사라졌음을 강조한다는 점에서, 로마인과 그리스인이 한 뿌리를 가졌다고 보는 디오니시우스의 주장을 지지한다고 보아야겠군.
⑤ '통치자들'의 눈치를 보고 그들이 준 '번영'과 '질서'를 상기시킨다는 점에서, 약자에게 유익한 점을 고민한 파나이티오스, 포세이도니오스와 동시대인의 견해라고 보아야겠군.

★ 선생님 TIP

<보기>의 사료에서 정답에 대한 명확한 근거가 될 부분을 찾아보세요.

📖 가이드 & 정답 확인하기

가이드에 따라 지문과 문제를 분석하고 정답을 확인해 봅시다.

STEP 1 지문에 제시된 고밀도의 정보량을 정확하게 정리한다.

[첫 번째 문단] 그리스 속주민의 시각에서 로마 제국을 묘사한 아리스티데스의 「로마 송사」의 역사적 가치

> 서기 2세기 중엽, 로마의 속주 출신 그리스인 아리스티데스는 로마 통치의 특징을 묘사하는 「로마 송사(頌辭)」라는 연설문을 남긴다. 이 글은 로마 제국에 대한 동시대인의 증언이자, 정복자가 아닌 속주, 즉 식민지 지식인의 논평이라는 점에서 흥미롭다. 그렇지만 로마의 통치 원리에 대한 그의 설명은 정작 로마인에게는 익숙한 것이 아니었다. 예를 들어 그는 '보편 시민'을 구현하려는 시민권 정책의 개방성 원리를 칭찬하지만, 로마인은 그 정책 배후의 이념을 숙고하지 않았다. 로마인에게 속주 엘리트들에 대한 시민권 개방은 분리 통치를 위한 '지배 비결'이었을 뿐이다.

STEP 2 시대의 흐름과 변곡점을 따라 독해하면서 키워드 등의 특징점을 체크한다.

[두 번째 문단] 로마 공화정의 지배를 최선자의 지배가 약자에게 유익하다는 논리로 순응한 그리스인의 인식

> 하지만 아리스티데스는 로마의 정책을 이념의 측면에서 볼 필요가 있었다. 이미 300여 년간 그리스 지식인들은 로마 권력의 속성과 그리스인이 로마 통치에 관해 취할 태도에 대한 담론을 지속해 왔기 때문이다. 우선 로마의 지배에 들어간 기원전 2세기 중엽 이래 그리스 지식인들은 그리스인의 대처 자세에 대해 고민했다. 가장 먼저 이를 논의한 이들은 기원전 2~1세기의 철학자 파나이티오스와 포세이도니오스였다. 그들의 논리는 최선자(最善者)의 지배가 약자에게 유익하다는 것이었다. 그로써 그리스인은 로마인에 대해 지배의 도덕적 정당성을 인정하면서 ㉠순응주의를 드러냈다. 하지만 과연 로마인은 최선자였던가? 속주에 배치된 군 지휘관과 관리들에 대한 속주민의 고발이 잦았던 당시 현실에서 보면 그 대답은 어렵지 않다.

- 시기: 기원전 2세기~1세기(로마 공화정)
- 관련 인물: 파나이티오스, 포세이도니오스
- 핵심 키워드: 순응주의
- 역사적 상황: 로마 지배인들의 폭정에 대한 반발로서 그리스 속주민들의 고발 → '순응주의'가 그저 로마의 지배에 대해 그리스인들이 '순응'하는 것을 합리화하는 논리였음을 암시합니다.

[세 번째 문단] 로마 황제의 그리스 문화 존중과 평화의 혜택으로 로마 제정이 그리스인의 이상을 실현하리라 보았던 그리스인의 인식

> 한편 서기 1세기 초 로마의 정체(政體)가 공화정에서 제정으로 바뀐 뒤, 그때까지 통치하기 보다는 그저 점령해 온 지역에서 실질적 행정이 시작되었다. 그 결과 로마의 통치가 공고해 지고, 로마가 가져온 평화의 혜택이 자명해졌다. 그리스 문화를 존중하는 로마 황제들의 배려가 늘어가면서, 그리스인의 자유 상실감은 상당히 약화되었다. 이제 그들은 문학과 철학에서의 문화 권력을 인정받는 대가로 권력과 타협할 준비가 되어 있었다. 이를 ⓒ타협주의라고 부를 수 있을 것이다. 예컨대 서기 1세기 초의 역사가 디오니시우스는 실체적 근거도 없이 로마인의 뿌리는 사실 그리스인이라며 일종의 동조론(同祖論)을 제기했다. 그렇지만 이는 로마인에 대한 아부가 아니라 그리스인을 위한 타협의 신호였다. 정복자로 성공한 로마인을 불편하게 대할 이유가 없다는 것이었다. 거의 같은 시기의 수사학자 디오는 황제들이 타락하지 않으면, 로마가 관대한 통치를 펴고 그리스인의 이상인 '화합'을 실현할 것이라고 전망하였다. 아직까지는 자신들의 정체성을 지키기 위한 노력을 포기하지 않았기 때문이다.

- 시기: 서기 1세기 초(로마 제정 초기)
- 관련 인물: 디오니시우스, 디오
- 핵심 키워드: 타협주의
- 실제 역사적 상황: 그리스인은 여전히 그리스인의 정체성을 지니고 있었고, 따라서 이를 존중해 주는 로마 체제에 대한 '타협'으로서 지배를 받아들였습니다. 이에 따라 그들의 자유 상실감이 약화된 상황입니다.

[네 번째 문단] 로마 제정을 로마인들보다도 더 긍정적으로 평가하였던 그리스인의 인식

> 그러나 아리스티데스의 시기에 이르면 속주 지식인들의 기조는 ⓒ동화주의로 변했다. 역사가 아피아누스는 제정이 안정과 평화, 풍요를 안겨 주었다고 보았고, 그런 의미에서 로마가 공화정에서 제정으로 전환된 것을 축복이라고 묘사했다. 이는 그가 아직도 옛 정체에 대한 향수를 짙게 간직하고 있던 로마의 전통적 지배 계층보다 새로운 체제와 일체감을 더 지녔음을 보여 준다. 그리고 아리스티데스는 「로마 송사」에서 그리스에 대한 혜택과 배려를 더 이상 논하지 않고, 제국 시민으로서의 관점을 강조한다. 그리고 제국 통치가 가져다 준 평화의 전망 속에서 그리스의 지역 엘리트들은 더 이상 통치할 권리를 두고 서로 싸우지 않는다고 말한다. 요컨대 아리스티데스는 식민지 엘리트들의 탈정치화를 상정하고 있다. 그는 모든 속주 도시의 정치적 자립성이 세계 제국 안에서 소멸되는 상태를 꿈꾸는 것이다.

- 시기: 서기 2세기 중엽, 「로마 송사」가 쓰여진 시기
- 관련 인물: 아피아누스, 아리스티데스
- 핵심 키워드: 동화주의
- 실제 역사적 상황: 그리스인은 정체성과 자립성이 제국 체제하에서 소멸되기를 기원할 정도로 자발적으로 제국에 동화되고자 합니다.

[다섯 번째 문단] 과거 제국의 전제적 성격과 다르게 체계적인 행정 통치로 탈인격적 지배를 이룬 로마 제정을 높게 평가하는 아리스티데스의 관점

> 게다가 그가 보기에 로마는 이전의 다른 제국인 페르시아에 비해 행정 조직과 지배 이념에 있어서 비교 우위를 지녔다. 로마의 행정 조직은 거대하지만 동시에 체계적인 점이 특징이라는 것이다. 이 체계적인 면이란 곧 통치의 탈인격성을 가리키며, 바로 페르시아 왕의 전횡과 대척을 이루는 것이다. 이렇게 「로마 송사」는 '팍스 로마나'가 절정에 달해 있던 서기 2세기 중엽의 로마 정책에 대해 공감하고 동조하며 결국 동화되었던 그리스 지식인들의 자세를 잘 보여 주고 있다.

지문을 모두 분석한 후 01번 문제의 선택지를 검토하면 다음과 같습니다.

① 다섯 번째 문단에 따르면 아리스티데스에 의해 페르시아와 달리 전횡성을 극복한 체제로 평가받은 로마의 시기는 서기 2세기 중엽으로 이미 로마가 제정으로 전환된 이후의 시기에 해당하므로 적절하지 않다.
② 두 번째 문단에 따르면 로마 공화정의 지배가 그다지 도덕적으로 정당하지 않았다는 근거로, 속주민들이 로마 지배자들을 고발하는 사건이 빈번하였다. 따라서 속주민들은 고발을 통해 이견을 표현할 수 있었으므로 적절하지 않다.
③ 네 번째 문단에 따르면 서기 2세기 중엽에 동화주의의 입장에 섰던 그리스인들은 과거 공화정 체제를 그리워했던 로마인들과 달리 오히려 더 열렬히 제정 체제를 지지했으므로 제정 초기에 모든 로마의 상류층이 공화정에서 제정으로의 체제 변화를 환영한 것은 아님을 알 수 있다.
④ 네 번째 문단에 따르면 그리스인들이 타협주의의 입장에 섰던 이유는 황제가 그리스 문화를 존중해 주었기 때문이므로 그리스인들이 자신들의 문화를 존중해 준 것을 바탕으로 자존감을 지켰음을 알 수 있다.
⑤ 첫 번째 문단에서 아리스티데스가 시민권 개방 정책이 보편 시민을 구현하려는 통치 원리의 산물이라고 추측한 것과 달리 '로마인에게 속주 엘리트들에 대한 시민권 개방은 분리 통치를 위한 '지배 비결'이었을 뿐이다.'라고 했으므로 아리스티데스의 잘못된 추론을 사실 명제로 표현하고 있다는 점에서 적절하지 않다. → **매력적 오답**

[정답] ④

이어서 02번 문제의 선택지를 검토해 보겠습니다.

① 순응주의는 지배에 순응하는 태도를 정당화하는 논리임이 암시되어 있어 지배가 정당하므로 그 지배가 윤리적으로도 정당하다는 논리를 내세우고 있다.
② 타협주의는 그리스인의 정체성을 존중받는 대가로 지배에 타협한다는 관점이므로 그리스인이라는 정체성에 높은 가치를 부여한다.
③ 동화주의는 제국 시스템의 우월성으로 인간에 의한 통치가 아닌 행정 시스템에 의한 체계적인 통치라는 점을 높게 평가하였다.
④ 타협주의와 동화주의는 로마의 제정 시스템이 그리스에게 제공하는 평화에 가치를 부여한다.
⑤ 순응주의는 로마의 정체 변화 이전에 등장한 관점이므로 로마의 정체 변화를 긍정적으로 파악하였는지 알 수 없다.

[정답] ⑤

STEP 3 지문에 제시된 대상과 문제에서 출제된 사료가 서로 매칭되는지 확인한다.

03번 문제는 지문의 대상과 〈보기〉의 사료를 매칭하여 풀이하는 사료 적용 문제입니다. 〈보기〉의 사료에서 정답의 근거가 될 수 있는 부분을 표시하면서 문제를 풀이해 보겠습니다.

〈보 기〉

정치가는 자신과 출신 도시가 로마 통치자들에게 책잡히지 않도록 해야 함은 물론, 로마의 고위 인사 중에 친구를 가지도록 해야만 한다. 로마인은 친구들의 정치적 이익을 증대시켜 주는 데 열심이기 때문이다. 우리가 거물들과의 우정에서 이득을 보게 되었을 때, 그 이점이 우리 도시의 복지에 이어지도록 하는 것도 좋다. …… ⓐ우리 그리스 도시들이 누리는 축복들인 평화, 번영, 풍요, 늘어난 인구, 질서, 화합을 생각해 보라. 그리스인이 이민족들과 싸우던 모든 전쟁은 자취를 감추었다. ⓑ자유에 관한 한, 우리 도시 주민들은 통치자들이 허용해 주는 커다란 몫을 누리고 있다. 아마 그 이상의 자유는 주민들을 위해서도 좋지 않을 것이다.

– 플루타르코스, 「정치가 지망생을 위한 권고」 –

- ⓐ: 로마의 지배를 평화와 번영을 근거로 긍정적으로 평가한다.
  → 로마의 지배를 '최선자의 지배'라는 철학적 논증으로 정당화하던 순응주의 시기는 정답에서 제외된다. 따라서 ⑤는 소거된다.
- ⓑ: 도시 주민들에게 할당된 자유를 긍정적으로 평가한다.
  → 도시들이 각자의 자립성을 잃고 제국의 일원으로 동화되어야 한다고 주장한 동화주의의 시기는 정답에서 제외된다. 따라서 ②, ③은 소거된다.

이에 따라 정답은 타협주의 시기에 해당하고, 그 시기에 해당하는 인물은 디오 또는 디오니시우스이므로 정답은 ① 또는 ④ 중 하나이다. 디오니시우스의 주장의 핵심 키워드는 '로마인의 뿌리가 그리스인'이다. 그러나 디오의 주장의 핵심 키워드는 '그리스인의 이상으로서 화합의 실현'이므로 〈보기〉에서 '화합'은 언급되고 있으나, '로마인의 뿌리가 그리스인'이라는 주장은 언급되지 않았다. 따라서 〈보기〉의 화자와 가장 가까운 시각이며, 〈보기〉의 화자를 가장 지지할 입장은 디오에 해당한다.

[정답] ①

지문 요약 연습

연습문제를 풀이하면서 지문의 각 문단을 요약해 보세요.

연습문제 2

[04~06] 다음 글을 읽고 물음에 답하시오.

2011학년도 LEET 문30~32

1587년 프랑스의 한 마을 주민들이 포도 농사를 망친 곤충 바구미 떼를 인근 교회 법원에 고소했다. ㉠주민의 변호인은 성서를 인용하여, 인간은 자연을 지배할 권리를 가지며 자연의 유일한 존재 이유는 인간에게 봉사하고 복종하는 데 있다고 했다. 이에 대해 법원에 의해 선임된 ㉡바구미의 변호인은 신은 동물에게 번식과 생존을 명했으며 바구미는 자연법이 인정하는 권리를 행사한 것이라고 변론했다. 결국 주민들은 바구미의 권리를 인정하되 대체 서식지를 증여하는 계약을 바구미와 체결했다.

당시 유럽에서는 이런 식으로 동물이 교회 권력 혹은 국왕이나 영주 등의 세속 권력에 의해 재판을 받는 일이 있었다. 세속 재판에 회부된 동물 피고는 주로 사람을 죽인 가축들이었다. 돼지가 가장 흔했고, 소, 말, 개도 법정에 섰다. 교회 재판에서는 인간에게 해를 끼친 작은 동물이나 곤충들이 피고가 되었다. 재판은 사람에게 적용되는 소송 절차를 엄수하였다. 유죄가 증명되면 세속 법원은 관습법에 따라 사형을, 교회 법원은 교회법에 근거하여 저주와 파문을 선고했다.

동물 재판 관행은 13세기부터 본격화되어 16세기에 정점에 이르렀다. 이 시기 유럽에서는 고대 로마법학의 성과를 바탕으로 세속과 교회에서 법학이 발전하는 등, 근대법을 위한 기반이 다져지고 있었다. 이런 시기에 비합리적으로 보이는 이러한 관행이 어떻게 존재할 수 있었을까? 혹자는 이 물음의 답을 동물과의 충돌이 빈번할 수밖에 없는 생활 조건과 동물을 의인화하는 민중 문화에서 찾기도 하지만, 주목해야 할 점은 당시 성·속의 엘리트들이 이 관행을 이론적·실무적으로 뒷받침하고 있었다는 것이다.

동물 재판은 13세기 이후 공권력의 역할과 권한이 강화된 새로운 재판 제도하에서 이루어졌다. 중세 초기의 재판 제도는 사실상 개인들의 자력 구제를 재판의 형식에 집어넣은 수준에 불과했다. 민사와 형사 재판의 구별도 모호했고, 공적인 형벌 제도도 없었다. 이에 반해 새로운 재판 제도에서는 합리적인 소송 규칙에 따라 법원이 사건의 실체를 규명하고 판결을 내렸다. 이에 따라 공권력이 동물을 상대로 한 소송을 다룰 수 있게 되었다.

동물 재판을 옹호한 엘리트들은 이를 정당화하기 위해 성서에 나오는 뱀에 대한 저주의 사례라든가 사람을 들이받아 죽인 소를 돌로 쳐 죽이게 한 모세의 율법 등을 원용하였다. 그것들은 세속 법원과 교회 법원의 동물 재판 관행에 대한 법리적 비판에 맞설 수 있는 강력한 전거들이었다. 인간을 포함한 만물은 인간을 정점에 둔 위계적 질서 속에서 신이 부여한 본성에 따라 살아간다고 보는 기독교적 자연법론도 이론적 근거를 제공하였다. 우주의 법질서는 신의 섭리로 간주되는 영원법, 그것을 인간 이성으로 파악한 보편타당하고 불변적인 자연법, 그리고 인간이 정한 인정법으로 구성된다. 인간과 자연은 자연법에 구속되며, 자연법에 반하는 인정법은 법적 효력이 없다. 이러한 이론에 근거하여 앞의 바구미 사건에서와 같은 논쟁도 가능했고, 동물이 사물의 자연적 질서를 위반하면 범죄로 보아 처벌할 수 있다는 논리도 성립하였다. 엘리트들의 관점에서 동물 재판은 동물을 영원법과 자연법에 복종시키기 위한 엄숙한 절차였다. 그들은 동물 재판을 통해 자신들의 법과 정의의 개념을 인간 사회뿐만 아니라 자연계에까지 적용하고자 했다. 그런 의미에서 동물 재판은 13세기 이후 등장한 인간중심적 법 개념에 의한 자연의 영유(領有)를 보여 준다. 이렇게 해서 동물 재판은 엘리트들의 보증하에 민중 문화와 상호 작용하며 현대인의 눈에 기괴하게 보이는 광경을 연출하였던 것이다.

[A] ┌ 그 시대에 동물 재판이 가졌던 의미를 이해하기 위해서는 재판이 가진 문화적 퍼포먼스로서의 기능에도 주목할 필요가 있다. 돼지가 아이를 물어 죽이고 수탉이 달걀을 낳는 사태 앞에서 동물 재판은 판결에 이르는 법적 절차를 통해 사태를 설명하는 서사를 구성하고 '본성을 벗어난' 동물을 처벌함으로써, 사람들로 하여금 혼란을 극복하고 평상으로 돌아갈 수 있게 해 주었다. 이를 통해 사람들은 그들의 세계와 질서가 안전하며 정당하다는 것을 확인할 수 있었다.

사실 확인
04. 윗글의 동물 재판에 대한 설명으로 적절하지 <u>않은</u> 것은?
① 교회 법원과 세속 법원이 다른 종류의 형벌을 선고하였다.
② 엘리트의 법 관념과 민중 문화 모두에 기초하고 있었다.
③ 공권력의 성장이 재판 관행에 중요한 영향을 미쳤다.
④ 기독교적 자연법에 재판 절차에 관한 규칙이 있었다.
⑤ 성서적 권위를 통해 재판의 정당성을 확보하였다.

사실 확인
05. [A]에서 언급한 동물 재판의 기능을 가장 잘 설명한 것은?
① 사실 관계와 죄책을 규명하여 응보의 근거를 확보하였다.
② 신의 징벌을 대행하는 의례를 통해 교회법의 신성함을 수호하였다.
③ 인격화된 동물에 대한 재판과 처형을 통해 인간의 속죄 의식을 고양하였다.
④ 범죄가 예외 없이 처벌됨을 증명하여 지배 질서의 권위를 과시하였다.
⑤ 인간의 규범을 통해 사태에 대한 통합적 해석을 얻고 질서 회복에 대한 믿음을 공유하게 하였다.

사료 적용
06. <보기>는 어떤 소송에서의 원고의 주장과 법원의 판결을 요약한 것이다. <보기>의 (가), (나)와 윗글의 ㉠, ㉡의 주장을 비교하여 서술한 것으로 가장 적절한 것은?

─〈보기〉─

(가) 원고의 주장
　자연과 인간은 하나이고 인간은 자연에 대해 특별한 지위를 갖고 있지 않다. 자연물의 고유한 가치를 자연의 권리로 인정하면, 환경 분쟁에서 유효적절하게 기능할 것이다. 현행법이 자연인이 아닌 법인에 법인격을 부여하고 있듯이 자연물에 대해 법적 주체성을 인정하는 법 해석이 논리적으로 가능하다. 현행법하에서 도롱뇽은 소송 당사자가 될 수 있다.

(나) 법원의 판결
　자연의 권리 및 자연물의 당사자 능력을 인정하는 성문 법률도 없고 그러한 관습법이 통용되고 있지도 않는 이상, 현행법하에서 도롱뇽은 소송 당사자가 될 수 없다.

① 자연에 대한 인간의 지위를 보는 (가)의 관점에 대해서 ㉠은 동의할 것이다.
② 동물이 권리의 주체가 되려면 법의 변경이 필요하다고 본다는 점에서 (가)와 ㉡의 입장은 일치한다.
③ (나)가 언급하는 법에 대해서 ㉠은 자신이 근거로 삼은 법이 상위의 것이라고 볼 것이다.
④ 모든 권리가 인정법에 근거하는가에 대해서 (나)와 ㉡의 입장은 일치한다.
⑤ (가)와 (나)의 논의에 등장하는 자연의 권리라는 주제에 대해 ㉠과 ㉡은 그것을 신의 섭리 밖의 문제라고 볼 것이다.

★ 선생님 TIP
다섯 번째 문단에서 제시된 기독교적 자연법론의 법 체계를 정확히 이해하고 있어야 합니다. ㉠, ㉡ 모두 기독교적 자연법론에 근거하여 동물 재판에 참여하고 있는 인물들에 해당합니다.

📖 가이드 & 정답 확인하기

가이드에 따라 지문과 문제를 분석하고 정답을 확인해 봅시다.

STEP 1 지문에 제시된 고밀도의 정보량을 정확하게 정리한다.

[첫 번째 문단] 1587년 프랑스의 바구미 떼에 대한 동물 재판의 사례 소개

> 1587년 프랑스의 한 마을 주민들이 포도 농사를 망친 곤충 바구미 떼를 인근 교회 법원에 고소했다. ㉠주민의 변호인은 성서를 인용하여, 인간은 자연을 지배할 권리를 가지며 자연의 유일한 존재 이유는 인간에게 봉사하고 복종하는 데 있다고 했다. 이에 대해 법원에 의해 선임된 ㉡바구미의 변호인은 신은 동물에게 번식과 생존을 명했으며 바구미는 자연법이 인정하는 권리를 행사한 것이라고 변론했다. 결국 주민들은 바구미의 권리를 인정하되 대체 서식지를 증여하는 계약을 바구미와 체결했다.

STEP 2 시대의 흐름과 변곡점을 따라 독해하면서 키워드 등의 특징점을 체크한다.

[두 번째 문단] 세속 법원과 교회 법원에서 진행되었던 중세 유럽의 동물 재판 제도

> 당시 유럽에서는 이런 식으로 동물이 교회 권력 혹은 국왕이나 영주 등의 세속 권력에 의해 재판을 받는 일이 있었다. 세속 재판에 회부된 동물 피고는 주로 사람을 죽인 가축들이었다. 돼지가 가장 흔했고, 소, 말, 개도 법정에 섰다. 교회 재판에서는 인간에게 해를 끼친 작은 동물이나 곤충들이 피고가 되었다. 재판은 사람에게 적용되는 소송 절차를 엄수하였다. 유죄가 증명되면 세속 법원은 관습법에 따라 사형을, 교회 법원은 교회법에 근거하여 저주와 파문을 선고했다.

[세 번째 문단] 법학의 발전과 맥락을 같이 했던 동물 재판

> 동물 재판 관행은 13세기부터 본격화되어 16세기에 정점에 이르렀다. 이 시기 유럽에서는 고대 로마법학의 성과를 바탕으로 세속과 교회에서 법학이 발전하는 등, 근대법을 위한 기반이 다져지고 있었다. 이런 시기에 비합리적으로 보이는 이러한 관행이 어떻게 존재할 수 있었을까? 혹자는 이 물음의 답을 동물과의 충돌이 빈번할 수밖에 없는 생활 조건과 동물을 의인화하는 민중 문화에서 찾기도 하지만, 주목해야 할 점은 당시 성·속의 엘리트들이 이 관행을 이론적·실무적으로 뒷받침하고 있었다는 것이다.

[네 번째 문단] 공적인 형벌 제도의 도입과 소송 규칙의 합리화에 의해 가능해진 동물 재판의 개념

> 동물 재판은 13세기 이후 공권력의 역할과 권한이 강화된 새로운 재판 제도하에서 이루어졌다. 중세 초기의 재판 제도는 사실상 개인들의 자력 구제를 재판의 형식에 집어넣은 수준에 불과했다. 민사와 형사 재판의 구별도 모호했고, 공적인 형벌 제도도 없었다. 이에 반해 새로운 재판 제도에서는 합리적인 소송 규칙에 따라 법원이 사건의 실체를 규명하고 판결을 내렸다. 이에 따라 공권력이 동물을 상대로 한 소송을 다룰 수 있게 되었다.

[다섯 번째 문단] 성서의 문헌적 근거와 기독교적 자연법론에 근거하여 엘리트에 의해 정당화되었던 동물 재판

> 동물 재판을 옹호한 엘리트들은 이를 정당화하기 위해 성서에 나오는 뱀에 대한 저주의 사례라든가 사람을 들이받아 죽인 소를 돌로 쳐 죽이게 한 모세의 율법 등을 원용하였다. 그것들은 세속 법원과 교회 법원의 동물 재판 관행에 대한 법리적 비판에 맞설 수 있는 강력한 전거들이었다. 인간을 포함한 만물은 인간을 정점에 둔 위계적 질서 속에서 신이 부여한 본성에 따라 살아간다고 보는 기독교적 자연법론도 이론적 근거를 제공하였다. 우주의 법질서는 신의 섭리로 간주되는 영원법, 그것을 인간 이성으로 파악한 보편타당하고 불변적인 자연법, 그리고 인간이 정한 인정법으로 구성된다. 인간과 자연은 자연법에 구속되며, 자연법에 반하는 인정법은 법적 효력이 없다. 이러한 이론에 근거하여 앞의 바구미 사건에서와 같은 논쟁도 가능했고, 동물이 사물의 자연적 질서를 위반하면 범죄로 보아 처벌할 수 있다는 논리도 성립하였다. 엘리트들의 관점에서 동물 재판은 동물을 영원법과 자연법에 복종시키기 위한 엄숙한 절차였다. 그들은 동물 재판을 통해 자신들의 법과 정의의 개념을 인간 사회뿐만 아니라 자연계에까지 적용하고자 했다. 그런 의미에서 동물 재판은 13세기 이후 등장한 인간 중심적 법 개념에 의한 자연의 영유(領有)를 보여 준다. 이렇게 해서 동물 재판은 엘리트들의 보증하에 민중 문화와 상호 작용하며 현대인의 눈에 기괴하게 보이는 광경을 연출하였던 것이다.

- 기독교적 자연법론: 영원법 > 자연법 > 인정법

[여섯 번째 문단] 동물 재판의 역사문화적 의의

> [A] 그 시대에 동물 재판이 가졌던 의미를 이해하기 위해서는 재판이 가진 문화적 퍼포먼스로서의 기능에도 주목할 필요가 있다. 돼지가 아이를 물어 죽이고 수탉이 달걀을 낳는 사태 앞에서 동물 재판은 판결에 이르는 법적 절차를 통해 사태를 설명하는 서사를 구성하고 '본성을 벗어난' 동물을 처벌함으로써, 사람들로 하여금 혼란을 극복하고 평상으로 돌아갈 수 있게 해 주었다. 이를 통해 사람들은 그들의 세계와 질서가 안전하며 정당하다는 것을 확인할 수 있었다.

지문을 분석한 후 04번 문제의 선택지를 검토해 보겠습니다.

① 두 번째 문단에서 '세속 법원은 관습법에 따라 사형을, 교회 법원은 교회법에 근거하여 저주와 파문을 선고했다.'라고 했으므로 교회 법원과 세속 법원이 다른 종류의 형벌을 선고했음을 알 수 있다.

② 다섯 번째 문단에서 '동물 재판은 엘리트들의 보증하에 민중 문화와 상호 작용하며 현대인의 눈에 기괴하게 보이는 광경을 연출하였던 것이다.'라는 내용을 통해 알 수 있다.

③ 네 번째 문단에 따르면 공권력의 성장에 따라 권력이 동물에 대한 소송을 다룰 수 있을 정도로 체계화되어 동물 재판이 등장했으므로 적절하다.

④ 다섯 번째 문단에 따르면 기독교의 자연법은 인간 이성으로 파악 가능한 보편타당하고 불변적인 자연법의 개념이지, 재판의 형식적 형태로 구현된 인정법의 개념이 아니다. 따라서 기독교적 자연법에 의한 재판 절차 규칙이 존재하였다는 것은 적절하지 않다.

⑤ 다섯 번째 문단에 따르면 엘리트들은 동물 재판을 정당화할 근거를 성서의 문헌적 자료에서 찾았으므로 적절하다.

[정답] ④

다음으로 05번 문제를 검토해 보겠습니다.

[A]의 내용을 요약하면 동물의 세계에서 기괴한 현상이 발생하였을 때, 이를 법적 절차를 통해 설명하는 과정을 거침으로써 사람들은 그들의 세계와 질서가 안전하며 정당하다는 것을 재확인할 수 있었다는 것이다. 이에 따라 [A]에서 언급한 동물 재판의 기능을 가장 잘 설명한 것은 '인간의 규범을 통해 사태에 대한 통합적 해석을 얻고 질서 회복에 대한 믿음을 공유하게 하였다.'임을 알 수 있다.

[정답] ⑤

STEP 3 지문에 제시된 대상과 문제에서 출제된 사료가 서로 매칭되는지 확인한다.

06번 문제는 지문의 대상과 〈보기〉의 사료를 매칭하는 사료 적용 문제입니다. 06번 문제의 선택지를 검토하면 다음과 같습니다.

① 동물 재판은 만물은 인간을 정점으로 한 위계질서에 놓여있다고 인식한 기독교적 자연법 관념에 근거를 두며, 인간 중심적인 법 해석으로 자연을 영유하려는 시도였다고 평가되며, ㉠은 인간이 자연에 대한 지배권을 가지고 있다고 주장한다. 따라서 ㉠은 '인간은 자연에 대해 특별한 지위를 갖고 있지 않다.'는 (가)의 주장과 상반된 입장을 가질 것이다.

② ㉡은 자연법에 의거하여 바구미의 권리를 옹호하고 있다. 자연법은 인정법의 상위에 위치한 보편타당한 법으로 여겨지므로, ㉡은 현행법의 변경 없이도 자연법에 의해 동물의 권리가 인정될 수 있다고 볼 것이다. 또한 (가) 역시 현행법을 논리적으로 재해석하면 법의 변경 없이도 동물의 법적 주체성이 인정된다고 주장하며 현행법의 해석으로도 자연의 권리를 인정할 수 있다고 본다. 따라서 (가)와 ㉡은 '법의 변경이 필요하다'는 점이 아니라 '법의 변경이 필요하지 않다'는 점에서 의견이 일치한다.

③ (나)에서 언급하는 법은 인정법이므로 ㉠은 자신이 동물 재판의 근거로 삼는 자연법과 영원법이 (나)가 근거로 삼는 인정법보다 상위의 법이라고 여길 것이다. 따라서 적절하다.

④ 사람이 제정한 인정법에 의거하여 자연의 권리 유무를 판단하려는 (나)와 달리 ㉡은 기독교적 자연법론에 따라 바구미의 권리를 주장하므로, 모든 권리가 인정법에 근거한다는 주장에 대해서 양자의 입장은 일치하지 않을 것이다.

⑤ ㉠과 ㉡은 모두 자연의 권리가 인간의 재판에 의한 지배를 받는다는 근거를 신의 섭리에서 찾고 있으므로 ㉠과 ㉡이 이 주제를 신의 섭리 밖의 문제라고 볼 것이라는 서술은 적절하지 않다.

[정답] ③

연습문제 3

[07~09] 다음 글을 읽고 물음에 답하시오.

2020학년도 LEET 문4~6

고려 말에는 관료들이 동시에 여러 처를 두는 경우나 처와 첩의 구분이 모호한 경우가 많았다. 이 때문에 토지나 봉작(封爵) 등을 누가 받을 것인가를 두고 친족 사이에 소송이 빈번하였다. 이러한 분쟁을 해결하고 성리학적 가족 윤리를 확립하기 위해 조선 태종 때부터 본격적으로 중혼 규제 방침을 정하였다.

1413년(태종 13)에 사헌부에서는, "부부는 인륜의 근본이니 적처와 첩의 분수를 어지럽히면 안 됩니다. 전 왕조 말에 이러한 기강이 무너졌으니 이제라도 바로잡아야 합니다. 앞으로는 혼서(婚書)의 유무와 혼례식 여부로 처와 첩을 구분하고, 처와 첩의 지위를 바꾼 경우에는 처벌 후 원래대로 바꾸며, 처가 있는데도 다시 처를 취한 자는 처벌 후 후처를 이혼시키십시오. 만약 당사자가 이미 죽어 바꾸거나 이혼할 수 없는 경우에는 선처(先妻)를 적처로 삼아 봉작하고 토지를 지급해야 할 것입니다."라고 아뢰었다. 이것이 받아들여져 ㉠규제가 시작되었다.

그런데 다음 해인 1414년(태종 14)에 대사헌 유헌 등은 위 규제를 기본으로 다음과 같이 몇 가지 ㉡수정 보완 기준을 제시하였다. "세월이 많이 지나 증빙 자료가 많지 않습니다. 이제 은의(恩義)가 깊고 얕음과 동거 여부를 고려하여, 선처와는 은의가 약하고 후처와 종신토록 같이 살았다면, 후처라도 작첩(爵牒)과 수신전(守信田)을 주고 노비는 자식에게 균분(均分)하게 하십시오. 만약 처첩의 자식들 사이에 적통을 다투는 경우에는 신분, 혼서 및 혼례를 조사하여 판결하며, 처인지 첩인지에 따라 그 자식에게 노비를 차등 분급하게 하고, 세 명의 처를 둔 경우에는 선후를 논하지 말고, 그중 종신토록 같이 산 자에게 작첩과 수신전을 주되 노비는 세 처의 자식에게 균분하게 하십시오. 영락 11년(태종 13) 3월 11일 이후부터 처가 있는데 또 처를 얻은 자는 엄히 징계하여 후처와 이혼시키되, 그중 드러나지 않다가 아버지가 죽은 후 자손들이 적통을 다투면 선처를 적통으로 삼으십시오."

이상의 기준은 이후 「육전등록」에도 수록되어 실시되었다. 그런데 이제 자식이 아버지의 다른 처와 어떤 관계로 설정되어야 하는지에 논란이 발생하였다. 세종 때 이담 아들의 사례가 대표적이었다. 이담은 백 씨와 혼인한 상태에서 다시 이 씨에게 장가들었다. 이는 태종 13년 이전의 일이어서 처벌의 대상은 아니었으나, 1448년(세종 30) 이 씨가 사망하면서 새로운 문제가 발생하였다. 백 씨의 아들인 이효손이 이 씨를 위한 상복을 입지 않자, 이 씨의 아들인 이성손이 사헌부에 고발한 것이다. 이효손이 상복을 어떻게 입어야 하는지를 두고 다음과 같이 조정 관료들의 의견이 갈렸다.

ⓐ집현전에서 아뢰기를, "예에는 두 명의 처를 두지 않는 것이 정도(正道)이지만, 전 왕조 말에 여러 명의 처를 두는 것이 너무 일반적이었으므로 한시적으로 모두 적처로 인정하였습니다. 「육전등록」에서 이미 여러 처를 인정하였으니 이효손은 이 씨를 위해서도 상복을 3년 입어야 합니다."라고 하였다.

ⓑ예조에서 아뢰기를, "「육전등록」에서 여러 처를 모두 인정하기는 하였으나 국가에서 주는 작첩과 수신전은 한 사람에게 그쳤습니다. 이는 국가가 정도를 지향하였음을 보여주는 것입니다. 백 씨는 선처이고 이담과 평생 동거하였으니 그 의리가 이 씨와 같지 않습니다. 이효손이 이 씨를 위해 친모와 똑같이 한다면 친모를 내치는 꼴이 될 것이므로 상복은 1년 입어야 합니다. 이렇게 한다고 해서 이 씨를 첩모로 대우하는 것에 이르지는 않을 것입니다."라고 하였다.

ⓒ이조판서 정인지는 아뢰기를, "예에는 두 명의 처를 두지 않는데, 「육전등록」에서 은의와 동거 여부를 고려함으로써 문란함을 방기하게 되었습니다. 이를 항구적인 법식으로는 삼을 수는 없으니, 두 아내의 아들들은 각각 자기 어머니에 대해서만 상복을 입게 해야 할 것입니다."라고 하였다.

ⓓ경창부윤 정척은 아뢰기를, "이 씨가 이효손에게 계모가 되는 것은 아니지만, 「육전등록」상 선처·후처의 법에 의거해서 이를 계모에 견주어 상복을 3년 입고, 훗날 백 씨의 상에는 이성손이 3년을 입게 하는 것이 좋겠습니다."라고 하였다.

ⓔ어떤 이는 "이제라도 이 씨를 강등하여 첩모로 대우하여 첩모를 위한 상복을 입는 것이 마땅합니다."라고 하였다.

사실 확인
07. 윗글의 내용과 일치하는 것은?

① ㉠에서는 처와 첩을 구분할 때 생사 여부를 기준으로 하였다.
② ㉡에서는 처인지 첩인지에 따라 그 자식들에게 노비를 차등 분급하였다.
③ ㉠과 달리 ㉡에서는 처를 첩으로 바꾸거나 첩을 처로 바꾸면 처벌을 받았다.
④ ㉡과 달리 ㉠에서는 다처일 경우 모든 처와 이혼해야 하였다.
⑤ ㉠과 ㉡ 모두에서 영락 11년 3월 11일 이후부터 은의와 동거 여부를 중혼 허용의 기준으로 삼았다.

사실 확인
08. ⓐ~ⓔ에 대한 설명으로 적절하지 않은 것은?

① ⓐ의 논리에 따르면 이성손은 백 씨 사후에 백 씨를 위해 3년간 상복을 입어야 한다.
② ⓑ의 논리에 따르면 아버지의 적처라도 경우에 따라 어머니로서의 대우에 대한 판단이 달라야 한다.
③ ⓑ와 ⓒ 중 어느 쪽의 논리를 따르더라도 백 씨와 이 씨는 모두 적처로 인정된다.
④ ⓒ와 ⓓ 중 어느 쪽의 논리를 따르는지에 따라 이효손이 이 씨를 위해 상복을 입는 여부가 달라진다.
⑤ ⓓ와 ⓔ 중 어느 쪽의 논리에 따르더라도 이효손은 이 씨를 위해 상복을 입지 않아도 된다.

사료 적용
09. 윗글을 바탕으로 <보기>에 대해 추론할 때, 적절하지 않은 것은?

─〈보기〉─

1415년(태종 15) 박일룡은 자신의 어머니를 적처로 인정하고 자신을 적자로 인정해달라며 소(訴)를 제기하였다. 그의 아버지 박길동은 이조판서를 지낸 인물로, 1390년(고려 공양왕 2) 상인(商人) 노덕만의 서녀(庶女)인 노 씨를 혼례 없이 들여 박일룡을 낳았다. 이후 박길동은 1395년(태조 4) 현감 김거정의 딸인 김 씨와 혼서를 교환하고 혼례를 거친 후 그 사이에 박이룡을 낳았다. 한편 김 씨와 혼인한 상태에서 1402년 대사헌 허생의 딸인 허 씨와 혼서를 교환하고 혼례를 거친 후 그 사이에 박삼룡을 낳았다. 김 씨는 친정인 창녕에 거주하였으며, 박길동은 허 씨와 한양에서 평생 동거하였다. 박이룡과 박삼룡 모두 어려서, 집안의 큰일은 첫아들인 박일룡이 실질적으로 도맡았다. 1413년 5월 박길동이 죽었는데, 이때에 이르러 박일룡이 소를 제기한 것이었다.

① 박길동 사망 직후에 소가 제기되어 그 해에 판결되었다면, 작첩과 수신전은 김 씨에게 주어졌을 것이다.
② 박길동이 소가 제기될 당시까지 생존해 있었다고 해도 중혼에 대해 처벌받지는 않았을 것이다.
③ 박일룡이 집안의 일을 주관하는 아들이라는 점은 판결에 영향을 주지 않았을 것이다.
④ 이 소송에서 작첩과 수신전은 은의나 동거 여부를 따져 허 씨에게 주어졌을 것이다.
⑤ 이 소송에서는 세 명의 처를 둔 경우의 규정을 적용하여 판결이 내려졌을 것이다.

★ 선생님 TIP
이 문제는 전형적인 법학의 케이스 문제에 해당합니다. 인물의 관계도를 간단하게 그려보고 이를 통해 이름을 헷갈리지 않고 정확히 풀이할 수 있도록 접근해 보세요. 또한 시기에 따라 제도가 달라지기 때문에 어느 시기에 속하는 사건인지를 정확히 파악하는 것도 문제 풀이의 또 다른 포인트입니다.

📖 가이드 & 정답 확인하기

가이드에 따라 지문과 문제를 분석하고 정답을 확인해 봅시다.

STEP 1 지문에 제시된 고밀도의 정보량을 정확하게 정리한다.

[첫 번째 문단] 중혼이 빈번하였던 고려 말과 달리 성리학적 가족 질서를 도입하여 중혼을 규제하려고 했던 조선의 상황

> 고려 말에는 관료들이 동시에 여러 처를 두는 경우나 처와 첩의 구분이 모호한 경우가 많았다. 이 때문에 토지나 봉작(封爵) 등을 누가 받을 것인가를 두고 친족 사이에 소송이 빈번하였다. 이러한 분쟁을 해결하고 성리학적 가족 윤리를 확립하기 위해 조선 태종 때부터 본격적으로 중혼 규제 방침을 정하였다.

STEP 2 시대의 흐름과 변곡점을 따라 독해하면서 키워드 등의 특징점을 체크한다.

[두 번째 문단] 1413년(태종 13)에 사헌부에 의해 도입된 중혼 규제 정책

> 1413년(태종 13)에 사헌부에서는, "부부는 인륜의 근본이니 적처와 첩의 분수를 어지럽히면 안 됩니다. 전 왕조 말에 이러한 기강이 무너졌으니 이제라도 바로잡아야 합니다. 앞으로는 혼서(婚書)의 유무와 혼례식 여부로 처와 첩을 구분하고, 처와 첩의 지위를 바꾼 경우에는 처벌 후 원래대로 바꾸며, 처가 있는데도 다시 처를 취한 자는 처벌 후 후처를 이혼시키십시오. 만약 당사자가 이미 죽어 바꾸거나 이혼할 수 없는 경우에는 선처(先妻)를 적처로 삼아 봉작하고 토지를 지급해야 할 것입니다."라고 아뢰었다. 이것이 받아들여져 ㉠규제가 시작되었다.

두 번째 문단에서 성리학 이론에 근거한 원론적인 개혁 방안이 제시되고 있음을 알 수 있습니다.

[세 번째 문단] 1414년(태종 14)에 대사헌 유헌 등에 의해 제시된 중혼 규제에 대한 수정 보완 정책

> 그런데 다음 해인 1414년(태종 14)에 대사헌 유헌 등은 위 규제를 기본으로 다음과 같이 몇 가지 ㉡수정 보완 기준을 제시하였다. "세월이 많이 지나 증빙 자료가 많지 않습니다. 이제 은의(恩義)가 깊고 얕음과 동거 여부를 고려하여, 선처와는 은의가 약하고 후처와 종신토록 같이 살았다면, 후처라도 작첩(爵牒)과 수신전(守信田)을 주고 노비는 자식에게 균분(均分)하게 하십시오. 만약 처첩의 자식들 사이에 적통을 다투는 경우에는 신분, 혼서 및 혼례를 조사하여 판결하며, 처인지 첩인지에 따라 그 자식에게 노비를 차등 분급하게 하고, 세 명의 처를 둔 경우에는 선후를 논하지 말고, 그중 종신토록 같이 산 자에게 작첩과 수신전을 주되 노비는 세 처의 자식에게 균분하게 하십시오. 영락 11년(태종 13) 3월 11일 이후부터 처가 있는데 또 처를 얻은 자는 엄히 징계하여 후처와 이혼시키되, 그중 드러나지 않다가 아버지가 죽은 후 자손들이 적통을 다투면 선처를 적통으로 삼으십시오."

세 번째 문단에 따르면 원론적인 개혁 방안이 현실에 바로 적용되기에 무리가 있으므로 정책으로 실현 가능하도록 1) 완화된 이념성과 2) 구체적 제도화가 반영된 방안이 제시되고 있습니다.
→ 이는 두 번째 문단과 세 번째 문단을 비교하여 독해하면 더 빠르게 이해할 수 있습니다.

[네 번째 문단] 자식과 아버지의 다른 처와의 관계를 어떻게 설정할 것인지에 대한 논란 발생

> 이상의 기준은 이후 「육전등록」에도 수록되어 실시되었다. 그런데 이제 자식이 아버지의 다른 처와 어떤 관계로 설정되어야 하는지에 논란이 발생하였다. 세종 때 이담 아들의 사례가 대표적이었다. 이담은 백 씨와 혼인한 상태에서 다시 이 씨에게 장가들었다. 이는 태종 13년 이전의 일이어서 처벌의 대상은 아니었으나, 1448년(세종 30) 이 씨가 사망하면서 새로운 문제가 발생하였다. 백 씨의 아들인 이효손이 이 씨를 위한 상복을 입지 않자, 이 씨의 아들인 이성손이 사헌부에 고발한 것이다. 이효손이 상복을 어떻게 입어야 하는지를 두고 다음과 같이 조정 관료들의 의견이 갈렸다.

네 번째 문단은 세 번째 문단에서 언급된 방안이 「육전등록」에도 수록되어 보편적 기준이 되었고, 이와 관련한 구체적인 상황이 발생하는 내용입니다.

[다섯 번째 문단~아홉 번째 문단] 1448년(세종 30) 자식과 아버지의 다른 처와의 관계가 쟁점이었던 이효손 씨 상복 케이스를 둘러싼 다양한 입장들(학술 비교형 지문)

> ⓐ집현전에서 아뢰기를, "예에는 두 명의 처를 두지 않는 것이 정도(正道)이지만, 전 왕조 말에 여러 명의 처를 두는 것이 너무 일반적이었으므로 한시적으로 모두 적처로 인정하였습니다. 「육전등록」에서 이미 여러 처를 인정하였으니 이효손은 이 씨를 위해서도 상복을 3년 입어야 합니다."라고 하였다.
> ⓑ예조에서 아뢰기를, "「육전등록」에서 여러 처를 모두 인정하기는 하였으나 국가에서 주는 작첩과 수신전은 한 사람에게 그쳤습니다. 이는 국가가 정도를 지향하였음을 보여주는 것입니다. 백 씨는 선처이고 이담과 평생 동거하였으니 그 의리가 이 씨와 같지 않습니다. 이효손이 이 씨를 위해 친모와 똑같이 한다면 친모를 내치는 꼴이 될 것이므로 상복은 1년 입어야 합니다. 이렇게 한다고 해서 이 씨를 첩모로 대우하는 것에 이르지는 않을 것입니다."라고 하였다.
> ⓒ이조판서 정인지는 아뢰기를, "예에는 두 명의 처를 두지 않는데, 「육전등록」에서 은의와 동거 여부를 고려함으로써 문란함을 방기하게 되었습니다. 이를 항구적인 법식으로는 삼을 수는 없으니, 두 아내의 아들들은 각각 자기 어머니에 대해서만 상복을 입게 해야 할 것입니다."라고 하였다.
> ⓓ경창부윤 정척은 아뢰기를, "이 씨가 이효손에게 계모가 되는 것은 아니지만, 「육전등록」상 선처·후처의 법에 의거해서 이를 계모에 견주어 상복을 3년 입고, 훗날 백 씨의 상에는 이성손이 3년을 입게 하는 것이 좋겠습니다."라고 하였다.
> ⓔ어떤 이는 "이제라도 이 씨를 강등하여 첩모로 대우하여 첩모를 위한 상복을 입는 것이 마땅합니다."라고 하였다.

- ⓐ 집현전의 입장
- ⓑ 예조의 입장
- ⓒ 이조판서 정인지의 입장
- ⓓ 경창부윤 정척의 입장
- ⓔ 어떤 이의 입장

→ 다섯 개의 입장을 '[급진적] ↔ [보수적]'으로 스펙트럼에 배치하여 정보를 기억합시다.

지문 분석을 마무리한 후 07번 문제의 선택지를 검토하면 다음과 같습니다.

① ㉠에서는 당사자가 이미 죽어 이혼을 할 수 없는 경우를 명시한 것이다. 따라서 생사 여부가 아닌 혼서의 유무와 혼례식 여부로 처와 첩을 구분함을 알 수 있다.
② ㉡에서 '처인지 첩인지에 따라 그 자식에게 노비를 차등 분급하게 하고'라는 내용을 통해 알 수 있다.
③ ㉠에서 '처가 있는데도 다시 처를 취한 자는 처벌 후 후처를 이혼시키십시오.'라고 했으므로 처를 첩으로 바꾸거나 첩을 처로 바꾸면 처벌을 받은 것은 ㉡이 아닌 ㉠에 해당한다.
④ ㉠에서 다처일 경우에는 후처와 이혼하는 것이지, 모든 처와 이혼하는 것이 아니다.
→ **매력적 오답**
⑤ 영락 11년 3월 11일 이후부터 은의와 동거 여부를 중혼 허용 기준으로 삼은 것은 ㉡에만 해당한다.

[정답] ②

다음으로 08번 문제의 선택지를 검토하면 다음과 같습니다.

① 여러 처의 존재를 인정하고, 아버지의 다른 처를 위해서도 상복을 3년 입어야 한다는 논리이므로 이성손도 마찬가지로 자신의 친모가 아닌 백 씨를 위해 상복을 3년 입어야 한다.
② ⓑ는 「육전등록」이 여러 처의 존재를 인정하였음에도 처에 대한 대우를 차등적으로 했음을 근거로 하여 동일한 적처라도 어머니로서의 대우에 대한 판단이 달라야 한다고 주장하고 있으므로 적절하다.
③ ⓒ는 여러 처를 두는 것을 합법화한 「육전등록」의 정당성을 부인하고 두 명의 처를 두는 법식이 영원히 유지될 수 없다고 주장하고는 있으나, 현행법으로서의 합법성마저 부인하고 있는 것은 아니다. 또한 각자의 어머니에 대해서만 상복을 입게 한다는 주장에서, 이효손의 어머니가 한 명으로 인정된다는 것이지, 이담의 처가 한 명으로 인정된다는 것은 아니므로 ⓒ도 ⓑ와 마찬가지로 백 씨와 이 씨를 모두 적처로 인정하고 있음을 유추할 수 있다. → **매력적 오답**
④ ⓒ의 논리에 따르면 이효손은 자신의 어머니인 백 씨에 대해서만 상복을 입으면 되지만, ⓓ의 논리에 따르면 이효손은 백 씨와 이 씨 모두를 위해서 상복을 입어야 한다.
⑤ ⓓ의 논리에 따르면 이효손은 이 씨를 계모에 견주어 상복을 3년 입어야 하고, ⓔ의 논리에 따르면 이효손은 이 씨를 첩모로 간주하여 상복을 입어야 한다. 따라서 어느 입장의 논리를 따르더라도 이효손은 상복을 입어야 하므로 이효손이 이 씨를 위해 상복을 입지 않아도 된다는 것은 적절하지 않다.

[정답] ⑤

STEP 3 지문에 제시된 대상과 문제에서 출제된 사료가 서로 매칭되는지 확인한다.

09번 문제는 〈보기〉에 사료가 제시되어 있으므로 사료 적용 문제임을 확인할 수 있습니다. 지문에 제시된 대상과 문제에서 출제된 사료가 서로 매칭되는지 확인하여 09번 문제를 검토해 보겠습니다.

이 지문에서는 시기에 따라 제도가 달라지기 때문에 시기에 맞게 사건을 잘 정리하는 것이 중요하다. 시기별로 사건을 정리하고 ㉠과 ㉡의 기준을 〈보기〉의 각 당사자에 적용하면 다음과 같다.

1413년	사헌부의 건의에 의한 ㉠규제
	박길동의 사망 시점 (5월)
1414년	대사헌 유헌 등에 의한 규제 ㉡수정 보완
1415년	박일룡이 소를 제기한 시점

- 노 씨(첩) – 박일룡
- 김 씨(선처) – 박이룡
- 허 씨(후처) – 박삼룡

정리한 내용을 바탕으로 선택지를 풀이하면 다음과 같습니다.

① 박길동 사망 직후의 시점은 ㉠에 의해서 영향을 받는 시점이다. ㉠에 따르면 혼서의 유무와 혼례식 여부로 처와 첩을 구분하고 작첩과 토지는 처에게 지급한다. 박일룡의 어머니인 노 씨는 혼례 없이 결혼을 했으므로 첩으로 구분되고, 혼서 교환과 혼례를 통해 관계를 맺은 김 씨는 처로 구분되므로 박길동 사망 직후의 시점에는 김 씨에게 작첩과 수신전이 주어졌을 것이다.
② 박길동이 소가 제기될 시점인 1415년에 생존해 있었다면 ㉡의 적용을 받는다. ㉡에 따르면 영락 11년(태종 13=1413년) 3월 11일 이후부터에 한하여 중혼에 대하여 처벌한다. 그러나 박길동이 중혼을 한 시점은 영락 11년 이전이므로 박길동은 중혼에 대해서 처벌받지 않았을 것이다.
③ ㉡에 따르면 은의가 깊고 얕음과 동거 여부만이 고려 대상이 되고, 아들이 집안을 주관하는지 여부는 고려 대상이 되지 않는다. 따라서 판결에 영향을 주지 않았을 것이다.
④ ㉡에 따르면 후처인 경우라도 후처와 종신토록 같이 살았다면 후처에게 작첩과 수신전을 주어야 하므로 동거를 하였던 허 씨에게 작첩과 수신전이 주어졌을 것이다.
⑤ ㉡은 여전히 처와 첩의 구분을 인정하고 있으며, ㉠의 규제에 대한 수정 보완 방안이다. 따라서 ㉡에는 처첩 구분 기준에 대한 특별한 추가적인 명시가 없으므로 여전히 처첩 구분 기준은 ㉠의 기준을 따른다고 봐야한다. 따라서 혼서와 혼례 없이 관계를 맺었던 노 씨는 첩으로 분류되므로 세 명의 처를 둔 경우가 아니라 한 명의 첩과 두 명의 처를 둔 경우의 규정이 적용되어 판결이 진행될 것이다. 따라서 적절하지 않다.

[정답] ⑤

실전문제

[01~03] 다음 글을 읽고 물음에 답하시오.

기존의 역사가들이 민주주의, 노예제와 같은 정치·사회제도의 모델을 찾기 위해 고대 그리스와 로마에 주목했다면, 최근에는 성(性)의 역사라는 맥락에서 서양 고대사를 다루는 경향도 있다. 그중 일부 학자는 혐오스러운 아동 학대라고 할 수 있는 소년애에 대해 고대 그리스와 로마 사회가 비교적 관용의 태도를 보였다는 점에 주목한다.

그리스어 파이데라스티아는 파이스(pais, 소년)와 에란(eran, 사랑하다)의 합성어로 소년애를 뜻한다. 소년애 관계에서 사랑의 대상인 자유민 소년은 에로메노스로 불리며, 이들의 나이는 17세 이하였다. 소년의 연인은 에라스테스로 불리며, 흔히 18~30세 사이의 남성이 이 역할을 수행했다. 고전기 아테네 사람들은 소년을 육체적 아름다움의 추구 대상이자 동시에 지적 대화의 동반자라고 생각했다. 플라톤도 "소년을 사랑하는 사람들은 아무 소년이나 사랑하는 것이 아니라 이성(理性)을 갖기 시작한 나이의 소년들만을 사랑한다."라고 서술한다. 실제로 그리스인들은 소년을 대상으로 한 교육과 육체적 쾌락이 양립할 수 있다고 믿었다. 그렇기에 파이데라스티아는 육체적 탐미와 사회적 교육, 우정의 조합이라 간주되었다. 아테네의 노예제와 동성애를 연구한 골든이 주장하듯이, 에라스테스와 에로메노스의 육체적 관계도 소년의 명예와 존엄을 배려하는 성격을 띠고 있었다.

스파르타에서는 에로메노스의 역할이 30세까지 지속되었다. 크세노폰은 남성과 소년이 친구가 될 수는 있지만 "남성이 명백히 소년의 육체에 매혹되었다면, 이는 불명예스러운 것"이라고 비판했다. 플루타르코스도 에라스테스와 에로메노스 사이의 관계는 교육적이며, 정신적 사랑의 의미가 더 크다고 보았다. 현대의 역사가 카틀리지는 소년애가 지녔던 정치적 엘리트 충원 역할에 주목했다. 그에 따르면, 세력 있는 집안 출신인 소년의 에라스테스가 된다는 것은 소년의 가장 가깝고 믿을 만한 조언자, 동료가 된다는 것을 뜻하였다. 물론 이런 해석들은 파이데라스티아의 본질인 '육체적 아름다움에 대한 매혹'을 과소평가한 것이다.

로마 공화정 후기인 기원전 3세기에서 기원전 1세기까지 동성애를 원하는 자유민 남성들에게 '준비된 손쉬운 사랑'의 대상은 주로 노예였다. 호라티우스의 시구에 등장하는 "난 준비된 손쉬운 사랑을 좋아하거든"이라는 표현은 상류층의 노예주가 노예 남녀를 성욕 충족의 도구로 삼는 데 아무런 장애가 없었음을 보여 준다. 이 경우 노예주들은 종종 미소년을 찾는 경향을 보였는데, 그러한 소년 노예는 델리카투스라 불렸다. 하지만 기원전 6~5세기의 아테네와 달리 기원전 2세기의 로마는 성인 남성과 자유민 소년과의 관계를 처벌하고 있었다. 이에 대해 로마사가 폴 벤느는 로마인이 시민의 능동성과 남성성에 대해 결벽적이었기 때문에 장차 시민이 될 소년과의 관계를 거부한 것이라고 설명했다. 나아가 미셸 푸코는 소년애를 억제한 결과 신분에 구애받을 필요가 없는 젊은 노예들과의 동성애가 로마에서 널리 행해졌다고 주장하였다.

로마 제정 초기인 기원전 1세기에서 서기 1세기까지 로마에는 그리스의 생활 방식을 숭상하는 헬레니즘이 번져 있었다. 그 일환으로 소년애가 로마에 흘러든 것은 결코 놀라운 일이 아니다. 당대의 지식인 키케로가 "이 우정의 사랑이란 대체 무엇인가? 내가 보기에 이 습속은 그리스인들의 김나시움에서 생겨난 듯하다."라고 논평했듯이, 로마의 지식인들은 젊은 남성들이 연무장에서 벗은 몸으로 운동하는 것을 의심에 찬 눈초리로 바라보았다. 로마사 연구자 윌리엄스는 로마인이 그리스인에게 소년애를 배울 필요가 없었다고 하지만, 여러 정황을 고려하면 로마의 소년애는 그 뿌리가 그리스에 있는 것으로 보인다. 그런데 다른 풍토에 이식된 문화는 원산지에서와는 다르게 생장하는 법이다. 로마의 소년애도 그랬다. 구애의 절차와 관계의 목표 모두 그리스에서와는 달리 명예로운 편이 아니었다. 소년들을 육체적으로 정복하고자 하는 욕망의 충족이 소년애의 궁극적 목표였으며, 이는 잠재적 시민의 명예에 대한 배려와는 거리가 멀었다.

01. 윗글에 대한 이해로 적절하지 않은 것은?

① 플라톤은 파이데라스티아의 대상을 일정한 지적 성장 단계의 소년으로 한정했다.
② 크세노폰은 에라스테스를 소년의 육체를 차지하려는 불명예스러운 자로 한정했다.
③ 플루타르코스는 성년 남자와 자유민 소년 간의 관계에서 정신적인 것을 중시했다.
④ 호라티우스의 시구에는 공화정 후기 로마인들과 델리카투스 사이의 성 풍속이 암시되어 있다.
⑤ 키케로는 헬레니즘을 통해 확산된 소년과의 그리스적 우정에 대해 비판적이었다.

02. 윗글로 보아 다음 설명 중 가장 적절한 것은?

① 아테네와 스파르타에서는 모두 이십 대 청년이 에로메노스에서 배제되었다.
② 아테네에서와 달리 스파르타에서의 에라스테스는 소년과의 육체적 관계를 거부했다.
③ 그리스에서와 달리 공화정 후기의 로마에서는 자유민 소년과의 소년애가 억제되었다.
④ 그리스에서와 달리 제정 초기의 로마에서는 소년애가 수행하는 사회화 기능에 주목했다.
⑤ 공화정 후기의 로마에서와 마찬가지로 제정 초기의 로마에서 소년애는 소년의 명예를 배려하였다.

03. 윗글과 <보기>를 연결하여 평가할 때, 가장 적절한 것은?

─〈보기〉─

고대 그리스 도자기에 묘사된 소년애 장면은 이성애 장면에 비해 훨씬 덜 노골적이다. 이는 자유민 소년이 성적 권력관계에서 욕망의 대상으로만 인식되는 것에 대해 그리스 사회가 지닌 거부감을 보여 준다. 한편, 기원전 2세기 로마의 상류사회에서 노예는 성적 대상이기도 했다. 법적 보호를 받을 수 없었던 노예 소년과의 관계를 즐기는 문화가 확산되자 시민들은 자칫하면 자기 자식도 소년애의 대상이 될 수 있다는 생각에 불안해했다. 거리에서 미성년 남성에게 치근덕거리는 행위를 금했던 공화정 후기의 성추행 관련 칙령은 이런 불안감의 결과였다. 공화정이 붕괴하고 평화의 시기가 도래하자 그리스적 사랑이 확산되었다. 로마의 현실을 일정하게 반영하고 있는 연가(戀歌) 역시 그리스적 사랑의 이식을 잘 보여 주었다.

① 도자기에 그려진 장면은 에로메노스와 에라스테스 관계에 대한 골든의 해석과 상충하는군.
② 그리스 도자기의 소년애 장면은 소년애를 정치 엘리트 충원 기능과 연결하는 카틀리지의 해석과 상충하지 않겠군.
③ 그리스인이 느낀 '거부감'과 로마인이 지닌 결벽적 태도가 상충한다는 점에서 벤느의 해석은 비판받을 수 있겠군.
④ 젊은 노예의 법적 지위는 노예를 상대로 한 동성애 확산으로 인해 소년애가 줄었다는 푸코의 주장을 뒷받침할 만하군.
⑤ 제정 초기 로마의 연가는 소년애가 그리스로부터 유입된 것이 아니라는 윌리엄스의 주장을 뒷받침할 만하군.

[04~06] 다음 글을 읽고 물음에 답하시오.

18세기 후반 이후, 이슬람 세계는 제국주의 침략을 받기 시작했고, 이슬람 신자들은 그에 맞서 저항하였다. 그중 눈에 띄는 것은 수피 종단들이 여러 지역에서 군사적 저항을 주도했다는 점이다. 대표적인 것이 알제리, 리비아, 수단에서의 항쟁이었다. 어떻게 이들이 상당한 기간 동안 열강에 맞서 저항할 수 있었을까?

수피즘은 신과의 영적 합일을 통한 개인적 구원을 추구한다. 수피즘을 따르는 이들인 수피는 속세의 욕심에서 벗어나 모든 것을 신께 의탁하며, 금욕적으로 살고자 했다. 8세기 초에 수피즘이 싹텄고, 9세기에는 독특한 신비주의 의식이 나타났다. 수피가 걷는 개인적인 영적 도정은 길을 잃을 수도, 자아도취에 빠져 버릴 수도 있었기에 위험하기도 했다. 그 때문에 그들은 영적 선배들을 스승으로 모시게 되었고, 거의 맹목적으로 스승을 따라야 했다. 10세기 말 수피들은 종단을 구성하기 시작했다. 수피 종단은 지역과 시기에 따라 성쇠를 거듭했지만, 점차 많은 동조자를 얻었다.

북아프리카의 경우, 수피 종단들은 한동안 쇠락하다가 18세기 이후 강력하게 재조직되어 선교와 교육기관의 역할도 담당했고, 지역 밀착을 통해 생활 공동체를 형성하는 구심점이 되면서 항쟁에 필요한 기반을 이미 갖추고 있었다. 이 지역에서 수피즘 지도자들이 외세에 맞서 부족들 간 이견을 봉합하고 결집시킬 수 있었던 요인 중 하나는 종교적 권위였다. 특히 알제리 항쟁을 이끌었던 압드 알 카디르와 리비아 항쟁 지도자였던 아흐마드 알 샤리프가 성인으로 존경받은 것은 정치적 권위를 확보하는 데 큰 도움이 되었다.

수니파에서 가장 엄격한 와하비즘은 성인을 인정하지 않고, 심지어 은사를 받기 위해 예언자 무하마드의 묘소에서 기도하는 것도 알라 외의 신성을 인정하는 것이라고 보아 배격했다. 하지만 수피즘에서는 성인의 존재를 인정했다. 성인은 왈리라고 불리는데, 질병과 불임을 치료하고 액운을 막는 등의 이적을 행할 수 있다는 것이다. 성인들의 묘소는 순례의 대상이 되었고, 이를 중심으로 설립된 수피즘 수도원은 지역 공동체의 중심이 되는 경우가 많았다.

한편 북서 아프리카의 수피즘 신자들은 혈통을 중시하는 베르베르 토속 신앙의 영향을 짙게 받아 무라비트를 성인으로 숭배했다. 무라비트는 코란 학자, 종교 교사 등을 통칭하는 용어였지만, 이 지역에서는 특정 수피 종단을 이끄는 왈리를 가리킨다. 무라비트는 신의 은총인 바라카를 가졌다고 여겨져 존경을 받았다. 무라비트는 특정 가문 출신 중 영적으로 선택된 소수만이 될 수 있는데, 대표적으로는 예언자 무하마드의 후손인 샤리프 가문이 있다. 압드 알 카디르와 아흐마드 알 샤리프는 모두 이 가문 출신의 무라비트였다.

북동 아프리카에서 일어난 수단 항쟁의 주역인 무함마드 아흐마드의 경우는 달랐다. 그는 성인 가문 출신은 아니었지만, 당시 만연한 마흐디의 도래에 대한 기대감을 충족시켜 종교적 권위를 얻고 이를 다시 정치적 권위로 전환시킴으로써 항쟁의 중심이 되었다. 이슬람교에서 마흐디란 종말의 순간 인류를 올바른 길로 인도하고 정의와 평화의 시대를 가져오는 구원자이다. 또한 마흐디는 부정의를 제거하고 신정주의 국가를 건설하는 개혁적 지도자이기도 하다. 마흐디 사상은 민간 신앙에서 출발하여 퍼진 것이었고, 특히 토속 신앙의 영향을 많이 받았던 수피들은 종단 지도자를 마흐디로 쉽게 받아들였다. 1881년, 무함마드 아흐마드는 자신이 예언자 무하마드의 생애와 사건을 재현하는 존재인 마흐디라고 선언했고, 이를 통해 여러 수피 종단과 부족 간의 갈등을 수습하여 외세에 맞서는 결속력을 만들었다.

더불어 수피즘의 의식에 참여한 이들 간에 생기는 형제애는 초국가적 조직망의 형성과 상호 협조를 가능하게 했다. 항쟁의 중심이었던 수피 종단들은 여러 나라에 수도원 중심의 조직을 가지고 있었다. 이들은 정보 교환, 물자 조달, 은신처 제공을 통해 항쟁을 뒷받침했다. 이처럼 영적 권위와 물질적 기반이 어우러져 비폭력 평화주의를 지향하던 종교 집단이 열강에 맞서 오랜 동안 저항할 수 있었던 것이다.

04. 윗글과 일치하지 않는 것은?

① 수피 종단들이 행했던 선교 활동은 알제리와 리비아, 수단에서 성공을 거두었다.
② 와하비즘 신봉자들은 예언자 무하마드를 특별한 존재로 받들면 일신교적 원칙을 어긴다고 보았다.
③ 수피들은 고유한 영적 의식의 참여를 통해 만들어진 연대 의식을 바탕으로 국제적 조직망을 구성했다.
④ 수피즘은 세속을 떠나 신에게 모든 것을 맡기는 삶을 추구하면서도 지역 공동체와의 협조를 중시했다.
⑤ 개인적 구원의 희구와 지도자에 대한 추종 간의 모순은 수피즘의 결과적 쇠락을 초래한 주요 원인이었다.

05. 마흐디 에 대한 이해로 가장 적절한 것은?

① 수단의 수피즘에서 마흐디는 무하마드의 후손으로 받아들여지는 구원자를 의미했다.
② 마흐디는 신비주의적 의식을 통해 알라와 하나가 되는 경지에 이르렀을 때 완성된다.
③ 탁월한 군사적 능력을 지녀 외세를 막아 내는 국가 지도자로 존경받는 인물이 마흐디이다.
④ 마흐디가 신정주의 국가를 건설할 것이라는 개혁적 개념은 이슬람 경전에서 그 기원을 찾을 수 있다.
⑤ 무함마드 아흐마드가 마흐디로 인정받은 것은 당시가 종말의 시대로 여겨지고 있었음을 알려 준다.

06. <보기>를 바탕으로 윗글에 관해 추론한 것으로 적절하지 않은 것은?

―〈보기〉―

"창조주시여, 당신은 현세와 내세에서 나의 반려자이십니다."라는 코란의 구절을 바탕으로 '알라의 반려자'라는 뜻의 왈리를 추앙하는 사상인 월라야가 나타났다. 성인은 인류와 알라를 가로막는 욕망에서 초탈한 인물이어서 알라와 인류의 중재자로서 권능을 지닌다고 여겨졌고, 사후에도 권위가 남아 있었다. 묘소는 중립 지대였으며, 적대적 부족들도 함께 모이는 장터 역할도 했다. 일부 사람들은 최후의 심판일에 예언자 무하마드가 중재자로서 신도들을 구원할 것이라고 믿었다. 그가 예언자이면서 왈리라고 생각한 것이다.

① 초월적 능력은 지니지 않아도 무라비트가 될 수 있는 것은 예언자 무하마드의 혈통을 지녔기 때문일 것이다.
② 왈리가 특별한 능력을 시현한다고 믿어졌던 것은 월라야에 의거해 신과 인간 사이에 중재자가 있다고 믿었기 때문일 것이다.
③ 왈리의 묘소를 중심으로 설립된 수피즘 수도원이 종종 지역 공동체의 중심이 된 것은 사후에도 권위가 남았기 때문일 것이다.
④ 압드 알 카디르가 부족 간의 이견을 봉합하고 결집할 수 있었던 것은 그가 욕망에서 초탈한 인물이라고 여겨졌기 때문일 것이다.
⑤ 샤리프 가문이 바라카를 지닐 수 있다고 인정되는 가문이 된 것은 예언자 무하마드가 최후의 심판에서 맡을 역할 때문일 것이다.

[07~09] 다음 글을 읽고 물음에 답하시오.

오늘날 우리는 법적인 문제에 있어서 사람들 사이에 합의가 있으면 당사자가 합의의 내용에 구속될 뿐 아니라 합의가 이행되지 않을 경우에는 당연히 소송을 통해 그 이행을 강제할 수 있다고 생각하는 경향이 있다. 하지만 합의에 관한 이러한 이해는 비교적 최근에야 생겨난 것으로 보인다.

로마의 법률가들이나 중세 영국의 판사들은 단순히 합의가 있었다고 해서 당사자가 합의의 내용에 구속된다고 보지는 않았다. 그뿐 아니라 합의가 지켜지지 않으면 곧 소송을 통해서 그 이행을 강제할 수 있어야 한다는 생각도 그들에게는 매우 낯선 것이었다. 왜냐하면 그들이 보기에 합의의 불이행으로 인한 손해를 구제하는 것과 합의의 이행을 강제하는 것은 확연히 구분되는 일이었으며, 소송은 기본적으로 전자를 위한 수단이었지 후자를 위한 수단은 아니었기 때문이다. 예컨대 로마의 법률가들은, 만일 당사자가 어떤 노예를 해방하기로 하고 돈을 받아 놓고도 그 노예를 해방하지 않고 있다면 받은 돈을 되돌려 주도록 하는 것으로 충분하며 굳이 그 노예를 해방하도록 강제할 필요는 없다고 보았다. 그들은 합의는 준수되어야 한다는 선험적인 전제로부터 출발하여 사태를 해결하려 했던 것이 아니라 단지 구체적인 분쟁에 대한 만족스러운 해결책은 무엇인가라고 하는 지극히 현실적인 물음에서 출발했던 것이다.

합의의 구속력에 대한 이 같은 인식에 변화가 발생하게 된 원인에 대해서는 여러 가지 설명이 있을 수 있다. 우선 합의를 하고 그것을 이행하는 과정에서 소송을 통해 구제될 필요가 있는 손해의 발생 가능성이 현저하게 증가했다는 점에 주목할 필요가 있다. 경제사 학자들의 연구 성과에 따르면, 16세기 중반까지 대체로 안정적이었던 영국의 물가가 16세기 후반 갑자기 상승 국면으로 바뀌었는데, 이러한 경제 지표의 변화 시점은 영국의 판사들이 소송을 통한 합의의 이행 강제도 가능하다고 입장을 바꾼 시점과 거의 일치하고 있다. 예를 들어 매매 계약을 체결하고도 매도인이 그 계약을 이행하지 않는 경우를 생각해 보자. 계약을 체결한 시점과 이행할 시점 사이에 목적물의 가격이 변하지 않았다면 매수인은 같은 가격에 다른 사람과 계약을 체결할 수 있지만, 가격이 상승했다면 비싼 가격에 계약을 다시 체결해야 하므로 가격 차이는 고스란히 손해로 이어지게 된다. 따라서 학자들은 경제 여건의 변화가 소송 제도의 변화에 영향을 미쳤을 것이라 해석한다.

그러나 경제 여건의 변화만으로 모든 것을 설명할 수는 없다. ㉠'형식의 옷을 입지 않은 합의만으로는 소권(訴權)이 생기지 않는다'는 로마법 이래의 원칙을 파기하려면 법리적 정당화가 수반되어야 했기 때문이다. 하지만 중세의 세속법 학자들은 그러한 정당화가 불가능하다고 여겼다. 다수의 영국 판사들이 소송을 통한 합의의 이행 강제에 반대했던 것도 비슷한 이유 때문이었다. 그들의 이러한 형식법적 사고방식을 과감히 뛰어넘는 데 필요한 힘은 교회로부터 나왔다. 중세의 교회법은 자연법적 색채가 강했으며, 교회의 윤리 신학자들은 오직 해야 할 것과 해서는 안 되는 것 그 자체를 양심의 법정에서 실질적으로 판단하고자 했다. 이러한 실질법적 사고방식은 이미 13세기 교황 그레고리우스 9세의 훈령 속에 ㉡'합의는 어떠한 형식의 것이든 준수되어야 한다'는 조항으로 규정되었고, 결국 16세기 후반 영국 세속법의 변화에도 법리적인 정당화를 제공해 주었다. 이후 합의의 형식적 측면보다는 실질적 측면이 더 강조되었다. 즉 합의는 내용적으로 문제가 없는 한 당사자를 구속하며 그 이행은 강제될 수 있는 것으로 인식되기 시작했다.

16세기 후반 우여곡절 끝에 영국 법원의 공식적 입장이 전환되기는 했지만 판사들 간의 논란은 종식되지 않았다. 과거의 전통을 지지하는 판사들은 여전히 형식의 옷을 중요하게 생각했던 것이다. 합의의 구속력이 논란의 여지없이 당연한 것으로 받아들여지기까지는 200년 이상의 시간이 더 필요했다. 경제적 여건의 변화에 주목하는 학자들은 16세기 후반 이후 약 200년간 물가 상승이 지속적으로 이어지면서 합의의 이행을 강제하는 법 제도가 점차 당연하고도 정의로운 것으로 여겨지게 되었다고 주장한다. 하지만 우리는 19세기의 법률가들이 인간 중심적인 근대 철학에 기초하여 합의의 구속력의 근거를 새로운 관점에서 설명하고자 했다는 점에도 주목해야 할 것이다. 19세기의 법률가들은 합의의 구속적 성격이 인간의 자율성에서 도출된다고 보았다. 인간은 자율적 존재이기 때문에 스스로 합의한 바에 구속되는 것은 당연하다는 것이다.

07. 윗글의 내용과 일치하지 <u>않는</u> 것은?

① 로마 시대의 법률가들은 원칙에 따른 일관성보다는 현실적인 고려를 중시하였다.
② 중세 영국의 판사들은 기본적으로 소송을 손해의 구제 수단으로 여겼다.
③ 16세기 후반의 영국 판사들은 소송을 통한 합의의 이행 강제를 당연한 것으로 여겼다.
④ 중세의 윤리 신학자들은 윤리적인 관점에서 합의 준수 의무를 인정하였다.
⑤ 19세기의 법률가들은 근대 철학이 합의의 구속력을 설명하는 논리를 제공해 줄 수 있다고 보았다.

08. 윗글의 문맥에 따를 때 ㉠, ㉡으로부터 추론한 내용으로 적절하지 <u>않은</u> 것은?

① ㉠은 합의의 내용에 따라 그것의 구속력 여부가 결정됨을 뜻한다.
② ㉠은 합의의 불이행만으로는 소권이 부여되기에 충분하지 않았음을 보여 준다.
③ ㉡은 19세기에도 통용된 법 원칙이다.
④ ㉡은 합의의 형식에 따라 그것의 구속력 여부가 결정되지는 않음을 의미한다.
⑤ ㉠과 ㉡은 합의의 구속력 여부에 대한 판단 기준을 제공한다는 점에서 일치한다.

09. 윗글에 대한 설명으로 가장 적절한 것은?

① 제도 변화의 원인을 경제적 변인을 중심으로 설명하고 있다.
② 중심 개념에 대한 이해의 변화를 역사적 측면에서 기술하고 있다.
③ 중심 개념의 분석을 통해 그 단점을 보완한 새로운 개념을 제안하고 있다.
④ 중심 개념에 대한 오늘날의 통념적인 이해가 타당하지 않음을 논증하고 있다.
⑤ 과거의 사례에서 전범(典範)을 찾아 문제를 해결하기 위한 대안으로 제시하고 있다.

[10~12] 다음 글을 읽고 물음에 답하시오.

조선 성종 8년(1477) 조정에서는 여성의 재가(再嫁)를 둘러싸고 토론이 벌어졌다. 그 계기가 된 것은 이심의 처 조 씨 사건이었다. 이 사건은 조 씨의 오빠인 조식이 전 칠원현감 김주가 과부인 누이 집에 와서 유숙한 것을 두고 강간이라고 고발하면서 시작되었다. 조사 결과 김주와 조 씨는 이미 성혼한 사이였으나, 중매를 거치지는 않았다. 조식은 과부가 된 누이를 돌보지 않다가 그 누이의 재산을 차지하려고 무고한 것이었다. 이렇게 끝날 뻔했던 사건이 부녀자의 재가 문제로 논제가 옮겨가면서 양상이 달라졌다. 당시 성종이 전·현직 고위 관료 46명을 불러 부녀자의 재가에 대한 의견을 들었는데, 다음이 대표적인 의견들이었다.

㉠영돈녕부사 노사신 등이 아뢰기를, "부인의 덕은 한 남편을 섬기는 것보다 더 큰 것이 없습니다. 그러나 젊은 나이에 과부가 된 자에게 재가를 허락하지 않는다면, 부모와 자식이 없어 의지할 곳이 없는 사람은 오히려 절개를 잃게 될 것입니다. 그런 이유로 국가에서 부녀자가 재가하는 것을 금하지 않았으니 그전대로 하는 것이 편하겠습니다."라고 하였다.

㉡지중추부사 구수영 등이 아뢰기를, "사족(士族)의 여자가 일찍 과부가 되어 생계가 막막해서 부득이 재가한 경우와 부모의 명으로 재가한 경우는 형세상 어쩔 수 없는 것이므로 〈경국대전〉에서도 세 번 시집가는 것에 대해서만 금지하고 있습니다. 그러나 자식이 있고, 집이 가난하지 않은데도 스스로 재가하는 자가 있으니 이는 정욕을 이기지 못한 것입니다. 금후 이 경우는 세 번 시집간 사례로 적용하는 것이 어떻겠습니까?"라고 하였다.

㉢예조참판 이극돈 등이 아뢰기를, "〈경국대전〉에, '재가한 부녀자에게는 작위를 주지 않고, 세 번 시집간 자는 실행(失行)한 자와 한가지로 아들과 손자에게 과거 응시와 현관(顯官: 특정한 요직) 제수를 허락하지 않는다'고 하였으니, 이는 정상을 참작하여 법을 만든 것으로 풍속을 경계하고 장려하기에 족합니다. 결혼한 여자가 한 남편을 끝까지 섬기는 것이 마땅하지만, 불행히 일찍 과부가 되어서 의탁할 곳이 없으면 그 재가가 부득이한 데서 나온 것입니다. 국가에서 사람마다 절의를 가지고 책임지우는 것은 마땅한 일이지만, 일일이 논죄한다면 또한 어려울 것이니 〈경국대전〉에 따라서 시행함이 어떻겠습니까?"라고 하였다.

㉣무령군 유자광 등이 아뢰기를, "예전에 정자(程子)가 가로되, '재가는 후세에 굶어 죽을 것을 두려워하여 하는 것이다. 절개를 잃는 것은 지극히 큰 일이고, 굶어 죽는 것은 지극히 작은 일이다'고 하였습니다. 세상 풍속이 절의를 돌아보지 않고 재가하고, 국가에 금령이 없어 절개를 잃은 자의 자손이 현관의 직에 오르는 일이 풍속을 이루며, 혼인을 주선하는 자가 없는데도 스스로 지아비를 구하는 자까지 있습니다. 금후로는 부녀자들의 재가를 금지하고, 이를 어기는 자가 있으면 모두 실행한 것으로 처벌하고, 그 자손도 관직에 오르지 못하게 해야 합니다."라고 하였다.

유자광의 의견에 동조한 사람은 세 명뿐이었다. 성종은, "전(傳)에 이르기를 '신(信)은 부녀자의 덕이니 한 번 함께 하였으면 종신토록 고치지 않는다'고 하였다. 그리하여 삼종지의(三從之義)라는 말이 있는 것인데 세상의 도리가 날로 비속해져 사족의 여자가 예의를 돌보지 않고 스스로 중매하여 다른 사람을 따르니, 이는 가풍을 무너뜨릴 뿐 아니라 유학의 가르침을 더럽히는 것이다. 이제부터는 재가한 여자의 자손은 관직에 임용되지 못하도록 하여 풍속을 바로잡도록 하라."라고 명하였다. 그에 따라 성종 16년(1485)에 수정된 〈경국대전〉에서는 재가한 여자의 아들과 손자는 과거에 응시하지 못하고 어떤 관직에도 임용되지 못하도록 규정되었다.

한편, 이심의 처 조 씨는 친척이 혼인을 주선하지 않았음에도 스스로 시집간 죄로, 김주는 조 씨와 혼인하되 예를 갖추지 않은 죄로 〈대명률〉의 "화간(和姦)한 자는 장 80에 처한다."라는 조항에 따라 모두 처벌하고 이혼시켰다. 조 씨 사건으로 촉발된 논의는 결과적으로 여성의 지위가 하락하게 되는 결정적 계기가 되었다. 이 논의 과정에서, 재가의 상대가 된 남성이나 재혼한 남성에 대한 처벌은 언급조차 되지 않은 점도 당시 사회 분위기를 잘 보여 준다고 할 것이다.

10. 윗글의 내용으로 보아 적절하지 <u>않은</u> 것은?

① 당시에는 〈경국대전〉에 직접적인 처벌 조항이 없어도 다른 법률을 이용하여 처벌하는 것이 가능하였다.
② 수정된 〈경국대전〉은 세 번 시집간 여자에 대한 제재 규정을 두 번 시집간 여자에게 그대로 적용한 것이었다.
③ 〈경국대전〉에서 재가를 규제하는 조항은 관직에 오를 자격이 없는 신분의 사람에게는 실효성이 없었을 것이다.
④ 성종은 부녀자의 재가가 유학의 기준으로 볼 때 풍속을 타락시키는 것이라고 판단하여 소수 의견을 받아들였다.
⑤ 〈경국대전〉에서는 여자가 세 번 시집가는 것에 대해 실행의 경우와 마찬가지로 그 자손들에게 불이익을 주도록 하였다.

11. ㉠~㉣의 주장에 대한 설명으로 가장 적절한 것은?

① ㉠과 ㉡은 재가를 금지할 경우 과부들이 절개를 잃는 일이 더 많아질 것이라고 보는 점에서 일치한다.
② ㉠은 새로운 법령을 만드는 것에 대해 긍정적인 입장이지만, ㉣은 새로운 법령을 만드는 것에 회의적인 입장이다.
③ ㉡은 부득이하지 않은 재가에 대해 기존 법률을 확대 적용하자는 의견이지만, ㉢은 기존 법률의 확대 적용에 반대하는 의견이다.
④ ㉡과 ㉢은 재가의 정황을 참작하지 않고 법률을 일률적으로 적용해야 한다고 보는 점에서는 동일한 입장이다.
⑤ ㉢과 ㉣은 국가가 현실을 고려하기보다 형벌을 강화함으로써 풍속을 지키는 데 적극 개입해야 한다는 입장이다.

12. 윗글의 논의를 바탕으로 <보기>의 사례에 대해 추론한 것으로 적절하지 <u>않은</u> 것은?

<보기>

사족의 딸인 목 씨는 첫 남편 강철호가 죽자 오빠 목인수의 중매로 남예건과 혼례를 올렸다. 재혼 당시 목 씨는 부모가 모두 사망하고 친족으로는 목인수만이 있는 상황이었으며, 남예건에게도 자식이 없었다.

① 이심의 처 조 씨 사건과 같은 시기에 일어난 일이라도 목 씨는 조 씨와 같은 죄목으로 처벌받지 않았을 것이다.
② 〈경국대전〉이 수정되지 않았다면 목 씨와 남예건 사이에서 태어날 아들은 관직 진출에 법령상 제한을 받지 않을 것이다.
③ 수정된 〈경국대전〉에 따르면 목 씨와 남예건의 손자는 과거에 응시하는 것이 불가능할 것이다.
④ 〈경국대전〉이 수정된 뒤에는 목 씨의 유죄 여부를 판정하기 위해 목 씨의 나이와 형편을 살폈을 것이다.
⑤ 〈경국대전〉이 수정된 뒤에도 목 씨의 남편 남예건 본인에게 적용될 처벌 규정은 생겨나지 않았을 것이다.

제재 3 철학

1 제재 소개

철학은 가장 엄밀한 논리 전개를 요구하는 학문에 속하므로 논리적 언어를 구사하는 능력을 평가하기에 가장 적합한 지문 소재에 해당합니다. 따라서 LEET 언어이해 시험뿐만 아니라 언어에 관련된 많은 시험에서 윤리학, 심리철학, 분석철학, 인식론, 예술론 등 철학의 수많은 하위 분과들이 고루고루 출제되었습니다. 물론 LEET 언어이해 시험에서는 철학을 제재로 삼는다고 해도 LEET 언어이해 지문의 고유의 특색에 맞는 패턴 전개 방식으로 재구성되어 출제되므로, 철학 지문은 주로 패턴별 학습에서 다루었던 바 있습니다. 구체적으로 각 분과의 특징을 살펴보도록 하겠습니다.

첫째, **미학(예술론)**입니다. 아름다움(美)이라는 개념을 어떻게 철학적으로 정의할 것이며, 그 철학적 개념을 예술 작품에 어떻게 적용할 것인지에 대해서 논의됩니다. 과거 LEET 언어이해에서는 빈번하게 출제되었으나 최근에는 출제되지 않고 있는 분과에 해당합니다.

둘째, **정치철학**입니다. 정치의 영역에서 발생하는 자유, 평등, 민주주의 등의 개념에 대한 철학적 논의를 다루는 학문 분과인데 최근에 출제 빈도가 증가하고 있습니다. 법학과의 관련성이 높기 때문에 앞으로도 출제 빈도가 높을 것으로 예상되지만 난도가 높은 편은 아닙니다.

셋째, **윤리학**입니다. 학문의 특성에서 법학과 가장 유사하기 때문에 매우 빈번히 출제되는 분과입니다. 윤리적 규범이 제시되고 그 규범을 구체적인 케이스에 적용할 것을 요구하는데, 그러한 지문 전개와 문제 풀이 방식이 수험 법학과 매우 흡사하기 때문에 법학적 적성을 파악하기에 가장 용이한 학문 분과라고 생각되며, 전통적으로 출제 비중이 높습니다.

넷째, **심리철학(인식론)**입니다. 현대 철학의 주된 연구 분야 중 하나이며 최근에 LEET 언어이해에서 출제 비중이 급격히 증가하고 있습니다. 난도가 상당히 높고 논리적 사고의 틀이 정교하기 때문에 매우 고난도로 출제될 수 있으며, 출제되는 경우 논리퀴즈와 유사한 문제로 제시되기 때문에 추리논증을 푸는 것과 유사한 느낌을 받을 것입니다.

다섯째, **분석철학**입니다. 수학의 접근 방식을 흉내내어 철학적 명제들을 논리적 소도구로 분해하여 다루는 철학의 학문 분과에 해당하며, 현대 철학의 가장 주류를 이루고 있는 방법론입니다. 매우 고난도로 출제될 수 있으며, 출제되는 경우 논리퀴즈와 유사한 문제로 제시되기 때문에 추리논증을 푸는 것과 유사한 느낌을 받을 것입니다.

그런데 철학의 분과 중에서 LEET 언어이해에서만 유일하게 출제되며 그 출제 빈도가 독보적으로 높은 특정 분야가 있습니다. 칸트와 헤겔에 바탕을 둔 독일 관념철학이 바로 그것입니다. 그 중에서도 도덕이나 윤리와 대비하여 법의 성격을 규명하는 독일 관념철학의 법에 관련된 논의가 빈번하게 출제됩니다. 이는 LEET 언어이해의 출제 기관인 법학전문대학원협의회에서 문제를 출제하시는 법학 전공 교수님들의 학문적 뿌리가 독일 철학에 기반을 두는 경우가 많기 때문으로 추론됩니다. 따라서 LEET 언어이해의 기출에서 독일 관념철학을 다루는 지문은 다른 철학 지문에 비해서 난도도 높은 편인데, 독일 관념철학의 논의에 대한 배경지식을 일정 수준 요구하는 정도에 근접합니다. 따라서 다른 철학의 분과들은 배경지식을 공부할 필요가 없지만 독일 관념철학, 그중에서도 윤리와 도덕 등 규범적 논의들은 어느 정도 배경지식을 쌓아두는 편이 도움이 될 것입니다.

2 대표 기출문제

출제시기	세부 제재	소재 및 문제 번호
2025학년도	윤리학	공리주의와 도덕 권리론의 관계(13~15번)
	고대철학/윤리학	소크라테스의 변론에 대한 다양한 해석(22~24번)
2024학년도	고대철학/중세철학/인식론	진리의 고전적 정식(10~12번)
	윤리학	도덕 명제에 대한 흄의 관점에 대한 해석(25~27번)
2023학년도	인식론/윤리학	도덕적 고려 대상의 범위(4~6번)
	미학/독일 관념론	낭만주의와 낭만적인 것(22~24번)
2022학년도	독일 관념론	철학적 근대의 딜레마와 객관적 관념론(4~6번)
	인식론/윤리학	로봇은 도덕 공동체의 일원이 될 수 있는가?(25~27번)
2021학년도	정치철학	롤스와 싱어의 평등 개념(7~9번)
	정치철학	르포르의 자유와 권리 개념(13~15번)
	동양철학	한국 유교의 귀신 개념(19~21번)
2020학년도	윤리학/독일 관념론	선의지 개념에 근거한 칸트의 도덕 철학(22~24번)
2019학년도	윤리학	동물감정론과 동물권리론(13~15번)
	인식론	심신 동일성에 대한 논쟁과 실험(19~21번)
2018학년도	윤리학/독일 관념론	칸트의 도덕 철학과 헤겔의 윤리 이론(13~15번)
	윤리학	베나타의 반출생주의 논증(22~25번)
2017학년도	윤리학	개인의 복지 수준 평가에 대한 세 가지 이론(4~6번)
	인식론	개념주의와 비개념주의(27~29번)
2016학년도	윤리학	선에 대한 주관주의와 객관주의(11~13번)
2015학년도	미학/독일 관념론	헤겔의 예술종말론(7~10번)
	윤리학	인격성 유무에 따른 살인의 윤리적 평가(24~26번)
2014학년도	윤리학	쾌락주의의 개념과 역사(8~10번)
	미학	재현적 회화와 재현적 음악(14~16번)
2013학년도	동양철학	주희의 심통성정론(13~15번)
	인식론	범주 판단 과정에 대한 립스의 실험(28~29번)
2012학년도	윤리학	상위선 개념에 근거한 도덕 철학(12~14번)
2010학년도	미학	도상해석학과 신미술사학(13~15번)
	독일 관념론	회슬레의 철학 장르론(33~35번)
2009학년도	분석철학	회의주의와 뮌히하우젠 트릴레마(23~25번)
	미학/독일 관념론	헤겔의 예술종말론과 미학의 체계 이론(29~31번)

3 독해 전략

STEP 1 | 철학 이론의 전제 및 배경을 파악한다.

✓ 철학 제재는 기본적으로 논증형 지문의 성격을 갖는다. 따라서 "전제 문단-논증 문단-결론 문단"의 구성인 경우가 많다. 논증이 전개되려면 우선 전제가 주어지는데, 전제에 대해서는 따지지 말고 지문에서 주어지는 그대로 받아들여야 한다.

▼

STEP 2 | 철학 이론의 논증 과정을 파악한다.

✓ 철학은 학문적 특성상 앞선 논의를 바탕으로 일부분을 수용하고, 일부분은 반박하며 자신의 수정된 입장을 제시하는 식으로 구성되며, 이러한 특성은 지문에도 그대로 적용된다. 가령 헤겔은 칸트의 일부분을 수용하고 일부분을 수정한 이론이며, 니체는 헤겔의 일부분을 수용하고 일부분을 수정한 이론인 관계인데, 각 문단들도 그러한 구성을 맺고 있을 가능성이 있다.

✓ 만약 이론의 논증 과정에서 앞선 철학 사조가 언급되지 않는다면 단일한 이론에 대해서 매우 세세하게 논증이 제기되는 지문일 것이므로 그 논증의 원리에 주의를 기울이면서 지문을 읽어 나가야 한다.

▼

STEP 3 | 철학 이론이 도출해 낸 결론이 무엇인지를 확인한다.

✓ 철학을 제재로 삼은 지문은 지문 전체가 논리적 완결성을 띄는 경우가 많다. 서문에서 제기한 문제에 대해서는 반드시 그 답변을 회수할 것이며, 여러 사조가 오고 가는 경우에도 그 논의의 결론을 종합하여 어떠한 결론 문단으로 매듭지을 것이다. 그러므로 결론 문단이 함의하고 있는 주장을 반드시 확인해야 한다.

이 문제는 반드시 출제된다!

철학적 개념 적용: 철학은 철학자 혹은 철학 이론에서 독자적으로 정의한 새로운 철학 개념을 바탕으로 논지를 전개하는 경우가 많으며, 그 개념들 사이의 논리적 연결 관계를 중심으로 문제를 구성하는 경우가 많기 때문에, 철학적 개념을 적용할 것을 요구하는 문제가 반드시 출제된다.

4 문제에 적용해보기

독해 전략을 적용하여 연습문제를 풀이해 봅시다.

연습문제 1

[01~03] 다음 글을 읽고 물음에 답하시오.

2020학년도 LEET 문22~24

> 우리 행위의 가치를 평가할 때 언제나 우선적이어서 여타의 모든 가치들의 조건을 이루는 선의지라는 개념이 있다. 이 선의지 개념을 발전시키기 위해, 먼저 도덕적 의무라는 개념에 대해 생각해 보자. '의무에 어긋나는' 것으로 인식된 모든 비도덕적인 행위에 대해서는 비록 그런 행위들이 이런저런 의도에는 유용하다고 할지라도 여기서는 고려하지 않겠다. 이런 행위는 의무와 충돌하므로, 과연 그 행위들이 '의무에서 비롯하는' 것일 수 있느냐는 물음이 이 행위 자체에서 아예 발생할 수 없기 때문이다. 의무에서 비롯하는 행위는 어떤 조건도 없이 오로지 당위(當爲)에 의거한 행위이다. 의무에 어긋나는 행위를 의무에서 비롯하는 행위와 구별하는 것은 쉽다. 이와 달리 '의무에 맞는' 행위를 의무에서 비롯하는 행위와 구별하는 것은 어렵다. 의무에 맞는 행위를 유발하는 동인은 다양해서, 어떤 것은 행위자의 이해관계에서 출발하기도 하고, 다른 어떤 것은 사랑이나 동정심 등의 감정에 의해 나타나기도 한다.
>
> 예컨대 자신의 이득이 우선인 ⓐ의사가 수입을 늘리기 위해 최선을 다해 진료한다면, 그의 행위는 의무에 맞는 일이다. 하지만 환자가 정당하게 대우받는 것처럼 보인다고 해서 이 행위가 의무에서 비롯하여 행해졌다고 말할 수는 없다. 한편 공감 능력이 뛰어나 이웃의 불행에 발 벗고 나서서 돕는 ⓑ사람이 있다. 그의 행위는 의무에 부합하며 매우 칭찬받을 만하지만 아무런 도덕적 가치를 갖지 못하며 단지 성격적 특성이 발현된 것일 뿐이다. 공감하는 행위가 의무에 맞고 칭찬과 격려를 받을 만하더라도 도덕적 존경의 대상은 아니다. 하지만 이 박애주의자가 뇌 손상으로 공감 능력을 상실하고도 다만 의무로 인식하여 타인을 돕는 경우라면, 그 행위는 비로소 진정한 도덕적 가치를 갖게 된다.
>
> 의무에서 비롯하는 행위는 그 도덕적 가치를 행위에서 기대되는 결과에 의존하지 않으며 대신에 행위를 결정하는 동기인 의지에서 구한다. 결과는 다른 원인으로 성취될 수도 있으며, 이성적 존재자의 의지가 요구되지도 않는다. 반면에 무조건적인 최고선은 이성적 존재자의 의지에서 만날 수 있을 뿐이다. 이런 연유로 오직 법칙에 대한 표상, 즉 법칙 자체에 대한 생각만이 우리가 도덕적이라고 부르는 탁월한 선을 이룬다. 물론 기대된 결과가 아닌 법칙의 표상이 의지를 규정하는 근거가 되는 한, 이 표상은 이성적 존재자에게서만 발생한다. 이 탁월한 선은 이미 법칙에 따라 행동하는 인격 자체에 있으므로 우리는 결과에서 이 선을 기대해서는 안 된다. 이러한 탁월한 선에 따르면, ⓒ거짓 약속을 하는 사람의 주관적 원리는 모든 사람을 위한 보편적 법칙이 될 수 없다. 거짓 약속을 하는 행위를 보편적 법칙으로 삼고자 한다면, 그 어떤 약속도 있을 수 없는 모순이 발생한다. 즉 행위자의 주관적 원리는 보편적 법칙이 되자마자 자기 파괴를 겪게 된다.
>
> 행위를 규정하는 의지를 단적으로 그리고 제한 없이 선하다고 할 수 있으려면 법칙을 표상할 때 이로부터 기대되는 결과를 고려하지 않고 표상하는 것이 의지를 규정해야만 한다. 어떤 법칙을 준수할 때 의지에서 일어날 수 있는 모든 충동을 의지에서 빼앗는다면, 이제 남아 있는 것이라곤 행위 일반의 보편적 합법칙성뿐이므로, 이것만을 의지를 일으키는 원리로 사용해야 한다. 다시 말해 나는 내 주관적 원리가 보편적 법칙이 되어야 한다고 바랄 수 있도록 오로지 그렇게만 행위를 해야 한다.

📋 지문 요약 연습

연습문제를 풀이하면서 지문의 각 문단을 요약해 보세요.

사실 확인
01. 윗글의 내용과 일치하는 것은?
① 결과가 이성적 존재자의 공감을 얻는다면 그 행위는 도덕적이다.
② 도덕적 가치 판단은 동기인 의지와 품성인 덕을 모두 고려해야 한다.
③ 어떤 행위가 만인의 보편적 이익을 지향한다면 그 행위는 도덕적이다.
④ 감정에서 우러나는 자발적 행위라야 진정한 도덕적 가치를 가진다.
⑤ 이타적인 동기에서 유발되는 행위 자체는 도덕적 존경의 대상이 될 수 없다.

사실 확인
02. 윗글에 대한 이해로 적절하지 않은 것은?
① '의무에 맞는' 행위는 '의무에 어긋나는' 행위가 될 수도 있다.
② '의무에 맞는' 행위는 '의무에서 비롯하는' 행위가 아닐 수도 있다.
③ '의무에서 비롯하는' 행위는 '의무에 맞는' 행위가 될 수밖에 없다.
④ '의무에 어긋나는' 행위는 '의무에 맞는' 행위와 유발 동인이 동일할 수도 있다.
⑤ '의무에서 비롯하는' 행위는 '의무에 어긋나는' 행위와 달리 이성적 존재자의 선의지에 따른다.

사실 확인
03. 윗글의 입장에서 ㉠~㉢을 평가할 때, 가장 적절한 것은?
① ㉠이 자신의 평판을 위해서일지라도 모든 환자를 똑같이 대우한다면, 그의 행위는 탁월한 선이 발현된 것으로서 도덕적으로 정당하다.
② ㉡이 법칙에 대한 표상만으로 자신의 의지를 규정하여 이웃을 돕는다면, 그의 행위는 도덕적으로 정당하다.
③ ㉡이 보편적 합법칙성에 부합하도록 인격의 탁월성을 극대화할 수 있다면, 그의 행위는 도덕적으로 정당하다.
④ ㉢의 주관적 원리가 보편적 법칙과 최고선 사이의 모순을 극복할 수 있다면, 그의 행위는 도덕적으로 정당할 수 있다.
⑤ ㉢이 친구를 도우려는 선한 의도에서 자신의 이익에 대한 고려를 완전히 배제할 수 있다면, 그의 행위는 도덕적으로 정당할 수 있다.

📋 가이드 & 정답 확인하기

가이드에 따라 지문과 문제를 분석하고 정답을 확인해 봅시다.

STEP 1 | 철학 이론의 전제 및 배경을 파악한다.

[첫 번째 문단] 선의지로서 '도덕적 의무' 개념에 대한 정의와 그로부터 파생된 행위의 분류(전제 문단)

> 우리 행위의 가치를 평가할 때 언제나 우선적이어서 여타의 모든 가치들의 조건을 이루는 선의지라는 개념이 있다. 이 선의지 개념을 발전시키기 위해, 먼저 도덕적 의무라는 개념에 대해 생각해 보자. '의무에 어긋나는' 것으로 인식된 모든 비도덕적인 행위에 대해서는 비록 그런 행위들이 이런저런 의도에는 유용하다고 할지라도 여기서는 고려하지 않겠다. 이런 행위는 의무와 충돌하므로, 과연 그 행위들이 '의무에서 비롯하는' 것일 수 있느냐는 물음이 이 행위 자체에서 아예 발생할 수 없기 때문이다. 의무에서 비롯하는 행위는 어떤 조건도 없이 오로지 당위(當爲)에 의거한 행위이다. 의무에 어긋나는 행위를 의무에서 비롯하는 행위와 구별하는 것은 쉽다. 이와 달리 '의무에 맞는' 행위를 의무에서 비롯하는 행위와 구별하는 것은 어렵다. 의무에 맞는 행위를 유발하는 동인은 다양해서, 어떤 것은 행위자의 이해관계에서 출발하기도 하고, 다른 어떤 것은 사랑이나 동정심 등의 감정에 의해 나타나기도 한다.

ⅰ) 의무에 어긋나는 행위 = 비도덕적 행위 ≠ 의무에서 비롯한 행위
  → 결과적으로 **의무에 어긋나는 행위**가, **의무에서 비롯한 행위**일 수는 없다.
  → **의무에서 비롯한 행위**는 반드시 **의무에 맞는 행위**를 낳는다. (숨겨진 결론)
ⅱ) 의무에 맞는 행위 ≠ 의무에서 비롯한 행위
  → **의무에 맞는 행위**는 **의무에서 비롯한 행위**가 아닐 수 있다.
∴ 의무에서 비롯한 행위 ⊂ 의무에 맞는 행위

[두 번째 문단] 의무에 맞는 행위가 의무에서 비롯한 행위가 아님을 보여주는 사례들(전제 문단의 핵심 주장을 사례로써 보충하는 문단)

> 예컨대 자신의 이득이 우선인 ⊙의사가 수입을 늘리기 위해 최선을 다해 진료한다면, 그의 행위는 의무에 맞는 일이다. 하지만 환자가 정당하게 대우받는 것처럼 보인다고 해서 이 행위가 의무에서 비롯하여 행해졌다고 말할 수는 없다. 한편 공감 능력이 뛰어나 이웃의 불행에 발 벗고 나서서 돕는 ⓒ사람이 있다. 그의 행위는 의무에 부합하며 매우 칭찬받을 만하지만 아무런 도덕적 가치를 갖지 못하며 단지 성격적 특성이 발현된 것일 뿐이다. 공감하는 행위가 의무에 맞고 칭찬과 격려를 받을 만하더라도 도덕적 존경의 대상은 아니다. 하지만 이 박애주의자가 뇌 손상으로 공감 능력을 상실하고도 다만 의무로 인식하여 타인을 돕는 경우라면, 그 행위는 비로소 진정한 도덕적 가치를 갖게 된다.

ⅰ) 자신의 이득이 우선인 의사: 의무에서 비롯한 행위는 아니지만 의무에 맞는 행위를 한 사례
ⅱ) 공감 능력이 뛰어난 사람: 의무에서 비롯한 행위는 아니지만 의무에 맞는 행위를 한 사례
  → 도덕적 가치를 갖지 못하며, 도덕적 존경의 대상이 아니다.
ⅲ) 뇌가 손상된 박애주의자: 의무에서 비롯하여 의무에 맞는 행위를 한 사례
  → 도덕적 가치를 가지며, 도덕적 존경의 대상이다.

〈숨겨진 결론〉
ⅰ) 의무에서 비롯한 행위만이 도덕적 가치를 가지며, 도덕적 존경의 대상이 될 수 있다.
ⅱ) 의무에 맞는 행위라고 해도 반드시 도덕적 가치를 갖는 것은 아니다.

STEP 2 철학 이론의 논증 과정을 파악한다.

[세 번째 문단] 주관적 원리가 아닌 보편적 법칙에 비롯하여 행위할 때만 선은 실현될 수 있다. (논증 문단)

> 의무에서 비롯하는 행위는 그 도덕적 가치를 행위에서 기대되는 결과에 의존하지 않으며 대신에 행위를 결정하는 동기인 의지에서 구한다. 결과는 다른 원인으로 성취될 수도 있으며, 이성적 존재자의 의지가 요구되지도 않는다. 반면에 무조건적인 최고선은 이성적 존재자의 의지에서 만날 수 있을 뿐이다. 이런 연유로 오직 법칙에 대한 표상, 즉 법칙 자체에 대한 생각만이 우리가 도덕적이라고 부르는 탁월한 선을 이룬다. 물론 기대된 결과가 아닌 법칙의 표상이 의지를 규정하는 근거가 되는 한, 이 표상은 이성적 존재자에게서만 발생한다. 이 탁월한 선은 이미 법칙에 따라 행동하는 인격 자체에 있으므로 우리는 결과에서 이 선을 기대해서는 안 된다. 이러한 탁월한 선에 따르면, ⓒ거짓 약속을 하는 사람의 주관적 원리는 모든 사람을 위한 보편적 법칙이 될 수 없다. 거짓 약속을 하는 행위를 보편적 법칙으로 삼고자 한다면, 그 어떤 약속도 있을 수 없는 모순이 발생한다. 즉 행위자의 주관적 원리는 보편적 법칙이 되자마자 자기 파괴를 겪게 된다.

i) 이성적 존재자 → 도덕적 법칙에 따라 행위한다.
- 도덕적 가치는 의무에서 비롯하는 행위에서만 도출된다.
- 법칙에 대한 생각(혹은 표상)에 의존하는 사람은 탁월한 선을 이룰 수 있다.

ii) 거짓 약속을 하는 사람 → 주관적 원리에 따라 행위한다.
- 주관적 원리가 보편적 법칙이 된다면, 그 보편적 법칙은 거짓 약속이 되므로 어떠한 약속이 될 수 없다.
- 따라서 주관적 원리를 보편적 법칙으로 따르는 사람은 자기 파괴를 겪게 된다.

STEP 3 철학 이론이 도출해 낸 결론이 무엇인지를 확인한다.

[네 번째 문단] 주관적 의지가 보편적 법칙을 따르고자 하는 의지를 통해서만 도덕적 행위는 가능하다. (결론 문단)

> 행위를 규정하는 의지를 단적으로 그리고 제한 없이 선하다고 할 수 있으려면 법칙을 표상할 때 이로부터 기대되는 결과를 고려하지 않고 표상하는 것이 의지를 규정해야만 한다. 어떤 법칙을 준수할 때 의지에서 일어날 수 있는 모든 충동을 의지에서 빼앗는다면, 이제 남아 있는 것이라곤 행위 일반의 보편적 합법칙성뿐이므로, 이것만을 의지를 일으키는 원리로 사용해야 한다. 다시 말해 나는 내 주관적 원리가 보편적 법칙이 되어야 한다고 바랄 수 있도록 오로지 그렇게만 행위를 해야 한다.

01번 문제를 풀이하면 다음과 같습니다.

① 윗글의 핵심 주장은 행위의 도덕성에 대한 판단 기준은 행위의 결과가 아니라 행위가 도덕적 의무에서 비롯하였는지 여부에 따른다는 것이므로 ①은 윗글의 내용과 일치하지 않는다.
② 두 번째 문단에 따르면, 이웃의 불행을 도우려 드는 박애주의적 품성에서 비롯된 행위라도 그것이 도덕적 의무에서 비롯한 행위가 아니라면 도덕적 가치를 지니지 않는다. 따라서 도덕적 가치 판단은 품성인 덕에 의해서가 아니라, 동기인 의지에 의해서만 이루어진다.
③ 첫 번째 문단에서 의무에 맞는 행위를 유발하는 동인 중 의무에 따르려는 의지가 아닌 다른 요인으로 '행위자의 이해관계'가 제시되었다. '만인의 보편적 이익'은 '(박애주의자인) 행위자의 이해관계'에 포함되는 내용이므로 만인의 보편적 이익을 지향하는 것을 동인으로 삼는 행위라도 의무를 따르려는 의지를 동인으로 삼는 것이 아니라면 도덕적이라고 판단될 수 없다.
④ 첫 번째 문단에서 의무에 맞는 행위를 유발하는 동인 중 의무에 따르려는 의지가 아닌 다른 요인으로 '사랑이나 동정심 등의 감정'이 제시되었다. 따라서 감정에서 우러나는 자발적 행위라 해도 의무를 따르려는 의지를 동인으로 삼는 것이 아니라면 도덕적 가치를 지닌다고 판단될 수 없다.
⑤ 이타적인 동기에서 유발되는 행위는 두 번째 문단에 제시된 박애주의적 품성을 지닌 사람이 남을 돕는 행위에 해당하고, 이에 대해 도덕적 가치를 지니지 않으며 도덕적 존경의 대상이 될 수 없다고 제시되었다. 따라서 ⑤는 윗글과 일치한다.

[정답] ⑤

02번 문제를 풀이하면 다음과 같습니다.

① 첫 번째 문단에 제시된 전제에 따르면, '의무에 맞는 행위'와 '의무에 어긋나는 행위'는 어떠한 행위가 결과적으로 도덕적 의도에 유용하였는지 여부에 대해 배타적인 관계를 갖는다. 즉, '의무에 맞는 행위'와 '의무에 어긋나는 행위'는 행위의 도덕적 결과라는 기준으로 배타적으로 분할된 행위 분류에 해당하므로 '의무에 맞는 행위'의 여집합이 '의무에 어긋나는 행위'인 관계를 갖는다. 따라서 '의무에 맞는 행위'가 '의무에 어긋나는 행위'가 되는 것은 불가능하다.
② '의무에 맞는 행위'가 의무에서 비롯된 것이 아닌 다른 여러 동인에서 비롯하였을 수 있다고 제시되었으므로 ②는 적절하다.
③ 첫 번째 문단에 따르면 '의무에 어긋나는' 것으로 인식된 모든 비도덕적 행위에 대해서는 과연 그 행위들이 '의무에서 비롯하는' 것일 수 있느냐는 물음이 아예 발생할 수 없다. 즉, '의무에서 어긋나는 행위'가 '의무에서 비롯한 행위'일 수 없다는 주장으로, 이는 '의무에서 비롯한 행위'는 반드시 '의무에 맞는 행위'가 될 수밖에 없다는 명제를 내포하는 것이다.
④ '의무에 맞는 행위' 중에는 '의무에서 비롯한 행위'가 존재할 수 있으므로 ④는 적절하다.
⑤ 세 번째 문단과 네 번째 문단에 따르면, '의무에서 비롯하는 행위'는 도덕적 법칙을 주관적 원리로 삼으려는 의무를 따르려는 이성적 존재자의 선의지에 의거한 행위라는 점에서, 행위의 결과의 측면에서 '의무에 어긋나는' 행위와 구별된다.

[정답] ①

03번 문제를 풀이하면 다음과 같습니다.

① ㉠이 자신의 평판을 높이고자 하는 것을 동인으로 삼은 것은 자신의 이해관계에서 비롯한 행위이므로 의무에서 비롯한 행위가 아니다. 따라서 탁월한 선이 발현된 것이 아니며, 도덕적으로 정당하다고 평가될 수도 없다.

② 네 번째 문단에 따르면 '어떤 법칙을 준수할 때 의지에서 일어날 수 있는 모든 충동을 의지에서 빼앗는 경우', 즉 법칙에 대한 표상만으로 순수하게 구성된 의지인 경우에 탁월한 선이 발현된다고 논증되었으므로, 이러한 경우에서 이루어진 행위는 도덕적으로 정당하다.

③ 두 번째 문단에서 제시되었듯이, 인격의 탁월성에서 비롯한 행위는 의무에서 비롯한 행위와 엄밀히 구별된다. 따라서 인격의 탁월성이 극대화된 것에서 비롯된 행위라 할지라도 도덕적으로 정당하다고 판단될 수 없다.

④ ㉡의 주관적 원리는 보편적 법칙과 최고선 사이의 모순을 극복할 수 없으며, 주관적 원리가 보편적 법칙이 될 경우에는 어떠한 약속도 존재할 수 없는 모순이 발생한다는 논증이 세 번째 문단에 제시되었으므로, ④의 주장과 달리 도덕적으로 정당할 수 없다.

⑤ ㉢이 선한 의도에서 자신의 이익에 대한 고려를 완전히 배제하였다고 하더라도, 이는 자신의 주관적 원리에 따라 행동한 것이므로 그 주관적 원리는 거짓 약속에 불과할 수 있어 행위에 대한 보편적 법칙이 될 수 없고, 따라서 그의 행위는 도덕적으로 정당하다고 판단될 수 없다.

[정답] ②

연습문제 2

[04~06] 다음 글을 읽고 물음에 답하시오.
2022학년도 LEET 문4~6

현대의 환경 위기는 인류의 생존 문제일 뿐 아니라 근대 이후 구현되어 온 인본주의적 가치들을 위협할 수 있는 요인이기도 하다. 즉 그것은 '생존'을 빌미로 하는 신유형의 독재나 제국주의를 유발함으로써 자유, 인권, 평등의 가치에 근거한 민주주의나 세계시민주의 등의 이념들을 위기에 처하게 할 수 있다는 점에서도 문제인 것이다. 환경 위기는 특히 '철학적 근대'에 관한 담론에서 중요 주제로 부각된다. 이 위기는 자연과 인간을 근본적으로 차별하는 세계관을 사상적 토대로 하고, 또한 그러한 세계관은 인간의 이성적 주체성을 전면에 등장시킨 근대의 철학적 혁명에서 비롯되었기에, 사상사적 맥락에서 가장 큰 책임을 져야 하는 것이 바로 철학적 근대라고 지적되기 때문이다. 그러나 철학적 근대는 경시할 수 없는 미덕을 동시에 지니기 때문에, 그대로의 수용도 원천적 거부도 선택할 수 없는 딜레마적 문제이다. 저 숭고한 인본주의적 가치들은 무엇보다도 인간의 지성적·실천적 자율성을 주창한 철학적 근대를 통해 정초되었기 때문이다.

철학적 근대는 ㉠데카르트주의의 발흥 및 완성의 과정으로 이루어진다는 것이 일반적 통념이다. 이성적 사유 주체의 절대적 확실성을 철학의 제1 원리로 논증하는 이 사상 체계에서 자연은 주체에 대해 근본적 타자로서, 그 어떤 자기 목적이나 내면도 없는 단적인 물질적 실체, 즉 '길이, 넓이, 깊이로 연장된 것'이라는 열등한 존재로 인식된다. 인간과 자연의 이러한 위계적 이원화는 인간의 자연 지배를 정당화하는 토대가 되거니와, 기계론적으로 양화되는 연장의 영역으로 정위된 자연은 인간 마음대로 사용할 수 있는 유용한 자재 창고로 여겨지게 된 것이다.

자연과학적 실험의 보편화는 더욱 과격화된 철학적 자연관의 출현을 촉발한다. 자연은 '인식'과 '사용'의 대상이던 것에서 나아가 '제작'의 대상으로까지 여겨지게 된다. 진리를 발견되는 것이 아니라 만들어지는 것으로 보는 이러한 노선은 ㉡칸트주의에서 특히 전형적으로 대두한다. 즉 의지의 규범인 도덕 준칙과 마찬가지로 지성의 대상인 자연 법칙 또한 그 입법권이 자율적 주체인 인간에게 부여되는 것이다. 자연은 한낱 조야한 질료로서 주어질 뿐, 그 구체적 존재 형식은 인식 주체로서의 인간의 지적 틀에 의해 결정된다는 것이다. 물론 이 사상에서 자연의 자기 목적이 중요한 화두로 제기되기도 하지만, 이 역시 세계를 대하는 인간의 심적 태도의 차원에서 상정될 뿐이다.

이러한 추이로부터 짐작하면, 철학적 근대의 완성판이라 불리는 객관적 관념론은 어떤 노선보다도 강한 이성주의적 면모를 지니는 까닭에, 자연에 대한 억압적 지배를 정당화하는 궁극의 사조라는 죄명을 뒤집어쓸 개연성이 클 것이다. 하지만 이 철학 사조는 그러한 혐의가 근본적 몰이해에서 비롯된 것이라고 항변할 수 있는 상당한 근거를 지니는데, 흥미롭게도 그 근거는 이 사조가 철학적 근대의 핵심 원리인 '이성'의 위상을 극한으로 강화한다는 점에 있다. 객관적 관념론은 문자 그대로 관념의, 구체적으로는 이성의 객관적 진리치를 정당화하고자 한다. 중요한 것은 여기서 '이성'이 이전의 근대 철학에서와는 사뭇 다른 층위의 의미를 지닌다는 점이다. 즉 '이성'은 단지 지적 능력의 특정한 형식이나 단계를 지칭하는 것에서 나아가 근본적으로는 존재론적·형이상학적 위상까지 지니는 최상위의 범주 또는 섭리를 가리킨다. '모든 것은 개념, 판단, 추론이다'라는 헤겔의 말처럼, 이성은 '세계의 모든 것에 선행하면서 동시에 그 모든 것을 가능케 하는 조건', 즉 '삼라만상의 선험적인 논리적 구조 내지 원리'라는 절대적 위상을 지니며, 이에 모든 자연사와 인간사는 이러한 절대적 이성이 시공간의 차원으로 외화한 현상적 실재로 설명된다. 즉 자연은 절대적 이성에 따라 존재하고 변화하는 사물 양태의 이성이고, 지성적 주체인 인간은 절대적 이성에 따라 사유하고 성숙하여 절대적 이성의 인식에 도달해 가는 의식 양태의 이성이기에, 양자는 본질적으로 동근원적이라는 것이다.

객관적 관념론은 오히려 최고도로 강화된 이성주의를 통해 철학적 근대의 딜레마에 대한 해결을 모색할 수 있음을 보여준다. 그것은 이성적 주체의 위상을 정당화하면서도 동시에 무분별한 자연 지배를 경계할 수 있는 논거를 제시한다. 그 때문에 현대의 환경 철학 담론에서 근대를 원천적으로 거부하는 포스트모더니즘이 상당한 공감을 얻고 있는 와중에도 객관적 관념론에 기반을 둔 자연철학의 계발이 주목을 받는 것이다.

사실 확인
04. 윗글에 대한 이해로 가장 적절한 것은?
① 가장 강화된 이성주의는 인간에 대한 자연의 형이상학적 우위를 정초한다.
② 현대의 환경 위기는 새로운 억압적 정치 체제의 대두와 함께 도래한 것이다.
③ 포스트모더니즘은 철학적 근대의 딜레마를 이성에 근거하여 해소하고자 한다.
④ 인본주의적 이념들의 사상적 토대를 제공한 것은 철학적 근대의 주목할 만한 성과이다.
⑤ 인간의 이성적 주체성을 옹호하는 철학사적 흐름은 억압적 자연관으로 귀결될 수밖에 없다.

사실 확인
05. ㉠과 ㉡을 비교한 것으로 적절하지 않은 것은?
① ㉠은 ㉡과 달리 자연의 자기 목적을 이성적 인식의 기준으로 설정한다.
② ㉡은 ㉠과 달리 인간을 자연 법칙을 수립하는 주체로 승인한다.
③ ㉠과 ㉡은 모두 자연을 인식과 사용의 대상으로 생각한다.
④ ㉠과 ㉡은 모두 자연에 대한 인간 이성의 우위를 주장한다.
⑤ ㉠과 ㉡은 모두 환경 위기에 대한 철학적 책임이 있는 것으로 평가된다.

사실 확인

06. 객관적 관념론 에 대해 추론한 것으로 적절하지 않은 것은?

① 자연 법칙을 탐구하는 자연과학은 의식 양태의 이성이 사물 양태의 이성을 인식하는 것이라고 여길 수 있을 것이다.
② 이성의 위상을 지고의 형이상학적 차원까지 높임으로써 자연 법칙도 인간 의식의 투영을 통해 만들어지는 것으로 여길 것이다.
③ 삼라만상이 절대적 이성의 발현이므로 반이성으로 보이는 어떤 것도 궁극적으로는 이성 영역에 포섭된다고 설명할 수 있을 것이다.
④ 이성이 절대적 진리치를 지닌다는 관점에 의거하여 모든 역사적 사건도 이성의 법칙에 따라 진행되는 것으로 이해할 수 있을 것이다.
⑤ 억압적 자연 지배의 책임을 져야 한다는 비판이 제기된다면 자연과 인간의 동근원성을 강조하는 일원론적 관점을 근거로 반박할 수 있을 것이다.

📖 가이드 & 정답 확인하기

가이드에 따라 지문과 문제를 분석하고 정답을 확인해 봅시다.

04번 문제를 풀이하면 다음과 같습니다.

① 네 번째 문단에 따르면, 가장 강화된 이성주의는 '객관적 관념론'에 해당하고 이는 자연과 인간이 모두 이성의 발현이라는 점에서 동근원적이라고 여기므로 인간과 자연이 동등하다는 결론을 도출한다. 따라서 가장 강화된 이성주의는 자연에 대한 우위를 정초하는 것이 아니라 오히려 자연과 인간의 동등성을 정초한다.

② 첫 번째 문단은 현대의 환경 위기를 해결한다는 것을 명분으로 억압적 정치 체제가 등장할 가능성을 염려하고 있다. 즉, 현대의 환경 위기로 인해 억압적 정치 체제가 등장할 수 있는 것이지, 억압적 정치 체제 때문에 현대의 환경 위기가 나타난 것이 아니다. 원인과 결과의 선후 관계를 뒤바꿈으로써 오답 선택지를 만들어 내는 LEET의 오답 선택지 구성 원리에 해당한다.

③ 마지막 문단에 따르면, 포스트모더니즘은 현대의 환경 철학 담론에서 (철학적) 근대를 원천적으로 거부하는 입장이므로 철학적 근대의 딜레마를 이성에 근거하여 해소하려는 입장이 아니라, 이성을 철저히 배제함으로써 해소하려는 입장에 해당한다.

④ 첫 번째 문단에서 '저 숭고한 인본주의적 가치들은 무엇보다도 인간의 지성적·실천적 자율성을 주창한 철학적 근대를 통해 정초되었다.'라고 제시되었으므로 ④는 적절한 설명에 해당한다.

⑤ 인간의 이성적 주체성을 옹호하는 철학사적 흐름은 데카르트주의와 칸트주의를 거쳐 객관적 관념론으로 귀결되는데, 객관적 관념론은 인간과 자연의 동등성을 주창하므로 이성 중심적 철학사적 흐름은 억압적 자연관으로 귀결되지 않는다.

[정답] ④

05번 문제를 풀이하면 다음과 같습니다.

① 두 번째 문단에 따르면, ㉠데카르트주의는 자연이 그 어떤 자기 목적도 지니지 않는 물질적 실체로 간주하며, 자연의 자기 목적 자체가 존재하지 않는다고 여긴다. 또한 세 번째 문단에서 '(㉡칸트주의에서) 자연의 자기 목적이 중요한 화두로 제기되기도 하지만, (중략) 인간의 심적 태도의 차원에서 상정될 뿐이다.'라는 부분에서 볼 때, ㉡칸트주의에서 자연의 자기 목적이 존재한다는 점은 인정되지만 이를 이성적 인식의 기준으로 설정한다는 점은 지문에서 제시되지 않았다.

② ㉠데카르트주의는 자연 법칙이 인간과 무관하게 독립적으로 존재한다고 보는 입장이며, ㉡칸트주의는 자연 법칙이 인간의 이성에 의하여 인식될 때 비로소 존재한다는 입장이다. 즉, '진리를 발견되는 것'으로 보는 입장이 ㉠에 해당하며, '진리를 만들어지는 것'으로 보는 입장이 ㉡에 해당하므로 ②는 적절하다.

③ 세 번째 문단에 따르면, 자연은 '인식'과 '사용'의 대상이던 것(㉠데카르트주의)에서 나아가 '제작'의 대상으로까지 여겨지게 된다. ㉡칸트주의는 ㉠데카르트주의에서 확장된 관점으로 ㉡에 따르면 자연은 '인식'과 '사용'과 '제작'의 대상이 되는 것이다. 따라서 ㉠과 ㉡은 공통적으로 자연을 '인식'과 '사용'의 대상으로 여긴다고 서술될 수 있다.

④ ㉠과 ㉡은 공통적으로 자연을 '인식'과 '사용'의 대상으로 여긴다는 점에서 자연에 대한 인간의 우월성을 정초한 입장에 해당한다.

⑤ 자연에 대한 인간의 우월성을 정초하는 철학적 사상이 환경 위기에 대한 책임이 있다고 제시되었으므로 ㉠과 ㉡은 환경 위기에 대한 책임이 있는 철학적 입장으로 분류될 수 있다.

[정답] ①

06번 문제를 풀이하면 다음과 같습니다.

① 객관적 관념론에 따르면 인간의 이성은 '의식 양태의 이성'이고 자연은 '사물 양태의 이성'에 해당하므로 인간의 이성이 자연을 탐구하는 자연과학은 '의식 양태의 이성'이 '사물 양태의 이성'을 인식하는 과정으로 해석될 수 있다.

② 객관적 관념론이 이성의 위상을 지고의 형이상학적 차원까지 높이는 사상은 맞으나, '자연 법칙을 인간 의식의 투영을 통해 만들어지는 것'으로 여기는 관점은 객관적 관념론의 시각이 아니라 세 번째 문단에 제시된 ⓒ칸트주의의 관점에 해당한다. 이는 세 번째 문단에 제시된 '(칸트주의에 따르면) 지성의 대상인 자연 법칙 또한 그 입법권이 자율적 주체인 인간에게 부여되는 것이다.'라는 내용을 근거로 판단할 수 있다.

③ 객관적 존재에 따르면 삼라만상이 절대적 이성의 발현이고 이는 모든 존재가 이성의 발현이라는 의미이므로, 겉보기에는 반이성처럼 보이는 존재도 궁극적으로는 이성의 영역에 포섭되는 존재라는 결론이 논리적으로 도출된다.

④ 네 번째 문단에 따르면, 객관적 관념론의 사상관에서 이성은 '최상위의 섭리'이자 '세계의 모든 것에 선행하면서 동시에 그 모든 것을 가능케 하는 조건', '삼라만상의 원리'에 해당하므로 모든 존재를 작동하게 하는 배후 원리에 해당하는 것이다. 따라서 모든 역사적 사건도 삼라만상의 원리이자 섭리인 이성의 법칙에 따라 진행된다는 결론이 도출될 수 있다.

⑤ 객관적 관념론은 인간과 자연이 모두 이성의 발현이라는 점에서 동근원적이라는 일원론적 관점을 경주하며 따라서 인간과 자연 어느 한쪽이 우위에 있는 것이 아니라는 결론을 도출한다. 이에 마지막 문단에서 객관적 관념론의 이러한 일원론적 세계관의 관점에서 현대의 환경 위기라는 철학적 근대의 딜레마에 대한 해결 방향이 제시된다고 서술되었으므로, 이는 현대의 환경 위기에 대한 책임이 이성주의에 있다는 주장을 반박할 수 있는 근거가 된다.

[정답] ②

지문 요약 연습

연습문제를 풀이하면서 지문의 각 문단을 요약해 보세요.

연습문제 3

[07~10] 다음 글을 읽고 물음에 답하시오.

2015학년도 LEET 문7~10

　예술사를 양식의 특수하고 자족적인 역사가 아니라 거시적 차원의 보편적 정신사 및 그 발전 법칙에 의거한다고 본 점에서 헤겔의 예술론은 구체적 작품들에 대한 풍부하고 수준 높은 진술을 포함하고 있음에도 전형적인 철학적 미학에 속한다. 그는 예술사를 '상징적', '고전적', '낭만적'이라고 불리는 세 단계로 구분한다. 유의할 것은 이 단어들이 특정 예술 유파를 일컫는 일반적 용법과는 사뭇 다르게 사용된다는 점이다. 즉 이 세 용어는 지역 개념을 수반하는 문명사적 개념으로서 일차적으로는 태고의 오리엔트, 고대 그리스, 중세부터의 유럽에 각각 대응하며, 좀 더 심층적인 차원에서는 '자연 종교', '예술 종교', '계시 종교'라는 종교의 유형적 단계에 각각 대응한다. 나아가 이러한 대응 관계의 단계적 설정은 신이라는 '내용'과 그것의 외적 구현인 '형식'의 일치 정도에 의거하며, 가장 근본적으로는 순수한 개념적 사유를 향해 점증적으로 발전하는 지성 일반의 발전 법칙에 의거한다. 게다가 이 세 범주는 장르들에도 적용되어, 첫째 건축, 둘째 조각, 셋째 회화·음악·시문학이 차례로 각 단계에 대응한다. 장르론과 결합된 예술사론을 통해 헤겔은 역사의 특정 단계에 여러 장르가 공존하는 것을 인정하면서도 각 단계에 대응하는 전형적 장르는 특정 장르로 한정한다.

　'상징적' 단계는 인간 정신이 아직 절대자를 어떤 구체적 실체로서 의식하지 못한 채, 절대적인 '무엇'을 향한 막연한 욕구만 지닐 뿐인 상태를 가리킨다. 오리엔트 자연 종교로 대표되는 이 단계에는 '신적인 것의 구체적 상을 찾아 헤맴'만 있을 뿐이다. 감관을 압도하는 거대 구조물이 건립되지만 그것은 그저 신을 위한 공간의 구실만 하지, 정작 신이 놓일 자리에는 신의 특정한 덕목(예컨대 '강함')을 어렴풋이 표현할 수 있는 자연물(예컨대 사자)의 형상이 대신 놓인다. 미약한 내용을 거대한 형식이 압도함으로써 미의 실현에는 아직 미치지 못한 이 단계의 전형적 장르는 신전으로 대표되는 건축이다.

　'고전적' 단계에서는 내용과 형식의 이러한 불일치가 극복된다. 고대 그리스 인들은 신들을 근본적으로 인간적 특질을 지닌 존재로 분명하게 의식했기 때문에, 이제 절대자는 어떤 생소한 자연물이 아니라 삼차원적 인체가 그대로 형상화되는 방식으로 제시되며, 이 단계를 대표하는 장르는 조각이다. 내용과 형식의 완전한 일치를 이룸으로써 그리스의 조각은 더 이상 재연될 수 없는 미의 극치로 평가된다. 나아가 예술 그 자체가 신성의 직접적 구현이기 때문에 이 단계의 예술은 그 자체가 이미 종교이며, 이에 따라 예술 종교라 불린다.

　그런데 인간의 지성은 이러한 미적 정점에 안주하지 않는다. 즉 지성은 절대자를 인간의 신체를 지닌 것으로 믿는 단계를 넘어 순수한 정신적 실체로 여기는 계시 종교로 나아가는데, 이로써 정신적 내면성이 감각적 외면성을 압도하는 '낭만적' 단계가 도래한다. 그리고 조각의 삼차원성을 탈피한 회화를 시작으로 음악과 시문학이 차례로 대표적 장르가 됨으로써, 예술 또한 감각적 요소가 아닌 정신적 요소에 의거하는 방향으로 발전한다. 이 때문에 내용과 형식의 부조화가 다시 일어나지만, 그럼에도 이 단계는 상징적 단계와는 질적으로 다르다. 상징적 단계에서는 제대로 된 정신적 내용이 아직 형성조차 되지 않았지만, 낭만적 단계에서는 감각적 형식으로는 담을 수 없을 정도의 고차적 내용이 지배하기 때문이다. 나아가 이 단계는 새로운 더 높은 단계가 존재하지 않는, 정신과 역사의 최종 지점이기 때문에, 이후에 벌어지는 국면들은 모두 '낭만적'이라고 불릴 수 있다.

　주목할 것은 헤겔이 순수 미학적 차원에서는 출발-완성-하강의 순서로 진행되는 이행 모델을, 그리고 근본적인 정신사적 차원에서는 출발-상승-완성의 순서로 진행되는 이행 모델을 따른다는 점이다. 즉 세 단계의 순서적 배열은 전자의 차원에서는 예술미의 정점이 두 번째 단계에서 이루어지도록, 그리고 후자의 차원에서는 지성의 정점이 세 번째 단계에서 이루어지도록 구성된다. 나아가 일견 불일치를 보일 법한 이 두 모델을 절묘하게 조화시킨 그의 이론은 이중적 기능을 수행한다. 즉 정신사적 차원에서의 정점이 예술미의 차원에서는 오히려 퇴보를 의미하도록 구성된 이 이론은 한편으로는 '추(醜)'도 새로운 미적 가치로 인정되기 시작한 당시의 상황은 물론, '개념적'이라고까지 일컬어질 만큼 예술의 지성화가 진행된 오늘날의 상황까지 예견하여 설명할 수 있는 포섭력을 가지며, 다른 한편으로는 절대자의 제시라는 과제를 예술이 수행할 수 있는 가능성을 고대 그리스로 한정하고 철학이라는 최고의 지적 영역에 그 과제를 이관시키는, 곧 '예술의 종언' 명제라 불리는 미학적 결론에 이른다.

사실 확인
07. 윗글에 제시된 헤겔의 입장에 부합하는 것은?

① 예술은 내용과 형식의 합일이라는 구체적 방식으로 구현되므로, 작품의 해석에서 가장 중요한 것은 일반 개념에 앞선 개별 작품의 파악이다.
② 예술의 단계적 변천은 인간 정신의 보편적 발전에 의해 추동되므로, 작품들의 미적 수준의 차이는 그것들의 장르적 상이성과 무관하다.
③ 문명의 모든 단계적 이행은 인간 정신의 발전 논리에 따라 이루어지므로, 예술의 역사는 다른 영역의 역사와 연계되어 기술되어야 한다.
④ 예술은 인간 정신의 심층적 차원을 표출한 것이므로, 예술미의 성취 여부는 형식이 아니라 내용에 의해 판단되어야 한다.
⑤ 예술 양식 변화의 근원은 인간 내면의 보편적인 정신적 욕구에 있으므로, 모든 시대의 작품들은 동등한 가치를 지닌다.

사실 확인
08. 윗글에 따라 각 시대의 장르를 설명한 것으로 적절하지 않은 것은?

① 태고 오리엔트의 조각은 상징적 단계의 전형적인 예술이 아니다.
② 고대 그리스의 서사시는 고전적 단계의 전형적인 예술이 아니다.
③ 중세의 기독교 회화는 낭만적 단계의 전형적인 예술이 아니다.
④ 근대의 고전주의 음악은 낭만적 단계의 전형적인 예술이다.
⑤ 현대의 건축은 낭만적 단계의 전형적인 예술이 아니다.

철학적 개념 적용
09. 윗글을 바탕으로 추론할 수 있는 것으로 적절한 것은?

① 가장 앞 단계의 예술이 가장 아름다운 예술이다.
② 가장 뒷단계의 예술이 가장 아름다운 예술이다.
③ 가장 아름다우면서도 가장 지성적인 예술은 없다.
④ 가장 비지성적인 예술이 가장 아름다운 예술이다.
⑤ 가장 추한 예술이 오히려 가장 아름다운 예술이다.

철학적 개념 적용
10. 윗글에 나타난 헤겔의 예술론을 평가한 것으로 가장 적절한 것은?

① 개념에 주로 의존하는 전형적인 철학적 미학이기 때문에 논증적 수준은 높지만 실질적 사례를 언급한 경우는 많지 않다.
② 당대까지의 예술 현상에 대한 제한된 경험에 기초하기 때문에 이후 시대의 예술적 상황에 대해서는 설명력을 결여하고 있다.
③ 정신사적 차원에서의 설명과 종교사적 차원에서의 설명을 분리함으로써 양자 간에 발생한 결론상의 모순을 해결하지 못하였다.
④ 예술사의 시대 구분과 각 예술 장르에 대한 설명이 서로 무관한 논리와 개념에 의거하기 때문에 이론의 전체적 정합성이 떨어진다.
⑤ 당대 유럽 이외의 문화를 상대적으로 미성숙한 지성적 단계에 위치시킴으로써 이론적으로 근대 서구의 자기 우월적 태도를 드러내고 있다.

🏛 가이드 & 정답 확인하기

가이드에 따라 지문과 문제를 분석하고 정답을 확인해 봅시다.

07번 문제를 풀이하면 다음과 같습니다.

① 첫 번째 문단에 따르면, '예술사를 양식의 특수하고 자족적인 역사가 아니라 거시적 차원의 보편적 정신사 및 그 발전 법칙에 의거한다고 본 점에서 헤겔의 예술론은 (중략) 전형적인 철학적 미학에 속한다.'라고 서술되어 있다. 즉, 헤겔의 예술론은 개별 작품에 대한 비평적 분석을 통해서 작품의 미학적 가치가 판단되는 것이 아니라, 일반 법칙에 부합하는지 여부에 따라 미학적 가치가 판단된다고 간주하는 점에서 **비평적 미학**이 아닌 **철학적 미학**으로 분류되는 것이다. 따라서 헤겔의 예술론은 개별 작품의 파악보다 일반 개념을 통해서 작품을 평가하고자 하므로, ①에서 '작품의 해석에서 가장 중요한 것은 일반 개념에 앞선 개별 작품의 파악이다.'라는 부분은 타당하지 않다.
② 헤겔의 예술론에 따르면, 시대별로 상이한 작품들의 미적 수준의 차이는 어떠한 예술 장르가 그 시대의 전형적인 장르가 되느냐에 반영된다. 따라서 작품들의 미적 수준의 차이는 장르적 상이성과 밀접한 관련을 갖는다.
③ 헤겔의 예술론에 따르면, 예술의 발전에 대한 평가는 인간 정신의 발전 논리에 종속되어 이루어진다. 따라서 예술의 역사 역시 마찬가지로 인간 정신의 발전 단계에 연계되어 기술되어야 한다는 것이 헤겔의 예술론의 핵심적인 논지이다.
④ 헤겔에 따르면 예술미의 성취 여부는 형식과 내용이 얼마나 일치하느냐에 따라 판단되어야 한다. 따라서 내용에 의해 판단되어야 한다는 설명은 타당하지 않다.
⑤ '예술 양식 변화의 근원은 인간 내면의 보편적인 정신적 욕구에 있으므로'에 해당하는 부분은 타당하다. 그러나 헤겔의 예술론은 형식과 내면의 일치 정도가 시대에 따라 상이하므로, 어느 시대에 속하느냐에 따라 작품의 미학적 가치를 차등적으로 평가한다. 따라서 '모든 시대의 작품들은 동등한 가치를 지닌다.'라는 헤겔의 예술론에 대한 설명으로 부합하지 않는다.

[정답] ③

08번 문제를 풀이하면 다음과 같습니다.

'다중 분할'에 유의하여 주어진 내용을 정확히 독해하여 정리하면 아래 표와 같습니다.

구분	상징적	고전적	낭만적
지역	오리엔트	고대 그리스	중세 유럽 이후 모든 시기
지성의 발전 단계	하	중	상
예술성	뛰어나지 않음	가장 뛰어남	뛰어나지 않음
전형적 장르	건축	조각	회화, 음악, 시문학

① 상징적 단계의 전형적인 예술 장르는 조각이 아닌 건축이므로 선택지의 서술은 타당하다.
② 고전적 단계의 전형적인 예술 장르는 서사시가 아닌 조각이므로 선택지의 서술은 타당하다.
③ 낭만적 단계의 전형적인 예술 장르는 회화, 음악, 시문학이므로 중세의 기독교 회화는 낭만적 단계의 전형적인 예술에 해당한다. 따라서 선택지의 서술은 타당하지 않다.
④ 첫 번째 문단에 따르면, '유의할 것은 이 단어들이 특정 예술 유파를 일컫는 일반적 용법과는 사뭇 다르게 사용된다는 점이다.'라고 서술되어 있다. 즉, 헤겔이 명명한 '상징적', '고전적', '낭만적'과 같은 개념들은 헤겔이 독자적으로 정의한 개념이므로 우리가 일상에서 사용하는 개념과 외연이 일치하는 것이 아니다. 따라서 주어진 선택지에서 '근대의 고전주의 음악'에서 '고전주의'는 헤겔이 정의한 '고전적'과 이름만 유사하고 전혀 다른 개념이다. 또한 헤겔에 따르면 중세 유럽 이후의 모든 시기는 낭만적 단계로 분류되므로 근대는 낭만적 단계에 해당하며, 낭만적 단계의 전형적인 예술 장르 중에는 '음악'이 있으므로, '근대의 고전주의 음악은 낭만적 단계의 전형적인 예술이다.'는 타당한 설명에 해당한다. → **매력적 오답**

'고전주의 음악'이 '낭만적 단계의 전형적 예술'이라는 서술이 상호 모순적으로 느껴져 ④가 타당하지 않다고 오판하는 경우가 있을 수 있으므로 주의하여야 한다.
⑤ 현대는 낭만적 단계에 해당하며, 낭만적 단계의 전형적인 예술 장르에는 건축이 속해 있지 않다. 건축은 상징적 단계의 전형적인 예술 장르이다. 따라서 '현대의 건축은 낭만적 단계의 전형적인 예술이 아니다.'라는 설명은 타당하다.

[정답] ③

09번 문제를 풀이하면 다음과 같습니다.

① 가장 앞 단계에 해당되는 '상징적 단계'의 예술이 가장 아름다운 예술이 아니므로 선택지는 헤겔의 예술론과 모순된다.
② 가장 뒷단계에 해당되는 '낭만적 단계'의 예술이 가장 아름다운 예술이 아니므로 선택지는 헤겔의 예술론과 모순된다.
③ 헤겔의 예술론에 따르면, 아름다움이란 예술의 내용과 형식이 일치할 때 발생한다. 그런데 예술의 내용이란 인간의 지성이고, 예술의 형식이란 인간의 감각에 해당하는데, 인간의 감각은 시대의 변화에도 일정한 반면에, 인간의 정신은 시대에 따라 지속적으로 발전하여 왔기에 내용과 형식이 일치하는 순간은 고대 그리스의 고전적 단계에서 유일하게 발생할 수밖에 없다. 고전적 단계 이후에도 인간의 지성은 지속적으로 발전하므로, 지성과 감각 사이의 괴리는 점점 확대되게 되고, 이에 따라 그 이후의 시기는 가장 지성적인 시기이기에 오히려 예술의 아름다움은 하락하게 되는 상황이 발생하게 된다. 따라서 헤겔의 예술론은 가장 아름다우면서도 가장 지성적인 예술은 존재할 수 없다는 논리적 귀결에 자연스럽게 이르게 된다.
  → **절대적 정답**
④ 가장 비지성적인 예술에 해당되는 '상징적 단계'의 예술이 가장 아름다운 예술이 아니므로 선택지는 헤겔의 예술론과 모순된다.
⑤ 헤겔의 예술론에 따르면, 인간의 정신 능력은 지속적으로 상승하므로 시간이 흐를수록 예술의 내용과 형식의 괴리는 점점 더 증가할 수밖에 없다. 따라서 미래의 시기에는 예술의 아름다움은 점점 더 하락할 수밖에 없을 것이고, 이로 인해 예술의 범주 안에는 아름답지 않은, 추한 예술만이 남을 것이라는 점을 추론할 수 있다. 그렇다고 헤겔의 예술론이 가장 추한 예술이 가장 아름다운 예술이라고 주장한 것은 아니므로 선택지는 헤겔의 예술론과 아무런 관련이 없는 내용이다.

[정답] ③

10번 문제를 풀이하면 다음과 같습니다.

헤겔의 예술론에서 논리적 결함을 찾아내는 문제로, 헤겔의 예술론에 숨겨진 전제를 정확히 읽어내어야 논리적 결함을 발견할 수 있습니다.

① 첫 번째 문단에 따르면, 헤겔의 예술론은 개별 작품에 대한 평가보다는 일반 법칙을 통해 아름다움을 평가하는 '철학적 미학'에 해당하지만, '구체적인 작품들에 대한 풍부하고 수준 높은 진술을 포함'하고 있다고 서술되어 있다. 즉, 헤겔의 예술론은 논증적 수준이 높을 뿐만 아니라, 실질적 사례들도 다양하게 언급하고 있으므로 선택지는 헤겔의 예술론에 대한 적절한 평가가 아니다.
② 다섯 번째 문단에 따르면, 헤겔의 예술론은 '개념적'이라고까지 일컬어질 만큼 예술의 지성화가 진행된 오늘날의 상황까지 예견하여 설명할 수 있는 포섭력'을 가진다고 서술되었으므로, 헤겔의 예술론은 동시대까지의 예술 현상뿐만이 아니라 미래의 예술 현상에 대해서까지 설명력을 지니고 있다는 점이 확실하게 추론된다.
③ 첫 번째 문단에 따르면, 헤겔의 예술론은 지성 일반의 발전 법칙에 의거하여, 정신사적 차원에서의 설명을 바탕으로 종교의 유형적 단계 설정을 제시하고 있다. 따라서 정신사적 차원에서의 설명과 종교사적 차원에서의 설명이 분리된 것이 아니라 면밀하게 연계되어 전개되어 있다고 평가되어야 한다.

④ 헤겔의 예술론은 단일한 이론적 틀을 준거삼아 예술사의 시대별로 구분하고, 그 예술사에 전형적인 장르가 성립한 이유를 통합적으로 설명하고 있다. 따라서 예술사의 시대 구분과 예술 장르에 대한 설명이 하나의 논리와 면밀하게 연계된 개념에 의거하여 설명되고 있으며, 따라서 이론의 전체적인 정합성이 매우 높은 수준으로 평가된다.

⑤ 헤겔의 예술론의 논증 과정은 '예술의 내용에 해당하는 인간의 정신 능력은 지속적으로 발전한다.'라는 대전제를 바탕으로 진행된다. 따라서 이러한 전제가 성립하지 않는다면, 헤겔의 예술론은 모조리 성립하지 않는다. 그런데 '인간의 정신 능력은 지속적으로 발전한다.'라는 명제는 당대 헤겔이 살고 있었던 근대 유럽의 시공간이 인간의 정신 능력이 최고점에 이른 순간임을 전제로 하고, 고대 그리스와 오리엔트 시대는 인간의 정신력이 뒤떨어진 시대였음을 전제로 하고 있는 것이다. 따라서 헤겔은 자신의 동시대를 제외한 이외의 시대와 문화권들은 지성력이 발달하지 못했던 미성숙한 지성적 단계임을 전제함으로써 자신의 예술론을 전개하고 있는 것이므로, 이러한 전제가 근대 서구의 자기 우월적인 편향성에서 비롯된 것이라고 비판한다면 헤겔의 예술론에 대한 논리적인 비판이 된다. 따라서 선택지는 헤겔의 예술론의 대전제를 비판한다는 점에서 헤겔의 예술론에 대한 논리적인 비판에 해당하고, 따라서 헤겔의 예술론을 평가한 것으로 가장 적절한 선택지로 평가될 수 있다. → **절대적 정답**

[정답] ⑤

한 번에 합격, 해커스로스쿨

lawschool.Hackers.com

[01~03] 다음 글을 읽고 물음에 답하시오.

2018학년도 LEET 문13~15

서양 근대 윤리학에서 칸트의 도덕 철학과 헤겔의 윤리 이론은 각기 도덕성과 인륜성의 개념으로 대표되며 오늘날에도 여전히 논란거리를 제공하고 있다.

이 가운데 칸트의 도덕 철학이 갖는 우선적 목표는 '보편도덕'을 확립하는 것이다. 그는 신과 같은 초월적 존재의 권위에 기대지 않고, 인간 존재에게 '이성'이 그 자체로 이미 주어졌다는 사실에 의거하여 '보편도덕'을 세운다. 그는 인간과 도덕으로부터 ㉠경험 세계의 모든 우연적 요소들을 제거한다. 인간이 피와 살을 가진 물리적 세계의 존재이고, 감정이나 취향과 같은 경향성을 가지며, 다른 사람들과 함께 살아가는 존재라는 사실을 모두 소거한다. 이로써 인간이 이성적 존재라는 단 하나의 사실에 초점을 맞춘다. '이성' 이외에 그 어떤 것도 필요로 하지 않는 '의지'의 개념을 도출하고 그것을 '이성적 의지'라고 부른다. 이성적 의지는 순수한 의지이며 자유로운 의지이자 자율적 의지이다. 여기서 자유란 스스로 법칙을 제정하고 동시에 자신이 제정한 법칙에 스스로 예속되는 '자기입법'과 '자기예속'으로서 '자율'의 능력을 의미한다. 그리고 행위를 강제하는 의무는 ㉡'법칙에 대한 존경으로부터 생겨난 행위의 필연성'에서 비롯하며, 도덕적 행위의 유일한 판단 기준이 된다.

'이성적 주체'로서 개인은 인류 전체를 대표하고 나아가서 모든 이성적 존재를 대변할 수 있는 '자기 완결적' 존재이고, 그의 주관적 행위 원리인 준칙이 도덕 세계의 필연적 보편 법칙이 됨으로써 ㉢도덕적 주체가 된다. 칸트는 도덕 원리이자 의무를 ㉣'정언명법'이라 부르며 다음과 같이 정식화한다. "네 의지의 준칙이 동시에 보편적 입법의 원리로서 타당하도록 행위하라." 이에 따르면 도덕성의 핵심은 ㉤'보편화 가능성'에 있다.

헤겔은 칸트의 도덕성 개념을 비판하며 '윤리적 삶'의 가치를 높이 평가한다. 윤리적 삶은 진정한 자유의 실현이며, 이는 끝없이 전진하는 자기의식이 도달하는 지점이다. 도덕적 질서와 달리 윤리적 질서는 실재하는 내용을 지닌다. 그리하여 추상적인 또는 형식적인 이성의 원리에 기초하여 무엇이 의무인지 결정할 수 없는 어려움이 윤리의 수준에서는 사라진다. 가족이나 시민사회, 국가와 같은 윤리적 공동체에 참여한다는 것은, 인간 본성의 이성적인 본질이 외적으로 실현되는 것이며, 이 공동체의 구성원으로서 특정 역할을 받아들여 그에 따른 의무와 책임을 인정하게 됨을 의미한다. 그리고 각자가 지닌 특수한 의지가 보편적 의지로서의 윤리적 질서와 일치하게 됨을 확인하기만 하면, 윤리적 질서 안에서 의무와 권리는 하나가 되어 의무는 더 이상 강제가 아니게 된다.

헤겔은 윤리적 삶의 영역을 ⓐ인륜이라 부른다. 인륜이 발전하는 계기는 세 단계로 이루어진다. 첫 번째 단계는 가족이다. 개인은 가족을 통해서 윤리적 삶으로 들어간다. 가족 안에서 개체성에 대한 자기의식을 비로소 얻게 되며 독립적인 개인이 아니라 가족의 한 구성원임을 알게 되고, 부부 간 그리고 부모와 자식 간에 존재하는 권리와 의무를 받아들이게 된다. 두 번째 단계는 시민사회이다. 시민사회는 스스로 존재하는 개인들의 필요에 따른 연합과 법률적 체계화 그리고 그들의 특수한 공통 이익을 얻기 위한 외적인 조직체를 통해서 발생한다. 개인은 자기 자신의 실재하는 정신이 시민사회 안에 구체화되어 있음을 발견할 때, 일정 수준의 자유에 도달한다. 시민사회에서 개인은 각자의 사회적 지위에 따라 특수하게 구체화된 존재이지만, 법적 체계에서는 모두 동등한 권리를 지닌 존재이다. 세 번째 단계는 국가이다. 개인의 개체성과 특수한 관심은 자신의 완전한 발전의 성취와 권리의 분명한 인식을 추구한다. 이와 함께 개인은 자기 이익을 넘어서 보편의 이익과 일치하려 하며, 보편을 인식하고 의욕하려 한다. 개인이 국가 안에서 진정한 개체성을 지니고 보편을 자기 자신의 실재하는 정신으로 인식하며 보편을 자신의 목표로 간주하여 적극적으로 추구할 때, 국가란 그에게 자유의 실현이 된다.

01. ⊙~⑩에 관한 설명으로 가장 적절한 것은?

① ⊙을 제거하기 위해 도덕적 주체는 개인적 취향, 전통과 관행, 추론 능력과 무관하게 도덕 법칙을 정초한다.
② ⓒ에 따른 행위란 이성의 요구에 따라 우리가 하여야 할 바를 행하는 것으로 이런 행위만 진정한 도덕적 행위가 된다.
③ ⓒ은 외부의 사건이나 다른 행위자가 원인이 되어 행위를 하지 않으며 자신의 경향성을 행위의 동기로 한다.
④ ⓔ은 '네가 어떤 목적을 성취하고 싶다면 그 목적에 맞는 수단으로 행위하면 된다'는 뜻이다.
⑤ ⑩을 통해 초월적 존재에 의해 선험적으로 주어진 권위로부터 행위의 도덕성이 확보된다.

02. 비판 의 내용으로 적절하지 않은 것은?

① 이성의 형식에만 호소하기에 이성의 내용을 실질적으로 갖추지 못하고 있다.
② 도덕 원리를 구성할 때 의무와 권리를 함께 고려하지 않고 일방적으로 의무를 부각하고 있다.
③ 인간의 자유를 이성적 존재의 보편성으로 한정하여 윤리적 삶의 구체적인 자유를 설명하지 못하고 있다.
④ 인간에게 본성으로 주어진 이성 능력을 발휘하여 보편의지를 함양하는 과정에 논증이 편중되어 균형을 잃고 있다.
⑤ 고립적인 자기동일성의 차원에 머무름으로써 윤리적 삶의 각 단계를 거쳐 자기의식에 도달하는 자아 형성의 가능성을 도외시하고 있다.

03. ⓐ에 대한 설명으로 적절하지 않은 것은?

① 가족의 단계에서 자녀들은 양육될 권리를 지닌다.
② 시민사회의 단계에서 모든 구성원들의 사회적 지위는 동등하다.
③ 국가의 단계에서 개체성은 사유와 구체적 현실 모두에서 보편성으로 통일된다.
④ 시민사회보다 국가에서 개인의 자유는 고양된 형태로 구현된다.
⑤ 가족, 시민사회, 국가는 이성이 외적으로 발현되는 단계들을 나타낸다.

[04~06] 다음 글을 읽고 물음에 답하시오.

서양의 지적 전통에서 법은 오랫동안 선에 비해 부차적인 것, 혹은 선을 닮기 위한 수단에 불과한 것으로 이해되었다. 법은 신들이 버린 세계 속에 있는 선의 유사물이자 최상의 원리인 선의 모조품이었다. 플라톤 식으로 표현하면, 선의 이데아를 따르기 위해 현상계의 인간들이 할 수 있는 것은 선의 모방이었으며, 구체적으로 이 모방은 법을 따르는 것이었다.

법과 선의 이와 같은 고전적인 관계는 전통적으로 존재의 본질과 연결된 자연법론의 형태로 정당화되었다. 그러나 자연법론은 존재의 본질에 대하여 어느 정도 동질적인 이해가 확보된 조건하에서만 유용할 수 있다. 만약 서로 다르고 모순적인 세계관들이 충돌하게 되면 자연법론은 보편적 적용 가능성을 얻는 대가로 끊임없이 그 내용을 포기해야만 하는 운명을 피하기 어렵다. 근대적 법 이론가로서 칸트는 인간의 실천이성에 선험적으로 내재하는 도덕법칙에 주목하여 법과 선의 관계를 재규정함으로써 자연법론에 닥친 위기를 돌파하고자 했다.

『실천이성비판』에서 칸트는 인간의 자유를 인격적 자율과 그에 따른 책임으로 이해하면서 윤리적 행위를 규정하는 도덕법칙으로 정언명령을 제시한다. 도덕법칙이 명령으로 등장하는 까닭은 인간의 자연적 경향이 항상 선을 지향하고 있지는 않기 때문이다. 따라서 도덕법칙은 실천이성이 선의 이념에 따라 자기 자신에게 강제적으로 부과하는 규범이며, 무조건적인 준수를 요구하는 명령이다. 하지만 정언명령은 어디까지나 순수 형식의 표상으로서 대상, 지역, 상황들과는 무관하고, 그 속에는 구체적인 행위를 지시하는 내용이 전혀 들어 있지 않다. 그것은 오로지 행위가 순응해야 하는 형식적 법칙만을 무조건적으로 명령할 뿐이다. 『실천이성비판』에서 칸트는 "너의 의지의 준칙이 항상 동시에 보편적 입법의 원리로서 타당할 수 있도록 행위하라."라고 하는 명령을 실천이성의 원칙으로 선언한다.

들뢰즈는 이와 같은 칸트의 주장에서 법이 선의 주위를 맴돈다는 종래의 생각을 전도시켜 오히려 선이 법의 주위를 맴돌게 만들려는 기획을 찾아낸다. 칸트의 이런 기획에 따르면 법은 더 이상 선에 의하여 규정되지 않고 도리어 법의 입장에서 선을 규정한다. 실천이성의 법칙으로서 법은 선이 의무를 부과하기 위해 가지지 않으면 안 되는 보편적인 형식으로 스스로를 정당화한다. 들뢰즈에 따르면, 칸트의 기획을 이끄는 핵심 논리는 정언명령을 유일하고 보편적이며 무조건적인 법으로 내세우면서 이에 대한 복종을 선 그 자체로 규정하는 것이다. 달리 말해, 선을 실현하기 위한 수단으로 법에 대한 복종을 요구하는 것이 아니라 법에 대한 복종 그 자체를 선으로 규정하는 것이다.

근대적 법 이론의 역사에서 법과 선의 관계를 전도시키는 칸트의 기획은 하나의 신기원을 이루었다. 그럼에도 불구하고 그 이면에 특수한 형태의 폭력성이 도사리고 있음을 부인하기는 어렵다. 앞서 말했듯이, 정언명령은 순수 형식이며 그 안에는 구체적인 내용이 없다. 따라서 정언명령은 오로지 구체적인 상황 속에서만 구체적으로 인식될 수 있다. 바로 이 점에 관하여 들뢰즈는 카프카의 소설을 예로 들어 법의 실행 문제를 제기한다. 카프카의 작품 「유형지에서」에는 형벌 기계가 나오는데 그 기계 안에서 처형되는 사람은 자신의 죄를 모른 채 처벌을 받는다. 그 처벌은 그 사람의 죄명을 그의 몸뚱이 위에 바늘로 기록하는 것이다. 이는 인간은 법을 위반한 결과로 주어지는 형벌을 통해서 비로소 그 법을 구체적으로 알게 된다는 의미이다.

이처럼 법의 실행을 판결과 집행으로 이해할 경우, 칸트의 기획은 결과적으로 ㉠'우울증적 법의식'을 초래하는 사태를 피하기 어렵다. 정언명령에 대한 복종은 선 그 자체이므로 정언명령은 선의지를 가질 의무를 부과하는 것이나 다름없다. 그러나 정언명령은 그것을 위반하지 않는 한 구체적으로 인식될 수 없다. 이 때문에 칸트의 기획에서 정언명령은 인간에게 선의지에 대한 무조건적 추궁으로 받아들여지고, 그 앞에서 인간은 자신의 선의지를 입증해야 한다는 강박 관념에 휩싸이게 된다. 이로부터 벗어나기 위해서는 정언명령의 구체적인 내용을 알아야 하지만 정언명령을 위반하지 않는 한 그렇게 할 수 없다. 이와 같이 칸트의 기획은 결과적으로 인간을 죄의식에 시달리게 만든다. 정언명령에 대한 복종 요구에 엄격하게 따를수록 이 죄의식은 더욱 커진다.

근대적 법 이론가로서 칸트는 인간에게 스스로의 내면에서 실천이성이 명령하는 법에 대해 무조건적으로 복종하라고 요구한다. 그러나 들뢰즈에 따르면, 칸트의 기획은 법에 대한 엄격한 복종을 통해 인간에게 죄의식을 증대시키는 과정인 동시에 인간의 자유의 토대인 인격적 자율을 훼손하는 과정이기도 하다. 법의 실행을 다르게 이해하지 않는 한, 우울증적 법의식으로부터 벗어나는 방법은 칸트의 기획을 거부하는 것뿐이다. 이제 인간은 법을 주군의 자리에서 끌어내려 선의 주변부로 돌려보내고 다시 선을 주군으로 삼아 법을 다스리게 해야 할지도 모른다.

04. 윗글을 이해한 내용으로 적절하지 않은 것은?

① 칸트의 기획은 존재의 본질에 연결된 고전적 자연법론의 전통을 연장한 것이다.
② 칸트의 기획이 나오기 전까지 법은 선과의 관계에서 독립적으로 정당화될 수 없었다.
③ 법과 선의 고전적인 관계에서 법에 대한 복종은 현상계에서 선을 실현하기 위한 수단이었다.
④ 근대적 법 이론가로서 칸트의 특징은 법의 근거를 객관적 실재가 아니라 선험적 도덕법칙에서 찾았다는 데 있다.
⑤ 서양의 근대 세계에서 자연법론의 위기는 그 보편성을 확보할 수 없게 만드는 다양한 세계관들로 인해 촉발되었다.

05. 들뢰즈의 해석에 따라 칸트의 '정언명령'을 이해한 것으로 옳지 않은 것은?

① 법적인 심판 구조 속에서 법의 위반 행위를 사후적으로 단죄한다.
② 선의 형식을 규정하는 보편 법칙으로서 법의 입장에서 선을 규정한다.
③ 오로지 형식적 규칙으로 제시되는 까닭에 구체적인 내용을 알 수 없다.
④ 법을 명령하는 자와 그 명령을 따라야만 하는 자로 인간의 내면을 분열시킨다.
⑤ 인간의 본성이 선을 지향한다고 전제한 뒤 도덕법칙을 준수할 의무를 부과한다.

06. ㉠에 대해 칸트가 취할 수 있는 입장과 상충하는 것은?

① 죄의식은 주관적인 심리 현상일 뿐이므로 인격적 자율과 책임의 문제와는 관련이 없다.
② 정언명령 앞에서 죄의식을 가졌다고 해서 그것에서 벗어나고자 정언명령 자체를 거부해서는 안 된다.
③ 법의 실행을 도덕법칙에 따른 입법 행위로 이해하면 인격적 자율이 더욱 잘 구현되고 죄의식도 예방할 수 있다.
④ 범죄 행위는 그 행위의 준칙을 보편화할 수 없다는 점에서 불법성이 명백하므로 이에 대해서는 죄의식이 아니라 책임감을 느껴야 한다.
⑤ 인간의 실존이 죄의식에 사로잡혀 있음을 알면서도 법에 대한 무조건적 복종을 계속 요구하는 것은 보편적 입법의 원칙에 비추어 정당화되기 어렵다.

[07~09] 다음 글을 읽고 물음에 답하시오.

헤겔에게서 '낭만'은 일차적으로는 예술의 형식과 역사 및 장르를 유형학적으로 단계화하는 미학적 맥락에서 등장하지만, 그 실질적 내용 면에서는 ㉠그의 정신철학 전체의 핵심을 적확하게 드러내는 개념이라 할 수 있다. 이 개념은 그 명칭이 주는 익숙함으로 인해 종종 오해를 불러일으킨다. 따라서 정확한 이해를 위해서는 이 개념을 '낭만적인 것'이라는 범주로 좀 더 엄밀하게 규정하고 이것이 특히 예술적 내지 사상적 노선으로 공인된 '낭만주의'와 어떤 관계를 지니는지를 밝혀야 한다. 주목할 것은, '낭만적인 것'이 일차적으로 그 단어적 인접성에서 보이듯이 낭만주의를 하나의 하위범주로 포괄하지만, 궁극적으로는 낭만주의와 대립 관계를 보이기까지 한다는 점이다.

이성주의의 가장 강한 형태의 판본을 구축하려는 헤겔의 관점에서 볼 때 무한한 상상력과 감수성이 핵심인 낭만주의는 응당 극복되어야 할 전형적인 지적 미성숙의 상태이다. 그런데 흥미롭게도 그는 인간 지성이 정점에 이른 단계에 대해서도, 즉 엄밀한 개념에 의거하여 최고도의 사유를 수행하는 사변적 이성 및 그러한 이성의 활동장인 철학까지도 종종 '낭만적'이라고 부를 뿐 아니라, 사변적 이성과 철학을 가장 완전한 의미에서 '낭만적인 것'이라고 평가한다. '낭만적인 것'의 정점은 낭만주의의 대척인 이성적 사변인 반면, 낭만주의는 그 명칭이 무색하게 오히려 '낭만적인 것'의 저급한 미완 단계로 평가되는 것이다.

이러한 착종된 용어법을 이해하기 위해서는 그가 몇몇 지점에서 '낭만적인 것'을 '기독교적인 것'과 같은 의미로 사용하고 있다는 점에 유의해야 한다. '낭만적인 것'과 낭만주의의 관계에서와 유사하게, '기독교적인 것'은 비록 언어적으로 종교적 색채를 풍기기는 하지만, 제도화된 신앙 및 교리 체계로서의 기독교를 넘어서는 정신철학적 범주이다. 그에 따르면 정신의 가장 저급한 단계는 객체에 대한 주체의 의존성이 가장 지배적인 감각적 지각의 단계이며, 가장 고급한 단계는 그러한 대상 의존성을 완전히 극복한 정신적 주체의 순수하고 내면적인 재귀적 작동인 '반성', 즉 이성적 사유이다. 이는 절대자, 곧 '신'이 어떤 인격체가 아니라 세계의 근본적 존재 구조 내지 원리로서의 '이성'이라고 보는 그의 절대적 관념론에 의거한다. 절대자 그 자체가 완전한 이성적 구조, 즉 개념의 엄밀하고도 완전한 자기 운동 체계이므로, 그것에 호응하는 인간 지성의 형식 역시 개념적 사유 능력인 이성이어야 한다는 것이다. 여기서 '기독교적인 것'이란, 어떤 물리적 대상을 매개로 절대자와 만나려는 원시적 지성성을 극복하여 순수한 내면적 정신성을 성취하려는 지성의 단계를 통칭한다. 따라서 가장 완전한 의미에서 '기독교적인 것'은 순수한 개념적 반성을 통해 진리를 인식하는 철학에서 달성된다. 반면 기독교는 자연적 대상의 숭배 또는 매개를 넘어섰다는 점에서 '기독교적인 것'이기는 하지만, 개념적 반성을 필요조건으로 하는 지성의 완전한 순수한 내면성에는 미치지 못하기에, '기독교적인 것'의 불완전한 단계로 평가된다. 이상을 근거로 할 때 '기독교적인 것'은 '내면적 지성성'으로 바꾸어 부를 때 그 본질적 의미가 제대로 드러난다. 내면적 지성성에는 여러 단계가 있고 그 완전한 단계는 개념적 사유를 통한 철학인 한에서, '기독교적인 것'과 '기독교'는 단순 등치될 수 없는 것이다.

'기독교적인 것'을 이렇게 이해할 때 '낭만적인 것'과 낭만주의의 관계가 밝혀진다. 감성과 상상력의 무제한적 발산, 즉 '가슴속의 모든 것을 표출할 수 있는 자유'를 지향하는 낭만주의가 주어진 경험 세계를 넘어서는 지적 주체의 내면적 작동을 중심 원리로 하는 것은 분명하기에 낭만주의는 의심할 바 없이 '낭만적인 것'의 하나이다. 그러나 낭만주의가 달성하는 정신의 내면성은 개념적 반성성에 의거한 철학적 사유의 내면성에는 아직 이르지 못한 열등한 것이며, 이에 낭만주의는 '낭만적인 것'의 완전한 전형이 될 수 없다. 진정으로 '낭만적인 것'은 철학적 사유에서 비로소 성취된다.

07. 헤겔의 관점을 이해한 것으로 가장 적절한 것은?
① '낭만주의'와 '기독교'는 서로 바꾸어 쓸 수 있는 동의어이다.
② '기독교'는 정신적 작동 방식의 측면에서 '낭만적인 것'에 속한다.
③ '낭만주의'와 '기독교'는 모두 완전한 형태의 내면적 지성성을 획득한다.
④ 최고도의 '기독교적인 것'은 예술사조로서의 '낭만주의'를 통해 성취된다.
⑤ '낭만적인 것'과 '기독교적인 것'은 모든 단계에서 순수한 개념적 반성을 통해 수행된다.

08. ㉠에 대해 추론한 것으로 가장 적절한 것은?
① 정신의 재귀적 작동은 신앙과 예술의 영역에서 최고도로 이루어진다고 생각할 것이다.
② 참된 인식의 수행 방식은 인식의 궁극적 대상의 존재 구조에 대응해야 한다고 생각할 것이다.
③ 개념의 연쇄를 통한 논리적 추론보다는 구체적 현실에 대한 체험을 인식의 출처로 평가할 것이다.
④ 절대적 진리에 대한 최고의 인식은 인격화된 절대자의 존재를 증명하는 데서 이루어진다고 여길 것이다.
⑤ 구체적 경험보다는 정신 내면의 자유로운 상상력의 작동에서 최고의 지적 탁월성이 달성된다고 여길 것이다.

09. 윗글을 바탕으로 <보기>를 해석한 것으로 가장 적절한 것은?

〈보기〉

헤겔은 회화를 '낭만적' 예술 장르로 분류한다. 이는 일반적 장르 구분 관행과 큰 차이를 보이는 것으로서, 통상 건축·조각과 함께 조형예술 영역에 편성되던 회화를 음악·시문학과 동일한 장르군으로 위치 이동시킨 것이다. 그는 특히 17세기의 네덜란드 장르화를 높이 평가한다. 장르화에는 위대한 정신성, 즉 자연의 위협을 극복하고 외세의 침공을 격퇴하고 종교와 사상의 자유를 위해 투쟁하는 등의 역사적 과정을 통해 형성되고 강화된 네덜란드인들 고유의 자기 확신과 자유 지향성이 평범한 일상의 사실적 묘사 속에 깊이 스며듦으로써 '인간적인 것 그 자체'가 형상화되고 있다고 보기 때문이다. 이에 따라 양식적으로 사실주의 미술의 하나로 분류되는 네덜란드 장르화가 그에게서는 '낭만적인 것'으로 기술된다.

① 어떤 예술 장르를 '낭만적'이라고 부르는 것은 예술이 철학적 사변의 한계를 넘어섬으로써 '낭만적인 것'을 더욱 높이 추동시킨다는 생각에서 비롯된다.
② 네덜란드 장르화에서 '인간적인 것 그 자체'가 형상화된다는 진술은 인간의 본질을 세속의 미시적 현실에서 찾아야 한다는 인식의 전환을 사상적 모태로 한다.
③ 양식상 사실주의로 분류되는 장르화를 '낭만적인 것'으로 부르는 것을 일상의 사실적 묘사 속에 기독교의 교리가 확고부동한 삶의 규범으로 함축되어 있다는 판단에서 비롯된다.
④ 회화를 '낭만적' 장르로 분류하는 방식은 회화적 표현이 근본적으로 주체의 정신적 내면성에 의거한다는 점에서 건축·조각보다는 음악·시문학과 더 동질적이라는 생각을 근거로 한다.
⑤ 네덜란드 장르화를 '낭만적인 것'으로 설명하는 것은 상상력의 무제한적 발산을 추구하는 낭만주의의 미적 전략이 이 부류의 회화 작품에 가장 모범적으로 작용하고 있다는 평가에 바탕을 둔다.

[10~12] 다음 글을 읽고 물음에 답하시오.

토마스 아퀴나스를 통해 보편화된 고전적 정식에 따르면 '진리'는 '사물과 지성의 일치'인데, 그 맹아는 이미 플라톤에게서 보인다. 그런데 진리를 가리키는 플라톤의 용어 '오르토테스'와 '알레테이아', 그리고 토마스 아퀴나스의 '베리타스' 사이에는 중요한 유사점과 차이점이 있다. 명제뿐 아니라 하나의 단어도 이미 참 또는 거짓일 수 있다고 한 『크라튈로스』에서와 달리 『소피스테스』에서 플라톤은 말은 그것이 명제일 때, 즉 주어-술어 연결을 통해 사실성을 주장하는 언표일 때 비로소 진릿값을 가질 수 있다고 본다. 먼저 '테아이테토스는 앉는다.'와 같은 참 명제에서는 ('테아이테토스'와 '앉는다'의) 존재하는 연결이 존재하는 것으로, 또는 존재하지 않는 연결이 존재하지 않는 것으로 언표된다. 반면 '테아이테토스는 난다.'와 같은 거짓 명제에서는 ('테아이테토스'와 '난다'의) 존재하지 않는 연결이 존재하는 것으로, 또는 존재하는 연결이 존재하지 않는 것으로 언표된다. 오르토테스란 명제가 참임으로써 성립하는 진리를 가리킨다.

『국가』에서 플라톤은 알레테이아 곧 '비은폐성'을 진리의 또 다른 국면으로 제시한다. 태양 없이는 가시계의 사물들은 비가시적이고 감추어져 있어서 우리는 아무것도 볼 수 없다. 태양 덕분에 비로소 사물들은 보일 수 있다. 이와 유사하게 '좋음의 이데아' 없이는 가지계(可知界)의 이데아들은 인식될 수 없고 감추어져 있어서 우리 이성은 그것들을 인식할 수 없다. 좋음의 이데아 덕분에 비로소 이데아들은 인식될 수 있다. 태양 빛이 사물들의 가시성과 우리의 시각을 연결하듯, 좋음의 이데아는 이데아들의 가지성과 우리의 인식 능력을 연결한다. 즉 좋음의 이데아는 이데아들의 알레테이아와 그것들에 대한 우리 인식의 오르토테스를 가능케 한다.

이후 토마스 아퀴나스가 제시한 '사물과 지성의 일치'로서의 베리타스는 '지성에 사물이 일치함'과 '사물에 지성이 일치함', 즉 서로 대칭적 방향성을 지닌 사태적 진리와 명제적 진리로 나뉘는데, 존재론적 차원의 진리와 인식론적 차원의 진리가 함께 거론된다는 점에서 그의 진리론은 플라톤의 관점을 계승했다고 할 수 있다. 그러나 진리가 '본래적으로'는 인간이 명제 형식으로 수행하는 인식에서 성립한다고 보는 점에서 유의미한 편차를 보이는 것도 사실이다. 이는 사물이 신의 지성의 실천적 현시이기에 원칙적으로 이 세계에서 참되지 못한 것은 없으며, 참과 거짓의 문제가 발생하는 장은 주로 인간 지성의 영역이기에 진리는 결국 인간의 참 인식에서 완전히 성취된다는 세계관에서 기인하는 것이다. 이후의 철학사에서는 베리타스의 두 차원 중 명제적 진리가 담론의 주된 논제가 되는 경향이 종종 보인다. 이에 대해서는, 철학의 과제가 세계에 대한 '참인' 인식뿐 아니라 세계를 '참된' 것으로 이끄는 것에도 있는데 진리의 그러한 의미 한정은 철학 본연의 향도적 기능의 제한으로 이어진다는 비판이 제기될 수 있다.

그런데 진리 담론의 범위를 명제 차원에 한정하더라도 고전적 정식에서는 중대한 구조적 난점이 발견된다. 칸트에 따르면 어떤 명제 즉 인식의 참 또는 거짓을 따지려면 그 명제와 객관적 사실을 비교하여 일치 여부를 판별해야 하는데, 이때 불가피한 무한소급이 발생한다. 진위 판단의 기준인 사실을 '알고' 있어야 어떤 인식과 사실을 비교할 수 있는데, 그렇다면 인식-사실의 비교는 기실 인식-인식의 비교가 되며, 두 번째 인식은 또 다른 사실과 비교되어야 한다. 그러나 또 다른 사실 또한 필연적으로 또 다른 인식이며, 이에 진리의 기준으로서의 '객관적 사실'에는 영원히 다다를 수 없다. 칸트는 이 무한소급의 근원을 우리 인식의 불가피한 순환 구조, 즉 주관성으로부터의 이탈 불가능성에서 찾는다. 우리가 '사물'이라고 부르는 모든 것은 '우리'가 경험하는 바의 사물, 즉 '현상'일 뿐, 결코 존재하는 그대로의 '사물 자체'가 아니며, 따라서 과학이 밝히는 자연법칙도 자연 자체의 법칙이 아니라 경험의 조건으로서의 우리 심성의 내적 구조일 뿐이라는 것이다.

10. 윗글에 대한 이해로 가장 적절한 것은?

① 진리에 관한 고전적 정식은 토마스 아퀴나스에 의해 그 최초의 맹아가 마련되었다.
② 말의 진위 여부는 명제의 차원에 한정된 문제라는 것이 플라톤의 일관된 입장이었다.
③ 플라톤의 진리관에서 좋음의 이데아는 이데아들과 인간의 인식 능력이 일치한 결과로 여겨진다.
④ 고전적 정식에서, 진리의 존재론적 차원에서 판정 기준이 되는 것이 인식론적 차원에서는 판정 대상이 된다.
⑤ 사태적 진리가 진리 담론에서 경시되는 철학사적 과정은 철학의 향도적 기능이 점차 강조되어 왔음을 보여 준다.

11. '오르토테스', '알레테이아' 및 '베리타스'를 설명한 것으로 가장 적절한 것은?

① '지성에 사물이 일치함'을 성취하지 못하는 사물도 오르토테스를 성취하는 명제의 주어일 수 있다.
② '국가의 이데아'는 우리의 이성 자체의 힘만으로 인식될 수 있으므로 알레테이아를 성취할 수 있다.
③ '삼각형의 꼭짓점은 네 개이다.'라는 말은 존재하는 연결을 존재하지 않는 것으로 언표하므로 오르토테스일 수 없다.
④ '이 몸이 새라면 어떻게 될까.'라는 말은 주어와 술어의 연결을 포함하므로 오르토테스 여부를 판별하는 대상일 수 있다.
⑤ '지고의 신적 지성의 설계에 따라 만들어진 완벽한 이 세계'는 '사물에 지성이 일치함'의 경우가 아니므로 베리타스를 성취할 수 없다.

12. 윗글에 따라 칸트의 입장을 추론한 것으로 가장 적절한 것은?

① 『국가』에서 플라톤이 제시한 '진리의 또 다른 국면'에 대해서는 진위 판별이 가능하다고 생각할 것이다.
② 토마스 아퀴나스의 정식에 대해 '사물에 지성이 일치함'으로서의 진리만이 그 성취 여부를 판별할 수 있다고 여길 것이다.
③ 『소피스테스』에서 개진된 플라톤의 진리관에 대해 인식과 사물의 비교에서 나타나는 필연적 결과가 발견되는 경우라고 판단할 것이다.
④ 고전적 정식의 중대한 구조적 난점은 자연법칙에 대한 부단한 탐구를 통해 더 이상 반박할 수 없는 최종 근거가 제시될 때 해결될 것이라고 기대할 것이다.
⑤ 인간과는 다른 감각 능력을 지닌 생명체에게는 동일한 사물이 전혀 다른 방식으로 지각된다는 사실은 인식의 순환 구조에 대한 주장을 약화시킨다고 평가할 것이다.

정답 및 해설 p.276

제재 4 정치학

1 제재 소개

정치학은 LEET 언어이해에서 경제학과 함께 가장 빈번히 출제되는 분과 영역에 속합니다. 그런데 10년 넘게 지문의 스타일이 크게 변하지 않은 **경제학**과 달리, 정치학에서는 굉장히 다양한 스타일의 지문들이 출제되었는데, 그 이유는 어느 세부 전공을 공부한 교수가 출제진으로 참여하였느냐에 따라 정치학 지문의 성격이 판이하게 달라지기 때문입니다. 이는 단일한 이론의 틀 안에서 동질화되어 있는 경제학과 다양한 학문적 방법론으로 구성된 하위 집단들이 정치 영역을 연구 대상으로 삼는다는 이유로 하나의 그룹으로 묶여 있는 정치학의 차이라고 할 것입니다. 그럼 지금까지 출제되었던 정치학 지문의 유형을 분류하여 출제 비중 순으로 나열해 보겠습니다.

첫째, **민주주의 이론**입니다. 민주주의가 법치주의와 상충하는 경우가 발생하기 때문에 막연하게 선한 이념으로 민주주의를 간주하는 통념과는 달리, 가치중립적인 제도이자 우연한 역사적 구성물로서 민주주의를 냉철하게 분석하는 지문들이 자주 출제됩니다. 특히 미국이나 프랑스의 특정 시공간을 배경으로 **민주주의의 형성 과정**과 그 과정에서 제시되었던 논쟁점들을 역사적 맥락에서 접근합니다.

둘째, **정치 철학**입니다. 정치 철학은 2022학년도와 2021학년도 기출문제에서 빈번히 출제된 유형입니다. 이 유형은 권리와 평등, 자유와 파시즘 등과 같은 정치적 개념들을 다양한 이론적 방법론으로 정의하고 논증합니다. 특히 최근의 출제 경향은 정치학의 하위 영역이라기보다는 **철학**의 하위 영역에 가까운 지문들이 주로 출제되었습니다.

셋째, **제도 이론**입니다. 주로 의회나 정당과 관련된 현대 정치 제도를 세분화하여 들여다보며, 그 과정에서 나타나는 현상을 포착하고 이를 설명하기 위한 다양한 이론을 제시합니다. 디테일한 제도적 절차를 다룬다는 점에서 **법학** 지문과 유사한 측면도 있으며, 상당히 까다로운 편에 속합니다. 2019학년도 이전 시험에서는 단골로 출제되었으나 최근에는 출제 비중이 감소한 유형입니다.

넷째, **계량 이론**입니다. 현대 정치학의 주된 경향은 경제학과 마찬가지로 계량적인 방법론을 적용하는 것입니다. 고난도의 지문을 만들 여지가 충분한 유형인데, 아직까지는 출제된 횟수가 손에 꼽을 정도로 적습니다. 그러나 향후 고난도 문제가 출제될 것으로 예상되는 영역입니다.

앞으로도 **정치 철학**과 **제도 이론**의 사이에서 지문이 출제될 가능성이 높습니다. **민주주의**와 **정당 이론**과 같은 클래식한 이슈들은 계속 출제될 가능성이 있으며 **숙의 민주주의, 공화주의, 아나키즘** 등 우리가 막연하게 알고 있는 제도적 개념에 대한 논의나, 현대 영미정치 철학자 중 아직 출제되지 않은 학자의 이론이 출제될 가능성이 있습니다. 또한 아직까지 LEET 언어이해에서 게임 이론이 출제된 적이 없는데, 게임 이론의 관점에서 선거 제도나 정당 제도를 분석하는 계량적 지문이 고난도로 출제될 수 있습니다. 그리고 2017학년도를 제외하고 **정치학**에서 출제된 적이 없는 **국제정치학**의 영역에서 **국제법**과 관련되어 출제될 가능성도 염두에 두어야 합니다.

또한 민주주의와 정당 이론이 주로 제시되는 정치학 지문에서는 **모델링 적용 문제**가 자주 출제됩니다. 정치학은 정치 시스템에 대한 모델링을 자주 사용하는데, 특정 정치 상황을 구체적 사례로 제시하기보다는 가상의 모델을 제시한 후 지문의 내용을 적용하는 문제가 바로 모델링 적용 문제입니다.

정치학 지문에서 주의할 점은 자신이 이미 가지고 있는 정치에 대한 고정관념 혹은 편견에 기반하여 문제를 풀 경우, 틀리기 쉽다는 것입니다. 알게 모르게 가지고 있는 기존의 어설픈 배경지식이 아니라, 철저하게 지문에서 주어진 정치학 이론의 관점에 의거하여 문제를 풀어야 합니다.

2 대표 기출문제

출제시기	세부 제재	소재 및 문제 번호
2025학년도	민주주의 이론	사법심사제와 다수주의(10~12번)
2024학년도	계량 이론	투표 참여 방정식(7~9번)
2023학년도	계량 이론	나이의 정치적 효과(13~15번)
2022학년도	민주주의 이론	파시즘에 대한 다양한 이론적 해석(13~15번)
2022학년도	정치 철학	미국의 사례를 통해 바라본 민주주의와 민주주의의 규범(22~24번)
2021학년도	정치 철학	롤스와 싱어의 평등 개념(7~9번)
2021학년도	정치 철학	르포르의 권리와 자유 개념(13~15번)
2019학년도	정치 철학	극우민족주의의 네이션 개념(25~27번)
2018학년도	제도 이론	권력의 집중도에 따른 민주주의 제도의 두 가지 유형(30~32번)
2016학년도	제도 이론	책임정당정부 이론(17~19번)
2015학년도	제도 이론	교착의 개념과 통치형태와의 연관성(14~16번)
2014학년도	제도 이론	위임 행위에 대한 두 가지 이론(23~25번)
2013학년도	제도 이론	입법 과정의 역동성에 대한 세 가지 이론(10~12번)
2012학년도	제도 이론	유권자의 정치 선택 이론(9~11번)
2011학년도	민주주의 이론	프랑스 제3공화국 민주주의의 형성 과정에서 노동자 정당의 역할(24~26번)
2010학년도	민주주의 이론	프랑스 혁명을 통한 민주주의의 형성 과정(16~18번)
2009학년도	제도 이론/계량 이론	정당 수 산정에 대한 다양한 방법론(32~34번)

3 독해 전략

STEP 1 | 지문의 서론에서 정치학적 개념이 재정의되는 방식을 파악한다.

✓ 민주주의와 정당 이론에 해당되는 지문은 정치학적 개념을 글쓴이만의 독자적인 방식으로 재정의하는 경우가 많다. 이러한 재정의 방식은 서두에 소개되므로 이를 주의 깊게 파악해야 한다.

▼

STEP 2 | 지문의 패턴을 파악한 후 지문의 관점에 초점을 두어 정치적 현상을 파악한다.

✓ 제도 이론이든 정치 철학이든 새로운 이론이나 인식의 틀을 통해 기존에 통념적으로 혹은 막연하게 알고 있었던 정치적 현상을 새롭게 바라보아야 한다.

✓ 지문의 패턴이 학설 비교형 지문인지 이론 제시형 지문인지를 파악한 후, 자신의 통념이나 편견이 아니라 철저하게 지문에서 도입된 새로운 방식으로 정치적 현상을 이해하는 데 초점을 둔다.

▼

STEP 3 | 지문에서 모델링이 될 수 있는 부분을 체크한다.

✓ 모델링 적용 문제가 고난도로 출제될 가능성이 높으므로 모델링이 될 수 있는 부분이 지문의 어느 부분인지 체크하고, 그 부분은 완전히 이해가 될 수 있도록 시간을 투자해서 독해한다.

이 문제는 반드시 출제된다!

모델링 적용: 사회과학으로서 정치학은 정치 시스템에 대한 모델링을 자주 사용한다. 특정 정치 상황을 구체적 사례로 제시하기보다는 가상의 모델을 제시한 후 지문의 내용을 적용하는 문제가 자주 출제된다.

4 문제에 적용해보기

독해 전략을 적용하여 연습문제를 풀이해 봅시다.

연습문제 1

[01~03] 다음 글을 읽고 물음에 답하시오.　　　　　　　　　　　　2015학년도 LEET 문14~16

> 우리는 정치 과정에서 정치 세력이 충돌하는 교착 상태를 종종 보게 된다. 교착이란 행정부(집행부)와 의회가 각각 정책 변화를 원함에도 불구하고 ㉠양자의 선호가 일치하지 않는 상태로 인해 입법에 실패하여 기존 정책이 그대로 유지되기까지의 정치 과정을 가리킨다. 교착이 일어나는 주요 원인으로는 통치형태의 주요 특징이 지적되었다.
>
> 대통령제에서 대통령과 의회가 따로 선출되고 고정된 임기 안에 서로 불신임의 대상이 되지 않는다는 점과 대통령이 내각 운영에서 전권을 발휘한다는 점은 대통령과 의회 간의 마찰을 유발하는 조건이 된다. 특히 법안발의권 등 대통령의 입법 권한이 강할수록 대통령이 의회와 마찰할 가능성이 커진다. 교착은 단점정부보다는 분점정부일 때, 즉 대통령의 소속 당이 의회에서 과반 의석을 얻지 못했을 때 많이 발생한다.
>
> 한편 의회 다수당이 내각을 구성하며 의회가 내각에 대한 불신임권을 가지는 내각제에서는 교착의 발생이 훨씬 줄어든다. 가령 다수당이 과반 의석을 얻지 못해도, 다른 소수당과 연립정부를 구성하여 의회의 과반을 형성하거나, 총리와 내각이 의회 다수파에 의해 교체되거나, 총리가 의회를 해산하고 조기 총선을 치러 새 내각을 구성한다면 교착을 피할 수 있다. 내각제가 제대로 작동하기 위해서는 연립정부 구성과 해체 등의 과정에서 대체로 정당 기율이 강할 것이 요구된다.
>
> 대통령제에서의 교착을 해소하기 위해 제도적 변형을 시도한 것으로 프랑스의 이원집정부제가 있다. 이원집정부제는 고정된 임기의 대통령을 직접 선거로 선출한다는 점에서 대통령제와 같지만, 대통령의 소속 당이 의회의 과반을 갖지 못하면 대통령은 의회에서 선출된 야당 대표를 총리로 임명하고 총리가 정국 운영을 주도한다는 점이 다르다. 동거정부라 불리는 이 경우에 정부는 내각제처럼 운영된다. 단, 대통령과 총리 사이의 권한을 둘러싼 분쟁으로 교착이 발생하기도 한다. 반대로 단점정부의 경우에는 대통령제와 유사하게 운영된다. 의회는 원내 양당제를 유도하는 결선투표제로 구성된다.
>
> 대통령제에서 정당 체계와 선거 제도는 교착에 영향을 준다. 정당 체계에서 비례대표제는 다당제를 유도하는데, 다당제는 의회 다수파 형성을 어렵게 한다. 양원제에서는 상원 다수당과 하원 다수당 중 하나가 대통령의 소속 당과 다를 때 분점정부가 나타난다. 정당의 기율을 강하게 하는 제도적 장치가 있거나 정당이 이념적으로 양극화될 때도 분점정부 상황에서는 대통령이 의회 과반의 지지를 확보하기 어려울 수 있다. 한편 의회와 대통령 선거를 동시에 실시하는 경우, 대통령 당선 유력 후보의 후광효과가 일어나 분점정부의 발생 가능성을 낮추는 효과가 생긴다. 아울러 분점정부라도 야당이 대통령의 거부권을 막을 수 있는 의석수를 확보하고 있다면 교착이 발생하지 않을 수 있다.
>
> 다양한 의회제도 또한 교착에 영향을 미친다. 의사진행을 촉진하는 의장의 권한이 강하다면, 분점정부 상황에서는 대통령의 거부권 행사 가능성으로 인해 교착이 발생할 수 있다. 그리고 교섭단체 제도처럼 원내 다수당과 소수당 간의 합의를 강조하는 제도가 있으면 심지어 단점정부 상황이라고 해도 교착이 생길 수 있다. 이는 다수당이 강행하려는 의제를 소수당이 지연시킬 수 있기 때문이다. 또 소수당이 입법 지연을 목적으로 활용하는 필리버스터(의사진행 방해 발언)도 교착을 발생시킬 수 있다. 필리버스터의 종결에 요구되는 의결정족수까지 높게 규정되어 있으면, 교착은 잘 해소되지 않는다. 그밖에 사회적 합의가 어려운 쟁점이 법안으로 다루어질 경우도 교착이 일어날 확률이 높다.

지문 요약 연습

연습문제를 풀이하면서 지문의 각 문단을 요약해 보세요.

대통령제 아래 분점정부 상황의 교착을 완화하는 제도적 방안으로는 남미 국가들의 경험처럼 연립정부를 구성하는 것도 있다. 대통령제를 내각제처럼 운영하려는 이 대안은 소수파 대통령이 야당들과의 협상을 통해 공동 내각을 구성하여 의회 과반의 지지를 확보할 수 있다는 점에 착안한 것이다. 이 경우 정당의 기율이 강하다면 협상 과정에서 이탈자를 줄일 수 있으며, 대통령의 강한 권한도 연립정부의 유지에 긍정적 역할을 할 수 있다. 이 과정에서 비례대표제를 의회선거에, 결선투표제를 대통령선거에 각각 적용해 동시에 선거를 치르면, 연립정부 구성이 쉬워진다는 연구 결과도 있다. 두 선거를 같은 시기에 치르면 정당 난립을 억제하는 효과가 있고, 대통령선거가 결선투표로 갈 때 일차 선거와 결선투표 시기 사이에 연립내각을 구성하기 위한 정당 간 협상이 활발하게 일어날 수 있기 때문이다.

한편 교착 완화를 위해 미국처럼 대통령이 야당 의원들을 설득하여 법안마다 과반의 지지를 확보하는 방안도 있다. 이는 정당의 기율이 약하고 의회선거 제도가 단순다수 소선거구제일 때 주로 적용된다. 이런 경우에는 의회가 양당제로 구성되고 의원들의 정치적 자율성이 높으므로 대통령이 의원들을 설득하기 쉬워진다. 특히 대통령의 입법 권한이 약하기 때문에 대통령은 의회에 로비할 필요성을 더 느끼게 된다. 이 방법들은 대통령이 의회에서 새로운 과반의 지지를 얻는 데 목적이 있다.

★ 선생님 TIP
서로 대립되는 개념어들이 빈번히 등장하므로 '대칭으로 읽기' 독서 스킬을 적용해 보세요.
- 대통령제 ↔ 내각제
- 분점정부 ↔ 단점정부
- 비례대표제 ↔ 단순다수 소선거구제

사실 확인

01. ⊙을 해결하기 위한 시도로 적절하지 않은 것은?
① 대통령제에서 대통령이 의회 다수당과 연립정부를 구성하려는 경우
② 대통령제에서 대통령이 의회 과반의 지지를 얻으려고 의회에 로비를 하려는 경우
③ 내각제에서 총리가 소수당과 연립정부를 구성하려는 경우
④ 내각제에서 총리가 조기 총선을 요구해 새로운 내각을 구성하려는 경우
⑤ 이원집정부제에서 동거정부일 때 대통령이 정국을 주도하려는 경우

사실 확인

02. 윗글에 따라 대통령제에서 정치 환경의 변화를 추론한 것으로 적절한 것은?
① 다수당이지만 필리버스터를 종결할 만큼 의석을 차지하지 못한 야당에 소속된 의장이 갈등 법안을 본회의에 직권상정하면, 교착이 완화될 것이다.
② 비례대표제를 채택한 의회선거를 대통령선거와 동시에 치르면, 시기를 달리해 두 선거를 치를 때보다 분점정부가 발생할 확률이 낮아질 것이다.
③ 양원제 의회를 모두 비례대표제로 구성하면, 단순다수 소선거구제로 구성할 때보다 분점정부가 발생할 확률이 낮아질 것이다.
④ 야당이 대통령의 거부권 행사를 무력화할 만큼의 의석을 가진다면, 교착이 악화될 것이다.
⑤ 양극화된 정당 체계에서 교섭단체 간의 합의 요건을 강화하면, 교착이 완화될 것이다.

모델링 적용
03. 윗글을 바탕으로 <보기>에 대해 추론한 것으로 적절한 것은?

―〈보기〉―

행정부와 의회 간의 빈번한 교착으로 정치 불안이 심각한 상태인 A국의 정치학자 K가 ㉮~㉰의 제도를 설계하여 제안했다. 현재 대통령제 국가인 A국은 양당제로 분점정부 상태이다. 대통령은 법안발의권 등 강한 권한을 지니고 있다. 대통령은 결선투표제로 선출한다. 의회는 단순다수 소선거구제로 구성한다. 정당의 기율은 강하다.

	대통령의 입법 권한	의회선거 제도	정당 기율 관련 법제
㉮	축소	결선투표제로 변경	유지
㉯	유지	비례대표제로 변경	유지
㉰	축소	유지	약화

① K는 ㉮를 설계하면서 미국식 대통령제를 염두에 두었을 것이다.
② K는 ㉮를 설계하면서 프랑스식 이원집정부제를 염두에 두었을 것이다.
③ K는 ㉯를 설계하면서 미국식 대통령제를 염두에 두었을 것이다.
④ K는 ㉰를 설계하면서 남미식 대통령제를 염두에 두었을 것이다.
⑤ K는 ㉰를 설계하면서 프랑스식 이원집정부제를 염두에 두었을 것이다.

🏛 가이드 & 정답 확인하기

가이드에 따라 지문과 문제를 분석하고 정답을 확인해 봅시다.

STEP 1 지문의 서론에서 정치학적 개념이 재정의되는 방식을 파악한다.

[첫 번째 문단] 행정부와 입법부의 선호 불일치로 인한 입법 실패 상황을 일컫는 '교착' 개념 소개

> 우리는 정치 과정에서 정치 세력이 충돌하는 교착 상태를 종종 보게 된다. 교착이란 행정부(집행부)와 의회가 각각 정책 변화를 원함에도 불구하고 ⊙양자의 선호가 일치하지 않는 상태로 인해 입법에 실패하여 기존 정책이 그대로 유지되기까지의 정치 과정을 가리킨다. 교착이 일어나는 주요 원인으로는 통치형태의 주요 특징이 지적되었다.

STEP 2 지문의 패턴을 파악한 후 지문의 관점에 초점을 두어 정치적 현상을 파악한다.

[두 번째 문단] 교착을 빈번히 발생하게 하는 대통령제의 특성

> 대통령제에서 대통령과 의회가 따로 선출되고 고정된 임기 안에 서로 불신임의 대상이 되지 않는다는 점과 대통령이 내각 운영에서 전권을 발휘한다는 점은 대통령과 의회 간의 마찰을 유발하는 조건이 된다. 특히 법안발의권 등 대통령의 입법 권한이 강할수록 대통령이 의회와 마찰할 가능성이 커진다. 교착은 단점정부보다는 분점정부일 때, 즉 대통령의 소속 당이 의회에서 과반 의석을 얻지 못했을 때 많이 발생한다.

[세 번째 문단] 교착을 완화하는 내각제의 특성과 이를 위한 조건

> 한편 의회 다수당이 내각을 구성하며 의회가 내각에 대한 불신임권을 가지는 내각제에서는 교착의 발생이 훨씬 줄어든다. 가령 다수당이 과반 의석을 얻지 못해도, 다른 소수당과 연립정부를 구성하여 의회의 과반을 형성하거나, 총리와 내각이 의회 다수파에 의해 교체되거나, 총리가 의회를 해산하고 조기 총선을 치러 새 내각을 구성한다면 교착을 피할 수 있다. 내각제가 제대로 작동하기 위해서는 연립정부 구성과 해체 등의 과정에서 대체로 정당 기율이 강할 것이 요구된다.

STEP 3 지문에서 모델링이 될 수 있는 부분을 체크한다.

[네 번째 문단] 교착 해소를 위한 대통령제의 변형 사례 1 - 프랑스의 이원집정부제

> 대통령제에서의 교착을 해소하기 위해 제도적 변형을 시도한 것으로 프랑스의 이원집정부제가 있다. 이원집정부제는 고정된 임기의 대통령을 직접 선거로 선출한다는 점에서 대통령제와 같지만, 대통령의 소속 당이 의회의 과반을 갖지 못하면 대통령은 의회에서 선출된 야당 대표를 총리로 임명하고 총리가 정국 운영을 주도한다는 점이 다르다. 동거정부라 불리는 이 경우에 정부는 내각제처럼 운영된다. 단, 대통령과 총리 사이의 권한을 둘러싼 분쟁으로 교착이 발생하기도 한다. 반대로 단점정부의 경우에는 대통령제와 유사하게 운영된다. 의회는 원내 양당제를 유도하는 결선투표제로 구성된다.

[다섯 번째 문단] 정당 체계와 선거 제도가 교착 해소에 미치는 영향

> 대통령제에서 정당 체계와 선거 제도는 교착에 영향을 준다. 정당 체계에서 비례대표제는 다당제를 유도하는데, 다당제는 의회 다수파 형성을 어렵게 한다. 양원제에서는 상원 다수당과 하원 다수당 중 하나가 대통령의 소속 당과 다를 때 분점정부가 나타난다. 정당의 기율을 강하게 하는 제도적 장치가 있거나 정당이 이념적으로 양극화될 때도 분점정부 상황에서는 대통령이 의회 과반의 지지를 확보하기 어려울 수 있다. 한편 의회와 대통령 선거를 동시에 실시하는 경우, 대통령 당선 유력 후보의 후광효과가 일어나 분점정부의 발생 가능성을 낮추는 효과가 생긴다. 아울러 분점정부라도 야당이 대통령의 거부권을 막을 수 있는 의석수를 확보하고 있다면 교착이 발생하지 않을 수 있다.

[여섯 번째 문단] 의회 제도가 교착 해소에 미치는 영향

> 다양한 의회제도 또한 교착에 영향을 미친다. 의사진행을 촉진하는 의장의 권한이 강하다면, 분점정부 상황에서는 대통령의 거부권 행사 가능성으로 인해 교착이 발생할 수 있다. 그리고 교섭단체 제도처럼 원내 다수당과 소수당 간의 합의를 강조하는 제도가 있으면 심지어 단점정부 상황이라고 해도 교착이 생길 수 있다. 이는 다수당이 강행하려는 의제를 소수당이 지연시킬 수 있기 때문이다. 또 소수당이 입법 지연을 목적으로 활용하는 필리버스터(의사진행 방해 발언)도 교착을 발생시킬 수 있다. 필리버스터의 종결에 요구되는 의결정족수까지 높게 규정되어 있으면, 교착은 잘 해소되지 않는다. 그밖에 사회적 합의가 어려운 쟁점이 법안으로 다루어질 경우도 교착이 일어날 확률이 높다.

[일곱 번째 문단] 교착 해소를 위한 대통령제의 변형 사례 2 - 남미의 연립정부제

> 대통령제 아래 분점정부 상황의 교착을 완화하는 제도적 방안으로는 남미 국가들의 경험처럼 연립정부를 구성하는 것도 있다. 대통령제를 내각제처럼 운영하려는 이 대안은 소수파 대통령이 야당들과의 협상을 통해 공동 내각을 구성하여 의회 과반의 지지를 확보할 수 있다는 점에 착안한 것이다. 이 경우 정당의 기율이 강하다면 협상 과정에서 이탈자를 줄일 수 있으며, 대통령의 강한 권한도 연립정부의 유지에 긍정적 역할을 할 수 있다. 이 과정에서 비례대표제를 의회선거에, 결선투표제를 대통령선거에 각각 적용해 동시에 선거를 치르면, 연립정부 구성이 쉬워진다는 연구 결과도 있다. 두 선거를 같은 시기에 치르면 정당 난립을 억제하는 효과가 있고, 대통령선거가 결선투표로 갈 때 일차 선거와 결선투표 시기 사이에 연립내각을 구성하기 위한 정당 간 협상이 활발하게 일어날 수 있기 때문이다.

[여덟 번째 문단] 교착 해소를 위한 대통령제의 변형 사례 3 - 미국의 개별 의원에 대한 설득과 로비 관행

> 한편 교착 완화를 위해 미국처럼 대통령이 야당 의원들을 설득하여 법안마다 과반의 지지를 확보하는 방안도 있다. 이는 정당의 기율이 약하고 의회선거 제도가 단순다수 소선거구제일 때 주로 적용된다. 이런 경우에는 의회가 양당제로 구성되고 의원들의 정치적 자율성이 높으므로 대통령이 의원들을 설득하기 쉬워진다. 특히 대통령의 입법 권한이 약하기 때문에 대통령은 의회에 로비할 필요성을 더 느끼게 된다. 이 방법들은 대통령이 의회에서 새로운 과반의 지지를 얻는 데 목적이 있다.

지문에서 제시된 대통령제와 의원내각제를 구분하여 정리하면 다음과 같습니다.

대통령제	
입법부	동의·승인권, 탄핵 소추권 → 행정부에 대한 견제 권한
행정부	법률안 거부권 → 입법부에 대한 견제 권한
국민	선거를 통해 입법부와 행정부를 선출하는 권력의 출처

의원내각제	
입법부	총리 선출권, 내각 불신임권 → 행정부에 대한 견제 권한
행정부	의회 해산권 → 입법부에 대한 견제 권한
국민	선거를 통해 입법부를 선출하는 권력의 출처

지문을 분석한 후 01번 문제를 풀이하면 다음과 같습니다.

① 남미의 방식을 통해 ㉠을 해결하려는 시도에 해당한다.
② 미국의 방식을 통해 ㉠을 해결하려는 시도에 해당한다.
③ 내각제에서 여당이 선거에서 과반을 달성하지 못했을 때 ㉠을 해결하려는 시도에 해당한다.
④ 내각제에서 여당이 선거에서 과반을 달성하지 못했을 때 ㉠을 해결하려는 시도에 해당한다.
⑤ 프랑스의 이원집정부제에서 여당이 과반수 의석 확보 실패하여 야당의 총리와 동거정부가 구성되었을 때, 대통령과 총리 사이에 권력 분할을 놓고 합의가 제대로 이루어지지 않으면 ㉠의 해결이 어려워진다. 따라서 대통령이 정국을 주도하려는 경우는 오히려 ㉠을 악화시키는 시도에 해당한다.

[정답] ⑤

이어서 02번 문제를 풀이하면 다음과 같습니다.

① 여섯 번째 문단에 따르면 대통령제에서 입법부 의장이 입법 과정을 강제 진행할 권한이 강하면, 대통령에 의한 거부권 행사를 유발하여 오히려 교착의 해소를 악화시킨다.
② 행정부 선거와 입법부 선거를 같은 시기에 치르면, 동일한 정당이 행정부와 입법부를 동시에 장악할 가능성이 높아지므로 분점정부가 발생할 확률은 낮아진다.
③ 비례대표제는 다당제 상황을 유도하기 위한 제도이므로 분점정부가 탄생할 확률이 높아진다.
④ 야당이 대통령의 거부권 행사를 무력화할 만큼의 의석을 가진다면, 독단적으로 입법 권한을 행사할 수 있으므로 교착은 발생하지 않는다.
⑤ 교섭단체 간의 합의 요건이 강화되면 심지어 단점정부 상황에서도 교착이 발생할 수 있다고 하였으므로 양극화된 정당 체계에서는 교착을 더욱 악화할 것이다.

[정답] ②

이어서 모델링 적용과 관련된 03번 문제를 풀이하면 다음과 같습니다.

구분	대통령의 입법 권한	의회선거 제도	정당의 기율
프랑스의 이원집정부제	약할수록 좋다	결선투표제	강할수록 좋다
남미의 연립정부제	강할수록 좋다	비례대표제	강할수록 좋다
미국의 의원 설득/로비 관행	약할수록 좋다	단순다수 소선거구제	약할수록 좋다

㉮는 의회에 결선투표제를 도입함으로써 다당제가 아닌 양당제를 입법부에 유도하는 시스템이다. 이를 통해 양당의 대표가 동거정부를 구성하여 교착을 해소하게끔 하는 '프랑스의 이원집정부제'를 염두에 둔 것임을 유추할 수 있다.

㉯는 대통령의 입법 권한을 강화하는데, 대통령의 강한 권한이 교착의 해소에 긍정적으로 작용하는 케이스는 남미의 사례에만 해당한다. 또한, 내각제와 유사한 방식의 연립정부를 추구하므로 비례대표제를 통한 다당제 상황이 연립정부 구성에 유리하게 작용하고, 정당의 기율이 높을수록 연립정부를 구성하기 위한 정당의 협상력이 증가할 것이다. 따라서 ㉯는 '남미식 연립정부제'를 염두에 두고 구상한 설계에 해당한다.

㉰는 단순다수 소선거구제와 정당 기율이 약한 상황에서 대통령이 의원들에게 개별적으로 접촉하여 설득과 로비를 통해 교착 상황을 해소하게끔 하는 '미국식 의원 설득/로비 관행'을 염두에 둔 설계에 해당한다.

⑤ 프랑스의 이원집정부제에서 결선투표제를 도입하는 대상은 대통령 선거가 아니라 의회 선거이다. 의회 선거에 결선투표제를 도입하여 양당제를 유도하여, 동거정부를 구성하는 야당 대표가 선출되기 용이하도록 만들려는 선거 제도 설계인 것이다. 이를 대통령 선거를 결선투표제로 만드는 것으로 착각하면 정답을 잘못 고를 가능성이 있다. 특히 프랑스가 결선투표제를 실시하고 있다는 사실에 대한 배경지식이 개입될 경우에 잘못된 답을 고를 수 있으므로 철저하게 지문에 의거하여 문제를 풀이하는 훈련을 반복해야 한다. → **매력적 오답**

[정답] ②

지문 요약 연습

연습문제를 풀이하면서 지문의 각 문단을 요약해 보세요.

연습문제 2

[04~06] 다음 글을 읽고 물음에 답하시오.

2013학년도 LEET 문10~12

의회는 국가 정책을 결정하는 대의제 민주주의의 주요 기관이다. 미국 하원을 예로 들어 의회의 입법 과정을 설명하면 다음과 같다.

[A] 발의된 의안은 본회의 의장이 관련 상임위원회에 회부한다. 이때 의장은 의안 회부를 거부할 수 있는 문지기 권한을 지닌다. 소관 상임위원회에 상정된 의안은 수정안 제출을 포함한 심사 과정을 거쳐 합의에 이르면 과반 표결로 의결되는데, 합의에 이르지 못하면 사장된다. 상임위원회를 통과한 의안은 규칙위원회를 통과해야 한다. 규칙위원회는 본회의 의결 과정에서 수정을 전혀 허용하지 않는 수정불가 규칙 또는 무제한 수정을 허용하는 수정허용 규칙을 부여한다. 단, 규칙이 부여되지 않으면 의안은 사장된다. 본회의에 의안이 상정되면 수정불가 규칙이 부여된 경우는 가부 표결만 하며, 수정허용 규칙이 부여된 경우는 수정안이 제출되면 심사 활동을 거쳐 일반적으로 최종 수정안부터 제출된 순서의 역순으로 가부 표결을 하게 된다. 표결은 대개 과반 표결로 한다.

입법 과정은 의원들의 정치적 대표 체계의 다중성 때문에 역동적으로 나타난다. 예를 들어, 소선거구제에서 선출된 의원들은 국민 전체의 대표이자 지역구민의 대표이고, 정당의 구성원으로서 소속 정당 지지자의 대표이기도 하다. 이러한 상황은 입법 과정의 각 단계에서 교차 압력으로 작용하여 입법 과정을 설명하거나 예측하기 어렵게 만든다. 이 같은 역동성을 상임위원회를 중심으로 설명하는 이론에는 다음 세 가지가 있다.

첫째, 이익분배 이론은 의원들의 지역구 대표성에 주목한다. 일반적으로 의원들은 자신의 지역구 이해관계를 가장 잘 대변하는 상임위원회를 자율적으로 선택하는데, 이로써 각 상임위원회는 이해관계가 유사한 지역구 의원들이 모이게 되어 강한 정책적 동질성을 가진다. 그러나 정작 상임위원회들 사이는 이해관계가 다르게 되므로 갈등 상황에 놓이게 된다. 이익분배 이론은 이러한 갈등을 해소하는 주요한 기제로 의원들 간의 지지의 교환을 든다. 가령, 지역구 이해의 강한 수요자로 서로 다른 상임위원회에 소속된 갑과 을 의원의 경우를 생각해 보자. 본회의에서 다른 상임위원회 소속 의원들의 지지를 받아야 하는 처지인 갑 의원은 을 의원에게 지원을 약속하며 그 대가로 자신의 지역구를 위한 정책을 지지해 줄 것을 요청할 것이다. 이는 상임위원회 간에 혜택의 상호 교환이 발생함을 의미하며, 결국 본회의는 상임위원회 간 혜택 교환의 약속이 투표 거래로 실현되는 장이 된다. 이 과정에서 의회 다수나 다수당의 영향력은 상당히 축소된다.

둘째, 정보확산 이론은 의회 다수의 정책 선호를 강조한다. 의회는 지역구 수요를 위한 이익의 할당 차원을 넘어 국민 전체를 위한 본회의 중심의 입법 활동을 원활하게 할 목적을 지닌다. 이를 위해 정보확산 이론은 상임위원회가 입법 과정의 주요한 원칙인 다수주의에 의거하여 의회 다수가 원하는 방향으로 조직되어야 한다고 본다. 이 경우 상임위원회 배정 단계에서부터 본회의 주도로 각 정당의 협조를 이끌어 내는 정당 간 협의회의 역할이 중요해진다. 그리하여 각 상임위원회는 본회의의 대리인이 되어 본회의에서 의결할 정책에 대한 구체적인 정보를 생산한다. 발의된 의안이 입법화되어 집행된다면 국민 전체의 이익에 어떤 영향을 미칠지 매우 불확실한데, 상임위원회는 그러한 불확실성을 줄이기 위해 축적된 전문적 정보를 본회의의 심사 과정에 제공하는 역할을 한다.

셋째, 정당이익 이론은 의원이 정당 지지자를 대표하게 하는 정당의 역할을 중시한다. 입법 활동에 따른 정책 결과는 정당의 미래 선거에 큰 영향을 미친다. 정당은 의정 활동 결과를 최대화해 자신의 입법 성과로 지지자들에게 제시함으로써 대표성을 실현하고자 한다. 이는 동일 정당에 소속된 의원들로 하여금 다가올 선거에서 운명을 공유할 수밖에 없도록 만든다. 공동 이익의 추구는 정당 지도부의 권한을 강화하는 유인이 되며, 이는 다수당에 더욱 중요하다. 상임위원회 활동은 입법 과정 초기에 일어나는 반면, 본회의에서는 소수당의 수정안 제출 등 반대 활동이 활발하게 제기될 수 있으므로, 정당 지도부는 상임위원회 구성과 운영에서부터 주도권을 행사하려 한다. 즉 당내 의원 총회에서 의원들을 각 상임위원회에 배정하는 과정에 적극 관여하며 정당의 핵심 프로그램을 담당하는 상임위원회의 활동을 지속적으로 감독한다. 여기서 정당 지도부는 지역구의 이해관계에 민감하거나 본회의에서 소수당에 동조하는 다수당 의원들의 이탈을 방지하는 안정자 기능을 하며, 결국 상임위원회를 다수당의 대리인으로 만든다.

이처럼 상호 경쟁하는 세 가지 이론은 대의제 민주주의가 생산해 내는 정책의 본질과 성격에 대한 이해를 넓혀 주고 있다.

사실 확인
04. 윗글의 내용과 일치하지 않는 것은?

① 본회의 의결 과정에서 이익분배 이론은 정당 간의 투표 거래를 강조하나 정보확산 이론은 의회 다수의 정책 선호를 강조한다.
② 상임위원회의 기능에서 이익분배 이론은 이해관계의 수요자 측면을 강조하나 정보확산 이론은 정책 정보의 공급자 측면을 강조한다.
③ 의원의 상임위원회 배정 문제에 있어 이익분배 이론은 의원들의 자율적 선택을 강조하나 정보확산 이론은 정당 간 협의회의 역할을 강조한다.
④ 의원의 정치적 대표성에서 이익분배 이론은 지역구 대표성을 강조하나 정당이익 이론은 정당 지지자 대표성을 강조한다.
⑤ 상임위원회 활동에 있어 정보확산 이론은 정책의 불확실성을 줄이는 것을 강조하나 정당이익 이론은 정당의 입법 성과를 최대화하는 것을 강조한다.

★ 선생님 TIP
지문의 세부 정보에 매몰되지 말고 큰 그림을 그릴 수 있는 독해가 이루어져야 합니다. 이 지문의 핵심 키워드는 '상임위원회'입니다. 상임위원회의 기능을 설명하는 세 가지 이론을 통해 입법 과정이 예측 불가능하게 진행되는 이유를 설명하는 것이 지문의 큰 구조임을 알 수 있습니다.

사실 확인
05. '규칙위원회'의 규칙 부여와 관련한 <보기>의 추론 중 적절한 것만을 있는 대로 고른 것은?

〈보기〉

ㄱ. 이익분배 이론의 관점에서, 수정허용 규칙은 수정불가 규칙에 비해 본회의에서 상임위원회 간 투표 거래를 활성화하여 지역구에 혜택을 주는 정책을 더 많이 생산하게 만들 수 있다.
ㄴ. 정보확산 이론의 관점에서, 수정허용 규칙은 수정불가 규칙에 비해 본회의에서 지역구에 대한 혜택을 줄이고 국민 전체를 위한 정책을 더 많이 생산하게 만들 수 있다.
ㄷ. 정당이익 이론의 관점에서, 수정불가 규칙은 수정허용 규칙에 비해 상임위원회를 다수당의 대리인으로 만들어 본회의에서 다수당 지지자들을 위한 정책을 더 많이 생산하게 만들 수 있다.

① ㄱ
② ㄴ
③ ㄱ, ㄷ
④ ㄴ, ㄷ
⑤ ㄱ, ㄴ, ㄷ

★ 선생님 TIP
상임위원회에서 이루어지는 사건과 본회의에서 이루어지는 사건을 명확하게 구분하여 적용하도록 합니다.

★ 선생님 TIP
알고리즘 따라가기
알고리즘에 정책1을 집어넣었을 때, 결과가 현행 정책2가 유지되는 결과가 도출될 것인지 아니면 새로운 결과가 도출될 것인지를 판단하면 됩니다.

모델링 적용

06. <보기>와 같은 경우를 가정할 때, 윗글의 [A]에 따라 정리한 <그림>의 각 단계에서 결정될 정책을 바르게 나열한 것은?

─〈보기〉─

아래 <표>와 같이 구성된 의회에서 의원 갑이 '정책1'을 발의했다. 현재는 '정책2'가 시행되고 있으며 본회의장은 '정책2'를 선호한다. 의원들은 기권 없이 자신의 정책 선호와 가장 가까운 의안에 투표한다.

〈표〉 정책 선호에 따른 통상위원회와 본회의 구성

			통상위원회	본회의
무역 규제	강화	정책1	13명	50명
	유지	정책2	6명	70명
	완화	정책3	6명	125명
합계			25명	245명

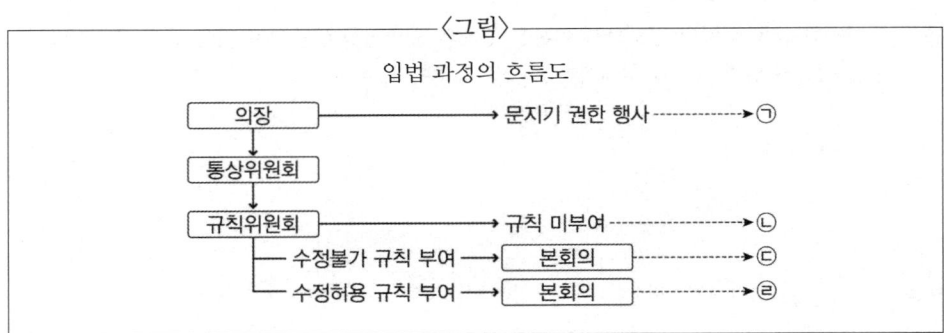

〈그림〉 입법 과정의 흐름도

	㉠	㉡	㉢	㉣
①	정책1	정책1	정책1	정책3
②	정책1	정책1	정책2	정책1
③	정책2	정책1	정책1	정책2
④	정책2	정책2	정책2	정책3
⑤	정책2	정책2	정책3	정책2

가이드 & 정답 확인하기

가이드에 따라 지문과 문제를 분석하고 정답을 확인해 봅시다.

STEP 1 지문의 서론에서 정치학적 개념이 재정의되는 방식을 파악한다.

[첫 번째 문단, 두 번째 문단] 상임위원회가 중요한 기능을 담당하는 의회의 입법 과정에 대한 설명

> 의회는 국가 정책을 결정하는 대의제 민주주의의 주요 기관이다. 미국 하원을 예로 들어 의회의 입법 과정을 설명하면 다음과 같다.
>
> [A] 발의된 의안은 본회의 의장이 관련 상임위원회에 회부한다. 이때 의장은 의안 회부를 거부할 수 있는 문지기 권한을 지닌다. 소관 상임위원회에 상정된 의안은 수정안 제출을 포함한 심사 과정을 거쳐 합의에 이르면 과반 표결로 의결되는데, 합의에 이르지 못하면 사장된다. 상임위원회를 통과한 의안은 규칙위원회를 통과해야 한다. 규칙위원회는 본회의 의결 과정에서 수정을 전혀 허용하지 않는 수정불가 규칙 또는 무제한 수정을 허용하는 수정허용 규칙을 부여한다. 단, 규칙이 부여되지 않으면 의안은 사장된다. 본회의에 의안이 상정되면 수정불가 규칙이 부여된 경우는 가부 표결만 하며, 수정허용 규칙이 부여된 경우는 수정안이 제출되면 심사 활동을 거쳐 일반적으로 최종 수정안부터 제출된 순서의 역순으로 가부 표결을 하게 된다. 표결은 대개 과반 표결로 한다.

STEP 2 지문의 패턴을 파악한 후 지문의 관점에 초점을 두어 정치적 현상을 파악한다.

[세 번째 문단] 정치적 대표 체계의 다중성으로 인한 입법 과정의 역동성

> 입법 과정은 의원들의 정치적 대표 체계의 다중성 때문에 역동적으로 나타난다. 예를 들어, 소선거구제에서 선출된 의원들은 국민 전체의 대표이자 지역구민의 대표이고, 정당의 구성원으로서 소속 정당 지지자의 대표이기도 하다. 이러한 상황은 입법 과정의 각 단계에서 교차 압력으로 작용하여 입법 과정을 설명하거나 예측하기 어렵게 만든다. 이 같은 역동성을 상임위원회를 중심으로 설명하는 이론에는 다음 세 가지가 있다.

STEP 3 지문에서 모델링이 될 수 있는 부분을 체크한다.

[네 번째 문단] 지역구의 이익을 위한 상호 거래의 관점에서 상임위원회 활동을 해석한 이익분배 이론

> 첫째, 이익분배 이론은 의원들의 지역구 대표성에 주목한다. 일반적으로 의원들은 자신의 지역구 이해관계를 가장 잘 대변하는 상임위원회를 자율적으로 선택하는데, 이로써 각 상임위원회는 이해관계가 유사한 지역구 의원들이 모이게 되어 강한 정책적 동질성을 가진다. 그러나 정작 상임위원회들 사이는 이해관계가 다르게 되므로 갈등 상황에 놓이게 된다. 이익분배 이론은 이러한 갈등을 해소하는 주요한 기제로 의원들 간의 지지의 교환을 든다. 가령, 지역구 이해의 강한 수요자로 서로 다른 상임위원회에 소속된 갑과 을 의원의 경우를 생각해 보자. 본회의에서 다른 상임위원회 소속 의원들의 지지를 받아야 하는 처지인 갑 의원은 을 의원에게 지원을 약속하며 그 대가로 자신의 지역구를 위한 정책을 지지해 줄 것을 요청할 것이다. 이는 상임위원회 간에 혜택의 상호 교환이 발생함을 의미하며, 결국 본회의는 상임위원회 간 혜택 교환의 약속이 투표 거래로 실현되는 장이 된다. 이 과정에서 의회 다수나 다수당의 영향력은 상당히 축소된다.

• 핵심 키워드: 지역구의 대리인, 상호 거래

[다섯 번째 문단] 원활한 본회의 진행을 위해 사전에 정보를 확산하는 기능체로서 상임위원회를 바라보는 정보확산 이론

> 둘째, 정보확산 이론은 의회 다수의 정책 선호를 강조한다. 의회는 지역구 수요를 위한 이익의 할당 차원을 넘어 국민 전체를 위한 본회의 중심의 입법 활동을 원활하게 할 목적을 지닌다. 이를 위해 정보확산 이론은 상임위원회가 입법 과정의 주요한 원칙인 다수주의에 의거하여 의회 다수가 원하는 방향으로 조직되어야 한다고 본다. 이 경우 상임위원회 배정 단계에서부터 본회의 주도로 각 정당의 협조를 이끌어 내는 정당 간 협의회의 역할이 중요해진다. 그리하여 각 상임위원회는 본회의의 대리인이 되어 본회의에서 의결할 정책에 대한 구체적인 정보를 생산한다. 발의된 의안이 입법화되어 집행된다면 국민 전체의 이익에 어떤 영향을 미칠지 매우 불확실한데, 상임위원회는 그러한 불확실성을 줄이기 위해 축적된 전문적 정보를 본회의 심사 과정에 제공하는 역할을 한다.

• 핵심 키워드: 본회의의 대리인, 입법 과정의 불확실성

[여섯 번째 문단] 정당이라는 이익 공동체를 위한 다수당 의정 활동으로서 상임위원회를 간주하는 정당이익 이론

> 셋째, 정당이익 이론은 의원이 정당 지지자를 대표하게 하는 정당의 역할을 중시한다. 입법 활동에 따른 정책 결과는 정당의 미래 선거에 큰 영향을 미친다. 정당은 의정 활동 결과를 최대화해 자신의 입법 성과로 지지자들에게 제시함으로써 대표성을 실현하고자 한다. 이는 동일 정당에 소속된 의원들로 하여금 다가올 선거에서 운명을 공유할 수밖에 없도록 만든다. 공동 이익의 추구는 정당 지도부의 권한을 강화하는 유인이 되며, 이는 다수당에 더욱 중요하다. 상임위원회 활동은 입법 과정 초기에 일어나는 반면, 본회의에서는 소수의 수정안 제출 등 반대 활동이 활발하게 제기될 수 있으므로, 정당 지도부는 상임위원회 구성과 운영에서부터 주도권을 행사하려 한다. 즉 당내 의원 총회에서 의원들을 각 상임위원회에 배정하는 과정에 적극 관여하며 정당의 핵심 프로그램을 담당하는 상임위원회의 활동을 지속적으로 감독한다. 여기서 정당 지도부는 지역구의 이해관계에 민감하거나 본회의에서 소수당에 동조하는 다수당 의원들의 이탈을 방지하는 안정자 기능을 하며, 결국 상임위원회를 다수당의 대리인으로 만든다.

• 핵심 키워드: 다수당의 대리인, 정당지도부의 안정자 기능

지문을 분석한 후 04번 문제를 풀이해 봅시다.

① 네 번째 문단에서 '결국 본회의는 상임위원회 간 혜택 교환의 약속이 투표 거래로 실현되는 장이 된다. 이 과정에서 의회 다수나 다수당의 영향력은 상당히 축소된다.'라고 했으므로 이익분배 이론은 정당의 대리인이 아닌 지역구의 대리인으로서 의원들의 이익 거래가 본회의가 아닌 상임위원회에서 이루어진다는 관점임을 알 수 있다.

[정답] ①

이어서 05번 문제의 〈보기〉를 검토해 봅시다.

ㄱ. 네 번째 문단에서 '결국 본회의는 상임위원회 간 혜택 교환의 약속이 투표 거래로 실현되는 장이 된다. 이 과정에서 의회 다수나 다수당의 영향력은 상당히 축소된다.'라고 했으므로 이익분배 이론에서 본회의란 결국 상임위원회에서 이루어진 이익분배가 그대로 실현되는 장일 뿐임을 알 수 있다. 따라서 본회의에서 수정이 이루어지지 않고, 상임위원회에서 결정된 이익할당의 방식이 그대로 본회의에서 구현되어야 의원들이 대변하는 지역구민의 이익이 최적화된다.

ㄴ. 다섯 번째 문단에서 '정보확산 이론은 의회 다수의 정책 선호를 강조한다. 의회는 지역구 수요를 위한 이익의 할당 차원을 넘어 국민 전체를 위한 본회의 중심의 입법 활동을 원활하게 할 목적을 지닌다.'라고 했으므로 정보확산 이론에서 상임위원회는 본회의가 원활히 이루어지기 위한 세팅 과정에 불과하며, 정보확산이라는 수단적인 기능을 맡는 것임을 알 수 있다. 따라서 의회 다수의 이익은 본회의에서 반영이 되며, 본회의에서 수정 과정은 상임위원회 과정에서 지역구의 이익할당이 반영된 안을 다수 국민의 이익에 부합하게 수정하는 과정에 해당된다.

ㄷ. 여섯 번째 문단에서 '상임위원회 활동은 입법 과정 초기에 일어나는 반면, 본회의에서는 소수당의 수정안 제출 등 반대 활동이 활발하게 제기될 수 있으므로, 정당 지도부는 상임위원회 구성과 운영에서부터 주도권을 행사하려 한다.'라고 했으므로 상임위원회에서는 다수당의 뜻이 반영될 여지가 크고, 본회의에서는 소수당의 의견이 반영될 여지가 큼을 알 수 있다. 따라서 상임위원회에서 결정된 사안이 본회의에서 최대한 유지되는 것이 다수당의 이익에 부합한다.

[정답] ④

마지막으로 06번 문제를 검토하여 지문 분석을 마치겠습니다.

⟨보기⟩의 상황은 정책2가 시행되는 상황에서 정책1이 발의된 것이다. 이를 바탕으로 ⟨그림⟩의 각 단계에서 결정될 정책을 나열한다.

㉠ 의장은 정책2를 지지하므로 문지기 권한을 행사하여 정책1을 거부할 수 있다. 이 경우 정책1은 사장되고 원래 시행되던 정책2가 계속 유지되므로 ㉠에서 정책2가 도출된다. 만약 의장이 정책1을 통과시켜준다면 통상위원회에 회부되어 표결에 부쳐질 것이다. 정책1에 찬성하는 의원의 수 13명이 전체 통상위원회 인원 25명의 과반수를 초과하므로 정책1은 통과될 것이다.

㉡ 규칙위원회에서 규칙을 미부여하는 결정을 내리면 입안된 정책은 사장되게 된다. 따라서 정책1이 사장되었으므로 원래 시행되던 정책2가 계속 유지되어 ㉡에서 정책2가 도출된다.

㉢ 규칙위원회에서 수정불가 규칙을 부여하였다면, 통상위원회에서 입안한 정책1의 형태 그대로 표결에 부쳐지게 된다. 그런데 본회의에서 정책1을 지지하는 의원의 수는 전체 245명 중 50명밖에 되지 않으므로 정책1은 통과되지 못할 것이다. 따라서 원래 시행되던 정책2가 유지되어 ㉢에서 정책2가 도출된다.

㉣ 규칙위원회에서 수정허용 규칙을 부여하였다면, 정책1에 대한 수정안들이 제시될 것이다. 정책3과 정책2이 수정안으로 제시되어 우선적으로 투표에 부쳐질 것인데, 이 중 정책3을 지지하는 위원의 수가 125명으로 전체 245명의 과반수를 초과하므로 수정안으로 제시된 정책3이 통과되어 ㉣에서 정책3이 도출될 것이다.

[정답] ④

지문 요약 연습

연습문제를 풀이하면서 지문의 각 문단을 요약해 보세요.

연습문제 3

[07~09] 다음 글을 읽고 물음에 답하시오.

2018학년도 LEET 문30~32

민주주의 체제는 권력의 집중과 분산 혹은 공유의 정도에 따라 ㉠합의제 민주주의와 ㉡다수제 민주주의로 분류된다. 전자는 주로 권력을 공유하는 정치 주체를 늘려 다수를 최대화하고 그들 간의 동의를 기반으로 정부를 운영하는 제도이다. 이에 반해 후자는 주로 과반 규칙에 의해 집권한 단일 정당 정부가 배타적인 권력을 행사하며 정부를 운영하되 책임 소재를 분명하게 하는 제도이다.

레이파트는 민족, 종교, 언어 등으로 다원화되고 이를 대표하는 정당들에 의한 연립정부가 일상화된 국가들을 대상으로 합의제 민주주의에 대해 연구했다. 그는 '당–집행부(행정부)' 축과 '단방제–연방제' 축을 적용해 권력이 집중되거나 분산되는 양상을 측정했다. 전자의 경우 정당 체계, 선거 제도, 정부 구성 형태, 입법부–행정부 관계, 이익집단 체계가 포함되고 후자의 경우 지방 분권화 정도, 단원제–양원제, 헌법 개정의 난이도, 위헌 재판 기구의 독립성 유무, 중앙은행의 존재가 고려되었다. 각 요인들은 제도 내에 내포된 권력의 집중과 분산 정도에 따라 대조적인 경향성을 띤다. 예를 들면, 정당 수가 상대적으로 많고, 의회 구성에서 득표와 의석 간의 비례성이 높고, 연립정부의 비율이 높고, 행정부의 권한이 약하며, 지방의 이익집단들의 대표 체계가 중앙으로 집약된 국가는 합의제적 경향을 더 많이 띤다고 평가된다. 반대로 단방제와 같이 중앙 정부로의 권력이 집중되고, 의회가 단원제이고, 헌법 개정의 난이도가 일반 법률 개정과 유사하고, 사법부의 독립적 위헌 심판 권한이 약하며, 중앙은행의 독립성이 약한 국가는 다수제적 경향을 더 많이 띤다고 평가된다.

두 제도는 정책 성과에서 차이를 보였다. 합의제는 경제 성장에서는 의미 있는 차이를 보이지 않지만 사회·경제적 평등, 정치 참여, 부패 감소 등에서는 우월하다는 평을 받고 있다. 자칫 불안정해 보일 수 있는 권력 공유가 오히려 민주주의 본연의 가치에 더 충실하다는 경험적 발견은 관심을 끌었다. 합의제 정치 제도를 채택하기 위한 시도가 사회 분열이 심한 신생 독립 국가나 심지어 다수제 민주주의로 분류되던 선진 국가에도 다양하게 나타났다.

그러나 권력의 분산과 공유가 권력의 집중보다 반드시 나은 것은 아니다. 오히려 한 나라의 정치 제도를 설계할 때 각 제도들이 내포한 권력의 원심력과 구심력 그리고 제도들의 상호 작용 효과를 고려해야 한다. 대통령제에서의 헌정 설계를 예로 들어 살펴보자. 여기에서는 '대통령의 단독 권한'이라는 축과 대통령과 의회 간의 '목적의 일치성/분리성'이라는 축이 주요하게 고려된다. 첫째, 대통령의 (헌)법적 권한은 의회와의 협력에 영향을 미친다. 권한이 강할수록 대통령이 최후의 정책 결정권자임을 의미하고 소수당의 입장에서는 권력 공유를 통해 정책 영향력을 확보하기 어렵게 된다. 반면, 권한이 약한 대통령은 효율적 정책 집행을 위해 의회의 협력을 구하는 과정에서 소수당도 연합의 대상으로 고려하게 된다.

둘째, 목적의 일치성/분리성은 대통령과 의회의 다수파가 유사한 정치적 선호를 지니고 사회적 다수의 요구에 함께 반응하며 책임을 지는 정도를 의미한다. 의회의 의석 배분 규칙, 대통령과 의회의 선거 주기 및 선거구 규모의 차이, 대통령 선거 제도 등이 대표적인 제도적 요인으로 거론된다. 예를 들어, 의회의 단순 다수 소선거구 선거 제도, 동시선거, 대통령과 의회의 지역구 규모의 일치, 대통령 결선투표제 등은 목적의 일치성을 높이는 경향을 지니며, 상호 결합될 때 정부 권력에 다수제적 구심력을 강화한다. 결과적으로 효율적인 책임정치가 촉진되지만 단일 정당에 의한 배타적인 권력 행사가 증가되기도 한다. 반면, 비례대표제, 분리선거, 대통령과 의회 선거구 규모의 상이함, 대통령 단순 다수제 선거제도 등은 대통령이 대표하는 사회적 다수와 의회가 대표하는 사회적 다수를 다르게 해 목적의 분리성을 증가시키며, 상호 결합될 때 정부 권력의 원심력은 강화된다. 이 경우 정치 주체들 간의 합의를 통한 권력 공유의 필요성이 증가하나 과도한 권력 분산으로 인해 거부권자의 수를 늘려 교착이 증가할 위험도 있다.

기존 연구들은 대체로 목적의 분리성이 높을 경우 대통령의 권한을 강화할 것을, 반대로 목적의 일치성이 높을 경우 대통령의 권한을 축소할 것을 권고하고 있다. 그러나 제도들의 결합이 낳은 효과는 어떤 제도를 결합시키는지와 어떤 정치적 환경에 놓여 있는지에 따라 다르게 나타날 수 있다.

사실 확인
07. ㉠을 ㉡과 비교하여 설명할 때, 가장 적절한 것은?

① 다당제 국가보다 양당제 국가에서 더 많이 발견된다.
② 선진 국가보다 신생 독립 국가에서 더 많이 주목받고 있다.
③ 사회 평등 면에서는 유리하나 경제 성장 면에서는 불리하다.
④ 권력을 위임하는 유권자의 수를 가능한 한 최대화할 수 있다.
⑤ 거부권자의 수가 늘어나서 정치적 교착 상태가 빈번해질 수 있다.

사실 확인
08. '합의제'를 촉진하는 효과를 지닌 제도 개혁으로 가장 적절한 것은?

① 의회가 지닌 법안 발의권을 대통령에게도 부여한다.
② 의회 선거 제도를 비례대표제에서 단순 다수 소선거구제로 변경한다.
③ 이익집단 대표 체계의 방식을 중앙 집중에서 지방 분산으로 전환한다.
④ 헌법 개정안의 통과 기준을 의회 재적의원 2/3에서 과반으로 변경한다.
⑤ 의회와 대통령이 지명했던 위헌 심판 재판관을 사법부에서 직선제로 선출한다.

★ 선생님 TIP
두 번째 문단에서 '~할수록 ~한다'를 체크하여 문제 풀이에 참고합니다.

모델링 적용
09. 윗글을 바탕으로 <보기>의 A국 상황을 개선하기 위한 방안을 추론한 것으로 적절하지 <u>않은</u> 것은?

─〈보기〉─

A국은 4개의 부족이 35%, 30%, 20%, 15%의 인구 비율로 구성되어 있으며, 각 부족은 자신이 거주하는 지리적 경계 내에서 압도적 다수이다. 과거에는 국가 통합을 위해 대통령제를 도입하고 대통령은 단순 다수제로 선출하되 전체 부족을 대표하게 했으며, 의회 선거는 전국 단위의 비례대표제로 대통령 임기 중반에 실시했다. 아울러 대통령에게는 내각 구성권, 법안 발의권, 대통령령 제정권 등의 권한을 부여했고, 의회는 과반 규칙을 적용해 정책을 결정했다.
그런데 부족들 간의 갈등이 증가하면서 각 부족들은 자신의 부족을 대표하는 정당을 압도적으로 지지하는 경향을 보였다. 이에 따라 정책 결정과 집행 과정에서 의회 내 정당 간, 그리고 행정부와 의회 간에 교착 상태가 일상화되었다. 이를 극복하기 위해 정치 개혁이 요구되었고 정치 주체들도 서로 협력하기로 했지만 현재는 대통령제의 유지만 합의한 상태이다.

① 의회의 과반 동의로 선출한 총리에게 내치를 담당하게 하면, 의회 내 정당 연합을 유도해 교착 상태를 완화할 수 있겠군.
② 대통령령에 법률과 동등한 효력을 부여하면, 의회와의 교착에도 불구하고 대통령이 국가 차원에서 책임정치를 효율적으로 실현할 수 있겠군.
③ 의회 선거를 대통령 선거와 동시에 실시하면, 대통령 당선자의 인기가 영향을 끼쳐 여당의 의석이 증가해 정책 결정과 집행에 있어 효율성이 증가하겠군.
④ 상위 두 후보를 대상으로 한 대통령 결선투표제를 도입하면, 결선투표 과정에서 정당 연합을 통해 연립정부가 구성되어 정치적 갈등을 완화할 수 있겠군.
⑤ 비례대표제를 폐지하고 부족의 거주 지역에 따라 단순 다수 소선거구제로 의회를 구성하면, 목적의 일치성이 증가해 정책 결정이 신속하게 이루어질 수 있겠군.

★ 선생님 TIP
대통령 선거 vs 의회 선거
대통령 선거와 의회 선거의 차이를 통해 도출되는 상황을 정리하면 다음과 같습니다.
- 대통령 선거: 단순 다수제이므로 35%의 부족 집단을 대변하는 후보가 당선되어 특정 부족이 전체 국가를 대변하게 될 것이다.
- 의회 선거: 비례대표제이므로 인구 구성비에 부합하게 의회가 구성되어 각각 0.35 : 0.3 : 0.2 : 0.15의 비율로 부족을 대변하게 될 것이다.

대통령 선거가 대변하는 집단과 의회 선거가 대변하는 집단 사이의 불일치가 발생 → 목적의 분리성이 발생한 상황

더 알아보기
레이파트
레이파트는 통계적 방법론을 이용하여 36개의 민주주의 국가를 두 가지 유형으로 분류한 정치학자입니다. 레이파트의 분류는 통념과는 상당히 다른 결론으로 도출되었습니다. 따라서 이 지문의 문제를 어설픈 편견이나 배경지식을 가지고 풀면 틀릴 수 있으므로 주의해야 합니다.

가이드 & 정답 확인하기

가이드에 따라 지문과 문제를 분석하고 정답을 확인해 봅시다.

STEP 1 지문의 서론에서 정치학적 개념이 재정의되는 방식을 파악한다.

[첫 번째 문단] 권력의 집중 정도에 따른 두 가지 민주주의 유형

> 민주주의 체제는 권력의 집중과 분산 혹은 공유의 정도에 따라 ㉠합의제 민주주의와 ㉡다수제 민주주의로 분류된다. 전자는 주로 권력을 공유하는 정치 주체를 늘려 다수를 최대화하고 그들 간의 동의를 기반으로 정부를 운영하는 제도이다. 이에 반해 후자는 주로 과반 규칙에 의해 집권한 단일 정당 정부가 배타적인 권력을 행사하며 정부를 운영하되 책임 소재를 분명하게 하는 제도이다.

STEP 2 지문의 패턴을 파악한 후 지문의 관점에 초점을 두어 정치적 현상을 파악한다.

[두 번째 문단] '당-행정부', '단방제-연방제'라는 두 개의 축을 통해 분류한 두 유형의 민주주의의 대조되는 정치적 특성들

> 레이파트는 민족, 종교, 언어 등으로 다원화되고 이를 대표하는 정당들에 의한 연립정부가 일상화된 국가들을 대상으로 합의제 민주주의에 대해 연구했다. 그는 '당-집행부(행정부)' 축과 '단방제-연방제' 축을 적용해 권력이 집중되거나 분산되는 양상을 측정했다. 전자의 경우 정당 체계, 선거 제도, 정부 구성 형태, 입법부-행정부 관계, 이익집단 체계가 포함되고 후자의 경우 지방 분권화 정도, 단원제-양원제, 헌법 개정의 난이도, 위헌 재판 기구의 독립성 유무, 중앙은행의 존재가 고려되었다. 각 요인들은 제도 내에 내포된 권력의 집중과 분산 정도에 따라 대조적인 경향성을 띤다. 예를 들면, 정당 수가 상대적으로 많고, 의회 구성에서 득표와 의석 간의 비례성이 높고, 연립정부의 비율이 높고, 행정부의 권한이 약하며, 지방의 이익집단들의 대표 체계가 중앙으로 집약된 국가는 합의제적 경향을 더 많이 띤다고 평가된다. 반대로 단방제와 같이 중앙 정부로의 권력이 집중되고, 의회가 단원제이고, 헌법 개정의 난이도가 일반 법률 개정과 유사하고, 사법부의 독립적 위헌 심판 권한이 약하며, 중앙은행의 독립성이 약한 국가는 다수제적 경향을 더 많이 띤다고 평가된다.

[세 번째 문단] 정책 성과의 측면에서 드러나는 '합의제 민주주의'의 우월성

> 두 제도는 정책 성과에서 차이를 보였다. 합의제는 경제 성장에서는 의미 있는 차이를 보이지 않지만 사회·경제적 평등, 정치 참여, 부패 감소 등에서는 우월하다는 평을 받고 있다. 자칫 불안정해 보일 수 있는 권력 공유가 오히려 민주주의 본연의 가치에 더 충실하다는 경험적 발견은 관심을 끌었다. 합의제 정치 제도를 채택하기 위한 시도가 사회 분열이 심한 신생 독립 국가나 심지어 다수제 민주주의로 분류되던 선진 국가에도 다양하게 나타났다.

STEP 3 지문에서 모델링이 될 수 있는 부분을 체크한다.

[네 번째 문단] '대통령의 단독 권한'을 축으로 바라본 개별 제도의 권력 집중도 효과

> 그러나 권력의 분산과 공유가 권력의 집중보다 반드시 나은 것은 아니다. 오히려 한 나라의 정치 제도를 설계할 때 각 제도들이 내포한 권력의 원심력과 구심력 그리고 제도들의 상호 작용 효과를 고려해야 한다. 대통령제에서의 헌정 설계를 예로 들어 살펴보자. 여기에서는 '대통령의 단독 권한'이라는 축과 대통령과 의회 간의 '목적의 일치성/분리성'이라는 축이 주요하게 고려된다. 첫째, 대통령의 (헌)법적 권한은 의회와의 협력에 영향을 미친다. 권한이 강할수록 대통령이 최후의 정책 결정권자임을 의미하고 소수당의 입장에서는 권력 공유를 통해 정책 영향력을 확보하기 어렵게 된다. 반면, 권한이 약한 대통령은 효율적 정책 집행을 위해 의회의 협력을 구하는 과정에서 소수당도 연합의 대상으로 고려하게 된다.

- 핵심 키워드: (권력의) 원심력 ↔ (권력의) 구심력

[다섯 번째 문단] '목적의 일치성/분리성'을 축으로 바라본 개별 제도의 권력 집중도 효과

> 둘째, 목적의 일치성/분리성은 대통령과 의회의 다수파가 유사한 정치적 선호를 지니고 사회적 다수의 요구에 함께 반응하며 책임을 지는 정도를 의미한다. 의회의 의석 배분 규칙, 대통령과 의회의 선거 주기 및 선거구 규모의 차이, 대통령 선거 제도 등이 대표적인 제도적 요인으로 거론된다. 예를 들어, 의회의 단순 다수 소선거구 선거 제도, 동시선거, 대통령과 의회의 지역구 규모의 일치, 대통령 결선투표제 등은 목적의 일치성을 높이는 경향을 지니며, 상호 결합될 때 정부 권력에 다수제적 구심력을 강화한다. 결과적으로 효율적인 책임정치가 촉진되지만 단일 정당에 의한 배타적인 권력 행사가 증가되기도 한다. 반면, 비례대표제, 분리선거, 대통령과 의회 선거구 규모의 상이함, 대통령 단순 다수제 선거제도 등은 대통령이 대표하는 사회적 다수와 의회가 대표하는 사회적 다수를 다르게 해 목적의 분리성을 증가시키며, 상호 결합될 때 정부 권력의 원심력은 강화된다. 이 경우 정치 주체들 간의 합의를 통한 권력 공유의 필요성이 증가하나 과도한 권력 분산으로 인해 거부권자의 수를 늘려 교착이 증가할 위험도 있다.

[여섯 번째 문단] '목적의 분리성'과 '대통령의 권력 강화'의 상충 관계를 통한 민주주의의 제도 설계 방향 설정

> 기존 연구들은 대체로 목적의 분리성이 높을 경우 대통령의 권한을 강화할 것을, 반대로 목적의 일치성이 높을 경우 대통령의 권한을 축소할 것을 권고하고 있다. 그러나 제도들의 결합이 낳은 효과는 어떤 제도를 결합시키는지와 어떤 정치적 환경에 놓여 있는지에 따라 다르게 나타날 수 있다.

지문을 분석한 후 07번 문제의 선택지부터 검토해 봅시다.

① 두 번째 문단에서 '정당 수가 상대적으로 많고, 의회 구성에서 득표와 의석 간의 비례성이 높고, 연립정부의 비율이 높고, 행정부의 권한이 약하며, 지방의 이익집단들의 대표 체계가 중앙으로 집약된 국가는 합의제적 경향을 더 많이 띤다고 평가된다.'라고 했으므로 합의제 민주주의는 양당제 국가보다 다당제 국가에서 더 많이 발견된다.

② 세 번째 문단에서 '합의제 정치 제도를 채택하기 위한 시도가 사회 분열이 심한 신생 독립 국가나 심지어 다수제 민주주의로 분류되던 선진 국가에도 다양하게 나타났다.'고 했으므로 합의제 민주주의는 신생 국가와 선진 국가 모두에서 주목을 하고 있다.

③ 세 번째 문단에서 '두 제도는 정책 성과에서 차이를 보였다. 합의제는 경제 성장에서는 의미 있는 차이를 보이지 않지만'이라고 했으므로 경제 성장에 있어서 합의제와 다수제는 큰 차이가 없다. 지문이 아닌 편견으로 문제를 풀었을 경우 오답으로 고르기 쉬웠을 선택지이다.
→ **매력적 오답**

④ 합의제 민주주의는 다양한 정당이 권력을 공유함으로써 통치하는 일종의 연정 시스템을 의미한다. 첫 번째 문단의 '(합의제 민주주의는) 권력을 공유하는 정치 주체를 늘려 다수를 최대화하고 그들 간의 동의를 기반으로 정부를 운영하는 제도이다.'라는 내용에서 권력을 공유하는 정치 주체를 최대화한다는 것은 이미 권력을 위임받은 정당들이 여러 정당들 중 권력 공유 대상을 최대화하는 것이지 자신의 정당을 최대한 많은 사람들이 지지해 주기를 추구하는 것이 아니다. → **매력적 오답**

⑤ 네 번째 문단에 따르면 합의제 민주주의는 권력의 원심력이 강하기 때문에 제 아무리 대통령이나 집권당이라 할지라도 권력을 공유하는 집단에게 이해와 양보를 구해야 한다. 이는 네 번째 문단의 '반면, (합의제 민주주의의) 권한이 약한 대통령은 효율적 정책 집행을 위해 의회의 협력을 구하는 과정에서 소수당도 연합의 대상으로 고려하게 된다.'에서 잘 설명되어 있고, 이러한 연정 시스템에서는 권력을 위임받은 통치자가 자신의 뜻을 입법 과정에서 관철시키지 못하여 정치적 교착 상태가 빈번하게 나타날 수 있다.

[정답] ⑤

다음으로 08번 문제의 선택지를 검토해 봅시다.

① 두 번째 문단에 따르면 행정부의 권한이 약할수록 합의제적 경향을 많이 띠는데, 법안 발의권을 대통령에게도 부여하는 것은 행정부의 권한을 강화시키는 조치이다.

② 두 번째 문단에 따르면 의회 구성에서 득표와 의석 간의 비례성이 높을수록 합의제적 경향을 많이 띤다. 비례대표제는 득표율에 비례해서 의원 수가 할당되는 선거 제도이고, 단순 다수 소선거구제의 경우 선거구를 어떻게 획정하느냐에 따라 전체 국가 단위에서 득표율은 왜곡되어 의원 수로 반영하게 된다. 따라서 비례대표제가 합의제를 촉진하는 제도이다.

③ 두 번째 문단에 따르면 지방의 이익집단들의 대표 체계가 중앙으로 집약될수록 합의제적 경향을 많이 띠므로 오히려 중앙 집중으로 전환해야 합의제적 경향이 증가한다. → **매력적 오답**

④ 두 번째 문단에 따르면 헌법 개정의 난이도가 일반 법률 개정과 유사할수록, 즉 헌법 개정의 난이도가 낮을수록 다수제적 경향을 띠므로 헌법 제정안의 통과 기준을 낮추는 것은 헌법 개정의 난이도를 낮게 만들어 다수제를 촉진하는 조치에 해당한다.

⑤ 두 번째 문단에 따르면 사법부의 독립적 위헌 심판 권한이 강할수록 합의제적 경향을 많이 띤다. 이때 위헌 심판 재판관을 사법부에서 직선제로 선출하는 것은 사법부를 입법부와 행정부의 통제에서 벗어나게 하는 조치이므로 합의제를 촉진하는 조치에 해당한다.

[정답] ⑤

마지막으로 09번 문제의 선택지를 검토하여 지문 분석을 마무리하겠습니다.

목적의 분리성이 심화되어 교착 상태가 빈번히 나타나는 상황이므로 이를 해소하기 위해 제시된 두 가지 방안을 확인한 후 선택지를 검토한다.
- 방안1: 여섯 번째 문단에 따르면 목적의 분리성이 높을 경우 대통령의 권한을 강화하는 것은 대통령의 권한 자체를 강화시켜 교착 상태를 해소하는 방안이다. 방안1은 다수제 민주주의의 가치에 맞게 목적의 분리성을 해소하는 방안이다.
- 방안2: 대통령이 대변하는 집단과 의회를 대변하는 집단의 괴리가 목적의 분리성이므로 두 집단의 이해관계가 공유하는 폭을 확대함으로써 목적의 분리성 자체를 감소시키는 방안이다. 방안2는 합의제 민주주의의 가치에 맞게 목적의 분리성을 해소하는 방안이다.

① 의회의 대표자로 하여금 행정부의 권력에 참여하게 함으로써 대통령과 의회의 권력 공유 폭을 확대하는 방안이므로 방안2에 해당한다.
② 대통령의 권력 자체를 강화시키는 방안이므로 방안1에 해당한다.
③ 대통령 선거와 의회 선거의 시간적 차이를 사라지게 하여, 대통령의 권력을 강화시키는 방향이므로 방안1에 해당한다.
④ 결선투표제를 도입하게 되면, 최소한 2개 이상의 부족이 연합하여 통합 후보를 배출하여야 대통령 당선이 가능해진다. 따라서 부족 간의 합종연횡을 통해 특정 부족만을 대변하는 대통령 후보가 아닌 최소한 2~3개의 부족을 대표하는 대통령이 등장할 것이므로 결선투표제 도입 이전보다 의회와의 불일치가 줄어들게 되고, 이는 방안2에 해당한다.
⑤ 두 번째 문단에 따르면 각 부족이 자신이 거주하는 지역에서의 압도적 다수라는 의미는 집단을 전체 국가 구성원으로 획정하였을 때의 인구 비율과 특정 지역구로 획정하였을 때의 인구 비율이 확연하게 다르다는 의미이다. 따라서 선거구제를 부족 간 지리적 경계에 일치하게 설정할 경우에 국가를 대변하는 대통령과 지역구를 대표하는 의원 사이의 불일치가 매우 심하게 나타나는 상황, 즉 목적의 분리성이 오히려 증가함을 알 수 있다.

[정답] ⑤

지문 요약 연습

연습문제를 풀이하면서 지문의 각 문단을 요약해 보세요.

연습문제 4

[10~11] 다음 글을 읽고 물음에 답하시오.

2012학년도 LEET 문7~8

제1공화국 헌법위원회의 성격을 이해하기 위해서는 제도의 도입 과정에서 작용한 다양한 요인들의 갈등과 타협의 구조를 살펴볼 필요가 있다. 위헌 법률 심사 제도의 도입이 본격적으로 거론되기 시작한 것은 해방 후 법원을 재조직하는 과정에서 법원이 미국식 사법 심사제 도입을 추진하면서부터였다. 당시 법원은 미국식 민주주의의 핵심을 사법부가 위헌 법률 심사를 담당하는 사법 심사제에서 찾았던 것이다.

㉠일제 강점기의 사법권에 대한 통념에 따르면, 사법권은 일반 시민 생활에 대해 법을 적용하는 경우로 한정된다. 즉 민사·형사 재판만을 사법권의 범위로 본 것이다. 삼권 분립도 입법과 관련된 사항은 입법부가, 행정과 관련된 사항은 행정부가 관할하고, 사법부는 여기에 간섭하지 않는 것이라고 이해했다. 따라서 법률이 헌법에 위반되는지의 여부에 대한 판단도 의회의 자율에 맡기는 것이 삼권 분립의 내용에 부합한다고 보았다. 이와 달리 ㉡해방 후 한국의 법원 측 인사들의 주장은 모든 법의 적용이 사법권에 해당한다는 미국식 사고에 기초하고 있었다. 이에 따르면, 헌법도 법인 이상 위헌 법률 심사도 당연히 법의 적용에 해당하므로 사법부 관할에 속한다는 것이었다. 또한 법원 측 인사들은 의회 다수파의 전횡에 대해 사법부가 헌법에 따라 소수자의 자유와 권리를 보호할 수 있는 제도가 바로 사법 심사제라고 주장했다. 법의 적용에 숙달된 판사들이 법리적 관점에서 위헌 법률 심사를 객관적으로 할 수 있다고 본 것이다. 법원 측이 사법 심사제 도입에 적극적이었던 이유는 사법 심사제가 사법부의 권한을 확대하고 위상을 높일 것이라고 여겼기 때문이기도 했다.

사법 심사제와는 다른 위헌 법률 심사 제도는 ㉢헌법학자 유진오의 구상에서 출발하였다. 유진오는 법이 위계 구조로 구성되어 있다는 법단계설에 비추어 볼 때, 헌법에 의해 창설된 국회가 위헌인 법률을 제정해도 헌법의 통제를 받지 않는다는 것은 모순이라고 생각하였다. 그렇다고 해서 사법 심사제가 대안이라고 생각하지도 않았다. 그가 보기에 위헌 법률 심사는 일반 법령의 적용과는 달리 정치적 성격이 강하기 때문에, 선출되지 않은 대법관 몇 명이 국민의 대표 기관이 제정한 법률을 무효로 할 수 있는 사법 심사제는 위험한 것이었다. 또한 미국식 삼권 분립 제도는 개인의 자유와 권리를 확보하기 위하여 국가 기관이 상호 견제하는 제도이므로, 국가 수립에 필요한 수많은 과제를 국가 권력이 개입하여 시급히 해결해야 하는 당시의 현실에는 적합하지 않다고 주장했다. 그래서 유진오는 비상설 기구로서 헌법위원회를 별도로 창설하는 것을 대안으로 구상하였다. 그리고 그 위원 구성은 대통령을 의장으로 하고 대법원장, 국회 양원 의장, 그리고 대통령이 참의원의 동의를 받아 임명하는 3인으로 하도록 하였다.

두 구상 중 위헌 법률 심사 담론에서 초기에 주도적 위치에 있던 것은 사법 심사제였다. 제헌 국회가 구성한 헌법기초위원회에서 심의의 기준안으로 채택된 헌법안 역시 법원 측 인사들의 강력한 요청에 의해 사법 심사제를 채택하고 있었다. 그러나 정작 헌법기초위원회의 심의에 들어가자 유진오의 헌법위원회 구상이 의외로 쉽게 부활했다. 국회의원들로서는 자신들이 제정한 법률을 법원이 무효화할 수 있다는 사실이 탐탁지 않았기 때문이다. 다만 헌법위원회의 구성과 관련해서는 유진오의 원래 구상에 중요한 수정을 가했다. 법원 측의 견해를 일부 고려하면서 동시에 입법부와 사법부 어느 한쪽이 우월하다는 시비가 나지 않도록 양 기관에서 동등한 인원이 참여하게 한 것이다. 그리고 의결 정족수에 관한 규정을 새롭게 추가했다. 이렇게 수정된 헌법기초위원회의 안은 국회 본회의를 그대로 통과하였다. 그러나 헌법에 의해 헌법위원회가 공식화된 이후에도 위헌 법률 심사제에 소극적이었던 국회의원들이 후속 법률의 제정을 미루었기 때문에, 헌법위원회는 많은 시간이 지난 후에야 비로소 제도적으로 완비될 수 있었다.

사실 확인
10. ㉠~㉢에 대해 설명한 것으로 옳은 것은?

① ㉠은 법원의 권한 범위를 ㉡보다는 넓게 보는 입장을 취했다.
② ㉠은 국회가 만든 법률의 위헌 여부에 대한 판단을 누구에게 맡길 것인지에 대해 ㉢과 입장이 같았다.
③ ㉡은 위헌 법률 심사가 엄격한 법리적 적용이어야 한다고 생각한 점에서 ㉢과 입장이 달랐다.
④ ㉡은 국회가 제정한 법률의 효력이 검증되어야 한다고 생각한 점에서 ㉢과 입장이 달랐다.
⑤ ㉢은 ㉡에 비해 국가 과제의 시급한 추진보다는 개인의 권리 보호를 더 중요시하는 입장을 취했다.

사실 확인
11. <보기>의 1에 대하여 <보기>의 2와 같이 설명할 때, 옳은 것끼리 묶인 것은?

〈보기〉

1. 제헌 헌법 제80조 중 헌법위원회 관련 규정
　법률이 헌법에 위반되는 여부가 재판의 전제가 되는 때에는 법원은 헌법위원회에 제청하여 그 결정에 의하여 재판한다. ⋯⋯⋯⋯⋯⋯⋯⋯⋯⋯⋯⋯⋯⋯⋯⋯⋯⋯⋯⋯⋯⋯⋯ ⓐ
　헌법위원회는 부통령을 위원장으로 하고 대법관 5인과 국회의원 5인의 위원으로 구성한다. ⋯⋯⋯⋯⋯⋯⋯⋯⋯⋯⋯⋯⋯⋯⋯⋯⋯⋯⋯⋯⋯⋯⋯⋯⋯⋯⋯⋯⋯⋯⋯⋯⋯⋯⋯⋯⋯ ⓑ
　헌법위원회에서 위헌 결정을 할 때에는 위원 3분의 2 이상의 찬성이 있어야 한다. ⋯⋯ ⓒ
　헌법위원회의 조직과 절차는 법률로써 정한다. ⋯⋯⋯⋯⋯⋯⋯⋯⋯⋯⋯⋯⋯⋯⋯⋯ ⓓ

2. 위 규정에 대한 설명
　(가) ⓐ는 헌법기초위원회의 심의 기준안을 반영한 것이다.
　(나) ⓑ는 구성에 있어 입법부와 사법부가 균형을 이루도록 의도한 것이다.
　(다) ⓒ는 국회보다 법원의 입장을 더 반영한 것이다.
　(라) ⓓ는 제도가 빠른 시일 내에 시행되지 못한 사실과 관련이 있다.

① (가), (나)　　　② (가), (다)　　　③ (나), (다)
④ (나), (라)　　　⑤ (다), (라)

가이드 & 정답 확인하기

가이드에 따라 지문과 문제를 분석하고 정답을 확인해 봅시다.

10번 문제를 풀이하면 다음과 같습니다.

① 두 번째 문단에서 ㉠일제 강점기의 사법권에 대한 통념은 '법률이 헌법에 위반되는지의 여부에 대한 판단도 의회의 자율에 맡기는 것이 삼권 분립의 내용에 부합한다고 보았다.'라고 제시되었으므로, 위헌 법률 심사를 법원이 아닌 입법부의 관할로 본 것이다. 반면에 같은 문단에서 ㉡해방 후 한국의 법원 측 인사들의 주장은 '헌법도 법인 이상 위헌 법률 심사도 당연히 법의 적용에 해당하므로 사법부 관할에 속한다는 것'이었으므로 ㉠에 비해 법원의 권한 범위를 더 넓게 본 것이다.

② ㉠일제 강점기의 사법권에 대한 통념은 법률의 위헌 여부에 대한 판단을 입법부가 맡아야 한다고 보았으나, ㉢헌법학자 유진오의 구상은 이를 비상설 기구인 헌법위원회가 맡아야 한다고 보았으므로, 위헌 법률 심사의 주체에 대한 ㉠과 ㉢의 입장은 상이했다.

③ 두 번째 문단에서 ㉡해방 후 한국의 법원 측 인사들의 주장은 '법의 적용에 숙달된 판사들이 법리적 관점에서 위헌 법률 심사를 객관적으로 할 수 있다고 본 것'이었으므로 위헌 법률 심사가 엄격한 법리 적용에 의해 이루어져야 한다고 본 것이다. 반면에 ㉢헌법학자 유진오의 구상은 '선출되지 않은 대법관 몇 명이 국민의 대표 기관이 제정한 법률을 무효로 할 수 있는 사법 심사제는 위험한 것'이었다고 보았으므로 위헌 법률 심사가 전적으로 엄격한 법리적 작용에 의해 이루어져야 한다는 입장에 반대한 것이다.

④ ㉡해방 후 한국의 법원 측 인사들의 주장은 국회가 제정한 법률의 법적 효력이 사법부에 의해 검증되어야 한다고 보는 입장이었다. 반면 ㉢헌법학자 유진오의 구상은 국회가 제정한 법률의 법적 효력이 검증되어야 하지만, 그 검증 과정은 정치적 성격이 강하기 때문에 별도의 헌법위원회에서 이루어져야 한다고 보는 입장이었다. 따라서 ㉡과 ㉢은 국회에서 제정된 법률의 효력을 검증하는 주체가 누구냐에 대해서는 이견이 있었지만, 검증의 필요성 자체에 대해서는 이견이 없었으므로 ④의 서술은 타당하지 않다. → 매력적 오답

⑤ 세 번째 문단에 제시된 ㉢헌법학자 유진오의 구상은 '(위헌 법률 심사를 사법부가 전담하는) 미국식 삼권 분립 제도는 개인의 자유와 권리를 확보하기 위하여 국가 기관이 상호 견제하는 제도이므로, 국가 수립에 필요한 수많은 과제를 국가 권력이 개입하여 시급히 해결해야 하는 당시의 현실에는 적합하지 않다.'라고 보았으므로 '개인의 자유와 권리'에 비해 '국가 과제의 시급함'을 더 중시한 것이다. 반면, 두 번째 문단에 제시된 ㉡해방 후 한국의 법원 측 인사들의 주장은 '사법부가 헌법에 따라 소수자의 자유와 권리를 보호할 수 있는 제도가 바로 사법 심사제'라고 간주했으므로 개인의 권리 보호를 더 중시한 것이다. 이를 종합하면, ㉡이 ㉢에 비해 국가 과제의 추진보다는 개인의 권리 보호를 더 중시하였다는 결론이 도출된다.

[정답] ③

11번 문제를 풀이하면 다음과 같습니다.

(가) ⓒ은 법률의 위헌 심사를 '사법부'가 전담해야 한다는 '사법 심사제'를 주장하였고, ⓒ은 법률의 위헌 심사를 별도의 '헌법위원회'가 전담해야 한다고 주장하였다. 네 번째 문단에서 '헌법기초위원회에서 심의의 기준안'으로 채택된 헌법안 역시 법원 측 인사들의 강력한 요청에 의해 사법 심사제를 채택하고 있었다고 서술되었으므로 '헌법기초위원회의 심의 기준안'은 ⓒ의 입장에 해당한다. 반면, 〈보기〉의 ⓐ는 법률의 위헌 심사를 '헌법위원회에 제청하여 그 결정에 의하여 재판한다.'고 명시하였으므로 ⓒ의 입장을 따르는 것이다. 종합하면 ⓐ는 헌법기초위원회의 심의 기준안이 아닌 ⓒ헌법학자 유진오의 구상을 반영한 것이다.

(나) ⓑ는 헌법위원회는 대법관 5인과 국회의원 5인의 위원으로 구성한다고 명시되었으므로 입법부 측의 인원과 사법부 측의 인원을 동수로 맞춘 것이다. 이는 마지막 문단에 제시된 것처럼 '입법부와 사법부 어느 한쪽이 우월하다는 시비가 나지 않도록 양 기관에서 동등한 인원이 참여하게 한 것'이 반영된 결과임을 유추할 수 있다.

(다) 마지막 문단에서 '국회의원들로서는 자신들이 제정한 법률을 법원이 무효화할 수 있다는 사실이 탐탁지 않았다.'라고 서술되었다. 따라서 국회는 자신들이 입법한 법률이 위헌으로 폐기되는 절차가 까다로워지기를 원했을 것이고, 반면 법원은 사법부가 참여한 절차에 의해 입법된 법률도 얼마든지 폐기될 수 있도록 함으로써 사법부의 권한이 확대되고 위상이 높아지기를 원했을 것이다. ⓒ는 위원 3분의 2 이상의 찬성이 있어야 법률이 위헌 판정을 받도록 절차를 설계하였는데, 이는 과반수보다 더 까다로운 위헌 판정 조건에 해당하며 사법부의 법률 판단이 위헌으로 일치한다고 해도 법률이 위헌 판정될 수 없도록 설계된 것이다. 따라서 ⓒ는 법원보다 국회의 입장을 더 반영한 것임을 추론할 수 있다. → 매력적 오답

(라) 마지막 문단에서 '헌법위원회의 구성과 관련해서는 유진오의 원래 구상에 중요한 수정을 가했다.'라고 서술되었는데 그 결과 헌법위원회에서 입법부의 비율이 3분의 1에서 2분의 1로 증가하였다. 따라서 ⓓ에 제시된 헌법위원회의 조직과 절차에 관한 내용은 입법부가 위헌 법률 심사 제도가 완비되는 것을 마땅치 않아 했기 때문에 이들을 설득하는 과정에서 시간이 지연된 것과 관련이 있음을 유추할 수 있다. 이는 '위헌 법률 심사제에 소극적이었던 국회의원들이 후속 법률의 제정을 미루었기 때문에, 헌법위원회는 많은 시간이 지난 후에야 비로소 제도적으로 완비될 수 있었다.'라고 서술된 부분에서도 그 근거를 확인할 수 있다.

[정답] ④

실전문제

[01~03] 다음 글을 읽고 물음에 답하시오.

대의 민주주의에서 정당의 역할에 대한 대표적인 설명은 책임정당정부 이론이다. 이 이론에 따르면 정치에 참여하는 각각의 정당은 자신의 지지 계급과 계층을 대표하고, 정부 내에서 정책 결정 및 집행 과정을 주도하며, 다음 선거에서 유권자들에게 그 결과에 대해 책임을 진다. 유럽에서 정당은 산업화 시기 생성된 노동과 자본 간의 갈등을 중심으로 다양한 사회경제적 균열을 이용하여 유권자들을 조직하고 동원하였다. 이 과정에서 정당은 당원 중심의 운영 구조를 지향하는 대중정당의 모습을 띠었다. 당의 정책과 후보를 당원 중심으로 결정하고, 당내 교육과정을 통해 정치 엘리트를 충원하며, 정치인들이 정부 내에서 강한 기율을 지니는 대중정당은 책임정당정부 이론을 뒷받침하는 대표적인 정당 모형이었다.

대중정당의 출현 이후 정당은 의회의 정책 결정과 행정부의 정책 집행을 통제하는 정부 속의 정당 기능, 지지자들의 이익을 집약하고 표출하는 유권자 속의 정당 기능, 그리고 당원을 확충하고 정치 엘리트를 충원하고 교육하는 조직으로서의 정당 기능을 갖추어 갔다. 그러나 20세기 중반 이후 발생한 여러 원인으로 인해 정당은 이러한 기능에서 변화를 겪게 되었다.

산업 구조와 계층 구조가 다변화됨에 따라 정당들은 특정 계층이나 집단의 지지만으로는 집권이 불가능해졌고 이에 따라 보다 광범위한 유권자 집단으로부터 지지를 획득하고자 했다. 그 결과 정당 체계는 특정 계층을 뛰어넘어 전체 유권자 집단에 호소하여 표를 구하는 포괄정당 체계의 모습을 띠게 되었다. 선거 승리라는 목표가 더욱 강조될 경우 일부 정당은 외부 선거 전문가로 당료들을 구성하는 선거전문가정당 체계로 전환되기도 했다. 이 과정에서 계층과 직능을 대표하던 기존의 조직 라인은 당 조직의 외곽으로 밀려나기도 했다.

한편 탈산업사회의 도래와 함께 환경, 인권, 교육 등에서 좀 더 나은 삶의 질을 추구하는 탈물질주의가 등장함에 따라 새로운 정당의 출현에 대한 압박이 생겨났다. 이는 기득권을 유지해온 기성 정당들을 위협했다. 이에 정당들은 자신의 기득권을 유지하기 위해 공적인 정치 자원의 과점을 통해 신생 혹은 소수 정당의 원내 진입이나 정치 활동을 어렵게 하는 카르텔정당 체계를 구성하기도 했다. 다양한 정치관계법은 이런 체계를 유지하는 대표적인 수단으로 활용되었다. 정치관계법과 관련된 선거제도의 예를 들면, 비례대표제에 비해 다수대표제는 득표 대비 의석 비율을 거대정당에 유리하도록 만들어 정당의 카르텔화를 촉진하는 데 활용되기도 한다.

이러한 정당의 변화 과정에서 정치 엘리트들의 자율성은 증대되었고, 정당 지도부의 권력이 강화되어 정부 내 자당 소속의 정치인들에 대한 통제력이 증가되었다. 하지만 반대로 평당원의 권력은 약화되고 당원 수는 감소하여 정당은 지지 계층 및 집단과의 유대를 잃어가기 시작했다.

뉴미디어가 발달하면서 정치에 관심은 높지만 정당과는 거리를 두는 '인지적' 시민이 증가함에 따라 정당 체계는 또 다른 도전에 직면하게 되었다. 정당 조직과 당원들이 수행했던 기존의 정치적 동원은 소셜 네트워크 내 시민들의 자기 조직적 참여로 대체되었다. 심지어 정당을 우회하는 직접 민주주의의 현상도 나타났다. 이에 일부 정당은 카르텔 구조를 유지하면서도 공직후보 선출권을 일반 국민에게 개방하는 포스트카르텔정당 전략이나, 비록 당원으로 유입시키지 못할지라도 온라인 공간에서 인지적 시민과의 유대를 강화하려는 네트워크정당 전략으로 위기에 대응하고자 했다. 그러나 이러한 제반의 개혁 조치가 대중정당으로의 복귀를 의미하지는 않았다. 오히려 당원이 감소되는 상황에서 선출권자나 후보들을 정당 밖에서 충원함으로써 고전적 의미의 정당 기능은 약화되었다.

물론 이러한 상황에서도 20세기 중반 이후 정당 체계들이 여전히 책임정당정치를 일정하게 구현하고 있다는 주장이 제기되기도 했다. 예를 들어 국가 간 비교를 행한 연구는 최근의 정당들이 구체적인 계급, 계층 집단을 조직하고 동원하지는 않지만 일반 이념을 매개로 정치 영역에서 유권자들을 대표하는 기능을 강화했음을 보여 주었다. 유권자들은 좌우의 이념을 통해 정당의 정치적 입장을 인지하고 자신과 이념적으로 가까운 정당에 정치적 이해를 표출하며, 정당은 집권 후 이를 고려하여 책임정치를 일정하게 구현하고 있다는 것이다. 이때 정당은 포괄정당에서 네트워크정당까지 다양한 모습을 띨 수 있지만, 이념을 매개로 유권자의 이해와 정부의 책임성 간의 선순환적 대의 관계를 잘 유지하고 있다는 것이다.

이와 같이 정당의 이념적 대표성을 긍정적으로 평가하는 주장에 대해 몇몇 학자 및 정치인들은 대중정당론에 근거한 반론을 제기하기도 한다. 이들은 여전히 정당이 계급과 계층을 조직적으로 대표해야 하며, 따라서 ㉠정당의 전통적인 기능과 역할을 복원하여 책임정당정치를 강화해야 한다는 주장을 제기하고 있다.

01. 20세기 중반 이후 정당 체계에서 발생한 정당 기능의 변화로 볼 수 없는 것은?

① 정부 속의 정당 기능의 강화
② 유권자 속의 정당 기능의 약화
③ 조직으로서의 정당 기능의 강화
④ 유권자를 정치적으로 동원하는 기능의 약화
⑤ 유권자의 일반 이념을 대표하는 기능의 강화

02. <보기>에 제시된 진술 가운데 적절한 것만을 있는 대로 고른 것은?

─〈보기〉─

ㄱ. 지난 총선에서 지나치게 진보적인 노선을 제시해 패배했다고 판단한 A당이 차기 선거의 핵심 전략으로 중도 유권자도 지지할 수 있는 노선을 채택한 사례는 선거전문가정당 모형으로 가장 잘 설명될 수 있다.
ㄴ. B당이 선거 경쟁력을 향상시키기 위해 의석수에 비례해 배분했던 선거보조금의 50%를 전체 의석의 30% 이상의 의석을 지닌 정당에게 우선적으로 배분하고, 나머지는 각 정당의 의석수에 비례해 배분하자고 제안한 사례는 카르텔정당 모형으로 가장 잘 설명될 수 있다.
ㄷ. 다당제 아래 원내 의석을 과점하며 집권했던 C당이 지지율이 급감해 차기 총선의 전망이 불투명해지자 이에 대처하기 위해 개방형 국민참여경선제를 도입한 사례는 네트워크정당 모형으로 가장 잘 설명될 수 있다.

① ㄱ   ② ㄴ   ③ ㄷ
④ ㄱ, ㄴ   ⑤ ㄴ, ㄷ

03. ㉠의 내용으로 적절하지 않은 것은?

① 당원의 자격과 권한을 강화하면 탈산업화 시대에 다변화된 계층적 이해를 제대로 대표하지 못하게 된다.
② 공직후보 선출권을 일반 시민들에게 개방하면 당의 노선에 충실한 정치 엘리트를 원활하게 충원할 수 없다.
③ 신생 정당의 원내 진입을 제한하는 규칙은 대의제를 통해 이익을 집약하고 표출할 수 없는 유권자들을 발생시킨다.
④ 정당이 유권자의 일반 이념을 대표한다고 할지라도 정당의 외연을 과도하게 확장하면 당의 계층적 정체성을 약화한다.
⑤ 온라인 공간에서 인지적 시민들과 유대를 강화하는 것에 지나치게 집중하면 당의 근간을 이루는 당원 확충에 어려움을 겪게 된다.

[04~06] 다음 글을 읽고 물음에 답하시오.

대의 민주주의는 유권자가 대표자에게 주권의 일부를 위임하고, 선출된 대표자는 관료 또는 기타 독립 기구에 권한의 일부를 다시 위임하는 연쇄적인 권한의 위임에 기초하여 작동한다. 그런데 후자의 위임은 선출되지 않은 권력을 창출한다는 점에서 대의 민주주의와 충돌할 소지가 있다. 그렇다면 왜 후자와 같은 위임 행위가 발생하는가?

이에 대해 기능주의 이론은 주인-대리인 모델에 의거하여 답한다. 주인, 즉 정치 행위자들이 대리인에게 권한을 위임하는 것을, 정보의 불완전성과 집합 행동의 딜레마로부터 발생하는 거래 비용을 절감하려는 합리적 선택으로 설명하는 것이다. 거래 비용에 정보 비용과 신뢰 비용이 포함된다는 점에서 이 이론은 둘로 나뉜다. 위임을 전문 지식과 정보 부족을 해결하기 위한 선택으로 이해하는 ㉠정보의 논리와, 위임을 주인들의 집합 행동의 딜레마, 즉 주인들이 상호 불신으로 인해 전체의 합의에 따른 공동의 장기적 이익 대신 자신의 단기적 이익을 추구하기 위해 합의를 이행하지 않게 되는 문제를 해결하기 위한 대안으로 이해하는 ㉡신뢰의 논리가 그것이다.

그런데 권한 위임에는 대리인이 주인의 이익에 반해 행동할 위험이 있다. 이 때문에 위임의 문제는 대리인에게 기대하는 효용을 극대화하고 대리인의 배반을 최소화하기 위한 제도를 설계하는 문제로 압축된다. 이때 두 논리의 해법은 상이하다. 정보의 논리는 대리인이 더 많은 전문 지식과 정보를 가질수록, 또 주인과 대리인의 선호가 일치할수록 대리인에게 보다 많은 권한을 위임하는 방향으로 제도를 설계한다고 본다. 반면 신뢰의 논리는 주인들로부터 독립된 선호를 가진 대리인에게 보다 많은 권한을 위임하는 것이 바람직하다고 본다. 이때 위임은 주인들의 집합 행동 문제를 해결하기 위한 수단으로 이해된다.

하지만 이 두 논리에 대해 다음과 같은 비판이 가능하다. 정보의 논리는 대리인의 선호와 배반이 사후적으로만 관찰된다는 점에서 위임의 설계 단계에서 적용하기 어렵고, 신뢰의 논리는 주인들이 단기적 선호를 포기하고 대리인을 임명할 수 있다고 보는데, 그렇다면 집합 행동 문제는 애초에 존재하지 않았던 것이 된다. 따라서 위임의 문제를 제대로 다루기 위해서는 기능주의 이론이 아니라 정치적 거래 비용 이론의 관점에서 접근해야 한다.

정치적 거래 비용 이론은 위임의 설계 과정에서 일어나는 경쟁과 갈등에 주목하면서 위임을 정치적 불확실성과 분배의 갈등에 기초한 정치적 경쟁의 산물로 이해한다. 민주주의의 특징은 어떤 정치 행위자도 공공 정책을 수립하고 집행하는 권한을 안정적으로 갖지 않는다는 데 있다. 이러한 정치적 불확실성으로 인해 현재 정책이 미래의 정치 권력에 의해 합법적으로 바뀔 수 있다. 정치적 불확실성하에서 정책의 지속성을 보장하는 방안은 해당 정책을 정치 행위자들의 간섭과 각축에서 분리, 독립시키는 것이다. 위임은 이러한 목적으로 이루어지며, 그 과정에서 새로운 형태의 거래 비용, 즉 '정치적 거래 비용'이 창출된다. 정치적 거래 비용이란 대리인에게 위임된 정책의 방향이나 내용을 변경하거나 대리인을 감시하는 데 소요되는 모든 비용을 일컫는데, 이 비용이 커질수록 대리인은 정치적 간섭으로부터 자유로워지고 정책이 역전될 가능성은 줄어든다.

정치적 거래 비용을 매개로 한 위임의 제도적 설계는 정치 행위자들에게 정책의 안정성과 대리인에 대한 통제 가능성 간의 맞교환을 요구한다. 위임을 설계하는 세력은 대리인에 대한 정치적 간섭을 배제하고 정책 안정성을 보장할 수 있도록 하면서 정치적 거래 비용의 증가를 발생시킴으로 인해 대리인에 대한 통제 가능성을 스스로 봉쇄하게 된다. 정치 권력을 중심으로 각축하는 정치세력들 사이의 정책 선호의 차이가 현저할수록, 그리고 정치 권력 교체가 빈번하거나 경합을 벌이는 정치 세력이 다수일수록, 정책이 바뀔 가능성은 높아지고 정책의 안정성을 위해 정치적 거래 비용이 증가할 수밖에 없다. 정치적 거래 비용 이론은 위임을 정치 행위자들의 간섭과 통제로부터 분리하여 정책의 안정성을 얻는 행위로 이해함으로써 정책 결정을 추동하는 조건과 그로부터 야기되는 새로운 문제들에 대한 이론적 분석을 가능하게 하였다.

04. '위임'에 대한 윗글의 주장으로 적절하지 않은 것은?

① 위임은 정치적 경쟁 구조의 산물이다.
② 위임은 정치적 불확실성으로부터 발생한다.
③ 위임을 주인-대리인 모델로 설명하는 데에는 한계가 있다.
④ 위임은 정치적 거래 비용의 절감을 위한 합리적 선택의 결과이다.
⑤ 위임은 대의 민주주의의 기본 작동 방식이지만 그 원리와 충돌할 소지가 있다.

05. ㉠과 ㉡에 대한 설명으로 타당하지 않은 것은?

① ㉠은 선호하는 결과를 낳기 위한 주인들의 전문 지식이 부족할수록 대리인에게 많은 권한이 위임된다고 본다.
② ㉡은 주인들 각자의 단기적 이익과 공동의 장기적 이익 사이에서 발생하는 딜레마를 해결하기 위해 권한을 위임한다고 본다.
③ ㉠과 ㉡ 모두 합리성과 효율성의 관점에 기초하지만, 거래 비용의 상이한 측면에 주목한다.
④ ㉠과 ㉡ 모두 위임 제도 설계 단계에서 정치적 경쟁 속에 있는 정치 행위자들의 관계를 고려하지 못하고 있다.
⑤ ㉠에서 발생하는 대리인의 배반과 ㉡에서 발생하는 집합 행동의 딜레마는 위임 설계 후에 확인된다.

06. 정치적 거래 비용 이론을 적용한 설명으로 보기 어려운 것은?

① 정치인들은 독립적인 중앙은행으로 통화 정책의 권한을 위임한다. 이는 그들이 긴축적인 통화 정책이 갖는 장기적인 효용에 대해 모두 동의함에도 불구하고 급격한 통화 팽창을 통해 단기적으로 정치적 이익을 극대화하려는 유혹에 빠지는 것을 막기 위해서이다.

② 각국의 정치 행위자들이 특정 사안에 대한 초국가적 기구를 만들어 그 기구에 정책 결정 및 집행의 권한을 많이 위임하는 현상이 발생한다. 이는 그들 간의 정책적 선호의 차이가 큰데도 불구하고 정책의 안정성과 지속성을 확보하기 위한 것이다.

③ 미국 행정부는 의회로부터 위임된 일정한 재량권을 항상 확보하고 있다. 이는 의회와 행정부 간의 정책 선호의 불일치가 증가할 가능성에도 불구하고 위임의 설계 단계에서 의회 내 세력 변화 가능성이라는 요인이 작동하기 때문이다.

④ 유럽중앙은행은 유럽연합의 통화 정책의 결정 및 집행에 있어 거의 전권을 행사한다. 이는 그 과정에서 민주주의의 결핍을 야기할 위험에도 불구하고 각 회원국 정치 행위자들의 간섭을 봉쇄하기 위한 정치적 행위의 결과이다.

⑤ 국제 협력을 위한 초국가적 기구를 구성할 때는 국내 반대자들에 대한 보상 방안도 협상 의제에 포함한다. 이는 국내 반대자들의 반론으로 인한 논란을 예방하여 국제 협력의 안정성을 제고하기 위한 것이다.

[07~09] 다음 글을 읽고 물음에 답하시오.

민주 정치의 중요 요소인 정당 정치는 '개별 정당'과 '정당 체계' 차원으로 나뉜다. 이때 정당 체계는 여러 정당이 조직화된 양식으로 작동하는 정당 군(群)을 의미한다. 개별 정당 분석이 대의제 아래에서 정당이 수행하는 시민 여론 조직화·가치화 기능에 대한 평가를 중요시한다면, 정당 체계 분석은 정당 간 상호 작용에 초점을 둔다. 정당 체계 분석에서 핵심적 역할을 하는 것이 정당 수 산정 이다. 정당 수가 많은가 적은가 하는 것은 그 정치 체계의 이데올로기적 분포 및 정치 상황의 안정도를 보여 주는 중요 지표이다. 이데올로기의 극단적 분포가 궁극적으로 정치 체계의 불안정으로 귀결될 가능성도 있기 때문이다. 즉 정당 수는 이념적 분포가 원심적인지 아니면 구심적인지를 보여 준다. 최근까지 정당 수 산정을 위한 다양한 방식이 제시되어 왔는데, 이는 정치 현상에 대한 우리의 이해를 높이고자 하는 것이다.

그렇다면 정당 수를 산정하는 방식으로는 무엇이 있을까? 우선 '단순 방식'이 있다. 이 방식에서는 한 정치 체계의 규정에 따른 정당이면 모두 동일한 자격을 갖춘 정당으로 간주한다. 그러나 이 방식은 유효한 정당의 수가 항상 고정된 것이 아니라, 정치 상황의 시점(時點)에 따라 달라질 수 있다는 것을 고려하지 못한다. 특히 내각 책임제의 경우 선거 전이냐 아니면 선거 후냐에 따라 유효한 정당의 수가 달라질 수 있다.

이러한 문제를 해결하기 위해 등장한 것이 '이항 분류 방식'이다. 이 방식은 의회에 의석을 보유하고, 내각 구성에 참여할 가능성이 있는 정당만을 정당 체계 내 정당으로 인정한다. 이항 분류 방식은 특히 정당 난립 상황이 심할수록 유용한 분석 수단이다. 내각 책임제에서는 얼마나 많은 정당이 있느냐가 아니라 내각 구성에 참여할 수 있는 정당 수가 몇이냐가 중요하기 때문이다. 하지만 대통령제에서 대통령 선거 결과에 따른 정당 체계와 총선 결과에 따른 정당 체계가 서로 다른 경우에는 이항 분류 방식을 사용하여 비교하기가 어렵다. 다시 말해 이 방식은 정부 형태 간 교차 분석을 위해 사용하기 어렵다. 동시에 내각 구성 과정에 영향을 미치지 못하지만, 정치적 실체로서 존재하며 정치적 영향력을 행사하는 정당의 존재가 배제될 수밖에 없는 것이 이 방식의 단점이다.

앞의 두 방식을 비판하며 등장한 것이 ㉠'지수화 방식'이다. 지수화 방식에서는 내각 참여 여부를 막론하고 각 정당의 득표수와 의석수의 상대적 가치를 중요시한다. 이 방식은 각 정당의 득표수 또는 의석수를 상대적 비율로 파악하여 '선거 유효 정당 지수' 또는 '의회 유효 정당 지수'를 산정한다. 만약 2개의 정당이 선거에 참여했고 각각 60%와 40%를 득표했다면, 1을 각각의 제곱의 합(0.36+0.16)으로 나눈다. 따라서 선거 유효 정당 지수는 1.9(1/0.52)가 된다. 의회 유효 정당 지수는 득표율 대신 의석 비율을 사용한다는 점이 다를 뿐이다. 이러한 지수화 방식은 대통령 선거와 총선의 정당 체계를 같은 기준으로 비교하기 위해 사용할 수 있다. 정당의 선거별 득표수 또는 의석수를 상대적인 값으로 전환하여 지수화하기 때문이다.

결국 한 정당 체계의 정당 수는 산정 기준에 따라 달라진다. 다양한 정당 수 산정 방식이 제시된 것은 복잡한 정치 현상의 실체에 보다 가까이 접근하려는 노력의 결과이다. 하지만 더 중요한 것은 특정 정부 형태나 정치 상황에 국한되지 않는 산정 기준을 마련하는 것이다. 이러한 관점에서 볼 때, 국가 간 정당 체계 비교 연구나 정당 체계에 대한 일반 이론의 개발을 위해서는 지수화 방식이 가장 효과적이다. 이 방식은 정치 체계 간의 이데올로기적 분포를 객관적으로 비교할 수 있게 해 주며, 나아가 어떤 정당 체계가 민주 정치의 안정적 운영에 적절한지 판단하는 데 도움이 된다.

07. 정당 수 산정의 의의로 적절하지 <u>않은</u> 것은?

① 정치 현상에 대한 설명력을 높일 수 있게 한다.
② 정당의 여론 전달 역할을 평가할 수 있게 한다.
③ 정당 간 상호 작용에 대한 이해를 가능하게 한다.
④ 정치 상황의 안정성 정도를 파악할 수 있게 한다.
⑤ 정치 체계의 이념적 분포의 정도를 이해할 수 있게 한다.

08. 윗글의 내용을 <보기>의 상황에 적용하여 해석한 것으로 옳은 것은?

―〈보기〉―

내각 책임제를 채택한 어떤 국가에서 총선에 참여한 정당은 모두 6개였다. 선거 후 의회 의석을 확보한 3개의 정당만 남고 나머지 정당은 해산하였다. 이 중 A당은 40%의 득표율로 40%의 의석을, B당은 30%의 득표율로 40%의 의석을, C당은 20%의 득표율로 20%의 의석을 얻었고, 나머지 정당들은 모두 합쳐 10%를 득표했지만 의석은 획득하지 못했다. 세 정당은 모두 내각 구성에 관심을 표하였다.

① 단순 방식에 따를 때, 선거 전후의 정당 수에는 변화가 없다.
② 선거 후 단순 방식에 따른 정당 수는 이항 분류 방식에 따른 정당 수보다 작다.
③ 이항 분류 방식에 따른 정당 수는 지수화 방식에 따른 의회 유효 정당 지수보다 크다.
④ 지수화 방식에 따를 때, 의회 유효 정당 지수는 선거 유효 정당 지수와 같다.
⑤ 지수화 방식에 따른 의회 유효 정당 지수는 선거 후 단순 방식에 따른 정당 수와 같다.

09. ㉠을 사용하게 된 배경으로 적절하지 <u>않은</u> 것은?

① 내각 구성에 참여하는 정당의 상대적 영향력을 비교해야 할 필요가 생겼다.
② 대통령제의 정당 체계와 내각 책임제의 정당 체계를 비교할 필요성이 증가했다.
③ 한 정치 체계의 선거 정당 체계와 의회 정당 체계를 비교해야 할 필요가 생겼다.
④ 정치 상황 또는 정부 형태와 관련 없이 사용할 수 있는 동일한 기준을 마련할 필요성이 증가했다.
⑤ 대통령제에서 대통령 선거 결과에 따른 정당 체계와 총선 결과에 따른 정당 체계를 비교할 필요성이 증가했다.

[10~12] 다음 글을 읽고 물음에 답하시오.

선거에서 유권자의 정치적 선택을 설명하는 이론은 사회심리학 이론과 합리적 선택 이론으로 대별된다. 먼저 초기 사회심리학 이론은 유권자 대부분이 일관된 이념 체계를 지니고 있지 않다고 보았다. 그럼에도 유권자들이 투표 선택에서 특정 정당에 대해 지속적인 지지를 보내는 현상은 그 정당에 대한 심리적 일체감 때문이라고 주장했다. 곧 사회화 과정에서 사회 구성원들이 혈연, 지연 등에 따른 사회 집단에 대해 지니게 되는 심리적 일체감처럼 유권자들도 특정 정당을 자신과 동일시하는 태도를 지니는데, 이에 따라 유권자들은 정당의 이념이 자신의 이해관계에 유리하게 작용할 것인지 합리적으로 따지기보다 정당 일체감에 따라 투표한다는 것이다. 이에 반해 합리적 선택 이론은 유권자를 정당이 제시한 이념이 자신의 사회적 요구에 얼마나 부응하는지 그 효용을 계산하는 합리적인 존재로 보았다. 공간 이론은 이러한 합리적 선택 이론을 대표하는 이론으로, 근접 이론과 방향 이론으로 나뉜다.

초기의 근접 이론과 방향 이론은 유권자의 선택에 대해 다음과 같이 설명한다. 우선 이념 공간을 일차원 공간인 선으로 표시하고, 보수적 유권자 X, 진보 정당 A, 보수 정당 B의 이념적 위치를 그 선에 표시한다고 가정하자. 근접 이론은 X와 A, B 간의 이념 거리를 각각 '|X−A|'와 '|X−B|'로 계산한 다음, 만약 X와 A의 이념 거리가 X와 B의 경우보다 더 가깝다면 X는 A에 더 큰 효용을 느끼고 투표할 것이라고 본다. 이는 유권자 분포의 중간 지점인 중위 유권자의 위치가 양당의 선거 경쟁에서 득표 최대화 지점임을 의미한다. 그러나 과연 X가 이념 거리가 더 가깝다는 것만으로 자신과 이념이 다른 A를 지지할까? 이에 대해 방향 이론은 진보와 보수를 구분하는 이념 원점을 상정하고, 이를 기준으로 정당의 이념이 유권자의 이념과 같은 방향이되 이념 원점에서 더 먼 쪽에 위치할수록 그 정당에 대한 유권자의 효용이 증가하며, 반대로 정당의 이념이 유권자의 이념과 다른 방향일 경우에는 효용이 감소한다고 본다. 가령 이념 원점이 5라고 한다면, X의 A와 B에 대한 효용은 각각 '−|5−X|×|5−A|'와 '|5−X|×|5−B|'로 계산되는데, 이때 X는 이념 거리로는 비록 A가 가깝다 할지라도 B에 투표하게 된다. 따라서 방향 이론에서 정당에 대한 유권자의 효용은 그 정당이 유권자와 같은 이념 방향의 극단에 있을 때 최대화된다.

두 이론은 이념에 기초한 효용 계산을 통해 초기 사회심리학 이론의 '어리석은 유권자' 가설을 비판했지만 한계도 있었다. 근접 이론은 미국의 정당들이 실제 중위 유권자의 지점에 위치하지 않고 있다는 비판에, 방향 이론은 유럽 국가들에서 이념적 극단에 있는 정당이 실제로 수권한 경우가 드물다는 비판에 각각 직면했다. 이에 근접 이론은 정당이 정당 일체감을 지닌 유권자(정당 일체자)들로부터 멀어질 경우 지지가 감소할 수 있다는 점을 고려해서 실제로는 중위로부터 다소 벗어난 지점에 위치하게 된다고 이론적 틀을 보완했다. 또 방향 이론은 유권자들이 심리적으로 허용할 수 있는 이념 범위인 관용 경계라는 개념을 도입하여 정당이 관용 경계 밖에 위치하면 오히려 유권자의 효용이 감소한다는 점을 이론에 반영했다.

이러한 후기 공간 이론의 발전은 이념적 중위나 극단을 득표 최대화 지점으로 보았던 초기 공간 이론의 문제점을 극복하려 한 결과였다. 그러나 이는 정당 일체감이나 그 밖의 심리학적 개념들을 그대로 수용한 결과이기도 하였다. 그럼에도 공간 이론은 초기 사회심리학 이론에서 비관적으로 전망했던 '세련된 유권자' 가설을 무리 없이 입증해 왔다. 다양한 국가에서 유권자들이 이념에 기초해 후보나 정당을 선택한다는 것을 실증적으로 보여 주었던 것이다.

한편 공간 이론의 두 이론은 유권자의 효용 계산과 정당의 득표 최대화 예측에서 이론적 경쟁 관계를 계속 유지했을 뿐만 아니라 현실 설명력에서도 두드러진 차이를 보였다. 의회 선거를 예로 들면, 근접 이론은 미국처럼 ㉠양당제 아래 소선거구제로 치러지는 선거를 더 잘 설명해 왔다. 반면에 방향 이론은 유럽 국가들처럼 ㉡다당제 아래 비례대표제로 치러지는 선거를 더 잘 설명해 왔다. 한 연구는 영국처럼 ㉢다당제 아래 소선거구제로 치러지는 선거에서 유권자가 여당에 대해 기대하는 효용은 근접 이론이 더 잘 설명하고, 유권자가 야당에 대해 기대하는 효용은 방향 이론이 더 잘 설명한다고 밝혔다. 이는 정치 환경에 따라 정당들의 득표 최대화 전략이 다를 수 있음을 뜻한다.

10. 윗글의 내용으로 가장 적절한 것은?

① 초기 사회심리학 이론은 유권자의 투표 선택이 심리적 요인 때문에 일관성이 없다고 보았다.
② 공간 이론은 유권자와 정당 간의 이념 거리를 통해 효용을 계산하여 유권자의 투표 선택을 설명하였다.
③ 후기 공간 이론의 등장으로 득표 최대화에 대한 초기의 근접 이론과 방향 이론 간의 이견이 해소되었다.
④ 후기 공간 이론에서는 유권자의 투표 선택을 설명하는 데 있어서 이념의 비중이 커졌다.
⑤ 후기 공간 이론은 정당 일체감을 합리적인 것으로 인정하여 세련된 유권자 가설을 입증했다.

11. ㉠~㉢에서 득표 최대화를 위한 정당의 선거 전략을 공간 이론의 관점에서 설명한 것으로 바르지 <u>않은</u> 것은?

① 초기 근접 이론은 ㉠에서 지지율 하락을 경험한 여당이 중위 유권자의 위치로 이동함을 설명할 수 있다.
② 후기 근접 이론은 ㉠에서 정당 일체자의 이탈을 우려한 야당이 중위 유권자의 위치로 이동하지 못함을 설명할 수 있다.
③ 후기 방향 이론은 ㉡에서 정당 일체자의 이탈을 우려한 여당이 중위 유권자의 위치로 이동함을 설명할 수 있다.
④ 초기 근접 이론은 ㉢에서 중도적 유권자의 이탈을 우려한 여당이 중위 유권자의 위치로 이동함을 설명할 수 있다.
⑤ 후기 방향 이론은 ㉢에서 중도적 유권자의 관용 경계를 의식한 야당이 이념적 극단 위치로 이동하지 못함을 설명할 수 있다.

12. <보기>의 선거 상황을 가정하여 윗글의 이론들을 적용한 것으로 타당하지 <u>않은</u> 것은?

<보기>

아래의 그림은 좌우 동형으로 이루어진 N국의 A당과 B당의 정당 일체자 분포와 여기에 무당파 유권자가 포함된 전체 유권자의 분포를 나타낸다. N국은 1) A당과 B당의 정당 일체자가 투표자인 예선을 통해 각 당의 후보를 결정한 후, 2) 전체 유권자가 투표자인 본선을 통해 최종 대표자를 선출한다.

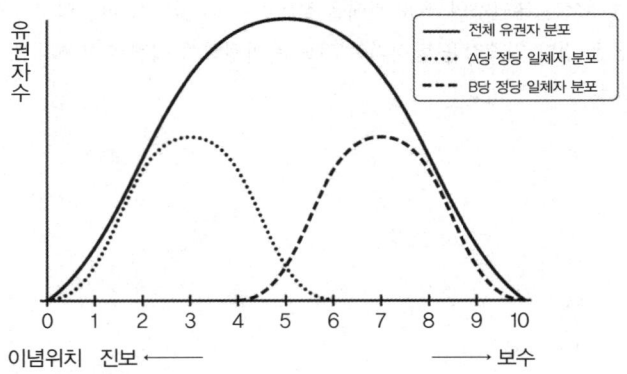

ㄱ. 후보자 이념 위치: A당(A1=0, A2=4), B당(B1=7, B2=9)
ㄴ. 중위 유권자 위치: A당=3, B당=7, 전체 유권자=5
ㄷ. 이념 원점=5
ㄹ. 관용 경계: 두 후보자가 동시에 유권자 위치의 ±2를 초과하면 유권자는 기권한다고 가정함.
ㅁ. 두 후보자에 대한 효용이 같다면 유권자는 기권한다고 가정함.
ㅂ. A당과 B당의 정당 일체자 분포의 규모는 같음.

① 초기 근접 이론은 B1이 예선을 통과할 것으로 예측할 것이다.
② 초기 근접 이론은 A2가 본선에서 승리할 것으로 예측할 것이다.
③ 초기 방향 이론은 본선에서 승자가 없을 것으로 예측할 것이다.
④ 후기 근접 이론은 A2가 본선에서 승리할 것으로 예측할 것이다.
⑤ 후기 방향 이론은 A1이 본선에서 승리할 것으로 예측할 것이다.

한 번에 합격, 해커스로스쿨
lawschool.Hackers.com

한 번에 합격, 해커스로스쿨
lawschool.Hackers.com

해커스 LEET 이재빈 언어이해 기본

정답 및 해설

PART 1 패턴별 기출문제

패턴 1 | 학설 비교형 지문

p.38

01	02	03	04	05
③	①	⑤	④	①
06	07	08	09	10
②	②	②	④	⑤
11	12			
④	①			

01
정답 ③

분석 및 접근
기본적인 사실 확인 문제에 해당하므로 다음 포인트에 따라 문제를 풀이한다.
- 포인트 1. 다양한 학술을 분류하기
  - 근대의 지식인: 만하임, 그람시, 사르트르
  - 탈근대의 지식인: 푸코, 부르디외
- 포인트 2. 단정 명제 vs 가능성 명제로 비교하기

해설
① (X) 첫 번째 문단에 따르면 중세에도 아벨라르와 같은 비판적 지식인이 존재했으므로 비판적 지식인은 근대의 드레퓌스 사건 이전에도 존재하였음을 확인할 수 있다.
② (X) 첫 번째 문단에서 '계몽주의 시대에는 특정 분야를 깊이 파고들지 못하더라도 모든 분야를 두루 섭렵할 수 있는 능력을 지닌 사람을 지식인으로 정의하기도 했다.'라고 했으므로 계몽주의 시대의 지식인은 특정 분야의 전문가라기보다는 다양한 분야에 제한된 지식을 가지고 있는 다능인으로 인식되었음을 확인할 수 있다.
③ (O) 근대의 지식인의 사례로 제시된 만하임, 그람시, 사르트르의 지식인 개념을 각각 확인한다. 만하임은 지식인은 보편성에 입각해 사회의 다양한 계급적 이해들을 종합하여야 한다고 주장하였고, 그람시는 소외 계급의 해방이라는 보편적 목표를 달성하기 위해 지식인이 소외 계급에게 자의식을 주입해야 한다고 주장하였다. 또한 사르트르는 지식인은 보편성에 입각하여 소외 계급의 해방을 추구해야 한다고 주장하였다. 이를 종합하여 볼 때, 세 명의 학자들 각자가 제시한 지식인 개념의 구체적인 양태는 상이하지만, 공통적으로 보편성을 추구해야 할 존재로 지식인을 인식하였음을 추론할 수 있다.
④ (X) 네 번째 문단에 제시된 푸코의 탈근대 지식인에 대한 개념에 따르면 '자신의 분야에 해당하는 구체적인 사안에 정치적으로 개입하면서 일상적 공간에서 투쟁한다.'라는 것을 지식인의 역할로 명시하였다. 따라서 탈근대 지식인은 자신의 전문 분야에서 제기되는 문제의 정치적 특성에 적극 대응하는 존재임이 푸코의 논의에서 확인할 수 있다.
⑤ (X) LEET 언어이해의 대표적인 오답 유형은 'OO한다.'라는 단정 명제와 'OO할 가능성이 있다.'라는 가능성 명제를 혼동하게 만들어 오답 선택지를 만드는 것이다. 세 번째 문단에 따르면 탈근대적 지식 문화에서 대중의 자율성에 기초한 참여와 협업이 가능하다면 대중은 순응주의에서 벗어나 새로운 민주주의를 구현할 수 있다. 또한 대중의 자율성에 기초한 참여와 협업이 결여되는 경우에는 대중은 순응주의로 전락한다는 명제도 뒤에 덧붙여진다. 이는 '대중은 자율적인 참여와 협업에 기초하여 권력에 대한 순응주의에서 벗어날 수 있다.'라는 가능성 명제에 해당하는 내용이지, '대중은 자율적인 참여와 협력에 기초하여 권력에 대한 순응주의로부터 벗어났다.'라는 단정 명제에 대한 서술이 아니다. 따라서 적절하지 않다. → **매력적 오답**

02
정답 ①

분석 및 접근
세 번째 문단과 네 번째 문단에 한정되어 출제된 문제이므로 해당 문단을 독해하면서 문제도 동시에 같이 해결하면 풀이 시간을 단축할 수 있다.

해설
① (O) 세 번째 문단에서 '하이퍼텍스트와 새로운 독자의 탄생은 집단적이고 감정이입적인 구술 문화가 지녔던 특성들을 지식 문화에서 재활성화한다.'라고 했다. 이는 구술 문화의 특성을 지니는 다양한 형식의 텍스트들이 형성되어, 이를 통해 지식이 전파된다는 의미이므로 탈근대적 지식 문화에 대한 설명으로 적절하다.
② (X) 세 번째 문단에서 '지식 생산자에 해당하는 저자의 권위는 사라지고 지식 권력은 탈중심화된다.'라고 했으므로 '중앙 집중적 지식 권력의 영향력이 커진다.'라는 내용은 적절하지 않다.
③ (X) 세 번째 문단에서 '지식 생산자에 해당하는 저자의 권위는 사라지고 지식 권력은 탈중심화된다.'라고 했으므로 '지식을 처음 생산한 자의 권위가 강화된다.'라는 내용은 적절하지 않다.
④ (X) 선택지에서 '지식인의 사회적 지위가 부르주아 계급에서 피지배 계급으로 전락한다.'라는 내용은 다섯 번째 지문에서 제시된 부르디외의 지식인 개념에 해당한다. 그런데 부르디외는 탈근대적 모색에 있어 근대론적 시각을 더하려는 시도를 전개한 학자이므로 부르디외의 지식인 개념은 탈근대적 지식 문화에 대한 설명이기보다는 근대론적 시각에 가깝다고 추론할 수 있다. 따라서 탈근대적 지식 문화에 관한 설명으로 적절하지 않다.
⑤ (X) 세 번째 문단에서 '집단 지성은 엘리트 집단으로부터 지식 권력을 회수하고 새로운 민주주의의 가능성을 열어놓기도 한다.'라고 했다. 따라서 선택지에서 '집단 지성이 대중의 지식 및 담론을 규제하는 새로운 권력 체계를 형성한다.'라는 내용은 새로운 민주주의를 구현한다는 내용과 상반되므로 적절하지 않다.

03
정답 ⑤

분석 및 접근
개별 학자들이 정의한 다양한 지식인 개념의 핵심적인 논지들을 정확히 이해하고 있는지를 확인하는 문제이다.

해설
① (X) 두 번째 문단에서 만하임은 '지식인을 단일 계급으로 간주할 수 없다.'라고 했으므로 선택지에서 지식인이 '동질적인 계급으로 형성될 수 있는 존재라고 여겼을 것이다.'라는 내용은 만하임의 논지와 상반되므로 적절하지 않다.

② (X) 계급적 이해관계와 이성적 사유 사이의 모순을 보이는 존재로서 지식인을 이해한 학자는 그람시가 아니라 사르트르이다. 그람시는 지식인이 자신이 속한 계급의 이해관계로부터 벗어날 수 없는 존재라고 인식하였다는 점에서 차이를 보인다.

③ (X) 선택지에서 '지식인이 서로 적대 관계에 있는 계급들 중 어느 쪽과 제휴에 있어도'라는 내용은 계급적 이해에 종속되어 당파적인 입장을 띠는 그람시의 유기적 지식인 개념에 해당하며, 계급적 이해들을 종합할 수 있는 존재는 만하임의 지식인 개념에 해당한다.

④ (X) 네 번째 문단에서 푸코는 보편적 지식인과 대조되는 개념으로서 특수적 지식인의 개념을 제시하면서, '거대한 세계관이 아니라 특정 분야에서 전문적인 지식을 지니고 있는 존재'라고 정의하였다. 따라서 선택지에서 지식인이 '보편적 지식을 전파하는 운동을 전개해야 하는 존재'라는 내용은 지문과 상반되므로 적절하지 않다.

⑤ (O) 다섯 번째 문단에 따르면 부르디외는 문화생산자인 지식인들이 각자의 특수한 영역에 대한 상징적 권위를 가지고, 이를 바탕으로 사회 전체에 보편적인 가치를 전파해 나가는 투쟁을 전개하는 존재로서 지식인 개념을 정의하였다. 따라서 푸코와 달리 부르디외의 지식인 개념은 보편적 지식인과 특수적 지식인의 이분법적인 구분을 거부하고 특수적이면서 보편적인 지식을 추구하는 존재로서 지식인의 개념을 정의하고 있다.

04
정답 ④

분석 및 접근
기본적인 사실 확인 문제에 해당하지만, 정보량의 밀도가 높은 **학설 비교형 지문**이기 때문에 까다로울 수 있으므로 세세한 정보에 주의를 기울이면서 꼼꼼하게 풀어야 한다.

해설
① (O) 첫 번째 문단에서 '농업 중심의 사회를 벗어나면서 급속한 산업화와 도시화에 따른 갈등이 나타나고 있던 19세기 말 미국'이라는 부분을 통해 확인할 수 있다.

② (O) 세 번째 문단에서 '1898년 식민지를 둘러싼 미국-스페인 전쟁을 (제국주의적 팽창정책으로부터 거리를 두려는 흐름이) "거대한 일탈"이라고 규정했다.'라는 부분을 통해 미국 내 제국주의적 팽창정책을 주장하는 세력들이 외부 식민지를 확보하려는 정책을 추진함에 따라 미국과 스페인 사이에 전쟁이 19세기 말에 발발하였음을 확인할 수 있다.

③ (O) 두 번째 문단에서 '제2차 세계대전 이후에 (중략) 보수적 미국인들은 혁신주의 역사학이 비판했던 미국적 가치, 즉 사유재산의 신성시, 개인주의, 경제적 자유주의에 대해 재평가하기 시작했다.'라는 부분을 통해 확인할 수 있다.

④ (X) 세 번째 문단에서 '1960년대 중반 이후 미국은 베트남전쟁과 민권운동으로 대변되는 이념적 격동기를 맞이했다.'라고 제시되었으며, 그 구체적 내용이 '미국의 밝은 과거상과 현재상에 대해 회의심을 갖게 했다.'라고 제시되었다. 따라서 두 번째 문단에서 미국의 보편적 가치로 제시된 경제적 자유주의가 1960년대 중반 베트남전쟁 이후에는 회의의 대상이 되었음을 유추할 수 있다.

⑤ (O) 세 번째 문단에서 '흑인들의 민권운동과 소수민족인 아메리카 원주민, 여성, 빈민들의 운동을 배경으로 태동했던 신좌파 역사학은 이러한 피지배집단이 혁명전쟁과 헌법 제정 과정에서 능동적인 행위를 복원하는 데 주의를 기울였다.'라는 부분을 통해 확인할 수 있다.

05
정답 ①

분석 및 접근
학설 비교형 지문에서 반드시 출제되는 **학설 비교 문제**이다. '~와 달리' 혹은 '~와 마찬가지로'와 같은 선택지는 정보를 이중으로 확인하여야 한다는 점을 유의하면서 문제를 해결하여야 한다.

해설
① (O) 첫 번째 문단에서 '야만과 문명이 공존하는 프런티어야말로 미국 발전의 근원이라고 주장한 터너'라는 부분과 두 번째 문단에서 '부어스틴은 미국인의 관대함과 타협의 정신을 프런티어에서 찾기도 했다.'라는 부분을 통해 터너와 부어스틴이 모두 미국사에서 프런티어를 긍정적으로 평가했음을 확인할 수 있다. 터너와 부어스틴이 각각 혁신주의 역사학과 합의사학이라는 대립되는 범주에 속하면서도, 세부적인 내용에서 공통적인 입장이 존재한다는 점에 유의하여야 한다.

② (X) 첫 번째 문단에서 '혁신주의 역사가 베커는 미국혁명이 과세를 둘러싼 아메리카 식민지와 모국 간의 투쟁임과 동시에 상층 상인과 지주를 비롯한 보수적이고 봉건적인 식민지 유력자와 하층 수공업자 및 노동자 사이에서 벌어진 권력 다툼이었다는 사실을 밝혀냄으로써 이중혁명론을 제시했다.'라는 부분에서, 베커는 미국사의 원동력을 **합의**가 아닌 **갈등**으로 간주하였다는 점을 확인할 수 있다.

③ (X) 두 번째 문단에서 '합의사학을 대변하는 호프스태터는 미국적 가치를 공동이념으로 삼은 미국인들은 사회적 동질성을 유지하면서 갈등을 극소화했다고 주장했다.'라는 부분을 통해 호프스태터의 입장은 특정 세력이 갈등에서 승리함으로써가 아니라 공동 가치에 기반한 합의로써 갈등이 극소화되었다고 보는 것임을 확인할 수 있다.

④ (X) 세 번째 문단에서 '윌리엄스는 이런 해석(미국의 국제적 영향력 행사가 예외적 현상이라는 합의사학의 주장)을 비판하며 정치인들이 국내의 분열을 호도하기 위해 혹은 자본의 이익을 위해 문호개방이라는 이름으로 해외 팽창정책을 주도했다고 주장했다.'라는 부분을 통해 확인할 수 있다.

⑤ (X) 세 번째 문단에서 '하워드 진과 같은 신좌파 역사가는 혁신주의 역사학에 동조하면서 역사학을 이데올로기적 요구에도 부응해야 하는 학문으로 보았다.'라는 부분을 통해 하워드 진이 역사학의 정치화를 경계한 것이 아니라 오히려 적극 동조하였다는 점을 확인할 수 있다.

06 정답 ②

분석 및 접근
혁신주의 역사학, 합의사학, 신좌파 역사학이라는 세 개의 범주를 대표하는 주장의 핵심을 이해한다면 지문의 다른 문항에 비해 오히려 더 쉽게 해결할 수 있는 문제이다.

해설
① (O) 첫 번째 문단에서 '혁신주의 역사학은 헌법을 금융업자, 상인 등으로 구성된 동산소유집단과 채무에 시달리던 소농 출신의 부동산 소유집단 사이의 싸움에서 전자가 승리하면서 만들어진 비민주적 문서로 파악하였다.'라는 부분을 통해, 혁신주의 역사학이 헌법을 특정 세력의 경제적 이익을 대변하는 문서로 간주하고 있음을 확인할 수 있다.
② (X) 두 번째 문단에서 합의사학이 '미국적 가치를 공동이념으로 삼은 미국인들'이 '사회적 동질성을 유지하면서' 이루어낸 '국민적 합의'를 통해 미국 혁명이 완수되었다고 평가한다는 점을 확인할 수 있다.
③ (O) 두 번째 문단에서 '혁신주의 역사가가 헌법의 제정을 계급적인 갈등으로 파악했다면, 합의사학은 헌법 제정이 중산층의 합의를 통해 이루어졌다'라고 간주하였음을 확인할 수 있다. 따라서 합의사학은 〈보기〉에서 제시된 연방주의자와 반연방주의자 사이의 갈등에 주목하기보다는, 그들 사이에 공유하는 공통된 가치를 바탕으로 합의를 이루어낸 지점에 주목하여 미국 혁명을 해석할 것이다.
④ (O) 마지막 문단에서 '흑인들의 민권운동과 소수민족인 아메리카 원주민, 여성, 빈민들의 운동을 배경으로 태동했던 신좌파 역사학은 이러한 피지배집단이 혁명전쟁과 헌법 제정 과정에서 능동적인 행위를 복원하는 데 주의를 기울였다.'라는 부분을 통해 확인할 수 있다.
⑤ (O) 세 번째 문단에서 '합의사학과는 달리, 하지만 혁신주의 역사학과 마찬가지로 갈등과 빈곤에 주목한 경향이 등장했는데, 이를 신좌파 역사학이라고 한다.'라는 부분을 통해, 신좌파 역사학과 혁신주의 역사학이 공통적으로 계급 갈등을 미국 혁명의 주된 요소로 간주한다는 점을 추론할 수 있다.

07 정답 ②

분석 및 접근
학설 비교형 지문이기 때문에, 기본적인 사실 확인 문제가 가장 까다로울 수 있다. 지문에 등장한 모든 학자들의 주장을 스펙트럼으로 머리 속에 정리하면서 독해하여야 깔끔하게 해결할 수 있는 문제이다.

해설
① (X) 키르케고르는 멜랑콜리아의 본래적 의미였던 부정적 감정을 설명하는 과정에서 인용되는 인물이다. 첫 번째 문단에서 '(멜랑콜리는) 이 시대의 질병이며, 우리로부터 행동과 희망의 용기를 앗아 간다.'라고 했으므로 적절하지 않다.
② (O) 세 번째 문단에 따르면, 벤야민은 멜랑콜리커의 고독과 침잠, 즉 외면적 부동성은 단순한 무기력이 아니라 사물을 꿰뚫어 보는 깊이 있는 사유를 상징이라고 주장했으므로 적절하다.
③ (X) 세 번째 문단에 따르면, 프로이트는 상실된 대상과 통합되어 버리는 감정이 애도가 아니라 멜랑콜리아라고 제시했으므로 적절하지 않다.
④ (X) 선택지의 내용은 하이데거의 주장과는 관련성이 없고, 하이데거가 근대에 유일하게 남은 열정은 열정의 소멸에 대한 열정이라고 주장한 부분은 오히려 근대의 반감정적이고 이성주의적인 태도에 대한 비판으로 보아야 하므로 적절하지 않다.
⑤ (X) 네 번째 문단의 사회적 모더니티에 대한 설명 중 베버가 '정신 없는 전문가'를 언급한 부분에서 베버의 비판적인 태도가 유추되므로 베버가 숙련된 기술을 갖춘 엘리트로 채워져야 한다는 주장을 제시하였다는 결론이 도출될 수 없다.

08 정답 ②

분석 및 접근
㉠과 ㉡으로 표지된 부분은 **학설 비교형 지문**에서 다른 학자들이 소개된 지문 영역에 비해 보다 꼼꼼하게 독해하여야 하며, 상반된 모더니티 개념이 분할되어 글이 전개된다는 점에 유의하여야 한다.

사회적 모더니티	문화적 모더니티
공적 영역	사적 영역
• 정신 없는 전문가 • 가슴 없는 향락가	사회적 부적응자들

해설
① (O) 네 번째 문단에서 '사회적 모더니티는 과학과 기술의 힘으로 외적 자연을 탈신비화하고, 열정을 이해관계로 치환하여 인간의 내적 자연마저 감정의 횡포로부터 해방시켰다.'라고 서술하였으므로 외적 자연과 내적 자연의 개념을 분리하여 이를 모두 계산적 합리성의 지배의 대상으로 삼았음을 알 수 있다.
② (X) 네 번째 문단에서 '그러나 문화적 모더니티는 이러한 해방의 역설적 결과로 나타난 환멸감 속에서, 도리어 잃어버린 것들을 우울의 감정으로 보존하려고 한다.'라는 부분을 통해 확인된다. 이때 '해방'은 '감정의 횡포로부터의 해방'이지 '이성으로부터의 해방'이 아니므로 주어진 선택지는 적절하지 않다.
③ (O) 네 번째 문단에 따르면, 사회적 모더니티의 주체는 세계의 주인이 되려는 반면에, 문화적 모더니티의 주체는 세계의 주인이 되려고 하지 않으므로 주어진 선택지는 적절하다. → **매력적 오답**
④ (O) 네 번째 문단에 따르면, 사회적 모더니티는 공적 영역에서 '정신 없는 전문가', '가슴 없는 향락가'를 주체로, 문화적 모더니티는 사적 영역에서 '사회적 부적응자'를 주체로 하여 대립적으로 전개된다고 하였으므로, 주어진 선택지는 적절하다.
⑤ (O) 네 번째 문단에서 '사회적 모더니티는 과학과 기술의 힘으로 외적 자연을 탈신비화하고, 열정을 이해관계로 치환하여 인간의 내적 자연마저 감정의 횡포로부터 해방시켰다. 그러나 문화적 모더니티는 이러한 해방의 역설적 결과로 나타난 환멸감 속에서, 도리어 잃어버린 것들을 우울의 감정으로 보존하려고 한다.'라는 부분을 통해 확인된다.

09 정답 ④

분석 및 접근
〈보기〉에 제시된 소설 속 두 인물 병일과 이웃 사내가 각각 지문에서 제시된 사회적 모더니티의 주체와 문화적 모더니티의 주체 중 어느 것에 대응되는지를 확인하면, 간단히 해결할 수 있는 문제이다.

해설
①, ② (O) 〈보기〉에서 묘사된 병일의 태도를 통해, **병일이 문화적 모더니티의 주체**를 대변한다는 점을 확인할 수 있다.

③ (O) 〈보기〉를 통해 **이웃 사내**는 **사회적 모더니티의 주체**를 대변한다는 점을 확인할 수 있다.
④ (X) 첫 번째 문단에서 "감정을 느낄 수 있는 능력이 쇠락해진 상태"는 '멜랑콜리'를 가리키는 표현으로 제시되었다. 〈보기〉에 제시된 최명익의 소설 속 등장인물 중, 멜랑콜리를 느끼면서 이를 바탕으로 문화적 창조 행위를 영위해 나가는 인물이 '병일'인 반면에, '이웃 사내'는 멜랑콜리를 느끼지 못하는 인물로 제시되었다. 따라서 이웃 사내가 감정을 느낄 수 있는 능력이 쇠약해진 상태의 인물이라는 서술은 적절하지 않다.
⑤ (O) 작가는 병일이라는 인물을 통해 멜랑콜리커의 모습을 그려내고 있으며, 이는 '(멜랑콜리커를 통해 근대에서 상실된) 근원적 가치가 부재의 상태로 보존된다는 창작 의도를 드러내려' 한 것으로 추론될 수 있다.

10 정답 ⑤

분석 및 접근
학설 비교형 지문이기 때문에, 첫 번째 사실 확인 문제는 지문에 등장한 여러 학자들과 사상들의 주요한 관점을 정확하게 반영하였는지를 확인하는 선택지로 출제될 수 있다.

해설
① (O) 첫 번째 문단에서 "도덕적 지식은 존재할 수 없다고 주장하는 도덕철학자들에게 흄의 주장은 성서처럼 여겨진다."라는 부분을 통해 확인할 수 있다.
② (O) 두 번째 문단에 따르면, 매킨타이어는 흄이 영원한 합목적성이나 신의 의지에 대한 신학적 명제에서 도덕 판단이 도출될 수 없다고 보았으며, 이러한 명제들이 도덕 판단이 도출될 수 없는 일부 존재 명제에 해당한다고 보았다. 따라서 매킨타이어의 해석에서 흄은 영원한 합목적성이나 신의 의지에 대한 신학적 명제를 존재 명제로 본 것이다.
③ (O) 네 번째 문단에서 "(헌터의 해석에 따르면) 흄은 도덕 판단을 존재 명제처럼 사실적 주장으로 인식했고"라는 부분을 통해 확인할 수 있다.
④ (O) 마지막 문단에 따르면, 플류와 허드슨은 흄이 도덕 판단은 정서적 의미를 지니며 사실의 기술에서 도출될 수 없다고 보았다고 해석한다. 이는 플류와 허드슨이 해석한 흄의 관점에서 인간 정서는 사실적 진술로부터 도출될 수 없는 대상으로 간주되었음을 의미한다.
⑤ (X) 마지막 문단에 따르면, 정서주의는 도덕 판단을 정서의 표현으로 보므로, 존재 명제에서 당위 명제 도출이 불가능하다고 본다. 따라서 정서주의에서는 아무리 인간 정서가 솔직하게 표현된다고 하더라도, 존재 명제에서 당위 명제가 도출될 수 없다고 볼 것이다.

11 정답 ④

분석 및 접근
흄의 도덕철학적 입장에 대해 상반된 해석을 내놓고 있는 주요 학자들의 논거를 정확하게 재구성하고 있는지를 확인하는 문제이다.

해설
ㄱ. (O) 두 번째 문단에 따르면, 매킨타이어는 흄이 인간의 필요나 이익과 진정으로 관련되는 존재 명제에서는 당위 명제를 도출할 수 있다고 보았다고 해석한다. 따라서 공익을 증진하는 사회적 규칙이 쾌락을 유발한다면 도덕성을 지닌다는 입장이 흄으로부터 도출될 수 있는 입장이라고 해석할 것이다.
ㄴ. (X) 다섯 번째 문단에 따르면, 헌터는 인간 정서가 설령 주관적이라고 하더라도 인간 정서에 대한 사실적 진술로부터 도덕적 지식이 도출될 수 있다는 것이 흄의 입장이었다고 해석한다.
ㄷ. (O) 마지막 문단에 따르면, 플류와 허드슨은 도덕 판단은 정서의 표현이므로 도덕적 지식이 될 수 없다는 정서주의의 입장이 흄의 입장이었다고 해석한다.

12 정답 ①

분석 및 접근
〈보기〉에 흄의 원문이 등장하여 당황할 수도 있으나, 〈보기〉에 제시된 텍스트보다도 더 중요한 것은 지문에 제시된 각 학자들의 입장이 〈보기〉의 사례와 어떻게 연결되는지라는 점을 유념한다면, 쉽게 해결할 수 있는 문제이다.

해설
① (O) 헌터는 정서에 관한 사실적 진술로부터 도덕 판단이 도출된다는 것이 흄의 입장이라고 해석하므로, '고의적 살인'에 대한 도덕 판단은 유발된 부정적 정서의 진술에서 도출된 것이라고 생각할 것이다.
② (X) 매킨타이어는 인간의 이익과 필요와 같은 타고난 성질로부터 도덕 판단의 근거가 도출된다는 것이 흄의 입장이라고 해석하므로, '악덕'이라는 도덕 판단의 근거를 매킨타이어는 인간의 타고난 성질에서 찾을 것이라는 서술은 타당하다. 반면에 헌터는 도덕 판단의 근거가 정서의 표현이 아닌 사실의 기술로부터 도출된다는 것이 흄의 입장이라고 해석하므로, '악덕'이라는 도덕 판단의 근거를 시인과 부인의 표현에서 찾을 것이라는 주장은 헌터가 아니라 플류와 허드슨에게서 제기될 수 있는 해석이다.
③ (X) 플류와 허드슨은 도덕 판단이 정서에 대한 사실적 기술로부터 도출된 것이 아니며 도덕 판단은 정서의 표현이라는 것이 흄의 주장이라고 해석한다. 따라서 플류와 허드슨은 '악덕'에 대한 '고의적 살인'이 어떤 사람에게 유발한 불쾌감을 '기술'한 것이 아니라 '표현'한 것으로 간주할 것이다. '악덕'에 대해 '고의적 살인'이 어떤 사람에게 유발한 불쾌감을 기술한 것으로 간주하는 학자는 플류와 허드슨이 아니라 헌터이다. → **매력적 오답**
④ (X) 매킨타이어는 '연결 개념'을 통해 사실적인 것과 도덕 개념이 연결될 수 있다는 것이 흄의 주장이라고 해석한다. 또한 헌터는 정서에 대한 사실적 기술에서 도덕 판단이 도출될 수 있다는 것이 흄의 주장이라고 해석한다. 따라서 매킨타이어와 헌터는 모두 '거부의 감정'이 사실적 측면과 도덕적 요구를 연결하는 개념이라고 생각할 것이다.
⑤ (X) 〈보기〉에서 '당신 자신 안에 있는 것'은 행위에서 유발된 인간의 정서를, '대상에 있는 것'은 독립적인 외부의 대상을 가리킨다. 매킨타이어의 관점에서 '당신 자신 안에 있는 것'이 도덕 판단으로 간주될 여지는 있으나, 플류와 허드슨은 도덕 판단을 외부의 행위로부터 유발된 정서의 표현으로 간주하므로, 플류와 허드슨에게 도덕 판단이 '대상에 있는 것'과 동일한 것으로 간주되지는 않을 것이다.

패턴 2 | 이론 제시형 지문

p.70

01	02	03	04	05
⑤	③	④	④	④
06	07	08	09	10
⑤	③	⑤	③	③
11	12			
④	②			

01
정답 ⑤

분석 및 접근
기본적인 사실 확인 문제이다.

해설
① (X) 산수화의 '와유' 개념은 각각 곽희의 화원화 이론과 소식의 문인화 이론으로 분리되어 계승된 것이지, 곽희의 화원화 이론이 소식의 문인화 이론으로 계승된 관계가 아니다.
② (X) 두 번째 문단에 따르면, 북송 시대의 문인화에 영향을 미친 '와유' 개념은 사회적 자아로서 '겸제천하'와 개인적 자아로서 '독선기신'을 동시에 지향하는 것이지 양자 중 어느 것을 지향하느냐에 따라 서로 다른 두 경향으로 나뉜 것이 아니다.
③ (X) 마지막 문단에서 '즉 (문인화 이론에 따르면)사물의 외형보다 필묵의 묘미를 더 강조하는 것이다.'라는 부분을 통해 문인화 이론이 대상에 대한 정확한 묘사를 중요한 요소로 간주하지 않는다는 점을 확인할 수 있다.
④ (X) 마지막 문단에 따르면, '안'과 '밖'의 일체, 마음과 손의 통일을 주장하면서 마음의 주체적 활동성을 강조한 것은 소식의 문인화 이론이지 화원화 이론이 아니다.
⑤ (O) 첫 번째 문단에서 '(종병은) 과거에 그가 노닐었던 산을 그려 감상하면서, 인연을 만든 '정(情)'과 '식(識)'을 줄여 나가 점차적으로 정신의 세계로 나아가고자 하였다.'라는 부분을 통해 확인할 수 있다.

02
정답 ③

분석 및 접근
주어진 선택지는 모두 정철의 〈관동별곡〉 중 일부를 발췌한 것으로 ㉠의 관점을 가장 잘 반영한 대목을 고르는 문제이다.

해설
①, ② (X) 공통적으로 산수의 아름다운 풍경 묘사에 주력하였을 뿐, 산수에 사회적 가치가 투영된 대목이 드러나지 않는다.
③ (O) 하늘로 치솟아 있는 망고대와 혈망봉이라는 산수의 모습에서 무언가를 아뢰고자 자신의 뜻을 굽히지 않는 선비의 태도를 읽어내고 있는 대목이므로, 산수에 사회적 가치가 투영되도록 한 사례로 해석되기에 가장 적합하다. → **절대적 정답**
④, ⑤ (X) 공통적으로 산수의 아름다운 풍경에 도취된 나머지 현세를 넘어선 초현실적인 인물과 공감하고 소통하는 상황을 묘사하는 데 주력하였을 뿐, 산수에 사회적 가치가 투영된 대목이 드러나지 않는다.

03
정답 ④

분석 및 접근
㉡은 석도의 일획론의 **캐치프레이즈**에 해당하는 구절이므로, 마지막 문단에 제시된 석도의 일획론을 집중적으로 독해하면 어렵지 않게 해결할 수 있는 문제이다.

해설
①, ② (O) 마지막 문단에서 '일획론이란 내 마음에 간직되어 있는 우주 창조의 원리이면서 창작 행위의 원리'라고 제시되었으므로, 나의 마음에서 우주 창조의 원리인 일획을 세워 창작의 원리로 삼는다는 것은 석도의 일획론에 부합하는 해석이다.
③ (O) 석도의 일획론은 문인화의 창작 과정을 기술한 이론이므로, 소식의 문인화 이론을 내용적으로 반영하고 있다고 이해할 수 있다. 소식의 문인화 이론은 '마음과 손의 통일'을 주장하였으므로, 몸(손)과 마음의 일체를 문인화를 그리는 기본 원리로 보는 것은 석도의 일획론에 부합하는 해석이다.
④ (X) 문인화 이론에서 '우주 창조의 원리이면서 창작 행위의 원리'이기도 한 '구체적인 화법의 원리'는 하늘의 이치가 아니라 그림을 그리는 화자의 마음에서 비롯된 것이다. 따라서 그림에 구현된 하늘의 이치를 기준으로 자연과 합일한다는 해석은 석도의 일획론에 부합하지 않는다.
⑤ (O) 소식의 문인화 이론은 마음과 손이 일체가 되어 작품으로 전개된다는 것이며, ㉡은 마음, 손, 작품 사이의 연속적 관계를 강조하는 표현을 담고 있으므로 마음, 손, 그림 사이에 간격과 쉼이 없어야 한다는 해석은 석도의 일획론에 부합한다.

04
정답 ④

해설
① (O) 세 번째 문단에서 스칸단 연구진에 따르면, 정낭 근육은 정낭 피부 표면적을 조절함으로써 정소와 몸 사이의 거리를 조절하고, 이를 통해 정소 내 온도를 조절한다. 따라서 정낭 근육이 정소가 몸으로부터 가까워지고 멀어지는 움직임에 관여한다는 설명은 적절하다.
② (O) 세 번째 문단에서 '정소의 온도가 높아지면 생산되는 정자의 수가 감소'한다고 했으므로 정소의 온도와 생산되는 정자의 수 사이에는 밀접한 관련성이 존재한다.
③ (O) 두 번째 문단에 따르면 역류 열전달 이론이 설명하고자 하는 이론의 목적성은 정소 온도의 항상성 유지, 즉 정소의 온도가 일정하게 유지되는 현상을 설명하기 위한 것이다. 두 번째 문단에 제시된 그 구체적인 메커니즘에 따르면, '열의 전도'를 통하여 정낭 동맥을 감싸고 있는 망사 구조가 체내에 들어오는 열을 전도를 통해 흡수함으로써 정소의 온도를 체온에 비해 낮게 유지한다. 따라서 열의 전도는 정소 온도가 체온에 비해 항상 낮은 상태로 유지되는 데 핵심적인 역할을 하는 것이다.
④ (X) 역류 열전달 이론은 정소가 체온에 비해 낮은 온도가 유지되는 현상을 설명한다. 정소가 낮은 온도가 유지되는 것이 특이 현상인 이유는 체온의 높은 온도를 보이고 있는 혈액이 유입되는데도 정소의 온

도가 체온과 동일한 수준으로 올라가지 않기 때문이며, 그 온도 상승을 방지하는 메커니즘을 설명하는 것이 역류 열전달 이론의 핵심이다. 즉, 역류 열전달 이론은 혈액의 지속적인 공급에도 불구하고 정소의 온도가 상승하지 않는 현상을 설명하는 이론이지, 혈액이 지속적으로 공급되는 과정을 설명하는 현상이 아니다.

⑤ (O) 역류 열전달 이론은 한번 설정된 정소의 온도가 유지되는 것은 설명하지만, 어떻게 정소의 온도가 낮게 설정이 되는지나 어떻게 외부의 기온 변화에 대응하여 조절되는지를 설명하는 것은 스칸단 연구진에 의해서이다. 그리고 스칸단 연구진의 설명에서 가장 핵심은 정낭 근육의 움직임을 통해 정낭의 피부 표면적이 조절되면서 정소의 온도가 조절되는 것이므로 스칸단 연구진의 가설에서 정소의 온도 조절에 가장 핵심적인 역할을 하는 것은 바로 정낭인 것이다.

⑤ (O) ⓒ에서 ⓓ로의 변화는 역류 열전달 이론의 마지막 과정으로 정낭 외부로 배출되는 혈액이 다시 체온과 온도가 같아지도록 빼앗았던 열을 되돌려주는 과정이다. 이러한 열을 되돌려 주는 메커니즘은 ⓒ과 ⓓ의 온도 차이로 인한 열전도에 의해 자연히 이루어진다. ⓒ에서 ⓓ로의 변화가 발생하는 이유는 정소 정맥과 정낭 정맥 사이에서 온도 차이가 존재했기 때문이다. 이러한 온도 차이는 역류 열전달 이론의 초기 과정에서 망사 구조의 정소 정맥이 정낭 동맥의 열을 흡수했기 때문에 발생한 것이므로 원인을 회귀해 보았을 때, ⓒ에서 ⓓ로의 변화가 정소 정맥이 정낭 동맥의 열을 흡수했기 때문이라는 설명은 적절하다. 정소 정맥이 정낭 동맥의 열을 흡수했기 때문이라는 설명이 ㉠에서 ㉡으로의 변화에 해당한다고 생각하여 ⑤가 적절하지 않은 선택지라고 생각할 여지가 있으나, ㉠에서 ㉡으로의 변화에서 비롯한 온도 차이가 열전도 현상을 만들어 ⓒ에서 ⓓ로의 변화도 연쇄적으로 야기하므로 논리적으로 적절한 선택지이다. → **매력적 오답**

05   정답 ④

분석 및 접근
역류 열전달 이론의 구체적인 메커니즘을 이해하였는지를 확인하는 문제이다. 지문 옆에 주어진 그림(인포그래픽)에 온도를 기입하며 문제를 풀면 훨씬 더 효과적으로 해결할 수 있다.

- 역류 열전달 이론
  - 이론의 목적성: 정소가 체온에 비해 낮은 온도로 유지되는 이유를 설명하기 위함
  - 이론의 핵심 메커니즘: 정소 정맥의 망사 구조가 정소를 감싸는 정낭으로 유입되는 혈액에서 고온의 열을 흡수하여 정낭에서 배출되는 혈액에 다시 전달함

해설

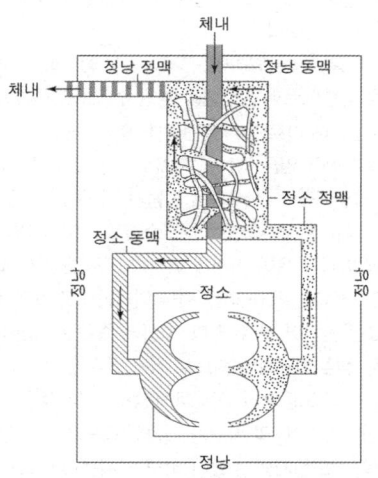

① (O) ㉠은 처음으로 정낭으로 유입되는 혈액의 온도에 해당하므로 양의 체온과 비슷할 것이다.
② (O) 정소 정맥의 망사 구조가 열을 흡수함으로써 동맥을 통해 유입되는 혈액의 온도를 39℃에서 34℃로 낮춘 것이다.
③ (O) 유입되는 열을 흡수하는 과정이 ㉠에서 ㉡으로의 변화에 해당하고, 그 열을 다시 정낭 밖으로 나가는 혈액에 되돌려 주는 과정이 ⓒ에서 ⓓ로의 변화에 해당한다. 두 과정 모두에 정소 정맥의 망사 구조가 관여하고 있으므로 적절하다.
④ (X) 그림을 보면 역류 열전달 이론의 핵심적인 메커니즘은 정소 외부에 있는 정소 정맥의 망사 구조에 의해서 이루어진다. ⓒ에서 ⓓ로의 변화는 정소 외부의 정소 정맥의 망사 구조가 관여하지 않은 정소 내부에서 이루어진 변화이므로 역류 열전달 이론과는 아무런 관련이 없다.

06   정답 ⑤

분석 및 접근
과학적 연구에서 가설의 독립 변인과 종속 변인만 정확하게 파악하여 풀이해야 하는 문제이다. 독립 변인과 종속 변인이 제시되는 스칸단 연구진의 가설을 정리하면 다음과 같다.

- 스칸단 연구진의 가설
  - 독립 변인: 생식력의 유무
  - 종속 변인: (체온 대비) 정낭 표면 온도
  - 결론: 생식력의 유무와 정낭 표면 온도의 변화량 사이의 상관관계가 관찰되므로, 생식력의 유무가 정낭 표면 온도에 영향을 끼칠 것이다.

해설

ㄱ. (O) 네 번째 문단에 따르면 동면 포유동물의 경우 번식을 하지 않는 동면 기간에는 정자 생산이 감소하고, 동면이 끝나면 정소가 정낭으로 다시 내려온다. 동면이 끝나고 정소가 정낭으로 다시 내려오는 이유는 정낭이 정소의 온도를 낮추는 기능을 하기 때문에 다시 정자 생산 기능을 회복하기 위해서이다. 이를 ㄱ에 적용하면 동면 포유동물은 동면 중과 동면 후에 생식 기능이 존재하는지 여부에 차이가 있으며, 각 경우에 대한 정낭 표면 온도를 측정함으로써 정낭 표면 온도가 생식력, 즉 정자 생산에 관여한다는 것을 확인할 수 있다.

ㄴ. (O) 번식력을 갖춘 양은 체온 대비 정소 온도를 낮게 설정하여야 하고, 번식력을 갖출 필요가 없는 양은 그런 기능을 수행하지 않을 것이다. 이는 세 번째 문단의 '번식력을 갖춘 동물의 정소는 지속적인 세포 분열을 통해 매일 수억 개의 정자를 생산하므로 많은 열이 발생할 것인데'라는 내용에서 추론해 볼 수 있다. 따라서 번식력이 있는 양과 없는 양의 정낭 표면 온도를 비교함으로써 스칸단의 가설을 검증해 볼 수 있다.

이때 ㄴ을 배제하고 답안을 고를 가능성이 높은 이유는 두 가지가 있다. 첫째, 스칸단 가설이 아닌 역류 열전달 이론을 설명하는 과정에서 양이 사례로 등장하였기 때문에, 자칫 잘못 생각하면 오해를 할 수 있다. 둘째, ㄱ과 ㄷ은 동일한 동물이 번식력이 있는 상태와 없는 상태를 비교하는 반면, ㄴ은 서로 다른 개체인 성인 양과 새끼 양을 비교하고 있다는 점에서 과학 실험의 기본적인 요건, 즉 독립 변인 이외에 다른 모든 변인은 통제해야 한다는 요건을 갖추지 못하였으므로 가설을 입증하기 위한 실험에 적합하지 않다고 생각할 수 있는 것이다. 그러나 스칸단 이론의 핵심은 정소의 온도가 체온에 비해 낮게 설정

되는 것을 설명하는 것이다. 따라서 새끼 양과 성인 양의 체온의 온도가 차이가 나지 않으므로 양의 연령이라는 변인이 굳이 통제되지 않아도 실험이 성립하는 데 문제가 되지 않는 것이다.

ㄷ. (O) 네 번째 문단에 따르면 박쥐의 경우 평상시에는 정소가 복부 내에 존재하다가, 짝짓기 계절이 되면 정소가 정낭으로 내려온다. 즉, 정낭 근육의 온도 조절 기능이 정자 생산에 요구되기에 정소가 짝짓기 계절에 다시 정소로 내려오는 것이고, 평상시에는 짝짓기 기능이 요구되지 않으므로 정낭에 의한 온도 조절 기능도 필요가 없어서 정소가 정낭이 아닌 복부에 존재한다는 것을 유추해 볼 수 있다. 따라서 박쥐의 짝짓기 계절 동안과 짝짓기 계절 후의 정낭 표면 온도를 비교하면 스칸단 이론의 가설을 검증할 수 있다.

07 정답 ③

분석 및 접근
기본적인 사실 확인 문제로 20세기 초반과 후반의 경제 성장 및 경제 분배의 상태를 정리하면 다음과 같다.

구분	20세기 초반	20세기 후반
경제 성장	급격한 경제 성장	약화된 경제 성장
경제 분배	소득 불평등 개선	소득 불평등 심화

해설
① (O) 네 번째 문단에 따르면 많은 사람들에게 공교육의 기회를 확대하기 위한 '풀뿌리 운동'이 20세기 초반에 전개되었고, 이러한 운동으로 인해 강화된 공교육은 미국의 20세기 초반 경제 성장에 기여하였다. 특히 '(풀뿌리 운동의) 논의는 새로운 대중 교육 시스템의 확립에 힘입어 신생 국가인 미국이 부자 나라로 성장하고, 수많은 빈곤층 젊은이들이 경제 성장의 열매를 향유했던 과정을 잘 보여준다.'라는 내용을 통해 확인할 수 있다.
② (O) 두 번째 문단에서 '20세기 초반에는 기본적인 계산을 할 줄 알고 기계 설명서와 도면을 읽어내는 능력이 요구되었다.'라는 내용을 통해 확인할 수 있다.
③ (X) 20세기 초반과 20세기 후반에 요구되었던 숙련의 내용이 달랐을 뿐이지, 기술 발전에 따라 숙련 노동자가 비숙련 노동자에 비해서 선호되었던 것은 20세기 초반과 20세기 후반이 동일하였다.
④ (O) 세 번째 문단에서 '1980년 이후에 나타난 숙련 프리미엄의 확대, 곧 교육에 따른 임금 격차의 확대는 대졸 노동자의 공급 증가율 하락에 의한 것으로 보았다.'라고 했으므로 대졸 노동자가 숙련 노동자로 간주되고 있음이 전제되어 있다. 따라서 1980년 이후에는 숙련 노동자의 공급이 대학 이후의 고등교육에 의해 주도되었음이 추론될 수 있다.
⑤ (O) 20세기 말은 20세기 초반에 비해 경제 성장도 약화되었고 소득 불평등도 심화되었다. 이러한 차이를 골딘과 카츠가 제시한 '교육과 기술의 경주 이론'이 기술에 대한 수요 충족 속도와 공급 충족 속도의 차이로 설명하는 것이다.

08 정답 ⑤

분석 및 접근
골딘과 카츠의 '교육과 기술의 경주 이론'의 핵심적인 메커니즘을 이해하고 있는지를 확인하는 문제이다. 지문에 제시되는 '프리미엄'이라는 키워드를 정리하면 다음과 같다.
- 프리미엄: 어떠한 선택을 하는 대가로 그러한 선택을 하지 않은 사람에 비해 누리게 되는 이득의 양을 지칭하는 경제학 용어이다.

[예시]
- 리스크 프리미엄: 다른 사람에 비해 더 리스크가 높은 선택을 하게 되는 대가로 그렇지 않은 사람에 비해 얻게 되는 상승분을 의미한다.
- 숙련 프리미엄: 숙련도를 높이기 위한 교육을 받은 대가로 숙련 노동자가 비숙련 노동자에 비해 더 많이 받게 되는 임금의 차이를 의미한다.

해설
① (O) 두 번째 문단에서 '학교를 졸업한 노동자는 그렇지 않은 노동자에 비해 생산성이 더 높으며 그로 인해 상대적으로 더 높은 임금, 곧 숙련 프리미엄을 얻게 된다.'라고 했으므로 숙련 프리미엄의 개념이 학교를 졸업한 노동자가 숙련도를 높이기 위해 자신의 시간을 투자한 대가로 받게 되는 임금의 상승분을 의미한다는 것을 추론할 수 있다.
② (O) 두 번째 문단에서 '(경제 성장에 있어서) 기술이 중요한 것은 맞지만 교육이 더 중요하며'라고 했고, 그 이유는 신기술 도입이 생산성 상승과 경제 성장으로 이어지려면 노동자들에게 새로운 기계를 익숙하게 다룰 능력이 있어야 하는데, 이를 가능하게 하는 것이 바로 정규 교육기관이라고 했다. 즉, 기술 진보가 경제 성장에 미치는 효과를 높이기 위해서는 신기술을 다룰 수 있는 숙련 노동자가 교육기관을 통해 공급되어야 하는 것이다.
③ (O) ①과 ②의 설명을 종합하면, 경제학에서 정의하는 '숙련'의 개념이란 신기술을 다룸으로써 생산성을 높일 수 있는 능력임이 추론된다.
④ (O) 네 번째 문단에 따르면 1980년 이후에 나타난 소득 불평등의 많은 부분이 교육에 따른 임금 격차에 의해서 설명된다. 즉, 교육을 받은 숙련 노동자와 그렇지 못한 비숙련 노동자 사이에는 임금의 차이가 발생하게 되고, 이러한 임금의 차이가 '숙련 프리미엄'이다. 그런데 이러한 숙련 프리미엄의 폭이 커지게 되면, 노동자들 사이에 숙련 여부에 따라 임금의 격차가 벌어진다는 것을 의미하므로 소득 불평등을 확대시키는 주요한 원인이 될 수 있다. 따라서 숙련 프리미엄의 변화는 소득 불평등을 추론하게 하는 지표로 기능할 수 있다.
⑤ (X) '교육'은 '숙련 노동자의 공급'에 해당하고, '기술'은 '숙련 노동자의 수요'에 해당한다. 교육의 속도가 기술의 속도를 앞서면 숙련 노동자의 공급이 숙련 노동자의 수요에 비해 앞서는 것이므로 초과 공급으로 인해 숙련 노동자의 임금은 내려가게 된다. 이로 인해 숙련 노동자와 비숙련 노동자의 임금 차이인 숙련 프리미엄은 감소하게 되고, 소득 불평등은 완화된다.

09
정답 ③

분석 및 접근
이론의 한계점이 될 수 있는 사례를 제시하는 문제이다. 이론이 설명하지 않는 현상 또는 이론의 설명과 반대의 방향으로 발생하는 현상을 찾으면 된다.

해설
① (O) '교육과 기술의 경주 이론'은 교육기관을 통해서 숙련 노동자가 공급되는 경우만을 가정한다. 그런데 직장 내에서 숙련이 이루어지는 경우도 존재하므로 ①은 이론이 설명하지 않는 현상에 해당한다.

② (O) '교육과 기술의 경주 이론'은 생산성에 기여하는 정도에 따라 임금이 결정된다는 명제를 전제로 하고 있다. 신기술의 도입은 생산성을 증가시키고, 이에 따라 신기술을 다룰 수 있는 숙련 노동자는 생산성을 증가시키므로 더 많은 임금을 받을 수밖에 없다. 따라서 숙련 프리미엄이 발생하며 이는 소득 불평등으로 이어진다는 논지임을 의미한다. 만약, 임금이 생산성에 기여하는 정도 이외의 다른 변수들에 의해서도 결정이 된다면 숙련 노동자가 오히려 비숙련 노동자에 비해 임금이 낮은 경우도 존재할 수 있다. 따라서 ②는 이론이 설명하지 않는 현상에 해당하며, 경우에 따라 이론의 설명과 반대의 방향으로 발생하는 현상도 될 수 있다.

③ (X) 대학 졸업자는 숙련 노동자의 공급에 해당하며, 공급이 증가하므로 숙련 프리미엄은 감소하게 되어 노동자 간의 임금 격차는 감소할 것이다. 따라서 ③은 '교육과 기술의 경주 이론'이 완벽하게 설명할 수 있는 현상에 해당한다.

④ (O) '교육과 기술의 경주 이론'에 따르면 동일한 숙련도를 갖춘 숙련 노동자 사이에는 임금의 차이가 없어야 한다. 따라서 직종과 연령대가 유사한 대학 졸업자라면 숙련도가 동일하므로 임금의 차이가 없어야 하겠지만, 현실 경제에서는 임금의 차이가 나타난다. 이는 이론이 설명하지 않는 현상에 해당한다.

⑤ (O) '교육과 기술의 경주 이론'에 따르면 신기술이 도입되면 숙련 노동자에 대한 수요가 증가한다. 신기술이 도입되면 그 신기술을 다룰 수 있는 숙련 노동자가 필요하다는 점이 전제되기 때문이다. 그런데 만약 신기술이 노동자에 대한 필요를 감소시키는 방향으로 발전된 신기술이라면, 오히려 신기술의 도입으로 인해 숙련 노동자의 수요가 감소할 것이다. 따라서 ⑤는 이론의 설명과 반대의 방향으로 발생하는 현상에 해당한다.

10
정답 ③

분석 및 접근
와해성 혁신 이론의 핵심적인 논증을 이해하고 있는지를 확인하는 문제이다.

해설
① (O) 첫 번째 문단에서 '불행하게도 선도 기업들은 기존 제품의 성능을 향상시키라는 고객의 요구를 잠시도 외면할 수 없기 때문에 자연히 존속성 기술을 중요시하는 반면 와해성 기술을 낮게 평가할 수밖에 없게 된다.'라는 부분을 통해 확인된다.

② (O) 다섯 번째 문단에서 '이러한 와해성 기술 역시 자체적으로 성능이 향상되어 당초의 존속성 기술 시장이 요구하던 수준에 도달하면, 그때부터 소비자를 급속히 흡수함으로써 존속성 기술이 가졌던 시장을 '와해'시키게 된다.'라는 부분을 통해 확인된다.

③ (X) 다섯 번째 문단에서 '와해성 기술은 존속성 기술에 비해 그 성능이 미흡하지만 색다른 가치의 측면을 높이 평가받는 특징이 있다. 이 기술을 응용한 제품은 일반적으로 더 싸고 더 작고 더 단순하고 더 편리하다.'라는 부분을 통해 새로운 시장에서 와해성 기술이 적용된 상품이 **낮은 제품 가격**을 형성한다는 점을 확인할 수 있다.

④ (O) 두 번째 문단부터 네 번째 문단에 걸쳐 설명되는 바에 따르면, 와해성 기술은 소비자에게 낯선 새로운 기술이기 때문에 초기에는 대부분의 소비자로부터 외면받는 특징을 지닌다. 그러나 소비자들이 선호하는 존속성 시장이 높은 가격을 형성하게 되는 동안에, 와해성 기술은 오히려 대다수에게 외면받는 특성으로 인해 낮은 가격에 머물 수 있게 되고, 특정한 시점에 와서 존속성 기술을 대체하게 된다.

⑤ (O) 첫 번째 문단에 따르면, 와해성 기술은 초기 단계의 성능은 존속성 기술보다 떨어질 수 있으나, 일정한 시간이 경과하면 기술이 발전하여 존속성 기술의 시장을 무너뜨리게 된다.

11
정답 ④

분석 및 접근
〈보기〉에 제시된 정보를 문제의 상황에 적용하는 간단한 문제이다.

해설
④ (O) 〈보기〉에서 유전학자들이 인간이 아닌 초파리를 연구 대상으로 삼는 이유는, 새로운 세대가 나타나는 속도가 매우 빠르기 때문이다. 이를 주어진 지문에 적용하여 볼 때, 여러 산업 분야 중 디스크 드라이브 산업이 연구 대상으로 채택된 이유는 디스크 드라이브 산업 분야에서 와해성 기술이 존속성 기술을 대체하는 산업 변화가 다른 산업에 비해 매우 빠르게 나타나기 때문임을 추론할 수 있다. → 절대적 정답

12
정답 ②

분석 및 접근
와해성 혁신 이론은 선도 기업이 어떻게 그 지위를 상실하는지를 설명하는 내용이므로, 이를 적용하여 선도 기업이 그 지위를 상실하지 않는 방향으로 행동하는 지침을 제시하는 선택지를 고르는 문제이다.

해설
① (O) 와해성 기술은 초기 단계에서 시장 수요가 적기 때문에 선도 기업에 의해 선택되지 않는 경향이 있다. 그러나 와해성 혁신 이론에 따르면, 시간이 흐른 후 와해성 기술을 채택한 기업이 선도 기업의 자리를 빼앗게 되므로, 선도 기업은 선도적 지위를 유지하기 위해서는 현재의 시장 수요만을 기준으로 신규 기술 도입 여부를 판단하여서는 안 될 것이다.

② (X) 두 번째 문단에 따르면, 기업이 소비자의 요구에 부응하여 존속성 기술을 지속적으로 개선하게 되면, 그 개선 정도에 비례하여 기술 가격이 과도하게 상승하게 되고, 결국 존속성 기술이 소비자에게 외면받는 결과를 초래할 수 있다. 따라서 기술의 성능을 지속적으로 개선하여 소비자들의 수요에 신속하게 대응하는 전략은 오히려 선도적 기업이 선도적 지위를 상실하게 되는 과정을 가속화하는 결과를 초래할 수 있다.

③ (O) 와해성 기술 시장은 초기에는 소수의 소비자만을 포함한 작은 시장이지만 미래에 큰 시장이 될 수 있는 잠재력을 가지고 있으므로, 이러한 와해성 기술 시장을 미리 겨냥하여 잠재적인 소비자를 확보하는 전략을 통해서 선도 기업은 선도적 지위를 유지할 수 있을 것이다.
④ (O) 와해성 혁신 이론은 기업들이 제품 생산에 어떠한 기술을 도입하게 되는지가 기업의 의사에 달린 것이 아니라 소비자가 요구하는 기술의 수준과 그 기술이 사용된 제품의 가격에 따른 수요 변화에 의해 결정된다고 가정한다.
⑤ (O) 와해성 기술은 초기 단계에서는 그 성능이 존속성 기술에 비해 낮지만, 미래에 높은 시장 경쟁력을 확보하게 됨으로써 시장의 경쟁 기반을 변화시킬 수 있다.

패턴 3 | 패러다임형 지문

p.102

01	02	03	04	05
③	④	③	③	③
06	07	08	09	10
④	③	⑤	①	⑤
11	12			
③	②			

01   정답 ③

분석 및 접근
지문이 매우 난해하지만, 결국 법학에 대한 알베르트의 패러다임과 사비니의 패러다임이 차이가 나는 부분이 포인트이므로, 그 부분만 정확히 포착할 수 있으면 어렵지 않게 해결할 수 있는 문제이다.

해설
① (O) 첫 번째 문단과 두 번째 문단에 제시된 내용에 따르면, 알베르트는 법전을 비판이나 성찰의 대상이 아닌 해석적 권위의 원천이자 근거로 삼는 법학의 학문성이 규범교의적 학문인 신학과 유사하다고 주장한다. 즉 알베르트는 법전을 의심할 수 없는 권위의 대상으로 인정하는 한, 법학은 신학과 유사한 규범교의적 학문으로서의 성격을 지닐 수밖에 없다고 여기는 것이다.
② (O) 두 번째 문단에서 "알베르트는 법을 인간의 문화적 성취로 간주하고, 사회적 삶의 사실 중 사회 구성원의 상호 행위 조종의 영역에 속하는 것으로 본다."라는 부분을 통해 확인할 수 있다.
③ (X) 다섯 번째 문단에서 "이(알베르트가 제안하는 법학)는 가설적으로 전제된 관점 밑에서, 현행법에서 승인된 규범 명제에 대한 해석 제안, 규범 충돌의 제거를 위한 현행법 체계의 변형 제안, 입법을 통한 새로운 규범 체계의 형성 제안을 합리적으로 작성하는 것을 목표로 삼는다"라는 부분을 통해, 알베르트는 법의 해석에 관한 제안을 법체계 안에 제도화된 가치적 관점에서 작성하는 것이 아니라, 법체계 바깥에서 일정한 가치적 관점에 따르는 사회공학의 관점에서 합리적으로 작성하는 것을 목표로 삼는다는 점을 확인할 수 있다.
④ (O) 네 번째 문단에서, "법형성에서 규범주의자들이 법해석이 따라야 할 목적을 가리키면서 가치적 관점을 내세울 때, 그(알베르트)는 이를 반대하지 않는다"라는 부분과 "하지만 알베르트는 그 목적이나 가치적 관점은 일반적인 평가가 가능하도록 명시되어야 한다고 요구한다"라는 부분을 통해 확인할 수 있다.
⑤ (O) 네 번째 문단에서 알베르트가 법학을 현실주의적으로 파악하고 있으며, 세 번째 문단에서 그러한 현실주의적 관점은 법을 사회적 사실로, 법학을 경험과학으로 분리해서 보는 관점임을 확인할 수 있다. 이러한 관점에서 알베르트는 사회적 사실로서 규범성을 가지는 '규범' 그 자체와 '규범에 관한 법학적 언명'을 분명하게 분리한다.

02   정답 ④

분석 및 접근
법학에 대한 알베르트와 사비니의 상반되는 패러다임의 차이가 이루어지는 포인트에 주목한다면, 빠르게 해결할 수 있는 문제이다.

해설
① (O) 첫 번째 문단과 두 번째 문단에서, 알베르트는 법전을 해석의 근거와 원천으로 무비판적으로 삼는다는 점에서 법학과 신학이 규범교의적 학문으로서 구조적 유사성을 공유하고 있다고 여긴다는 점을 확인할 수 있다.
② (O) 두 번째 문단에서, 알베르트는 규범교의적 학문성으로부터 법학이 탈피하기 위해 자연법이냐 사회학이냐의 양자택일에서 '사회학'을 택해야 함이 제시되어 있으며, 법학을 사회학으로 보는 관점을 택한 이후에도, "법을 현실주의적으로 보느냐, 규범주의적으로 보느냐의 문제는 남는다"라고 보았다는 점이 세 번째 문단에서 제시되어 있다.
③ (O) 네 번째 문단에서, "법률이나 그 해석은 규범 체계에 작용하기에 법형성 과정에는 규범 체계의 논리적 지식도 동원해야 한다고 알베르트는 본다"라는 부분을 통해 확인할 수 있다.
④ (X) 여섯 번째 문단과 일곱 번째 문단에서, 사비니는 규범적 교의는 법체계 수립에 필수적이며, 법학으로부터 규범성을 박탈하는 것이 가능하지도 않으며 필요하지도 않다는 입장을 제시하고 있다. 이를 통해 법률 문언에 흠결이 존재하여 적극적인 법형성이 불가피한 경우라고 하더라도, 사비니의 관점에서 법학으로부터 규범적 성격을 박탈해야 한다는 입장, 즉 법학이 부득이 규범주의를 포기해야 한다는 입장이 도출되지는 않을 것임을 분명히 추론할 수 있다.
⑤ (O) 일곱 번째 문단에서, "(사비니는) 법학의 모든 논의가 자연법적인 것도 아니고, 모든 자연법적 논의가 비합리적인 것도 아니라고 응수한다."라는 부분을 통해 확인할 수 있다.

03   정답 ③

분석 및 접근
법학의 학문성에 대한 알베르트의 논증과 사비니의 논증이 서로 대립되는 포인트를 정확히 찾아주는 것이 문제를 해결하는 가장 중요한 실마리이다.

해설
ㄱ. (O) 규범교의적 학문성을 탈피하기 위해 법학을 가치정향적 사회공학으로 해석하는 알베르트와 달리, 사비니는 규범교의적 학문이라는 법학의 성격이 곧 학문이 아닌 것을 의미하지는 않는다고 마지막 문단에서 반격한다. 즉, 사비니는 규범교의적 법학의 학문성을 옹호한다. 또한 알베르트는 경험적 인식만을 과학적 인식으로 보면서 경험적 반증가능성을 갖춘 학문만이 학문성을 온전히 갖춘 것이라는 전제하에서 법학을 사회공학이라 주장하며 법학의 학문성을 옹호하는 반면에, 사비니는 경험적 인식만을 과학적 인식으로 보는 비판적 합리주의 자체를 부인하며 이에 대한 성찰을 요구함으로써 법학의 전통적인 학문성을 옹호한다. 주어진 선택지는 이러한 사비니의 관점을 적절하게 반영하고 있다.
ㄴ. (X) 여섯 번째 문단에서 사비니는 규범적 교의를 '법률의 해석을 위해서 결정의 근거지움에 사용하는 법률 바깥의 법명제'로 이해하면서, 일곱 번째 문단에서 "규범적 교의를 가지고 어떻게 하면 최선에 이를 수 있을지를 모색하면서 비판적 검토를 법체계 안으로 수용한다"고 주장한다. 즉, 사비니의 관점에서 규범적 교의는 법률 바깥의 법명제로 이해되는 것은 맞으나, 규범적 교의를 통해 법학이 법체계 바깥에서 비판적 검토를 수행하는 것이 아니라 비판적 검토를 법체계 안으로 수용하게 된다는 것이 사비니의 중요한 주장이다. 따라서 주어진 선택지는 사비니의 입장에 대한 추론으로 적절하지 않다.
ㄷ. (O) 여섯 번째 문단에서, 사비니는 법률만이 아니라 규범적 교의도 법체계의 필수적 구성 요소라는 점을 인정하고 있으며, 일곱 번째 문단에서 법률에 관한 메타 언명으로서의 법학적 언명에 규범성과 수락할 만한 해석의 제안권을 박탈할 필요가 없다고 주장하고 있다. 주어진 선택지는 이러한 사비니의 관점을 적절하게 반영하고 있다.

04   정답 ③

분석 및 접근
지문이 매우 난해하지만 ㉠, ㉡, ㉢에 해당하는 각 패러다임이 서로 차이를 보이는 포인트를 정확하게 포착한다면, 상당히 수월하게 해결할 수 있는 문제이다.

구분	4차원주의자	3차원주의자	
	㉠	㉡	㉢
시간여행 가능 여부	가능	불가능	가능

해설
① (X) ㉠의 입장에서 미래는 이미 고정되어 있는 실재이므로 미래는 이미 결정되어 있는 시간으로 여겨진다. 반면에 ㉡은 미래는 존재하지 않으며 따라서 결정되어 있지 않다고 보는 3차원주의자이다.
② (X) ㉠의 입장에서는 현재의 내가 어느 시점에 존재하느냐와 무관하게 출발지는 독립된 시간 조각으로서 영원히 존재한다. 따라서 ㉠은 시간여행에서 과거에 도착하는 순간에도 출발지가 존재한다고 본다. 반면에 ㉡의 입장에서는 현재만이 유일하게 존재하는 실재이므로, 과거로 시간여행을 하는 순간 출발지가 더 이상 존재하지 않게 되는 '출발지 미존재'의 문제가 발생하게 된다.
③ (O) ㉠은 영원주의자의 관점에서 시간여행에 따른 문제가 발생하지 않으므로 시간여행이 가능하다고 본다. ㉢은 3차원주의자의 관점을 따르지만, '조건부 결정론'에 따르면 시간여행의 과정에서 3차원주의의 패러다임에서 야기될 수 있는 문제점들이 해결되므로 시간여행이 가능하다고 본다.
④ (X) ㉡과 ㉢은 모두 3차원주의자이므로, 모두 시제가 특별한 의미를 가진다고 본다.
⑤ (X) ㉡은 시간여행에 따른 '도착지 비존재'의 문제가 해소되기 어려울 수도 있다는 관점인 반면에, ㉢은 시간여행에 따른 '도착지 비존재'의 문제가 해소될 수 있다는 전제하에서 시간여행이 가능하다는 관점이다. 따라서 ㉢은 시간여행에 필요한 도착지가 존재한다고 볼 것이다.

05   정답 ③

분석 및 접근
지문에 제시된 여러 패러다임들이 시간과 관련된 개념어를 다른 패러다임과 공유가 되지 않는 방식으로 사용한다는 점에 초점을 맞춘다면, 쉽게 해결할 수 있는 문제이다.

해설

① (O) 3차원주의자의 다수는 '도착지 비존재'의 문제 혹은 '출발지 비존재'의 문제가 해결될 수 없다고 여기므로, 과거를 거슬러 올라가는 시간여행은 불가능하다고 생각할 것이다.

② (O) 현재주의자는 시간이 실제로 흐른다고 여기므로 누군가의 외모가 변한 것은 시간이 흘렀기 때문이라고 간주할 것이다.

③ (X) 4차원주의자는 시간의 흐름이라는 개념 자체를 받아들이지 않기 때문에, 시간여행이란 도래하지 않는 시간으로부터 이미 지나간 시간으로의 이동이 아니라, 미래라는 시점에 존재하는 시간 조각으로부터 과거라는 시점에 존재하는 시간 조각으로의 이동으로 시간여행을 받아들인다. 따라서 주어진 선택지에 서술된 시간 관념은 4차원주의자가 생각하는 시간 관념에 해당하지 않으며, 3차원주의자가 생각하는 시간 관념에 해당한다.

④ (O) 시간여행이 가능하다고 믿는 3차원주의자는 '출발지 비존재'의 문제가 '출발지 미결정'의 문제로 간주될 수 있다면 시간여행이 가능해진다고 주장한다. 이는 '출발지 미결정'의 문제가 해결되면 '출발지 비존재'의 문제도 해소된다고 여기는 것이다.

⑤ (O) 시간여행이 불가능하다고 보는 3차원주의자는, 미래에 도착하는 순간에 미래가 현재가 되기 때문에 '도착지 비존재'의 문제가 해결된다고 하더라도, 시간여행자가 출발한 현재가 과거가 되면서 과거는 존재하지 않는 것이 되므로 '출발지 비존재'의 문제가 발생한다고 주장한다.

06 정답 ④

분석 및 접근

지문에서 제시된 패러다임이 전개하는 논증을 〈보기〉에 제시된 시간여행의 사례와 적절하게 연결할 수 있는지를 확인하는 문제이다.

해설

① (O) 시간여행의 도착지가 존재하지 않는다는 논리는 시간여행이 이루어질 수 없다는 논리이므로, 이에 따르면 ⓐ에 위배되는 사건은 애초에 발생하는 것이 불가능하다.

② (O) 영원주의자의 관점에 따르면, 10년 전 무명이고 단발인 존 레논도 존재하고, 10년 후 유명하고 장발인 존 레논도 서로 다른 시간 조각의 단계에서 존재하고 있다. 즉, 둘은 이미 각자의 시간 조각에서 존재하는 두 명의 상이한 인물이므로, 시간여행을 통해 둘이 마주한다고 하더라도 ⓑ의 논리적 모순은 발생하지 않을 것이다. 영원주의자의 관점에서 두 인물은 애초에 상이한 인물이기 때문에 두 인물 간의 동일성이 주장될 수 없기 때문이다.

③ (O) 조건부 결정론에 따르면, 시간여행을 통해 미래에 도착하는 바로 그 순간에 출발하였던 현재 시점은 과거 사건이 되고 결정된 사건이 된다. 따라서 출발지는 결정되었고 따라서 존재하는 것이 되므로 '출발지 미결정' 즉 '출발지 비존재'의 문제가 해결되었으므로 10년 후의 레논을 보기 이전에 이미 '출발지 비존재'의 문제는 해소된 것이다.

④ (X) 미래에 도착하는 시점의 레논과 미래에 있던 레논의 외모가 동일하다고 하더라도, 10년 전의 레논은 '유명하지 않다'라는 속성을 지니고 있으며, 10년 후의 레논은 '유명하다'라는 속성을 지니고 있기 때문에, 여전히 동일한 사람이 무명이면서 동시에 유명한 것은 논리적 모순이 되는 문제가 발생한다. 따라서 현재주의자는 ⓐ에 위배되는 일이 발생하지 않았다고 주장하는 것이 불가능하다.

⑤ (O) 현재주의자 중 조건부 결정론의 논리에 따르면, 시간여행을 통해 미래로 이동한 레논은 시간여행이라는 사건에 의해 결정된 새로운 미래로 이동하였다고 볼 수 있다. 따라서 두 사람이 만나는 시간이 동시인 것처럼 보이지만, 서로 다른 사건에 의해 결정된 각자의 시간 흐름이므로 동시가 아니라고 가정한다면, 두 인물은 애초에 동일한 인물이 아니게 되므로 ⓑ의 논리적 모순은 발생하지 않을 것이라고 주장할 수 있다.

07 정답 ③

분석 및 접근

심신 동일론과 심리적 기능주의라는 심리철학의 두 패러다임의 핵심적인 주장을 파악하고 있는지 확인하는 문제이다.

해설

① (O) 세 번째 문단에 따르면, 동일론의 주장에 대한 어떤 철학자들의 반박은 '모든 두뇌 상태는 물리적 상태이므로 특정한 공간적 위치를 갖지만, 많은 심리 상태들은 위치를 말하기 어렵다는 것'인데, 이러한 반박의 '의미론적 기이함은 점점 줄어들고 있다'라고 제시된다.

② (O) 마지막 문단에 따르면, 동일론자들은 퍼트넘의 다수 실현 논변에 대해 '심리적 개념에 상응하는 신경적 기반이 종(種)에 따라 다르다'고 재반박할 것이라고 제시되었다. 즉, 이는 인간의 통증과 연체동물의 통증이 동일한 상태가 아니라고 주장함으로써 다수 실현 논변에 반론을 제기하는 것이다.

③ (X) 첫 번째 문단에서 제시된 것처럼, 동일론자의 입장은 심리 상태와 두뇌 상태가 서로 동일하다는 것인데, 그러한 주장이 심리 상태를 가리키는 개념과 두뇌 상태를 가리키는 개념이 하나로 통합되어야 한다는 주장을 함축하는 것은 아니다. 주어진 선택지는 동일론자의 입장에서 **과도한 추론**으로 도출된 내용에 해당한다.

④ (O) 여섯 번째 문단에 따르면, 심리적 기능주의자들은 심리 상태를 실현하는 물질적 기반이 동일하지 않더라도 동일한 기능의 심리 상태를 실현한다면 동일한 심리 상태로 간주할 수 있다고 주장한다. 따라서 인간의 심리 상태와 동일한 신경 체계로 구성되지 않은 로봇의 신경 체계도 인간과 동일한 심리 상태를 구현할 수 있다는 주장에 동의할 것이다.

⑤ (O) 여섯 번째 문단에 따르면, 심리적 기능주의자들은 동일한 '환경적 입력들'에 대해 동일한 '내적 상태들'을 가지며, 동일한 '출력 반응들'을 보일 때, 동일한 심리적 기능을 수행한다고 간주한다는 점을 확인할 수 있다. 가상현실에서 형성된 심리 상태는 '동일한 환경적 입력들'이라는 조건이 충족되지 않았으므로, 동일한 심리적 기능을 수행한다고 볼 수 없고, 따라서 심리적 기능주의자들에 의해 현실과 동일한 심리 상태라고 간주되지 않을 것이다.

08 정답 ⑤

분석 및 접근

지문이 엄밀한 논리적 전개를 거치면서 주장에 대한 반박과 재반박을 펼치고 있기 때문에, 사용된 논리적 연결점들을 언어적으로 정확하게 이해하고 있는지를 확인하는 문제가 출제되었다.

해설

① (O) '수적 동일성'은 동일한 범주에 속한다는 의미의 동일성이 아니라 그 대상 자체가 동일하다는 의미의 동일성이므로, '퇴계'와 '이황'의 동일성은 '수적 동일성'에 해당한다.

② (O) '샛별'과 '개밥바라기'는 별개의 행성을 가리키는 의미로 사용되었다가, 과학적 관찰 연구를 거치면서 두 별이 모두 동일한 행성인 '금성'이라는 것을 알게 된 이후부터 동일하게 인식된 사례에 해당한다. 따라서 이는 경험을 거쳐서 동일성이 인식된 경우이므로 '경험적 동일성'에 해당한다.
③ (O) 나와 용의자가 닮지 않았다는 것은 나의 외모적 속성과 용의자의 외모적 속성 중 불일치하는 부분이 존재한다는 의미이다. 따라서 이는 동일한 대상은 그 대상의 모든 속성이 동일하여야 한다는 라이프니츠 법칙에서 간주하는 동일성 개념이 적용된 것이다.
④ (O) '범주 착오'는 대상을 적합하지 않은 범주에 분류하였기 때문에 발생한 착오를 의미한다. 주어진 선택지의 방식으로 '움직인다'는 말을 정의하였다면, '지구'는 움직이는 것의 범주에 포함될 수 없으므로, '지구는 움직인다.'라는 진술은 범주 착오에 해당하게 된다.
⑤ (X) '내포적 오류'는 전제에 이미 도출하고자 하는 결론이 내포되어 있는데, 그 전제를 통해서 결론을 논리적으로 도출하였다고 착각하는 경우를 의미하는 것으로, 주어진 선택지와 무관하다.

09   정답 ①

분석 및 접근
패러다임 적용 문제에 해당한다.

해설
① (O) A는 동일론자이므로, 심리 상태를 구현하는 물리적 상태가 동일해야만, 심리 상태가 동일하다고 여기는 입장이다. 따라서 외계인의 심리 상태를 구현하는 물질적 상태가 인간과 동일하다는 것이 확인되기 전까지는, 인간의 통증과 외계인의 통증이 동일하다고 확정될 수 없다는 입장을 취할 것이다.
② (X) A는 동일론자이므로, 심리 상태를 구현하는 물리적 상태가 동일하다고 확인되지 않는 경우에, 아무리 심리 상태를 지시하는 데 사용하는 단어가 동일하다고 하더라도, 인간의 통증과 외계인의 통증이 동일하다는 주장에 동의하지 않을 것이다.
③ (X) 동일론자인 A가 인간의 통증과 외계인의 통증이 동일하다는 주장에 동의하지 않는 이유는, 통증을 구현하는 물리적 상태의 동일함이 확인되지 않았기 때문이지, 주관적 느낌을 확인할 수 없기 때문이 아니다.
④ (X) B는 심리적 기능주의자이므로, '환경적 입력들-내적 상태들-출력 반응들'로 구성된 심리적 기능이 동일할 때, 심리 상태가 동일하다고 간주할 것이다. 통증 상태를 동일한 단어로 지시하는 것을 근거로 심리적 기능주의자가 인간의 통증과 외계인의 통증이 동일하다는 결론을 내릴 수는 없을 것이다.
⑤ (X) B는 심리적 기능주의자이므로, '환경적 입력들-내적 상태들-출력 반응들'로 구성된 심리적 기능이 동일할 때, 심리 상태가 동일하다고 간주할 것이다. 따라서 심리적 기능주의자인 B는 〈보기〉에 제시된 외계인의 통증이 인간의 통증이 동일한 심리적 기능을 수행하며, 따라서 동일한 심리 상태라고 판단할 것이다. 그러나 〈보기〉에서 'A와 B는 그들이 경험하는 주관적 느낌이 정말로 인간과 동일한지는 확신할 수 없었다.'라는 부분을 통해, 심리 상태가 동일하다고 해서 주관적 느낌이 동일한 것은 아니라는 점을 확인할 수 있으므로, 심리적 기능주의인 B가 외계인이 겪는 통증의 주관적 느낌이 인간과 동일하다고 간주하리라는 점은 추론될 수 없다. 심리 철학에서 '주관적 느낌(감각질)'과 '내적 상태들'이 상이한 개념으로 사용되고 있다는 점에 유의하여야 한다. → **매력적 오답**

10   정답 ⑤

분석 및 접근
이 문제는 사실 확인 문제로 따옴표로 표시되어 있는 주요 개념들을 정확히 이해하는 것이 중요하다.

해설
① (O) 첫 번째 문단에 따르면 경제학의 이론에 의거한 예측과 다르게 현상이 나타나는 '이상 현상'을 분석하고 토론하는 과정에서 경제학이 발전했으므로 적절하다.
② (O) 네 번째 문단에서 '심적 회계가 당장의 유혹을 억누르고 현재의 지출을 미래로 미루는 행위, 곧 저축을 스스로 강제하는 기제라면, 퇴직 연금이나 국민 연금 제도는 이런 기제가 사회적 차원에서 구현된 것이다.'라고 했으므로 적절하다.
③ (O) 네 번째 문단에 따르면 당장의 유혹을 억누르고 현재의 지출을 미래로 미루는 행위가 곧 저축에 해당하므로 당장의 소비를 미래의 지출을 위해서 미루는 행위로 저축을 이해하는 것은 적절하다.
④ (O) 네 번째 문단에서 '사람들은 자신과 가족의 장기적 안전을 지키기 위해 행동을 제약하기 위한 속박 장치를 마음속에 만들어 내는데, 이러한 자기 통제 기제가 바로 심적 회계이다.'라고 했으므로 현재를 더 선호하는 본능을 억누르기 위한 자기 통제적 기제가 '심적 회계'임을 알 수 있다.
⑤ (X) 세 번째 문단에서 '자산의 피라미드 중 맨 아래층에는 지출이 가장 용이한 형태인 현금이 있는데'라고 했으므로 자산 피라미드의 하층부에 있는 자산인 현금은 인출이 용이한 계정에 배치됨에도 불구하고, 심리적으로 인출이 억제된다. 따라서 선택지에서 '인출을 하지 않으려는 계정에 배치된다.'라는 내용은 적절하지 않으며 '인출을 하기 용이한 계정에 배치됨에도 심리적 기제에 의해 인출이 억제된다.'라고 서술되어야 한다.

11   정답 ③

분석 및 접근
동일한 현상에 대해서 서로 다른 설명을 제시하고 있는 두 패러다임의 차이를 확인하는 문제이다. 두 패러다임에 어떤 차이가 있는지 파악하는 것이 중요하다.

해설
① (X) 두 번째 문단에서 '전통적 경제학에서는 사람들이 자신에게 무엇이 최선인지를 잘 알면서 전 생애 차원에서 최적의 소비 계획을 세우고 불굴의 의지로 실행한다고 가정한다.'라고 했으므로 ㉠은 사람들을 유혹에 취약한 존재로 여기지 않음을 확인할 수 있다. 또한 네 번째 문단에서 '행동경제학에 따르면, (중략) 사람들은 자신과 가족의 장기적 안전을 지키기 위해 행동을 제약하기 위한 속박 장치를 마음속으로 만들어 내는데, 이러한 자기 통제 기제가 바로 심적 회계이다.'라고 했으므로 ㉡ 또한 사람들을 유혹에 취약한 존재로 여기지 않음을 확인할 수 있다.
② (X) ㉠은 연령대별 소비의 특성을 전 생애에 거쳐 최적의 소비 계획을 세우기 위한 개인의 선택의 결과로 이해하므로 선택지의 '연령대별 소비의 특성을 자발적 선택으로 이해한다.'라는 내용은 적절하다. 그러나 행동경제학의 관점에서 연령대별 소비의 특성을 제약하는 '심적 회계'는 외부적 제약이 아닌 개인이 스스로 내면에 설정한 심리적 제약 요인이자, 내부적 제약 요인에 해당한다. 따라서 선택지의

'연령대별 소비의 특성을 외부적 제약 요인에서 찾을 것이다.'라는 내용은 적절하지 않다.

③ (O) ㉠의 이론에 따르면 연령대별 소득 변화와 독립적으로 연령대별 소비는 일정하게 유지되어야 하지만, 현실에서 연령대별 소득 변화와 비례하게 연령대별 소비가 진행되는 '이상 현상'이 발견된다. 그 원인에 대해서 ㉠은 소득의 차이를 시기별로 조정하는 것을 뒷받침 해줄 수 있는 금융 시장이 제도적으로 불완전하기 때문에, 유동성에 한계가 나타난다고 설명한다. 그 구체적인 근거는 두 번째 문단에서 '금융 시장이 완전치 않아 미래 소득이나 보유 자산 등을 담보로 현재 소비에 충분한 유동성을 조달하는 데 제약이 존재하므로'라는 내용을 통해 확인할 수 있다. 반면, 동일한 '이상 현상'을 ㉡은 금융 제도의 문제가 아니라, 개인이 내부에 현금을 소비하지 않고 보관해 두려고 하는 심리적 경향성을 지니고 있기 때문에 유동성의 제약이 발생한다고 설명한다. 이는 세 번째 문단에서 '행동경제학에서는 청년 시절과 노년 시절의 소비가 예측보다 적은 것은 외부 환경의 제약에 따른 어쩔 수 없는 행동이 아니라 자발적 선택의 결과물이라며, 이를 '심적 회계'에 의해 설명한다.'라는 내용을 통해 확인할 수 있다. 따라서 선택지의 내용은 적절하다.

④ (X) ㉠의 관점에서 유동성 제약은 소득이 많은 시기의 잉여 소득을 소득이 적은 시기로 옮겨서 소득이 적은 시기에도 일정 수준 이상의 소비를 실행하지 못하도록 하는 요인으로 작용한다. 따라서 오히려 유동성 제약이 약화되어야 소비가 자유롭고 원활하게 행해질 것이다. 마찬가지로 ㉡의 관점에서 유동성 제약이란 당장 인출 가능한 현금이 자산 피라미드의 하부에 존재함에도, 이를 지출하지 않는 심리적 경향성을 의미하므로 유동성 제약이 약화되어야 소비가 자유롭고 원활하게 행해질 것이다.

⑤ (X) ㉠과 ㉡은 공통적으로 급전이 필요한 상황에서 신용카드 현금 대출 서비스를 받는 대신 저축 예금을 인출하는 선택이 금융적으로 바람직한 방법이라는 점에 대해서는 동의하고 있다. 그럼에도 현실에서 사람들이 저축 예금을 인출하는 대신 신용카드 현금 대출 서비스를 받는 비합리적 선택을 하는 '이상 현상'의 원인을 ㉠은 신용카드 현금 대출 서비스가 완전하지 못하기 때문이라고 설명하는 것이고, ㉡은 개인이 저축 예금의 인출을 부정적으로 평가하는 심리적 경향성을 지니고 있기 때문이라고 설명하는 것이다.

12   정답 ②

분석 및 접근
새로운 패러다임을 구체적인 사례에 적용하는 문제이다. 변수의 이동 방향을 바꾸어 오답 선택지를 만들기 쉬운 경제학 제재 지문의 특성에 유의하여 답안을 체크하면 어렵지 않게 해결할 수 있다.

해설

① (O) 1980년대 후반의 새로운 조세 정책이 촉진한 새로운 대출 상품으로 인해, 주택을 담보로 삼으면서 대출을 받는 국민들의 행태가 증가하게 되었다. 기존의 전통적인 행동 양상에서 주택을 최후의 보루로 삼았다는 것은 주택 자산을 어떠한 경우라도 경제적 거래의 대상으로 간주하지 않는 심리적 경향성이 A 국가의 국민들에게 존재했다는 의미이며, 이는 주택이 심적 회계에서 '마음속 가장 신성한 계정'에 배치되었다는 것으로 해석될 수 있다.

② (X) A 국가에 금융 위기가 발생한 이유는 주택을 담보로 삼으면서 금융을 융통하는 행위가 지나치게 과도해졌기 때문이므로 금융 위기를 해결하기 위해서는 유동성을 강화하여 주택을 담보로 금융을 융통하는 행위를 억제해야 한다. 따라서 오히려 주택 소유자들이 '유동성 제약'을 강화하게끔 '심적 회계'의 작동 방식을 전통적인 방식으로 회귀하게끔 유도하는 정책이 요구되는데, ②는 이와 상반되게 '유동성 제약'을 완화하게끔 유도하는 정책이 필요하다고 서술되었으므로 적절하지 않다.

③ (O) 주택을 담보로 현재의 소비를 늘리는 방식의 경제 행위가 증가하도록 A 국가가 세법을 개정한 것은 '자산의 전용 가능성'을 제도적으로 뒷받침함으로써 '자발적 선택 가능성'의 폭을 확대하는 것이었다. 〈보기〉에서 제시된 것처럼 이러한 변화는 경제의 불안정성을 증가시킴으로써 20여년 후에 금융 위기를 초래하였으므로 선택지에서 서술된 것처럼 장기적으로 경제 활동을 위축시키는 부정적 결과를 낳았다고 평가될 수 있다.

④ (O) 전통적인 사회적 규범에서 '주택'은 어떠한 경우에도 경제적 거래의 대상으로 간주될 수 없는 '최후의 보루'로 인식되었다고 〈보기〉에서 제시되었으므로, 주택은 저축의 대상이었음이 확인된다. 그런데 주택을 담보로 하는 금융 대출에 대한 규제가 약화됨에 따라, 주택을 소비 확대의 수단으로 인식하도록 제도적으로 유도되었고, 이는 A 국가에서 미래에 예정된 주택 가격 상승분을 현재의 소비로 전용하는 경제 행위를 초래함으로써 A 국가 국민들의 가계의 재정 안전성을 악화시켰다. 따라서 A 국가 국민들이 장래에 대비할 여력을 약화시켰다는 의미와 같으므로 적절하다.

⑤ (O) 전통적 경제학에 따르면 현재 주택만 보유하고 소득이 없는 가계라도, 미래에 예정된 주택 가격 상승분을 금융 시장을 통하여 현재의 자산으로 전환함으로써 현재와 미래의 소비를 일정하게 유지하도록 행동하는 것이 최적의 전략이다. 따라서 〈보기〉에서 제시된 것처럼, 현재 소득이 없는 경제 주체들이 2차 주택 담보 대출 상품을 통해 추가적인 지출을 했던 상황은 전통적 경제학이 제시한 소비자의 합리적인 경제 행동 패턴에 부합하게 경제 현상이 나타난 것이므로, 전통적 경제학의 예측이 현실에서 실현된 것이다.

PART 2 제재별 기출문제

제재 1 | 문학

p.142

01	02	03	04	05
①	⑤	①	④	④
06	07	08	09	10
②	⑤	①	②	⑤
11	12	13		
③	④	③		

01
정답 ①

분석 및 접근

기본적인 사실 확인 문제에 해당하며, 김춘수와 김수영의 대비되는 시 세계를 정확히 이해하여야 풀이할 수 있다.

해설

① (X) 세 번째 문단에 따르면 김춘수가 시어의 의미성에서 벗어나기 위해 다양한 방식으로 언어유희를 추구한 것은 사실이다. 그러나 마지막 문단에서 '김춘수는 세계에 대한 허무감에서 끝내 벗어날 수 없었던 자신과 달리'라고 언급했으므로 선택지에서 김춘수가 '세계에 대한 허무 의식을 극복했다.'라는 내용은 적절하지 않다.
② (O) 김춘수의 시세계는 '무의미론'으로 요약된다. 두 번째 문단에서 제시된 바와 같이 '기의 없는 기표'를 통해 '시의 무의미성'에 도달하고자 하였고 다양한 실험적인 기법들을 시의 중심으로 내세운 것으로 보아, 김춘수가 시에서 의미보다 기법을 더 중요시 했다는 점은 사실이다. '기의'는 시어의 내용을 의미하고, '기표'는 시어가 구현되는 언어적 형식을 의미하므로 이는 김춘수의 시에서 내용보다는 형식이 더 중시되었다고 해석될 수 있다.
③ (O) 네 번째 문단에 제시된 김수영의 입장에서 '시의 현대성은 실험적 기법의 우열보다는 현실에 대해 고민하는 시인의 양심에서 찾아야 한다.'라고 했으므로 적절하다.
④ (O) 다섯 번째 문단에 제시된 김수영의 입장에 따르면 '시어의 범위를 적극적으로 확대하고 시와 현실의 접촉을 늘려 세계 변혁을 꾀하는 현실 참여의 길'이 시가 나아가야 할 방향으로 제시되었으므로 적절하다.
⑤ (O) 첫 번째 문단에서 '두 모더니스트(김춘수와 김수영)가 선택한 미학적 실험은 그 방향이 사뭇 달랐다.'라고 했으므로 공통적으로 모더니스트에 해당하는 두 시인의 서로 다른 예술관이 그들의 시론에 반영되었고, 시론에 의거하여 각자의 삶을 살아갔으므로 적절하다.

02
정답 ⑤

분석 및 접근

각 이론이나 학설의 캐치프레이즈에 담긴 의미를 해석하는 문제이다. 이를 위해서는 김수영의 시론의 논리를 세밀하게 이해해야 한다.

해설

① (O) 네 번째 문단에서 '참여시론의 핵심은 진정한 자유의 이행을 위해 ⓐ'온몸으로 온몸을 밀고 나가는 것'이란 모순어법으로 집약된다.'라고 서술되었다. ⓐ가 모순어법인 이유는 '온몸(행위의 수단)으로 온몸(행위의 대상)을 밀고 나가는 것'에서 수단과 대상이 동일한 개체로 서술되었기 때문이다. 따라서 이에 대해 '동일한 존재(온몸)이 행위의 수단이자 행위의 대상이 됨을 의미한다.'라는 내용은 적절하다.
② (O) 마지막 문단에 따르면 '현대 사회의 비극적 운명에 '온몸'으로 맞서는 시인의 윤리를 실천한 점'이 김수영의 시론으로 제시되어 있다. 즉, 김수영의 시론에서 '온몸'이란 현실에 참여하려는 시인의 윤리적 자세가 집약된 단어라고 간주할 수 있다.
③ (O) 네 번째 문단에서 '김수영에게 시 쓰기란 자유를 억압하는 군사 정권과 대결하고 정치적 자유의 이행을 촉구하며 공동체의 운명을 노래하는 것이었다.'라고 했으므로 정치 현실에 대항하여 억압된 자유를 찾는 과정으로 시 쓰기를 인식한 김수영의 시론이 반영되어 있는 것으로 해석될 수 있다.
④ (O) 네 번째 문단에 따르면 김수영은 '내용과 형식은 별개가 아니며 시인의 사상과 감성을 생활(현실) 속에서 언어로 표현할 때 그것이 바로 시의 형식이 된다는 의미이다.'라고 간주한다. 이는 김수영의 관점에서 시의 내용과 형식은 동일하며, 그 내용에는 시인의 사상과 감성과 생활이 반영되어 있다. 따라서 김수영의 시론에서 형식 또한 시인의 행위 자체라고 동일시될 수 있으며, 내용은 시인이 느끼는 사상과 감성과 관련될 수밖에 없다.
⑤ (X) 네 번째 문단에 따르면 김수영은 '시의 현대성은 실험적 기법의 우열보다는 현실에 대해 고민하는 시인의 양심에서 찾아야 한다.'라고 간주하였다. 따라서 실험적 기법이 아닌 현실에 대한 고민이 시의 현대성을 성취하는 근본 요건이라고 간주한 것이다.

03
정답 ①

분석 및 접근

김수영과 김춘수의 시의 공통된 점을 파악하는 문제로, 김춘수가 김수영의 시론에 대해서 직접적으로 평가한 부분이 제시되어 있는 글의 후반부에서 관련 근거를 찾을 수 있다. 따라서 글의 전반적인 구조를 큰 그림으로 기억하고 있다면 빠르게 문제를 풀이할 수 있다.

해설

① (X) 네 번째 문단에서 '김춘수에게 시 쓰기란 현실로 인해 빚어진 내면의 고뇌와 개인적 실존의 위기를 벗어 던지고 자신의 생을 구원하는 현실 도피의 길이었다.'라고 했으므로 김춘수가 시를 통해 지향한 것은 공동체적인 삶이 아니라 개인의 실존적 문제였음을 확인할 수 있다. 따라서 김춘수가 공유한 인식에 해당하지 않는다.

② (O) 네 번째 문단에 따르면 김춘수는 '현실로 인해 빚어진 내면의 고뇌와 개인적 실존의 위기를 벗어던지고 자신의 생을 구원'하기 위해 시를 쓴 것으로 서술되었으며, 김수영은 '자유를 억압하는 군사 정권과 대결하고 정치적 자유의 이행을 촉구'하기 위해 시를 창작하였다. 따라서 그 구체적인 양상에는 차이가 있었으나, 개인의 실존을 억압하는 부조리한 상황에 대처하기 위해 시를 썼다는 점을 두 시인은 공유하고 있다.

③ (O) 다섯 번째 문단에 따르면 김수영은 김춘수의 무의미시론에 대해 '시어의 무의미성에 대한 추구로 시의 무의미성에 도달하는 것도 현대시가 선택할 수 있는 유효한 실험'이라고 평가하였으므로 의미가 제거된 시어의 활용 가능성에 대해 김춘수뿐만 아니라 김수영도 긍정적으로 인식하였음을 확인할 수 있다.

④ (O) 다섯 번째 문단에 따르면 김수영은 김춘수의 궁극적인 꿈이기도 했던 시와 예술의 본질 혹은 존재 방식으로서의 무의미성까지 도달하기 위해 시를 썼다고 제시되었으므로 시의 본질적인 존재 방식으로서의 무의미성은 '무의미시론'을 표방한 김춘수뿐만 아니라 김수영에게도 궁극적인 꿈이자 목표였음을 확인할 수 있다.

⑤ (O) 두 번째 문단에 따르면 김춘수가 의미가 탈각된 해체시를 추구하는 이유가 '역사 현실과 화해할 수 없는' 자율적인 시를 만드는 것이라고 제시되었다. 또한 다섯 번째 문단에서 '그(김수영) 역시 '무의미'란 의미 너머를 지향하는 욕망, 즉 우리 눈에 보이는 것 이상을 보려는 것이고 시와 세계의 화해 불가능성을 드러내려는 것이라고 생각했다.'라고 했으므로 '시와 세계의 화해 불가능성'은 김춘수와 김수영이 공통적으로 공유한 인식이었음을 확인할 수 있다.

04
정답 ④

분석 및 접근
문학 지문의 마지막 문제로 항상 등장하는 문학 작품 적용 문제이다. 수능 문학 문제를 풀듯이 작품을 감상하는 것이 아니라, 작품의 내용과 지문의 근거를 연결한다는 생각으로 접근하여야 한다. 또한 기의 없는 기표라는 김춘수 시론의 캐치프레이즈를 정확히 이해하였다면 오답 선택지들을 빠르게 소거할 수 있다.

해설

① (X) 다섯 번째 문단에 따르면 일상어, 시사어, 관념어, 심지어 비속어와 욕설까지 폭넓게 시어로 활용하여 시와 산문의 언어적 경계를 허물고자 시도했던 시인은 김춘수가 아니라 김수영에 해당한다. 따라서 '외래어와 관념어를 사용하면 시적 언어를 확장하고 시와 산문의 경계를 허물 수 있다.'라고 서술된 내용은 김수영의 시론에 해당하므로 적절하지 않다. 또한 주어진 김춘수의 시 「처용단장」에서 외래어는 등장하나 관념어가 등장한 부분은 존재하지 않는다.

② (X) 두 번째 문단에 따르면 김춘수는 기의 없는 기표로 구성된 해체시 실험을 추구했다. '염불 소리'와 같은 청각 영상과 리듬감이 기표라면, 그 기표가 상징하는 바라고 제시된 '고뇌와 공포'는 기의에 해당한다. 따라서 '고뇌와 공포'와 같은 기의를 상징하지 않는 순수한 기표로서 김춘수는 염불 소리를 제시하였을 것이므로 ②의 내용은 적절하지 않다.

③ (X) 네 번째 문단에 따르면 당대의 현실을 비판하기 위한 풍자시는 김수영의 시만의 특징으로 제시된다. 따라서 주어진 시의 구절을 현실에 대한 풍자의 의도를 담은 것으로 해석하는 관점은 김수영의 시론을 적용한 것이므로 타당하지 않다. 특히 김춘수의 시는 기의 없는 기표로 구성되었으므로 '사바다는 사바다'와 같은 시구가 현실의 구체적인 기의를 표상한다고 해석하는 것은 타당하지 않다.

④ (O) 다섯 번째 문단에서 김춘수의 시에 대한 김수영의 평가가 제시되어 있다. 특히 '그(김수영)는 김춘수가 시의 무의미성에 도달하기 위해 선택한 방법을 너무 협소한 것'이라고 간주하였으며, '시어의 의미성을 적극적으로 수용함으로써 마침내 시의 무의미성에 도달하는 것이 더 바람직한 태도'라고 평가하였다. 또한 네 번째 문단에서 김수영은 시의 무의미성을 통하여 '진정한 자유의 이행'을 추구하였음이 제시되었으므로 김수영은 〈보기〉의 시가 의미의 무의미성을 추구한 결과라는 점은 정확히 감상하였을 것이며, 그럼에도 더 바람직한 결과인 진정한 자유의 이행에는 도달하지 못하였다고 평가하였을 것이다.

⑤ (X) 세 번째 문단에 따르면 '그(김춘수)는 이미지를 끊임없이 새로운 이미지로 대체하여 의미를 덧씌울 중심 대상을 붕괴시키고, 마침내 대상이 없는 이미지 그 자체가 대상이 되게 함으로써 무의미 상태에 도달하고자 했다.'라고 했으므로 김춘수가 추구한 궁극적인 목표는 무의미 상태이지 새로운 내용적 요소를 담고자 함이 아니다. 또한 내용적 요소는 기의에 해당하므로 기의 없는 기표라는 김춘수의 시론에도 부합하지 않는다.

05
정답 ④

분석 및 접근
역설 어법으로 표현된 문학 비평 용어의 개념을 정확하게 이해하고 있는지 확인하는 문제이다.

해설

①, ② (X) 네 번째 문단에서 '식민자의 문학을 흉내낸 ⓒ'검은 셰익스피어'는 차이를 통해 의식적으로든 무의식적으로든 식민자에 저항했던 것이다.'라는 부분을 통해 ⓒ은 식민자와 피식민자 사이의 차이가 사라진 모습이 아니라, 오히려 피식민자가 식민자를 모방하는 과정에서 드러난 차이를 부각하는 표현임을 확인할 수 있다. 또한 ⓒ은 식민자의 분열된 정체성을 보여 주는 것이 아니라, 식민자의 담론과 문화가 흉내 내기나 전유의 과정에서 피식민자에 의해 오염되고 훼손된 모습을 보여 주는 것이다.

③ (X) 두 번째 문단에서 '식민지가 문학 작품에서 피식민자를 묘사할 때 그 정형은, ㉠'충직한 거짓말쟁이'라는 말이 잘 보여 주듯이, 분열·모순되어 있으면서 양가적인 두 이미지 사이를 끊임없이 왕복하는 것으로 나타난다.'라는 부분을 통해 ㉠은 피식민자의 분열된 이중적 타자성을 드러낸다는 점을 확인할 수 있다.

④ (O) ㉠은 식민자가 피식민자를 묘사하는 과정에서 드러나는 양가적 이미지를 의미하며, ⓒ은 피식민자가 식민자를 모방하고 흉내 내는 과정에서 생산되는 혼종적 문화를 가리키므로, 선택지의 설명은 적절하다.

⑤ (X) 두 번째 문단에 따르면, ㉠은 식민자가 피식민자를 묘사하는 과정에서 드러나는 피식민자의 정체성을 일컫는 개념이다.

06
정답 ②

분석 및 접근
이 지문은 **문학 제재 지문**이면서 동시에 민족주의와 탈식민주의라는 서로 대조되는 패러다임을 제시하는 **패러다임형 지문**이다. 두 개의 패러다임의 차별성에 주의하여 문제를 해결하여야 한다.

해설
① (O) 마지막 문단에 따르면, 민족주의와 탈식민주의는 식민 지배를 비판하고 극복하고자 한다는 점이 공통된다.
② (X) 의식적 협력과 무의식적 저항이 공존할 수 있다고 보는 입장은 민족주의가 아니라 탈식민주의이다.
③ (O) 피식민자의 모방이 분열적인 혼종을 낳을 수 있다고 보는 입장은 민족주의가 아니라 탈식민주의이다.
④ (O) 마지막 문단에서 '민족주의는 피식민자의 정체성이건 식민자의 정체성이건 단일하고 고정된 것으로 상정'한다는 부분을 통해 확인된다.
⑤ (O) 마지막 문단에서 '민족주의는 피식민자의 정체성이건 식민자의 정체성이건 단일하고 고정된 것으로 상정하고 피식민자의 민족적 정체성을 강화하는 것이 식민 지배를 극복할 수 있는 최선의 방법이라고 강조'하는 반면에, '탈식민주의 문학 연구는 이러한 한계를 넘어서 식민 지배에 대한 다양한 문화적 저항의 가능성을 발견'한다는 점을 통해서 확인할 수 있다.

07
정답 ⑤

분석 및 접근
문학 지문의 세 번째 문제로 흔히 등장하는 **문학 작품 적용 문제**이다.

해설
① (O) 피식민자인 숙부가 식민자인 일본인을 흉내 내어 구사하는 엉터리 일본어는 피식민자가 식민자를 모방하는 과정에서 식민자의 문화와 담론이 오염되고 있는 사례라고 볼 수 있다. 이는 지문에서 제시된 '검은 셰익스피어'와 같은 혼종에 해당한다.
②, ④ (O) 지문에 따르면, '검은 셰익스피어'와 같은 혼종은 식민자의 원본 문화를 훼손함으로써 무의식적인 저항으로 기능할 수 있다고 제시되었다.
③ (O) 〈보기〉의 내용에 따르면, 숙부는 자신의 의지에 의해 일본어를 사용하고 있으며, 주어진 지문에서도 피식민자가 식민자의 문화를 자발적으로 모방하려는 과정에서 혼종 문화가 발생한다고 제시되었다.
⑤ (X) 세 번째 문단에서 '피식민자는 식민자의 문화와 담론을 모방하면서도 그것을 비틀어 조롱하기 위해 **의도적으로** 차이를 발생시키는데, 이를 '전유'라 한다.'라고 제시되었다. 〈보기〉의 숙부가 구사하는 일본어가 일본인이 구사하는 일본어와 차이가 발생하는 이유는 숙부가 의도한 것이 아니기 때문에, 〈보기〉에 제시된 상황을 '전유'라고 보기는 어렵다.

08
정답 ①

분석 및 접근
지문에서 중점적으로 다루고 있는 서술 대상이 무엇인지를 파악해야 한다.

해설
① (O) 첫 번째 문단에서 '채만식이 「탁류」에서 현실을 대하는 태도에는 식민지 근대화 과정에 대한 작가의 민감한 시선이 들어 있었다.'라고 서술되었다. 서두에서 요약적으로 제시한 것처럼, 지문은 식민지 조선의 정치경제적 현실에 따른 소설 속 인물들의 삶의 모습을 통해 채만식의 비판하고자 했던 지점을 집중적으로 서술하고 있으므로 적절하다.
② (X) 인물의 내면 심리에 대해서는 제한된 범위 내에서 서술되어 있다고 간주할 지점도 있으나, '소설가의 내면 심리를 천착한다.'에 대한 부분은 지문에서 확인할 수 없다.
③ (X) 「탁류」에서 드러나는 채만식의 태도가 궁핍으로 인한 연명의 문제보다 윤리의 문제를 더 중시하였다고 간주되기는 어려우며, 또한 마지막 문단에 따르면 글쓴이는 궁핍한 환경에서 인간성을 상실해 가는 인물들 속에서 오히려 '증여의 윤리'의 가능성을 발견하고자 하는 채만식의 역설적인 낙천성을 높게 평가하고 있으므로 '소설가의 인식을 비판한다.'라는 내용은 적절하지 않다.
④ (X) 채만식의 「탁류」에서 드러나는 현실 비판적인 태도는 당대의 정치경제적 상황에 대한 비판이지, 일반적인 인간의 삶의 양식에 대해서 허무주의적인 태도를 겸비하는 염세적인 시선이라고 보기 어려우며, 마지막 문단에서 서술된 바와 같이 오히려 '증여의 윤리'를 통해 '타락한 세계를 넘어설 수 있는 길'을 제시하고 있다.
⑤ (X) 지문에서 묘사된 인물들은 돈을 위해서 행동하는 인물들이지, 이념을 위해서 행동하는 인물들이 아니므로 '인물들이 표방하는 이념의 분석을 통해 통찰한다.'라는 내용은 적절하지 않다.

09
정답 ②

분석 및 접근
밑줄이 그어진 비유적 표현들의 앞에서 설명된 소설의 서사를 기억하면서, 그 비유의 의미를 파악하면 쉽게 해결할 수 있는 문제이다.

해설
① (O) 두 번째 문단에서 '소설의 앞부분에서 초봉은 경제적 어려움에 시달리는 가족을 위해서라면 자기희생을 마다하지 않는 순수한 영혼의 소유자로 등장한다.'라고 했다. 이는 초봉이 자본주의적 타락의 세계에 빠져들기 전의 삶의 태도를 묘사한 부분으로 ㉠ 고유의 영토라는 비유에 집약되어 있다. 따라서 가족에 대한 증여자로서의 순수했던 초봉의 삶의 모습을 상징한다.
② (X) 두 번째 문단에서 '태수는 끊임없이 증여하고 선물하면서 초봉의 고유한 모럴, 그러니까 노동을 통해 조금씩 무언가를 축적해 가는 삶의 방식을 회의에 빠뜨린다.'라고 했으므로 초봉이 노동을 통해 삶을 개선해 나갈 수 있다는 의지가 결여되었음을 암시한다. 따라서 '초봉'이 노동에 의해 빈곤에서 벗어날 수 있다는 믿음을 되찾으면서'라는 내용은 적절하지 않다.
③ (O) 네 번째 문단에서 '초봉의 몰락'은 이렇듯 초봉이 교환의 정치경제학을 자기화함으로써 ㉢ 영혼이 없는 자동인형으로 전락하는 것으로 귀결되었다.'라고 했으므로 영혼이 없는 자동인형이라는 비유는 자본주의적 물신주의를 내면화한 초봉의 모습을 집약적으로 비유한 표현에 해당한다.
④ (O) 네 번째 문단에서 ㉣ 노회함과 집요함이라고 묘사된 부분은 특정 인물의 성격에 대한 묘사가 아니라, 자본주의의 기제에 대한 묘사에 해당하므로 초봉이 경험한 사건이 특정 인물에게 일어난 우연적 일이라기보다는 식민지 조선이 자본주의화되는 과정에 대한 유비로서 제시된 것임을 유추할 수 있다.

⑤ (O) "위험이 있는 곳에 구원의 힘도 함께 자란다."라는 내용이 다섯 번째 문단에서 제시된 이유는 글쓴이가 보기에 「탁류」의 결말 부분은 타락한 삶의 와중에서 오히려 '증여의 윤리'를 회복할 수 있다는 희망이 제시되어 있기 때문이며, 이를 절망적인 상황 속에서 오히려 희망이 발견되는 삶의 역설이라고 표현하고 있으므로 적절하다.

10   정답 ⑤

분석 및 접근
문학 지문의 세 번째 문제로 등장하는 문학 작품 적용 문제이다. 수많은 인물이 소설에서 등장하기 때문에, 인물들의 이름을 혼동하지 않도록 주의하면서 정보를 체크하면 어렵지 않게 해결할 수 있다.

해설
① (O) 마지막 문단에 따르면 승재의 삶에서 드러나는 '증여의 윤리'는 저자가 간주하기에 자본주의적 타락을 극복할 수 있는 새로운 희망의 표상으로 기능한다. 따라서 주어진 부분에서 승재가 계봉이에게 돈을 주는 행위는 자본주의적 대가를 바라는 것이 아니라 순수한 증여 행위임을 추론할 수 있고, 이는 첫 번째 문단에서 태수가 초봉에게 돈을 증여했던 것과는 대비되는 모습이다.
② (O) 세 번째 문단에서 등장하는 제호도 마찬가지로 초봉의 육체를 자본주의적 방식으로 거래하고자 하는 속셈으로 초봉에게 접근하는 인물에 해당한다. 따라서 태수와 마찬가지로 승재와 대조되는 인물에 해당하므로 적절하다.
③ (O) 세 번째 문단에서 등장하는 형보 또한 마찬가지로 가학적으로 초봉의 성을 착취하는 인물로 묘사가 된다. 반면, 〈보기〉에서 계봉은 승보가 내미는 돈을 "나는 이 돈 받을 수 없소."라고 대답하며 거절하였다가, 〈보기〉의 마지막 문장에서 '잠깐 망설이다가 할 수 없이 그(계봉)는 돈을 집어 든다.'라는 내용처럼 돈을 받아 드는 양가적인 태도를 보인다. 이는 '얼굴이 꼿꼿하게 들려지지 않을 것 같이 무색하기도 했다.'라는 묘사에서 드러나듯이 계봉이 아무런 이유 없이 타인의 증여를 받는 것이 자신의 존엄성을 해칠 수 있다고 인지하기 때문이며, 이는 계봉의 자존심을 드러내는 것이다.
④ (O) 두 번째 문단에서 제시되었듯이, 태수는 '과잉 증여'를 통해 초봉을 자본주의적 타락의 세계로 끌어들이는 인물이다. 반면, 마지막 문단에서 승재는 아무런 대가없이 타인에게 돈을 증여하는 '증여의 윤리'의 화신과 같은 인물로서 자본주의적 타락을 극복할 수 있는 희망의 표지로서 제시된다.
⑤ (X) 네 번째 문단의 '영혼이 없는 자동인형'이라는 비유가 집약하였듯이 초봉이 자본주의적 정치경제학을 무의식적으로 내면화하였다는 점에 대한 내용은 적절하다. 그러나 〈보기〉에서 '입술을 꽉 다무는 계봉의 모습'은 '증여의 윤리'를 의식적으로 수용하려는 것이 아니라, 승재의 증여를 거절하기 위하여 마음을 다잡는 모습에 해당한다.

11   정답 ③

분석 및 접근
지문에 등장한 다양한 학자 및 사조들에서 희곡과 연극의 관계에 대하여 어떠한 관점을 제시하고 있는지를 정확하고 빠르게 파악하는 것이 포인트이다.

해설
① (O) 두 번째 문단에서, 고전주의 연극에서의 위계에서는 마치 심포니에서 악보의 위상이 절대적인 것과 같이 희곡의 위상이 절대적이라고 제시되었으며, 첫 번째 문단에서 고전주의 시대에 희곡의 대사는 작가의 플롯을 집약하는 공연의 중심 요소로 각인되었다고 제시되었다. 이를 연결하여 볼 때 고전주의 연극에서는 극사건의 전개가 함축된 플롯을 희곡에 부합하게 재현하는 것이 중요되었음을 확인할 수 있다.
② (O) 세 번째 문단에서 20세기 연극인들의 관점에서 대사뿐만 아니라 무대와 관련된 요소도 연극에서 중시되어야 한다는 관점이 제시되었으며, 네 번째 문단에서 '무대지시문이 불러일으키는 상상'은 사실주의 연극관에서도 중요시된다는 점이 제시되었다. 이를 종합하여 볼 때, 대사 전달을 중시한 희곡을 읽을 때에도 무대 구성의 상상이 존중되어야 한다는 점을 추론할 수 있다.
③ (X) 첫 번째 문단에서, 아리스토텔레스는 창작술을 플롯을 중심으로 논하였으며, 볼거리는 창작술과 거리가 있는 요소라고 보았다. 따라서 아리스토텔레스가 볼거리를 플롯을 구성하는 일부라고 보았다는 서술은 적절하지 않다.
④ (O) 세 번째 문단에서, 바르트는 '무대에 실제 구축되는 기호들의 두께'가 '글로 쓰인 자료'에서 출발한다고 보았으며 이를 총괄하여 '연극성'으로 지칭하였으므로, 바르트는 희곡 안의 언어도 연극성을 구현하는 기호의 두께를 드러내는 요소로 보았음을 확인할 수 있다.
⑤ (O) 세 번째 문단에서, "아르토는 연극에서 발화와 대화 상황을 우선한 나머지 연극적 표현은 그동안 억압되어 왔다고 분석한 후"라는 부분을 통해, 아르토가 발화 및 대사와 무관한 연극적 표현이 회복되어야 한다는 관점을 드러낸 것을 확인할 수 있다. 이는 아르토가 대사 행위와 연결되지 않은 공연 요소를 축소하려는 시도에 대해 부정적이었으며, 이를 확대하고자 하였음을 의미한다.

12   정답 ④

분석 및 접근
희곡과 연극의 관계에 대해 지문에 제시된 다양한 관점들은 '희곡 중심 관점'과 '연극 중심 관점'이라는 두 패러다임 축으로 분류하여 이해하면 간단하다. 지문에 제시된 세 가지 모델이 각각 어떠한 패러다임에 가까운지를 이해한다면 쉽게 해결할 수 있는 문제이다.

해설
① (O) 심포니 모델은 희곡의 언어에 절대적인 위상을 부여하고, 희곡에 쓰인 바에 따라 정확하게 연극하는 것을 중요시하는 모델이다. 따라서 심포니 모델에서 희곡의 지시문에 기술된 인물의 감정은 연기 창조를 제약하는 요소일 것이라는 점을 추론할 수 있다.
② (O) 시네마 모델은 희곡을 골격으로 삼되 희곡을 무대화하는 과정에서 희곡을 점진적으로 수정해 가는 모델이다. 따라서 시네마 모델에서 희곡에 쓰인 대사는 조명, 음향, 무대장치의 구성에 참조하는 요소가 된다는 점을 추론할 수 있다.
③ (O) 시네마 모델은 '리허설 상황, 현장 여건, 스태프의 요구' 등을 고려하여 희곡을 연극화하는 모델을 의미한다. 이러한 시네마 모델에 따르면, 연극을 상연하는 극장 규모라는 현장 여건에 따라 고전 희곡의 내용은 일부 수정되거나 각색되어 공연될 수 있을 것이다.
④ (X) 조각 모델에서 희곡은 단지 많은 공연 요소 중 하나로 취급되므로, 제시된 세 가지 모델 중 조각 모델이 가장 연극 중심적인 관점이라고 볼 수 있다. 이처럼 희곡과 연극 사이의 관계에서 연극을 중시하는 조각 모델에서, 희곡의 무대지시문에 기술된 '작가의 말'이 확고한 지침

이 된다는 서술은 적절하지 않으며, 이는 심포니 모델에 대한 서술에 적합한 내용에 해당할 것이다.

⑤ (O) 조각 모델에서는 연극화 과정 중에 찾아오는 영감이나 아이디어도 연극화 과정에 사용된다고 서술되었으므로, 조각 모델에서 연출가에게 영감을 주는 배우의 즉흥적 몸짓은 공연용 대본의 재구성에 충분히 활용될 수 있을 것이다.

13   정답 ③

분석 및 접근
희곡과 연극의 관계에서 ㉠은 희곡 중심적 관점을 반영한 연출가를, ㉡은 연극 중심적 관점을 반영한 연출가를 의미한다. 따라서 〈보기〉에 제시된 희곡의 구체적 내용보다도, 〈보기〉에 제시된 내용이 지문의 ㉠과 ㉡의 상반된 패러다임에 정확히 연결되었는지를 빠르게 파악하는 것이 문제를 효율적으로 해결하는 핵심 포인트이다.

해설
① (O) ㉠과 ㉡은 모두 희곡을 바탕으로 희곡을 연극화한다. '불그스름한 조명'은 〈보기〉의 희곡에서 '황혼'으로 서술된 내용에 부합하는 무대 효과이며, '황야의 바람 소리'는 '황야'라는 공간적 배경에서 자연스럽게 등장할 수 있는 요소이다. 또한 '나'의 대사도 〈보기〉의 희곡에서 직접적으로 서술된 내용이다. 따라서 ㉠과 ㉡은 모두 불그스름한 조명, '나'의 대사, 황야의 바람 소리를 연출하여 희곡을 연극화할 수 있을 것이다.

② (O) ㉠과 ㉡은 모두 희곡을 바탕으로 희곡을 연극화한다. 〈보기〉의 희곡에서 '나'의 대사 중 "그러면서도 넌 망루 위만 바라보는구나"라는 부분을 통해 '침묵'의 상황에서 '다'는 망루를 바라보는 반면에 '나'는 '다'를 바라보고 있다는 점이 희곡에 서술된 내용임을 확인할 수 있다. 따라서 ㉠과 ㉡은 모두 희곡에 서술되어 있는 것처럼 두 인물의 지향이 서로 어긋나 있음을, 서로 다른 시선을 통해 보여줄 수 있을 것이다.

③ (X) ㉠은 연극화 과정에서 원본 희곡에 반영된 극작가의 메시지를 무대에 구현하는 것을 중시하는 '희곡 중심적 관점'에 따르는 연출가이다. 〈보기〉의 지시문에는 "그('나')는 강약을 두어 양철북을 두드린다"라고 서술되어 있으며 '다'가 그 박자치기를 따라하는 상황으로 제시되어 있으므로, '손수레'가 등장할 때까지 '점차 빨라지는 북소리'를 연출하는 방식은 희곡에 서술된 것과 상반되는 연출이다. 또한 '나'의 박자를 따라서 '다'가 양철북을 치는 희곡의 내용을, 희곡에 근거하지 않는 '기계 음향'으로 대체하는 것도 희곡과 상반되는 연출이다. 따라서 희곡 중심적 관점에 따르는 ㉠이 양철북 소리를 기계 음향으로 대체하고 북소리를 점차 빠르게 하는 것과 같이 희곡의 내용과 상반된 내용으로 희곡을 연출할 것이라는 추론은 적절하지 않으며, 이러한 연출은 ㉡이 시도할 수 있는 요소들이다.

④ (O) ㉡은 연극화 과정에서 희곡에 충실하기보다는 연출가의 재량에 따른 변형과 해석을 중시하는 연극 중심적 관점을 따르는 연출가이다. 〈보기〉의 희곡에서는 '해설자'가 직접 '초승달'을 거는 것으로 서술되었으므로, '해설자'가 관객을 인도하여 '초승달'을 걸게 하는 장면 연출은 희곡에 서술된 바와는 상반되지만, 희곡과 상반된 연출도 충분히 가능하다고 보는 ㉡의 관점에서는 충분히 가능할 수 있는 방식일 것이다.

⑤ (O) ㉡은 연극화 과정에서 희곡에 충실하기보다는 연출가의 재량에 따른 변형과 해석을 중시하는 연극 중심적 관점을 따르는 연출가이다. 〈보기〉의 희곡에 제시된 '손수레'를 고급 승용차처럼 꾸며내는 연출은, 〈보기〉의 희곡에서는 그 문언적 근거를 전혀 찾아볼 수 없는 연출이지만, 희곡과 상반된 연출도 충분히 가능하다고 보는 ㉡의 관점에서는 충분히 가능할 수 있는 방식일 것이다.

제재 2 | 역사학

01	02	03	04	05
②	③	②	⑤	⑤
06	07	08	09	10
①	③	①	②	②
11	12			
③	④			

01   정답 ②

분석 및 접근
사실 확인 문제에 해당하지만, 고유명사로 제시된 다양한 인물들의 소년애에 대한 관점이 시간순-공간순으로 배열되어 정보량의 밀도가 매우 높고, 낯선 소재이기에 매우 까다로울 수 있으므로 주의해서 풀어야 한다.

해설
① (O) 두 번째 문단에서 "플라톤도 '소년을 사랑하는 사람들은 아무 소년이나 사랑하는 것이 아니라 이성(理性)을 갖기 시작한 나이의 소년들만을 사랑한다'"라는 부분을 통해, 플라톤이 파이데라스티아의 대상을 이성을 갖기 시작한 지적 성장 단계의 소년으로 한정하였음을 확인할 수 있다.

② (X) 세 번째 문단에서 "크세노폰은 남성과 소년이 친구가 될 수는 있지만 '남성이 명백히 소년의 육체에 매혹되었다면, 이는 불명예스러운 것'이라고 비판했다"라는 부분을 통해, 크세노폰이 육체적 사랑이 중심이 된 소년애를 비판적으로 인식하였음을 확인할 수 있다. 그러나 해당 문단에서 이어지는 문장에서 '정신적 사랑의 의미가 더 큰' 소년애의 경우가 서술된 것으로 보아, 크세노폰이 육체적 사랑이 아닌 정신적 사랑이 중심이 된 소년애까지도 비판적으로 인식하였는지는 확인할 수 없다. 따라서 크세노폰이 모든 에라스테스를 소년의 육체를 차지하려는 불명예스러운 자로 한정하였다는 서술은 적절하지 않다.

③ (O) 세 번째 문단에서 "플루타르코스도 에라스테스와 에로메노스 사이의 관계는 교육적이며, 정신적 사랑의 의미가 더 크다고 보았다"라는 부분을 통해 확인할 수 있다.

④ (O) 네 번째 문단에서, 호라티우스의 시구는 로마 공화정 후기에 노예 소년을 성욕 충족의 대상으로 삼는 풍속을 반영한 것임이 서술되어 있으며, 이러한 노예 소년을 '델리카투스'로 칭하였다는 점도 뒤의 내용에서 서술되고 있다.

⑤ (O) 마지막 문단에서, 젊은 남성들이 연무장에서 벗은 몸으로 운동하는 것을 의심에 찬 눈초리로 바라보았던 로마의 지식인들의 사례 중 한 명으로 키케로가 언급되었다. 또한 키케로가 이러한 습속을 그리스인으로부터 전래되었음을 인식하고 있다는 점도 서술되었다. 종합하여 볼 때, 키케로는 헬레니즘을 통해 확산된 소년애의 그리스적 우정을 비판적으로 인식하였음을 확인할 수 있다. 키케로가 해당 시기의 소년애를 비판적으로 인식하였다는 점이 직접적으로 서술되어 있지는 않지만, 해당 문단의 맥락에서 '의심에 찬 눈초리로 바라보았다'라는 표현이 비판적으로 인식하였다는 점으로 해석될 수 있음에 유의하여야 한다. → **매력적 오답**

02
정답 ③

분석 및 접근
다양한 시간과 공간을 배경으로 상이한 양상으로 전개된 소년애 풍속에 대하여 공통점과 차이점을 연결하는 문제이다. 시간과 공간 축으로 다양한 정보가 서술될 수 있는 역사학 소재에서는, 이러한 문제가 얼마든지 등장할 수 있기 때문에, 지문을 독해하는 과정에서부터 시기별과 공간별로 공통점과 차이점이 서술되는 부분에 미리 포인트를 두고 정보를 파악해 놓아야 해당 유형의 문제를 수월하게 해결할 수 있다.

해설
① (X) 세 번째 문단에 따르면, 스파르타에서는 에로메노스의 역할이 30세까지 지속되었으므로, 스파르타에서 이십 대 청년이 에로메노스에서 배제되었다는 서술은 타당하지 않다.
② (X) 세 번째 문단에서, 소년과의 육체적 관계를 원하는 에라스테스에 대한 동시대의 비판적 인식이 서술되었기는 하지만, 스파르타에서 에라스테스가 소년과의 육체적 관계를 거부했다는 서술은 전혀 등장하지 않는다.
③ (O) 네 번째 문단에 따르면, 기원전 6~5세기의 아테네와 달리 기원전 2세기의 공화정 후기 로마에서는 성인 남성과 자유민 소년과의 관계를 처벌하고 있었으며, 이로 인해 공화정 후기 로마에서는 소년애의 대상이 그리스에서와 달리 자유민 소년이 아닌 노예 소년이었다. 따라서 그리스에서와 달리 공화정 후기의 로마에서는 자유민 소년과의 소년애가 억제되었다는 서술은 타당하다.
④ (X) 세 번째 문단에서, 그리스에서는 소년애가 수행하는 사회화 기능이 주목되었다는 점은 확인할 수 있는 반면에, 마지막 문단에 따르면, 제정 초기 로마에서는 소년애가 수행하는 사회화 기능이 주목되지 않았으며 소년애는 불명예스러운 것으로 여겨졌다고 서술되었다.
⑤ (X) 공화정 후기의 로마에서 소년애가 소년의 명예를 배려하였다는 서술도 제시되지 않았으며, 제정 초기의 로마에서는 소년애가 소년의 명예를 배려하는 것이 아니었다는 점이 분명하게 서술되어 있다.

03
정답 ②

분석 및 접근
그리스-로마 시대의 소년애 풍속에 대해 여러 역사학자들이 제기한 해석이 지문 곳곳에 흩어져 있다. 또한 〈보기〉에는 이러한 학자들의 해석을 뒷받침하거나 반박할 수 있는 사료가 등장하여 있다. 〈보기〉에 제시된 사료와 지문에 제시된 학자의 주장 사이의 관계가 '지지 관계'인지 '반박 관계'인지를 정확히 파악하는 것이 문제를 해결하는 포인트이다.

해설
① (X) 두 번째 문단에서, 골든은 육체적 관계의 성격과 소년의 명예를 배려하는 성격을 동시에 가지고 있었다고 주장한다. 〈보기〉에서, 도자기에 묘사된 소년애 장면은 소년애가 육체적 욕망의 관계로만 인식되는 것에 대한 거부감을 보여주므로, 골든의 해석과 상충하는 것이 아니라 오히려 골든의 해석을 뒷받침하는 사료에 가깝다고 볼 수 있다.
② (O) 세 번째 문단에서, 카틀리지는 그리스 소년애 풍속이 가지는 사회적 관계의 성격에 주목한다. 〈보기〉에서, 도자기에 묘사된 소년애 장면은 소년애가 육체적 관계로만 인식되는 것에 대한 거부감을 보여주므로, 소년애의 사회적 관계의 성격에 주목한 카틀리지의 해석과 상충되지 않는다고 볼 수 있다.
③ (X) 〈보기〉에 따르면, 그리스인들이 소년애의 육체적 관계의 성격에 대해 가졌던 거부감은 로마인들이 소년애에 대해 가지게 된 결벽적 태도와 연결되므로, 그리스인이 느낀 '거부감'과 로마인의 결벽적 태도가 상충한다는 서술은 타당하지 않다. 또한 이러한 선택지의 서술은 벤느의 해석이 비판되는 것과도 무관하다.
④ (X) 네 번째 문단에 따르면, 푸코는 "소년애를 억제한 결과 (중략) 노예들과의 동성애가 로마에서 널리 행해졌다"고 주장하였다. 따라서 주어진 선택지에서 '노예를 상대로 한 동성애 확산으로 인해 소년애가 줄었다'고 서술한 부분은, 지문에 제시된 푸코의 주장에서 원인과 결과를 뒤바꾼 것이므로 타당하지 않다.
⑤ (X) 〈보기〉에 제시된, 제정 초기 로마의 연가는 로마의 소년애가 그리스 문화에서 이식된 것임을 지지하는 근거이다. 따라서 이는 로마의 소년애가 그리스로부터 유입된 것이 아니라는 윌리엄스의 주장을 뒷받침하는 것이 아니라 오히려 반박하는 증거라고 할 수 있다.

04
정답 ⑤

분석 및 접근
사실 확인 문제에 해당하지만, 다양한 학자들과 학설들이 시간순-공간순으로 배열되어 정보량의 밀도가 매우 높고, 낯선 소재이기에 매우 까다로울 수 있으므로 주의해서 풀어야 한다.

해설
① (O) 첫 번째 문단에서 "수피 종단들이 여러 지역에서 군사적 저항을 주도했다"는 점이 제시되었고, "대표적인 것이 알제리, 리비아, 수단에서의 항쟁이었다."라고 제시되었다. 따라서 수피 종단들이 알제리, 리비아, 수단 지역에서 벌였던 선교활동이 성공을 거두었음을 추론할 수 있다.
② (O) 네 번째 문단에 따르면, "와하비즘은 성인을 인정하지 않고, 심지어 은사를 받기 위해 예언자 무함마드의 묘소에서 기도하는 것도 알라 외의 신성을 인정하는 것이라고 보아 배격했다."고 서술되었으므로, 와하비즘 신봉자들은 예언자 무함마드를 특별한 존재로 받드는 것조차 알라만이 유일한 신성이라는 일신교적 원칙을 어긴다고 보았음을 추론할 수 있다.
③ (O) 마지막 문단에 따르면, "수피즘의 의식에 참여한 이들 간에 생기는 형제애는 초국가적 조직망의 형성과 상호 협조를 가능하게 했다."라고 서술되었으므로 주어진 선택지의 설명은 타당하다.
④ (O) 두 번째 문단에서 "수피즘을 따르는 이들인 수피는 속세의 욕심에서 벗어나 모든 것을 신께 의탁하며, 금욕적으로 살고자 했다."라는 부분에서 주어진 선택지의 "수피즘은 세속을 떠나 신에게 모든 것을 맡기는 삶을 추구하였다"는 부분을 확인할 수 있다. 또한, 세 번째 문단에서 "수피 종단들은 (중략) 지역 밀착을 통해 생활 공동체를 형성하는 구심점이 되면서 항쟁에 필요한 기반을 이미 갖추고 있었다."라고 서술된 부분에서 "수피즘은 지역 공동체와의 협조를 중시했다."는 부분을 확인할 수 있다.
⑤ (X) 두 번째 문단과 세 번째 문단에서 수피 종단이 "지역과 시기에 따라 성쇠를 거듭"했고, "한동안 쇠락"하였다는 사실이 명시되지만, "18세기 이후 강력하게 재조직"되었다고 덧붙여지므로, 주어진 선택지에서 "결과적 쇠락을 초래"하였다는 부분은 타당하지 않다. 또한 개인적 구원의 희구와 지도자에 대한 추종을 동시에 추구한 것이 모순적이었다는 부분도 지문에서 언급되지 않는다.

05 정답 ⑤

분석 및 접근
지문에서 주어진 정보를 바탕으로 새로운 사실을 논리적으로 추론하는 문제이다.

해설
① (X) 수단의 수피즘에서 마흐디가 무함마드의 후손으로 받아들여졌다는 내용은 지문에서 언급되지 않는다.
② (X) 마흐디가 신비주의적 의식을 통해 알라와 하나가 되는 경지에 이르렀을 때 완성된다는 내용은 지문에서 언급되지 않는다.
③ (X) 마흐디가 탁월한 군사적 능력을 지닌 국가 지도자라는 내용은 지문에서 언급되지 않는다.
④ (X) 여섯 번째 문단에 "마흐디는 신정주의 국가를 건설하는 개혁적 지도자이기도 하다."라는 마흐디의 개념이 서술되었으므로 주어진 선택지에서 "마흐디가 신정주의 국가를 건설할 것이라는 개혁적 개념"에 대한 부분은 타당하나, '이슬람 경전에서 그 기원을 찾을 수 있다.'라는 내용에 대한 근거는 지문에서 제시된 바가 없다. 오히려 "마흐디 사상은 민간 신앙에서 출발하여 퍼진 것이었고, 특히 토속 신앙의 영향을 많이 받았던 수피들은 종단 지도자를 마흐디로 쉽게 받아들였다."라는 서술에서 볼 때, 마흐디 개념의 기원은 문헌적이라기보다는 토속 신앙의 구술적이고 전래적인 것이었음을 유추해 볼 수 있다. → 매력적 오답
⑤ (O) 여섯 번째 문단에 따르면 "마흐디란 종말의 순간 인류를 올바른 길로 인도하고 정의와 평화의 시대를 가져오는 구원자"라고 서술되었는데, 당시 북동 아프리카에서 무함마드 아흐마드가 마흐디로 받아들여졌다는 것은, 당시가 종말의 시대로 여겨지고 있었기 때문임을 유추해 볼 수 있다.

06 정답 ①

분석 및 접근
〈보기〉에서 추가된 정보가 원래 지문의 정보와 어떤 관계를 이루고 있는지를 빠르게 파악하여야 한다. 지문에서 "무라비트는 (중략) 이 지역(북서 아프리카)에서는 특정 수피 종단을 이끄는 왈리를 가리킨다."라고 서술되었으므로 〈보기〉는 무라비트에 대한 보충 설명에 해당한다.

해설
① (X) 다섯 번째 문단에 따르면, "무라비트는 신의 은총인 바라카를 가졌다고 여겨져 존경을 받았다."라고 서술되었고, "특정 가문 출신 중 영적으로 선택된 소수만이 될 수 있었다"고 서술되면서 그 사례로서 "무함마드의 후손인 샤리프 가문"이 제시되었다. 그런데 주어진 선택지는 "초월적 능력은 지니지 않아도 무라비트가 될 수 있는 것은 예언자 무함마드의 혈통을 지녔기 때문일 것이다."라고 서술되었는데, 가문 출신 중에서도 "영적으로 선택된"이라는 조건이 있어야 하므로, "초월적 능력"이 무라비트가 되기 위한 조건으로 요구된다는 점을 확인할 수 있다. 또한 특정한 가문 출신인 것만으로는 무라비트가 되기에 충분한 조건이 아님을 확인할 수 있다. 무함마드의 후손인 샤리프 가문은 사례일 뿐이지, 꼭 무함마드의 후손 가문이어야만 무라비트가 될 수 있다는 내용이 제시된 것은 아니기 때문이다.
② (O) 다섯 번째 문단에서 무라비트, 즉 왈리가 신의 은총인 바라카를 가졌다고 간주된 이유에 대한 보충 설명을 〈보기〉에서 확인할 수 있다. 〈보기〉에 따르면 왈리는 인류와 알라 사이의 중재자이며, 따라서 "중재자로서 권능을 지닌다"고 서술되었다. 이를 종합해 볼 때, 왈리가 특별한 영적 능력을 지닌다고 간주된 것은, 그가 신과 인간 사이의 중재자라고 여겨졌기 때문이고, 이러한 믿음이 바로 '윌라야'에 해당한다고 추론할 수 있다. 따라서 주어진 선택지의 설명은 타당하다.
③ (O) 네 번째 문단에 따르면, 수피즘에서 성인은 왈리라고 불리었으며, "성인(=왈리)들의 묘소는 순례의 대상이 되었고, 이를 중심으로 설립된 수피즘 수도원은 지역 공동체의 중심이 되는 경우가 많았다."라고 제시되었다. 이에 대한 보충 설명은 〈보기〉에서 "(왈리는) 사후에도 권위가 남아 있었다. 묘소는 중립 지대였으며, 적대적 부족들도 함께 모이는 장터 역할도 했다."라고 제시된 부분에서 확인된다. 즉, 왈리가 사후에도 지니는 권위로 인해서, 왈리의 묘소를 중심으로 설립된 수피즘 수도원이 지역 공동체의 중심이 되었음을 추론할 수 있는 것이다.
④ (O) 세 번째 문단에서, 압드 알 카디르는 성인으로 존경받았던 수피즘의 지도자라고 서술된다. 수피즘에서의 성인이 바로 〈보기〉의 왈리이다. 〈보기〉에서 왈리가 욕망에서 초탈한 인물이어서 권능을 지닌다고 여겨졌다고 서술된 부분을 통해서 압드 알 카디르도 욕망에서 초탈한 인물로 여겨졌기에 "외세에 맞서 부족들 간 이견을 봉합하고 결집시킬 수 있었음"을 연결지어 추론해 볼 수 있다.
⑤ (O) 다섯 번째 문단에서 제시된 샤리프 가문은 예언자 무함마드의 후손에 해당하며, 이들 가문 출신이 인류의 중재자인 왈리의 역할을 할 수 있다고 여겨지는 것은, 〈보기〉에서 제시된 것처럼 최후의 심판일에 무함마드가 인류의 중재자 역할을 한다고 믿어졌다는 것과 관련이 있음을 추론해 볼 수 있다.

07 정답 ③

분석 및 접근
기본적인 사실 확인 문제에 해당하며, 시간의 흐름에 따라 나타난 변화들을 정확히 시대별로 파악해야 한다.

해설
① (O) 두 번째 문단에서 '그들(로마의 법률가들)은 합의는 준수되어야 한다는 선험적인 전제로부터 출발하여 사태를 해결하려 했던 것이 아니라 단지 구체적인 분쟁에 대한 만족스러운 해결책은 무엇인가라고 하는 지극히 현실적인 물음에서 출발했던 것이다.'라고 서술되어 있으므로 로마의 법률가들은 합의는 반드시 이행되어야 한다라는 일관적인 원칙을 중요시한 것이 아니라, 현실적인 고려를 중요시하였음을 알 수 있다.
② (O) 두 번째 문단에서 '중세 영국의 판사들은 단순히 합의가 있었다고 해서 당사자가 합의의 내용에 구속된다고 보지는 않았다.'라고 서술되었으며, '그들(중세 영국의 판사들)이 보기에 합의의 불이행으로 인한 손해를 구제하는 것과 합의의 이행을 강제하는 것은 확연히 구분되는 일이었으며, 소송은 기본적으로 전자(손해의 구제)를 위한 수단'이었다고 덧붙여진다. 즉, 중세 영국의 판사들에게 소송이란 손해의 구제 수단으로 여겨졌음이 확인되는 것이다.
③ (X) 마지막 문단에서 '16세기 후반 우여곡절 끝에 영국 법원의 공식적 입장이 전환되기는 했지만 판사들 간의 논란은 종식되지 않았다. 과거의 전통을 지지하는 판사들은 여전히 형식의 옷을 중요하게 생각했던 것이다.'라고 서술되었는데, 영국 과거의 전통이란 '소송은 손해의 구제 수단이지 합의의 이행 강제 수단이 아니다.'라고 간주한 관점을 의미하므로 16세기 후반에도 여전히 소송을 통한 합의의 이행 강제를 당연시하지 않았던 영국 판사들이 상당하였음을 추론할 수 있다.

④ (O) 네 번째 문단에서 '(중세) 교회의 윤리 신학자들은 오직 해야할 것과 해서는 안 되는 것 그 자체를 양심의 법정에서 실질적으로 판단하고자 했다.'라고 서술되며, 이러한 사고방식은 '합의는 어떠한 형식의 것이든 준수되어야 한다'라는 조항으로 이어졌다고 설명되므로 중세의 윤리 신학자들은 윤리라는 관점에서 합의의 준수 의무라는 개념을 도출하고 인정하였음을 알 수 있다.

⑤ (O) 마지막 문단에서 '19세기의 법률가들이 인간 중심적인 근대 철학에 기초하여 합의의 구속력의 근거를 새로운 관점에서 설명하고자 했다'라는 내용을 통해 확인할 수 있다.

08 정답 ①

분석 및 접근

이 지문은 **역사학 지문**이면서, 동시에 **패러다임형 지문**에 해당하기도 한다. 따라서 이 문제는 **패러다임의 차별성 파악** 문제에 해당한다.

해설

① (X) 첫 번째 문단에서 '오늘날 우리는 법적인 문제에 있어서 사람들 사이에 합의가 있으면 당사자가 합의의 내용에 구속'된다고 간주하지만, 이러한 합의에 대한 관념이 로마의 법률가들에게는 받아들여지지 않았다고 서술되었다. 따라서 ㉠의 의미는 '합의의 법적 형식이 갖추어지지 않으면, 소송을 통해 합의 이행을 강제할 권리가 없다.'라는 뜻으로 이해해야 한다. 따라서 선택지에서 '합의의 내용에 따라 그것의 구속력 여부가 결정됨을 뜻한다.'는 '합의의 형식에 따라 그것의 구속력 여부가 결정됨을 뜻한다.'로 수정되어야 적절한 내용이 된다.

② (O) 두 번째 문단에서 '로마의 법률가들이나 중세 영국의 판사들은 단순한 합의가 있었다고 해서 당사자가 합의의 내용에 구속된다고 보지는 않았다.'라고 서술되었으므로 합의의 불이행만으로 소송을 할 권리가 인정되지 않았다는 것을 추론할 수 있다.

③ (O) 마지막 문단에서 '16세기 후반 이후 약 200년간 (중략) 합의의 이행을 강제하는 법 제도가 점차 당연하고도 정의로운 것으로 여겨지게 되었다'라고 서술되었고, '19세기의 법률가들은 합의의 구속적 성격이 인간의 자율성에서 도출된다고 보았다.'라고 서술되었으므로 ㉡이 19세기에도 통용된 법 원칙임을 추론할 수 있다.

④ (O) '합의는 어떠한 형식의 것이든 준수되어야 한다'라고 서술되었으므로 합의의 구속력이 형식과 무관하게 보장됨을 추론할 수 있다.

⑤ (O) ㉠과 ㉡은 공통적으로 합의의 구속력이 보장될 수 있는 전제조건을 규정하고 있는데, 이에 대해 ㉠은 조건적인 구속력을, ㉡은 무조건적인 구속력을 제시한다는 차이는 있으나, 구속력 여부에 대한 판단의 준거를 제공한다는 점에서는 공통된다.

09 정답 ②

분석 및 접근

지문의 주요한 서술적 특징에 해당하는 선택지를 고르면 쉽게 풀이할 수 있는 문제이다.

해설

① (X) 합의라는 제도 변화의 원인에 대해 '물가 상승'과 같은 경제적 변인으로 설명하고 있지만, 네 번째 문단에서 제시된 것처럼 교회의 신학자들의 윤리적 관념이라는 정신적 변인을 통해서도 설명하고 있으므로 적절하지 않다.

② (O) 지문은 시대의 흐름에 따라 '합의'의 관념에 대한 패러다임의 전환이 이루어지는 과정을 역사적 관점에서 서술하였다는 점에서 패러다임형 지문이면서 역사학 지문에 해당한다. 따라서 '합의'라는 중심 개념에 대한 이해의 변화를 역사적 측면에서 기술한다는 설명이 가장 적절하다.

③ (X) 오늘날에 통용되는 합의 개념이 등장하고 정당화된 과정을 제시한 것이지, 지문 어디에도 합의에 대한 새로운 개념을 제안하는 모습은 등장하지 않았다.

④ (X) 합의에 대한 오늘날의 통념적인 이해가 보편적이지 않았음을 역사적 사실을 통해 제시하는 것이지, 이를 논증의 방법으로 타당하지 않음을 제시하는 것이 아니다.

⑤ (X) 합의에 대한 과거의 사례를 오늘날에도 모범으로 삼아야 할 '전범'으로 인식하는 내용은 글에서 전혀 등장하지 않았으며, 또한 이를 오늘날의 문제를 해결하기 위한 대안으로 제시하는 내용도 지문에서 확인할 수 없다.

10 정답 ②

분석 및 접근

기본적인 사실 확인 문제에 해당하지만, 정보량의 밀도가 높은 지문에 편성되었으므로 풀이하기 까다로울 수 있다. 따라서 세세한 정보에 주의를 기울이면서 꼼꼼하게 풀이해야 한다.

해설

① (O) 지문에서는 조 씨 사건을 계기로 여성의 재가에 대한 논란이 촉발되어, 경국대전에 재가에 따른 불이익을 주는 법령이 도입되는 과정을 다루고 있다. 그런데 일곱 번째 문단에서 경국대전에는 재가한 여성과 남성을 직접 처벌하는 법적 근거가 마련되어 있지 않음에도, 〈대명률〉에 의거하여 조 씨와 김주가 처벌되었다는 내용이 서술되어 있다. 따라서 〈경국대전〉에 직접적인 처벌 조항이 없어도, 〈대명률〉과 같은 다른 법률 규정을 이용하여 처벌하는 것이 얼마든지 가능하였음을 추론할 수 있다.

② (X) 네 번째 문단에서 예조참판 이극돈이 제기한 바에 따르면, 기존 〈경국대전〉에는 세 번 시집을 간 여성의 아들과 손자에게 과거 응시와 현관(특정 요직)의 임용을 허락하지 않는다는 규정이 이미 마련되어 있었다. 반면, 논의를 거쳐 최종적으로 도입된 〈경국대전〉의 새로운 규정은 재가한 여성의 아들과 손자의 과거 응시와 어떠한 관직 임용도 금지하는 것에 해당한다. 즉, 세 번 시집간 여성에 대한 기존의 제재 규정을 두 번 시집간 여성에게 그대로 적용하는 것이 아니라, 아들과 손자의 현관(특정 요직)의 임용을 허락하지 않는 것에서 일체의 관직 임용을 허락하지 않는 것으로 오히려 더 불이익이 강화되어 적용된 것이다. 따라서 선택지에서 '세 번 시집간 여자에 대한 제재 규정을 두 번 시집간 여자에게 그대로 적용한 것이었다.'라는 내용은 적절하지 않다. 매우 미세한 차이로 오답 선택지를 만든 문제이므로 유의하여 독해해야 한다.

③ (O) 〈경국대전〉에 신설된 규정은 재가한 여성 당사자를 처벌하는 것이 아니라, 그 여성의 자식이나 손자가 차후에 과거를 통해 관직에 오르고자 할 경우에 불이익을 주는 규정에 해당하므로 관직에 오를 신분이 아닌 경우에는 법적 제재의 효과가 전무했을 것임을 추론할 수 있다.

④ (O) 지문에서 입장을 제기한 네 명의 인물 중 재가에 대한 처벌을 강화하는 방향으로 강경한 입장을 제기한 인물은 **무령군 유자광** 단 한 명에 불과하다. 또한 여섯 번째 문단에 따르면 '유자광의 의견에 동조한 사람은 단 세 명뿐이었다.'라고 했으므로 유자광의 의견이 소수 의견이었음을 추론할 수 있다. 그러나 성종은 여성의 재가가 가풍을

무너뜨리므로 풍속을 바로잡아야 한다는 판단을 바탕으로 소수 의견에 해당되었던 유자광의 주장에서 재가한 여성의 자손을 관직에 오르지 못하게 하자는 부분을 그대로 받아들여 〈경국대전〉에 반영하였다.

⑤ (O) 네 번째 문단의 **예조참판 이극돈**에 따르면 기존의 경국대전 규정은 세 번 시집간 자는 실행한 자와 마찬가지로 처벌하였으므로 여자가 세 번 시집가는 것에 대해 여자의 자손들에게 불이익을 주는 처벌 방식이 실행한 자에 대한 처벌과 동일했음을 유추할 수 있다.

11

정답 ③

분석 및 접근
네 명의 입장을 비교하는 문제인데, 여성의 재가에 대한 강경파와 온건파로 스펙트럼을 분류하는 식으로 정보를 정리하면 문제를 빠르게 해결할 수 있다.

해설
① (X) ㉠은 "과부가 된 자에게 재가를 허락하지 않는다면, 부모와 자식이 없어 의지할 곳이 없는 사람은 오히려 절개를 잃게 될 것입니다."라고 주장하므로 재가를 금지할 경우 과부들이 절개를 잃는 일이 많아질 것이라고 봄을 알 수 있다. 그러나 ㉡의 주장에서는 이러한 내용을 확인할 수 없다.

② (X) ㉠은 "그전대로 하는 것이 편하겠습니다."라고 주장하므로 새로운 법령을 만드는 것에 대해 부정적인 입장이다. 반면, ㉣은 그 전에는 처벌 대상이 아니었던 여성의 재가에 대해서 이를 처벌하는 규정을 도입할 것을 주장하고 있으므로 새로운 법령을 만드는 것에 대해 긍정적인 입장이다.

③ (O) ㉡은 형세상 어쩔 수 없이 재가한 여성에 대한 처벌 규정을 기존의 세 번 시집간 여성에 대한 〈경국대전〉의 처벌 규정으로 적용할 것을 주장하고 있다. 이는 부득이하지 않은 재가에 대해 기존 법률을 확대 적용하자는 입장으로 해석될 수 있다. 반면, ㉢은 세 번 시집간 여성에 대한 〈경국대전〉의 처벌 규정은 정상을 참작하여 법을 만든 것이므로 세 번 시집간 여성에 대한 처벌 규정을 재가한 여성에 적용하여 일일이 논죄한다면 또한 어려울 것이라며 기존 〈경국대전〉의 처벌 범위만을 유지할 것을 주장하고 있다. 이는 기존 법률의 확대 적용에 반대하는 의견이라고 해석될 수 있다.

④ (X) ㉡은 형세상 어쩔 수 없이 재가한 여성에 대해서는 처벌의 필요성이 없으며, 부득이한 사유가 없음에도 재가한 여성에 대해서만 처벌 규정을 신설하자는 논의를 전개하고 있으므로 재가의 정황을 참작하여 법률을 차등적으로 적용하자는 입장이다. 또한 ㉢ 역시 마찬가지로 재가가 부득이한 경우가 있으므로 국가는 풍속을 장려하는 데에서 그쳐야 일일이 논죄하는 것이 부당하다는 논의를 전개하고 있으므로 법률을 일률적으로 적용하는 것에 대해 비판적이며 정황 참작의 중요성을 강조하고 있다.

⑤ (X) ㉣의 주장은 현실을 고려하기보다는 형벌을 강화함으로써 풍속을 지키는 데 국가가 적극 개입하여야 한다는 입장에 해당하지만, ㉢의 주장은 이에 해당하지 않는다.

12

정답 ④

분석 및 접근
전형적인 **역사학의 '사료 적용 문제'**에 해당한다. 과거 〈경국대전〉의 처벌 규정과 조 씨 사건으로 수정된 〈경국대전〉의 처벌 규정의 차이를 구별하는 것이 중요하다.

해설
① (O) 조 씨는 〈경국대전〉이 아닌 〈대명률〉에 따라 처벌받았는데, 그 처벌의 근거는 조 씨는 친척이 혼인을 주선하지 않았음에도 스스로 시집간 죄로, 김주는 조 씨와 혼인하되 예를 갖추지 않은 죄였다. 그런데 조 씨의 케이스와 다르게, 〈보기〉의 목 씨는 오빠의 주선으로 혼인을 하였고 남편인 남예건도 예를 갖추었으므로 〈대명률〉에 의거해서도 처벌을 받을 근거가 없다.

② (O) 과거의 〈경국대전〉은 부득이한 사정이 없었음에도 세 번 시집간 여성의 자손에 대해서 불이익을 주었지, 재가한 여성에게는 어떠한 제재도 가하지 않았으므로 〈경국대전〉이 수정되지 않았더라면 재가한 여성인 목 씨의 아들은 어떠한 법적 제재도 받지 않았을 것이다.

③ (O) 수정된 〈경국대전〉은 그 이유를 막론하고 재가한 여성의 손자에게 과거 응시를 금지하고 있으므로 재가한 여성에 해당하는 목 씨와 남예건의 손자는 과거에 응시하는 것이 불가능하다.

④ (X) 수정된 〈경국대전〉은 재가를 하게 된 부득이한 사정을 전혀 고려하지 않고, 재가를 했다는 구성 요건이 인정되기만 하면, 재가한 여성의 자손에게 법적 제재를 가한다. 따라서 수정된 〈경국대전〉에 따라 목 씨를 처벌할 때는 목 씨의 나이와 형편은 전혀 법적인 고려 대상이 되지 않는다.

⑤ (O) 수정된 〈경국대전〉은 재가한 여성의 자손에 대해서만 불이익을 가하지, 재가한 여성의 남편에 대해서는 처벌을 하지 않는다.

제재 3 | 철학

p.206

01	02	03	04	05
②	④	②	①	⑤
06	07	08	09	10
⑤	②	②	④	④
11	12			
①	③			

01
정답 ②

분석 및 접근
기본적인 사실 확인 문제에 해당하며, 칸트 철학의 논리적 전개 과정과 결론을 이해하여야 문제를 해결할 수 있다.

해설
① (X) 두 번째 문단에서 '인간이 (중략) 감정이나 취향과 같은 경향성을 가지며, 다른 사람들과 함께 살아가는 존재라는 사실을 모두 소거한다. 이로써 인간이 이성적 존재라는 단 하나의 사실에 초점을 맞춘다.'라고 제시되었다. 주어진 선택지에서 '추론 능력'은 이성적 존재와 관련된 부분이므로, ㉠을 제거하기 위해 '추론 능력'과 무관하게 도덕 법칙을 정초한다는 서술은 타당하지 않다.
② (O) 두 번째 문단에서 '이성적 의지는 (중략) 자유로운 의지'이며, '자유란 스스로 법칙을 제정하고 동시에 자신이 제정한 법칙에 스스로 예속되는 '자기입법'과 '자기예속'으로서 '자율'의 능력'이라고 제시되었다. 따라서 ㉡에 따른 행위는 이성의 요구에 따라 행하여야 할 바에 대한 자율적 자기예속에 따르는 것이다. 또한 '(이성에 따른 자율적 자기입법만이) 도덕적 행위의 유일한 판단 기준이 된다.'라고 제시되었으므로 ㉡에 따른 행위만이 진정한 도덕적 행위가 된다는 결론이 도출된다.
③ (X) 두 번째 문단에서 '칸트의 도덕 철학이 갖는 우선적 목표는 '보편도덕'을 확립하는 것'이며 이를 위해 '인간과 도덕으로부터 ㉠ 경험 세계의 모든 우연적 요소들을 제거한다.'라고 제시되었다. 따라서 ㉢ 도덕적 주체는 '자신의 경향성'을 행위의 동기로 하는 것이 아니라 '이성에 따른 자율 입법'에 의거하는 것만을 행위의 동기로 삼는다.
④ (X) ㉣ 정언명법이란 "네 의지의 준칙이 동시에 보편적 입법의 원리로서 타당하도록 행위하라"는 의미이다. 주어진 선택지에서 '목적에 맞는 수단으로 행위하라.'는 명령은 특정 목적에 맞는 개별적인 수단에 의존할 것을 강조하는 명령이므로, 보편적 입법의 원리에 타당하도록 행위할 것을 요구하는 ㉣에 부합하지 않는다.
⑤ (X) 두 번째 문단에 따르면 칸트의 도덕 철학은 신과 같은 초월적 존재의 권위에 기대지 않고, 인간 존재에게 '이성'이 그 자체로 이미 주어졌다는 사실에 의거하여 '보편도덕'을 세우는 것이므로 ㉤에서 '초월적 존재'에 의해 선험적으로 주어진 권위로부터 도덕성이 확보된다는 의미를 해석할 수 없다.

02
정답 ④

분석 및 접근
칸트 철학과 헤겔 철학이 상반된 관점으로 대립하고 있는 **패러다임 지문**에 해당한다. **패러다임의 차별성**을 명확히 이해하는 것이 문제의 핵심이다.

해설
① (O) 네 번째 문단에서 '도덕적 질서와 달리 윤리적 질서는 실재하는 내용을 지닌다. 그리하여 추상적인 또는 형식적인 이성의 원리에 기초하여 무엇이 의무인지 결정할 수 없는 어려움이 윤리의 수준에서는 사라진다.'라고 서술된 부분을 통해, 헤겔은 칸트의 도덕성 개념이 이성의 형식에만 의존하고 이성의 실질적 내용을 갖추지 못하고 있다며 비판하고 있음이 확인된다.
② (O) 네 번째 문단에서 '각자가 지닌 특수한 의지가 보편적 의지로서의 윤리적 질서와 일치하게 됨을 확인하기만 하면, 윤리적 질서 안에서 의무와 권리는 하나가 되어 의무는 더 이상 강제가 아니게 된다.'라고 서술된 부분을 통해, 헤겔은 칸트가 일방적으로 의무를 부각하고 있다는 점을 비판하고 있음이 확인된다.
③ (O) 네 번째 문단에서 '(헤겔은) 윤리적 삶은 진정한 자유의 실현이며, 이는 끝없이 전진하는 자기의식이 도달하는 지점이다. (칸트의) 도덕적 질서와 달리 (헤겔의) 윤리적 질서는 실재하는 내용을 지닌다.'라고 서술된 부분을 통해, 헤겔이 간주하는 진정한 자유란 윤리적 삶을 통해서 가능하며, 그 구체적인 모습은 가족, 시민사회, 국가를 통해 발전하는 인륜의 양태를 띈다고 주장하고 있다. 이를 통해 헤겔이 인간의 자유를 이성적 존재의 보편성으로 한정하는 칸트의 자유 개념을 비판하며, 진정한 자유의 실현인 윤리적 삶의 구체적 모습을 제시하고 있음을 확인할 수 있다.
④ (X) 헤겔이 칸트의 도덕 철학을 비판하는 핵심은 칸트가 추상적이고 형식적인 논증에만 치중하여 '윤리적 삶'의 구체적인 모습을 제시하지 못하였다는 점이다. 칸트의 논증이 편향되어 균형을 잃고 있다는 지점은 헤겔이 칸트의 도덕 철학을 비판하는 근거로 제시한 바에 해당하지 않는다. 또한 칸트는 선험적으로 주어진 이성에 기초하여 보편 법칙이 성립될 수 있다고 제시할 뿐, 보편적 의지가 함양된다고 설명하지는 않고 있다.
⑤ (O) 칸트의 도덕 철학이 인간 개인에게 내재되어 있는 '이성'으로부터 자기가 구속됨을 핵심으로 하는 반면에, 헤겔의 윤리 철학은 가족, 시민사회, 국가라는 세 단계의 공동체를 거치면서 끊임없이 전진하고 실현된다고 주장하고 있다. 즉 헤겔에 따르면 칸트의 도덕 철학은 인간의 이성이라는 고립적인 자기동일성의 차원에 국한되어 있고, 따라서 윤리적 삶의 단계를 거친 자기의식의 발전을 도외시하고 있는 것이다.

03
정답 ②

분석 및 접근
글의 후반부에 집중적으로 제시되고 있는 헤겔의 인륜 개념에 대한 사실 확인 문제에 해당한다.

해설

① (O) 마지막 문단에서 헤겔은 ⓐ인륜이라 불리는 윤리적 삶의 영역에서 부모와 자식 간에 존재하는 권리와 의무를 받아들이게 된다고 주장하였다. 따라서 윤리적 삶의 가족 단계에서 자녀들은 양육될 권리를 지닌다는 결론이 추론될 수 있다.
② (X) 마지막 문단에서 '시민사회에서 개인은 각자의 사회적 지위에 따라 특수하게 구체화된 존재이지만, 법적 체계에서는 모두 동등한 권리를 지닌 존재이다.'라고 서술된 부분을 통해, 시민사회의 단계에서 모든 구성원들의 사회적 지위가 동등하다는 주장은 제시되지 않았음을 확인할 수 있다.
③ (O) 마지막 문단에서 '개인이 국가 안에서 진정한 개체성을 지니고 보편을 자기 자신의 실재하는 정신으로 인식하며 보편을 자신의 목표로 간주하여 적극적으로 추구할 때, 국가란 그에게 자유의 실현이 된다.'라고 제시된 부분을 통해, 국가의 단계에서 개인의 개체성이 보편성으로 통일된다는 점을 추론할 수 있다.
④ (O) 마지막 문단에서 '(두 번째 단계인 시민사회에서) 개인은 자기 자신의 실재하는 정신이 시민사회 안에 구체화되어 있음을 발견할 때, 일정 수준의 자유에 도달한다.'라고 제시된 반면, '(세 번째 단계인 국가에서) 국가란 그(개인)에게 자유의 실현이 된다.'라고 제시되었으므로, 이를 종합하여 볼 때 시민사회보다 국가에서 개인의 자유가 고양된 형태로 구현된다는 점을 추론할 수 있다.
⑤ (O) 헤겔에 따르면 인륜이 가족, 시민사회, 국가의 단계를 거치면서 발전하게 된다. 이때 인륜은 '진정한 자유의 실현이며, 이는 끝없이 전진하는 자기의식이 도달하는 지점'이므로, 가족, 시민사회, 국가는 이성이 외적으로 발현되는 단계들을 나타낸 것으로 해석될 수 있다.

04   정답 ①

분석 및 접근
법에 대한 세 가지 학설, 고전적 자연법론과 칸트의 법 철학, 들뢰즈의 법 철학 사이의 논리적 관계를 이해하여야 해결할 수 있는 사실 확인 문제에 해당한다.

해설

① (X) 다섯 번째 문단에서 '근대적 법 이론의 역사에서 법과 선의 관계를 전도시키는 칸트의 기획은 하나의 신기원을 이루었다.'라고 제시된 부분을 통해 칸트의 법 이론이 앞선 고전적 자연법론의 전통을 전복하였음을 확인할 수 있다. 즉, 법이 선에 종속된다는 관념이 고전적 자연법론이었다면, 역으로 선이 법에 종속된다는 것이 칸트의 법 이론이다.
② (O) 첫 번째 문단에서 '법은 오랫동안 선에 비해 부차적인 것, 혹은 선을 닮기 위한 수단에 불과한 것으로 이해되었다.'라고 제시된 부분을 통해 칸트의 법 이론이 등장하기 이전까지의 고전적 자연법론에서 법은 선에 대한 수단으로서 종속적으로 존재론적 가치를 지닌다고 인식되었다는 점을 확인할 수 있다.
③ (O) 첫 번째 문단에서 '플라톤 식으로 표현하면, 선의 이데아를 따르기 위해 현상계의 인간들이 할 수 있는 것은 선의 모방이었으며, 구체적으로 이 모방은 법을 따르는 것이었다.'라고 제시된 부분을 통해 법에 대한 복종이 현상계에서 선을 따르는 수단으로 간주되었음을 확인할 수 있다.
④ (O) 두 번째 문단에서 '칸트는 인간의 실천이성에 선험적으로 내재하는 도덕법칙에 주목하여 법과 선의 관계를 재규정'하였다고 제시된 부분을 통해 칸트가 법의 근거를 선험적 도덕법칙에서 찾았다는 점을 확인할 수 있다. 또한, 세 번째 문단에서 '정언명령은 어디까지나 순수 형식의 표상으로서 대상, 지역, 상황과는 무관하고, 그 속에는 구체적인 행위를 지시하는 내용이 전혀 들어 있지 않다.'라는 부분을 통해 칸트가 법의 근거를 객관적 실재에서 찾지는 않았다는 점을 확인할 수 있다.
⑤ (O) 두 번째 문단에서 '만약 서로 다르고 모순적인 세계관들이 충돌하게 되면 자연법론은 보편적 적용 가능성을 얻는 대가로 끊임없이 그 내용을 포기해야만 하는 운명을 피하기 어렵다.'라고 서술된 부분을 통해 확인할 수 있다.

05   정답 ⑤

분석 및 접근
칸트의 법 철학과, 칸트의 법 철학에 대한 들뢰즈의 재해석을 모두 이해하여야 한다.

해설

① (O) 다섯 번째 문단에서 '정언명령은 순수 형식이며 그 안에는 구체적인 내용이 없다. 따라서 정언명령은 오로지 구체적인 상황 속에서만 구체적으로 인식될 수 있다.'라는 부분을 통해, 법의 구체적 내용은 사후적으로만 확인된다는 점이 명시되었다. 또한 카프카의 작품 「유형지에서」를 통한 비유에서 들뢰즈가 법을 위반한 이후에 처벌을 받는 과정에서만 법의 위반 행위가 확인될 수 있다고 주장하였다는 점을 확인할 수 있다.
② (O) 네 번째 문단에서 '칸트의 이런 기획에 따르면 법은 더 이상 선에 의하여 규정되지 않고 도리어 법의 입장에서 선을 규정한다. 실천이성의 법칙으로서 법은 선이 의무를 부과하기 위해 가지지 않으면 안 되는 보편적인 형식으로 스스로를 정당화한다.'라는 부분을 통해 확인된다.
③ (O) 다섯 번째 문단에서 '정언명령은 순수 형식이며 그 안에는 구체적인 내용이 없다. 따라서 정언명령은 오로지 구체적인 상황 속에서만 구체적으로 인식될 수 있다.'라는 부분을 통해 확인된다.
④ (O) 마지막 문단에서 '근대적 법 이론가로서 칸트는 인간에게 스스로의 내면에서 실천이성이 명령하는 법에 대해 무조건적으로 복종하라고 요구한다. 그러나 들뢰즈에 따르면, 칸트의 기획은 법에 대한 엄격한 복종을 통해 인간에게 죄의식을 증대시키는 과정인 동시에 인간의 자유의 토대인 인격적 자율을 훼손하는 과정이기도 하다.'라는 부분을 통해, 인간의 인격적 자율이 '법을 명령하는 자'에 해당하는 실천이성과 '그 명령을 따라야만 하는 자'에 해당하는 죄의식에 시달리는 의식으로 분열된다는 점을 확인할 수 있다.
⑤ (X) 세 번째 문단에서 칸트가 인간의 본연적 기질이 아닌 정언명령을 법의 근거로 제시한 이유에 대해 '인간의 자연적 경향이 항상 선을 지향하고 있지는 않기 때문'이라고 명시되었다. 따라서 '인간의 본성이 선을 지향한다고 전제한 뒤' 도덕법칙에 대한 의무를 부과하였다는 서술은 타당하지 않다.

06　정답 ⑤

분석 및 접근

칸트의 입장에서 들뢰즈의 비판에 대해 재반박할 수 있는 선택지가 아닌 것을 판단하는 문제다. 철학 제재의 지문은 논증형 지문의 성격을 갖는 경우가 많으며, 이에 주어진 주장에 대한 예상되는 재반박을 묻는 문제가 빈번히 출제된다.

해설

① (X) 세 번째 문단에서 '칸트는 인간의 자유를 인격적 자율과 그에 따른 책임으로 이해하면서 윤리적 행위를 규정하는 도덕법칙으로 정언명령을 제시한다.'라고 서술된 부분을 통해, 칸트에게 인격적 자율과 책임의 문제는 순수한 표상으로서 정언명령에 복종하는지 여부에 관한 것이지, 죄의식과 같은 주관적인 심리 현상과 관련된 부분이 아니라고 간주된다는 점을 확인할 수 있다. 따라서 ①은 칸트가 들뢰즈에게 제기할 수 있는 적합한 재반박에 해당한다.

② (X) 설령 들뢰즈가 주장한 것처럼 칸트의 정언명령에 복종한 결과로서 죄의식이 발생하였다는 점을 인정한다고 해도, 죄의식이 발생하였다는 사실이 정언명령에 복종하지 않아야 할 합당한 사유가 되지는 못한다고 칸트는 주장할 수 있다. 따라서 ②는 칸트의 기획을 거부하여야 한다는 들뢰즈의 주장에 대해 칸트가 제기할 수 있는 적합한 재반박에 해당한다.

③ (X) 들뢰즈는 법의 실행이 인격적 자율을 훼손하고 죄의식을 발생시킨다고 주장하였다. 반면에 칸트에 따르면, 인격적 자율은 스스로의 이성에 의해 부과된 보편적 도덕법칙으로서 정언명령에 복종하는 것을 통해 구성되므로, 들뢰즈의 주장과 달리 법의 실행을 통해 인격적 자율이 구현되고 따라서 죄의식도 발생하지 않을 것이라고 반박할 것이다.

④ (X) 세 번째 문단에서 '칸트는 "너의 의지의 준칙이 항상 동시에 보편적 입법의 원리로서 타당할 수 있도록 행위하라."라고 하는 명령을 실천이성의 원칙으로 선언한다.'라고 제시되었다. 따라서 칸트의 논리에 따르면, 범죄 행위는 그 행위의 준칙이 보편화될 수 없다는 점에서 불법성이 명확하다는 점이 모든 이성적 존재에게 추론될 수 있으며, 범죄 행위를 저지르는 것에 대해 죄의식이 발생한다고 해도 그 죄의식에는 정당성이 없다. 오히려 책임감을 느끼는 것이 당위적이라고 할 것이므로, ④는 칸트의 기획을 거부하여야 한다는 들뢰즈의 주장에 대해 칸트가 제기할 수 있는 적합한 재반박에 해당한다.

⑤ (O) 칸트에 따르면, 법은 인간의 실천이성이 선의 이념에 따라 자신에게 강제적으로 부과하는 규범이므로, 그로 인해 죄의식에 사로잡히더라도 무조건적으로 복종해야 한다. 따라서 ⑤는 칸트의 주장이 될 수 없으며, 오히려 칸트에 대한 들뢰즈의 비판에 해당한다.

07　정답 ②

분석 및 접근

'낭만적인 것'과 '낭만주의'를 **개념 분할**하고, '기독교적인 것'과 '기독교'를 **개념 분할**하는 헤겔의 논지를 정확히 이해하여야 해결할 수 있는 문제이다.

해설

① (X) 세 번째 문단에서 '그(헤겔)가 몇몇 지점에서 '낭만적인 것'을 '기독교적인 것'과 같은 의미로 사용하고 있다.'라고 제시되었다. 그러나 이는 '낭만적인 것'과 '기독교적인 것'이 등치라는 의미이지, '낭만주의'와 '기독교'가 등치라는 의미가 아니다.

② (O) 세 번째 문단에서 '기독교는 자연적 대상의 숭배 또는 매개를 넘어섰다는 점에서 '기독교적인 것'이기는 하지만, (중략) '기독교적인 것'의 불완전한 단계로 평가된다.'라고 서술되었다. 헤겔은 '기독교적인 것'을 '낭만적인 것'과 같은 의미로 사용하고 있으므로, '기독교'가 정신적 작동 방식의 측면에서 '기독교적인 것'에 속한다는 것은, '기독교'가 정신적 작동 방식의 측면에서 '낭만적인 것'에 속한다는 의미이다.

③ (X) 헤겔은 '낭만주의'와 '기독교'는 모두 정신의 작동 단계에서 완전한 순수한 내면성의 단계에는 도달하지 못한 불완전한 것으로 간주하고 있다.

④ (X) 세 번째 문단에서 "'기독교적인 것'은 순수한 개념적 반성을 통해 진리를 인식하는 철학에서 달성된다.'라고 서술되었다. 즉, '기독교적인 것'은 철학에 비해 불완전한 단계라고 간주되는 예술의 영역인 '낭만주의'를 통해서가 아니라, 이성의 영역인 철학을 통해서 달성되는 경지인 것이다. 따라서 '기독교적인 것'이 '낭만주의'를 통해 달성된다는 서술은 타당하지 않다.

⑤ (X) 두 번째 문단에 따르면, '낭만주의'는 이성이 아닌 '상상력과 감수성'을 핵심으로 하는 지적 미성숙의 단계이다. 그런데 '엄밀한 개념에 의거하여 최고도의 사유를 수행하는 사변적 이성 및 그러한 이성의 활동장인 철학까지도 (헤겔은) 종종 '낭만적'이라고 부를 뿐 아니라'라고 서술되므로, 사변적 이성의 완전한 형태조차도 일부 단계에서는 상상력과 감수성에 의존하는 단계를 거친다는 것을 의미한다. 따라서 사변적 이성의 완전한 형태인 '낭만적인 것'과 '기독교적인 것' 조차도 **모든** 단계에서 순수한 개념적 반성을 통해 수행되는 것은 아닌 것을 확인할 수 있다. → **매력적 오답**

08　정답 ②

분석 및 접근

헤겔의 예술 철학이 '낭만주의'와 '기독교'를 불완전한 단계로 간주하고, 사변적 이성에 의거한 '낭만적인 것'과 '기독교적인 것'을 완전한 단계로 간주한다는 점을 이해한다면, 어렵지 않게 해결할 수 있는 문제이다.

해설

① (X) 헤겔은 정신의 재귀적 작동이 신앙(기독교)과 예술(낭만주의)의 영역이 아니라 사변적 이성에 의거한 철학('낭만적인 것', '기독교적인 것')에서 최고도로 이루어진다고 생각하고 있다.

② (O) 세 번째 문단에서 '절대자 그 자체가 완전한 이성적 구조, 즉 개념의 엄밀하고도 완전한 자기 운동 체계이므로, 그것에 호응하는 인간 지성의 형식 역시 개념적 사유 능력인 이성이어야 한다는 것'이라는 부분을 통해 확인할 수 있다.

③ (X) 헤겔은 구체적인 현실에 대한 직접적인 체험이 아니라 '엄밀한 개념에 의거하여 최고도의 사유를 수행하는 사변적 이성 및 그러한 이성의 활동장인 철학'을 인식의 출처라고 간주한다.

④ (X) 세 번째 문단에서 '이('기독교적인 것')는 절대자, 곧 '신'이 어떤 인격체가 아니라 세계의 근본적 존재 구조 내지 원리로서의 '이성''이라고 보는 그의 절대적 관념론'이라는 부분을 통해서, 헤겔에게 절대적 진리에 대한 최고의 인식은 인격화된 절대자의 존재를 증명하는 것이 아니라는 점을 확인할 수 있다.

⑤ (X) 헤겔은 '상상력과 감수성'을 핵심으로 하는 '낭만주의'를 지적 미성숙의 단계로 간주하고 있으므로 정신 내면의 자유로운 상상력의 작동에서 최고의 지적 탁월성이 달성되는 것이 아니라고 여길 것이다.

09
정답 ④

분석 및 접근
예술사의 통념적인 '낭만적인 것'의 개념과 다르게 '낭만적인 것'을 독자적으로 개념 획정하고 있는 헤겔의 논지를 이해한다면, 〈보기〉에서 추가된 정보의 의미를 이해할 수 있을 것이다.

해설
① (X) 헤겔에 따르면, 어떤 예술 장르가 '낭만적인 것'으로 분류된다는 것은 예술이 철학적 사변의 단계를 넘어섰다는 의미가 아니라, 예술이 철학적 사변의 단계에 도달하였다는 의미이다.
② (X) 〈보기〉에서 '인간적인 것 그 자체'는 '낭만적인 것'과 등치되는 의미로 사용되고 있으며, 이는 지문에서 제시되었듯이 철학적 사변의 단계에 도달하였음을 의미하는 것이지, 세속의 미시적 현실에 대한 탐구를 초래하는 인식의 전환과는 무관하다.
③ (X) 헤겔은 '기독교'와 '기독교적인 것'을 구분함으로써, '낭만적인 것'과 '기독교적인 것'을 등치시킨다. 즉, 〈보기〉에 제시된 장르화가 헤겔에 의해 '낭만적인 것'으로 분류되는 것은, 그것이 '기독교적인 것'을 함축하고 있기 때문이지, '기독교'의 교리를 함축하고 있기 때문이 아니다.
④ (O) 헤겔이 '낭만적인 것'으로 네덜란드 장르화를 분류하는 이유는 그것이 주체의 정신적 내면성에 의거한다고 간주했기 때문일 것이다. 이는 〈보기〉에서 제시된 것처럼, 헤겔이 네덜란드 장르화를 건축, 조각보다는 음악, 시문학에 더 가까운 것으로 분류하는 이유이기도 할 것이다.
⑤ (X) 헤겔은 상상력에 의존하는 '낭만주의'와 사변적 이성에 의거하는 '낭만적인 것'을 개념적으로 분리하여 사용하고 있다. 따라서 네덜란드 장르화가 '낭만주의'가 아니라 '낭만적인 것'으로 설명되는 것은, 헤겔이 보기에 네덜란드 장르화가 상상력의 무제한적 발산을 추구하기 때문이 아니라 개념적이고 내면적인 이성적 사고를 형상화한다고 여겨졌기 때문이었을 것이다.

10
정답 ④

분석 및 접근
지문에서 제시되는, 진리에 대한 다양한 철학적 관점들의 중요한 특징과 입장의 변화 과정을 정확하게 파악하고 있는지를 물어보는 문제이다.

해설
① (X) 첫 번째 문단에 따르면, 진리에 대한 고전적 정식을 보편화시킨 철학자는 토마스 아퀴나스이며, 이 정식의 맹아는 플라톤에게서 나타난다고 서술되어 있으므로, 선지의 서술은 타당하지 않다.
② (X) 첫 번째 문단에 따르면, 플라톤은 『소피스테스』에서는 말이 명제일 때 비로소 진릿값을 가질 수 있다고 보았으나, 그 이전의 『크라틸로스』에서는 명제뿐 아니라 하나의 단어도 참 또는 거짓의 진릿값을 가질 수 있다고 보았다. 따라서 말의 진위 여부가 명제 차원에 한정된 문제라는 것은 플라톤의 일관된 입장이 아니라, 『소피스테스』에서만 개진되는 입장임을 확인할 수 있다.
③ (X) 두 번째 문단에서, "좋음의 이데아 덕분에 비로소 이데아들은 인식될 수 있다"고 제시된 것에서 알 수 있듯이, 플라톤의 진리관에서 좋음의 이데아들은 이데아들과 인간의 인식 능력이 일치한 결과가 아니라 이데아들과 인간의 인식 능력을 일치하도록 하는 원인에 해당한다.
④ (O) 세 번째 문단에 따르면, '존재론적 차원의 진리'는 '지성에 사물이 일치함'으로 규정되며, 이러한 존재론적 차원의 진리에서 판정 기준이 되는 것은 바로 '지성'이다. 또한 '인식론적 차원의 진리'는 '사물에 지성이 일치함'으로 규정되며, 이처럼 진리의 인식론적 차원에서는 '지성'이 판정 대상이 됨을 확인할 수 있다.
⑤ (X) 세 번째 문단에 따르면, 이후의 철학사에서 베리타스의 두 차원 중 명제적 진리가 담론의 주된 논제가 되는 경향이 종종 보인다고 서술되었으며, 이를 진리에 대한 '의미 한정'이라고 설명한다. 또한 같은 문단에서 "진리의 그러한 의미 한정은 철학 본연의 향도적 기능의 제한으로 이어진다"는 부분을 통해, 사태적 진리가 진리 담론에서 경시되는 철학사적 과정은 철학의 향도적 기능이 점차 약화되어 왔음을 보여 준다는 점을 확인할 수 있다.

11
정답 ①

분석 및 접근
플라톤과 토마스 아퀴나스가 각자 다른 방식으로 진리라는 개념을 정의한 방식을 구체적으로 이해하고 있는지를, 지문에 등장하지 않은 새로운 사례를 통해 추론형 선지로 확인하도록 하는 문제이다.

해설
① (O) '지성에 사물이 일치함'을 성취하지 못하는 사물은 지성에 일치하지 못하는 사물이어서 존재론적 차원의 진리만을 충족시키는 사물이다. 반면에 '오르토테스'는 명제적 진리를 가리키는 것으로, 주어와 술어의 존재하는 연결을 존재하는 것으로 주장하거나 존재하지 않는 연결을 존재하지 않는 것으로 주장할 때 성립한다. 따라서 만약 어떤 문장의 주어가 '지성에 사물이 일치함'을 성취하지 못하는 사물인 경우에, 그것에 연결될 수 있는 술어를 연결하거나 연결될 수 없는 술어를 연결하지 않으면 그 명제는 참값을 지닐 수 있으며, 이는 '오르토테스'를 성취한다는 의미이다.
② (X) '국가의 이데아'는 알레테이아를 성취할 수 있는, '사물들의 이데아' 중 하나이다. 두 번째 문단에 따르면, 이러한 이데아는 '좋음의 이데아'를 통해야 비로소 우리 인식 능력에 그 모습을 드러낼 수 있다고 서술되어 있다. 따라서 '국가의 이데아'가 '좋음의 이데아' 없이 우리의 이성 자체의 힘만으로 인식될 수 있다는 서술은 적절하지 않다.
③ (X) '삼각형의 꼭짓점은 네 개이다'라는 명제의 주어는 '삼각형의 꼭짓점'이고 연결된 술어는 '네 개이다'이다. 실제의 삼각형의 꼭짓점은 네 개가 아니라 세 개이므로, '삼각형의 꼭짓점은 네 개이다'라는 명제는 존재하는 연결을 존재하지 않는 것으로 언표하여서가 아니라, 존재하지 않는 연결을 존재하는 것으로 언표하기 때문에 오르토테스일 수 없는 것이다.
④ (X) 첫 번째 문단에 따르면, 명제는 "주어-술어의 연결을 통해 사실성을 주장하는 언표"를 의미한다. '이 몸이 새라면 어떻게 될까.'라는 말은 주어와 술어를 연결하고 있으나, 이를 통해 사실성을 주장하는 언표가 아니므로 명제라고 볼 수 없으며, 따라서 명제가 참임으로써 성립하는 진리인 오르토테스 여부를 판별하는 대상일 수 없다.
⑤ (X) 세 번째 문단에 따르면, 토마스 아퀴나스의 진리의 고전적 정식에서 '지고의 신적 지성의 설계에 따라 만들어진 완벽한 이 세계'는 '신적 지성'에 '이 세계'가 일치하는 것을 의미하며 '지성에 사물이 일치함'이라는 사태적 진리를 성취하는 베리타스에 해당한다. 따라서 '지고의 신적 지성의 설계에 따라 만들어진 완벽한 이 세계'가 '사물에 지성이 일치함'이라는 명제적 진리를 성취하지는 않는다고 하더라도, '지성에 사물이 일치함'이라는 사태적 진리를 성취하므로 베리타스를 성취할 수 있다.

12

정답 ③

분석 및 접근

지문의 마지막 문단에서, 진리에 관련된 최종적인 입장을 제시해주고 있는 칸트의 관점에서 다른 철학자들의 진리에 관한 입장을 어떻게 판단할지를 추론할 것을 요구하는 문제이다. 답의 근거가 되는 내용들이 지문에 직접적으로 서술된 것이 아니므로, 추론적 사고와 비판적 사고를 적극적으로 개진하여야 해당 문제를 풀 수 있다.

해설

① (X) 『국가』에서 플라톤이 제시한 '진리의 또 다른 국면'은 '알레테이아'를 의미하며, 이는 사물의 참모습이 온전히 드러남을 통해 성취되는 사태적 진리를 의미한다. 마지막 문단에 제시된 칸트의 입장에 따르면, '사물 자체'의 객관적 사실은 인식 가능한 대상이 아니며, 진위 판별이 가능한 대상이 아니다. 따라서 칸트는 플라톤이 『국가』에서 제시한 '진리의 또 다른 국면'은 '사물 자체'에 대한 진리이므로 진위 판별이 불가능하다고 생각할 것이다.

② (X) 토마스 아퀴나스의 정식에서 '사물에 지성이 일치함'으로서의 진리는 '명제적 진리'를 의미한다. 마지막 문단에 따르면, 칸트는 '명제적 진리'에 대한 진위 판단은 불가피한 무한소급 및 순환 구조로 인해 영원히 불가능하다고 보았으므로, 칸트는 '사물에 지성이 일치함'으로서의 진리에 대해서도 진리의 성취 여부를 판별할 수 없다고 보았을 것이다.

③ (O) 『소피스테스』에서 개진된 플라톤의 진리관은 사물이 아닌 명제에 대해서만 진릿값을 부여할 수 있다는 입장이며, 이는 진리의 고전적 정식에서 '명제적 진리'만을 진리로 인정하는 입장이다. 마지막 문단에 따르면, 칸트는 이러한 '명제적 진리'에 대한 진위 판단은 불가피한 무한소급 및 순환 구조로 인해 영원히 불가능하다고 보았으므로, 『소피스테스』에서 개진된 플라톤의 진리관에 따른 진리 역시도 인식과 사물의 비교에서 나타나는 필연적 결과인 진위 판단의 불가능성이라는 상황이 발견되는 경우라고 판단할 것이다.

④ (X) 마지막 문단에 따르면, 칸트는 진위 판단의 대상이 되는 명제는 우리 심성의 내적 구조에 바탕을 둔 경험일 뿐이며, 그러한 명제의 객관성을 궁극적으로 확인하려는 시도는 결국 무한소급의 문제에 마주할 뿐이라고 여긴다. 즉, 칸트는 자신이 지적한 고전적 정식의 중대한 구조적 난점에 대해, 반박할 수 없는 최종 근거가 제시됨으로써 해결되리라고 전혀 기대하지 않을 것이다.

⑤ (X) 마지막 문단에 따르면, 칸트는 인간이 인간만이 가진 심성의 내적 구조에 따라 대상을 경험하는 인식의 순환 구조를 지니고 있다고 주장한다. 즉, 사물에 대한 판단은 사물 그 자체에 대한 판단인 것이 아니라 인간만이 가지고 있는 심성의 내적 구조에 의존하여 '사물 자체'와는 다른 경험을 하게 된다는 의미이다. 따라서 만약 인간과는 다른 감각 능력, 즉 다른 심성의 내적 구조를 가진 생명체가 동일한 사물을 인간과 전혀 다른 방식으로 지각한다고 한다면, 이는 인식의 순환 구조에 대한 칸트의 주장을 약화시키는 것이 아니라 강화시키는 것으로 평가할 것이다.

제재 4 | 정치학

p.240

01	02	03	04	05
③	②	①	④	⑤
06	07	08	09	10
①	②	③	①	②
11	12			
③	⑤			

01

정답 ③

분석 및 접근

이 문제는 사실 확인 문제로 다음 포인트를 적용하면 문제를 빠르게 풀이할 수 있다.

- 포인트 1: 각 문단에 어떤 내용이 제시되는지를 기억하면서 지문을 읽는다.
  - 첫 번째~세 번째 문단: 전통적 정당
  - 네 번째~여섯 번째 문단: 새로운 정당
  - 일곱 번째 문단: 새로운 정당이 전통적 정당 기능도 수행한다는 주장
  - 마지막 문단: 새로운 정당이 전통적 정당 기능을 수행해야 한다는 주장
- 포인트 2: '정부 속의 정당 기능', '유권자 속의 정당 기능', '조직으로서의 정당 기능'과 같은 개념들을 본인의 배경지식으로 이해하는 것이 아니라, 지문에서 정의한 개념으로 적용한다.

해설

① (O) 두 번째 문단에 따르면 '정부 속의 정당 기능'은 의회의 정책 결정과 행정부의 정책 집행을 통제하는 기능을 의미한다. 다섯 번째 문단에서 '정부 내 자당 소속의 정치인들에 대한 통제력이 증가되었다.'라는 내용을 통해 정부 속의 정당 기능이 강화되었음을 확인할 수 있다.

② (O) 두 번째 문단에 따르면 '유권자 속의 정당 기능'은 지지자들의 이익을 집약하고 표출하는 기능을 의미한다. 또한 다섯 번째 문단에서 '정당은 지지 계층 및 집단과의 유대를 잃어가기 시작했다.'라는 내용을 통해 '유권자 속의 정당 기능'이 약화되었음을 확인할 수 있다.

③ (X) 두 번째 문단에 따르면 '조직으로서의 정당 기능'은 당원을 확충하고 정치 엘리트를 충원, 교육하는 조직으로서의 정당 기능을 의미한다. 다섯 번째 문단에서 '평당원의 권력은 약화되고 당원 수는 감소하여'라는 내용을 통해 조직으로서의 정당 기능이 약화되었음을 확인할 수 있다. 또한 여섯 번째 문단에서 '당원이 감소하는 상황에서 선출권자나 후보들을 정당 밖에서 충원함으로써 고전적 의미의 정당 기능은 약화되었다.'라는 내용에서도 확인할 수 있다.

④ (O) 여섯 번째 문단에서 '정당 조직과 당원들이 수행했던 기존의 정치적 동원은 소셜 네트워크 내 시민들의 자기 조직적 참여로 대체되었다.'라는 내용을 통해 유권자를 정치적으로 동원하는 정당의 기능이 약화되었음을 확인할 수 있다.

⑤ (O) 일곱 번째 문단에서 '일반 이념을 매개로 정치 영역에서 유권자들을 대표하는 기능을 강화했음을 보여주었다.'라는 내용을 통해 유권자의 일반 이념을 대표하는 기능이 강화되었음을 확인할 수 있다.

02

정답 ②

분석 및 접근
이 문제의 〈보기〉는 'OOO 현상은 A 모형으로 가장 잘 설명될 수 있다.'라고 제시되어 있다. 이때 OOO 현상이 A 모형으로 어느 정도 설명될 수 있다 하더라도 A 모형보다 더 잘 설명될 수 있는 모형이 존재한다면, 타당한 〈보기〉가 아님에 유의해야 한다.

해설
ㄱ. (X) 〈보기〉의 상황은 특정 집단의 당파적 이해관계만을 대변하는 정당은 선거에서 승리하기가 어려우므로 전체 유권자 집단의 포괄적 이해를 대변하는 방향으로 정당이 정치적 노선을 변경하는 과정이다. 이는 세 번째 문단에서 제시된 '정당들은 특정 계층이나 집단의 지지만으로 집권이 불가능해졌고 이에 따라 보다 광범위한 유권자 집단으로부터 지지를 획득하고자 했다.'라는 내용을 통해 알 수 있으며, 이를 집약한 개념은 포괄정당 모형이므로 ㄱ은 적절하지 않다. A당의 정치적 노선 변화를 단순한 선거 전략으로만 판단할 경우 선거전문가 정당 모형이라고 오판할 수 있으므로 주의해야 한다. → 매력적 오답

ㄴ. (O) 〈보기〉의 상황은 의석수에 비례하여 선거보조금을 배분하는 것에 비해, 선거보조금의 50%를 전체 의석의 30% 이상의 의석을 지닌 정당에게 우선적으로 배분하는 경우가 다수 정당이 선거보조금을 독식하게 되는 분배 방향에 해당한다. 이는 네 번째 문단에서 '정당들은 자신의 기득권을 유지하기 위해 공적인 정치 차원의 과점을 통해 신생 혹은 소수 정당의 원내 진입이나 정치 활동을 어렵게 하는 카르텔정당 체계를 구성하기도 했다.'라는 내용과 부합하는 사례이므로 ㄴ은 적절한 진술이다.

ㄷ. (X) 〈보기〉의 상황은 원내 의석을 과점하며 집권했던 기득권 정당인 C당이 일반 시민의 이해를 대변하는 데 한계를 맞이하여, 당원이 아닌 일반 시민들도 정당의 경선 과정에 참여하도록 하는 '개방형 국민참여경선제'를 도입한 상황이다. 이는 여섯 번째 문단에서 제시된 '일부 정당은 카르텔 구조를 유지하면서도 공직후보 선출권을 일반 국민에게 개방하는 포스트카르텔정당 전략으로 대응하고자 했다.'라는 내용의 사례에 해당한다. 주어진 사례를 당원이 아닌 일반 시민과의 유대를 강화시키는 방안이라고 간주하여 네트워크정당 모형에 해당한다고 오해할 수도 있으나, 지문에서 제시된 모형 중에서 사례에 더 적절하게 부합하는 모형이 존재하므로 ㄷ은 적절하지 않다고 판단해야 한다. → 매력적 오답

03

정답 ①

분석 및 접근
정당의 전통적인 기능을 제시한 첫 번째~세 번째 문단의 내용이 적용된 사례와 그렇지 않은 사례를 구분하는 것이 핵심이다.

해설
① (X) 정당의 전통적인 기능은 일반 시민의 이해를 포괄적으로 대변하는 것이 아니라, 특정 계층과 집단의 이해를 선별적으로 대변하는 것이다. 따라서 '당원의 자격과 권한을 강화하면 다변화된 계층적 이해를 제대로 대표하지 못하게 된다.'라는 선택지의 비판은 탈산업시대의 정당 개념에 의거하여 전통적인 정당의 개념을 비판하는 것에 해당한다.

② (O) 정당의 전통적인 기능은 일반 시민의 이해를 포괄적으로 대변하는 것이 아니라, 특정 계층과 집단의 이해를 선별적으로 대변하는 것이므로 당을 대표하는 공직후보 선출권을 일반 시민에게 개방하는 것은 특정 집단과 특수한 이데올로기를 대변하는 당의 전통적 기능을 약화시키는 것이다.

③ (O) 정당의 전통적인 기능에 따르면 일반 시민이 아니라 특정 집단을 대변해야 하므로 중소 규모의 정당이 다수로 구성되어야 한다. 따라서 신생 정당의 원내 진입을 제한하는 규칙은 적은 수의 다수 정당에게 과점의 이익을 부여함으로써 정당의 수를 축소시키게 되고, 특정 집단의 이해를 대변하는 정당의 전통적 기능이 수행되기 어렵게 만든다.

④ (O) 정당의 외연을 과도하게 확장하여 일반 시민의 포괄적인 이해를 대변하려는 시도는 특정 계층을 대변한다는 당의 전통적 기능의 수행을 약화할 여지가 있다.

⑤ (O) 정당원이 아닌 일반 시민과의 온라인 상에서의 유대에 과도하게 집착하다 보면, 당의 근간을 이루는 정당원을 확충하는 전통적 기능에 손상을 야기할 수 있다.

04

정답 ④

분석 및 접근
이 문제는 사실 확인 문제로 '위임'에 대한 개념 정의와 세 가지 이론이 '위임'을 설명한 방식의 핵심 포인트를 기억한다면 빠르게 해결할 수 있다.

해설
① (O) 정치적 거래 비용 이론의 위임 개념에 해당한다. 다섯 번째 문단에 따르면 위임을 정치적 경쟁의 산물로 이해함을 알 수 있다.

② (O) 정치적 거래 비용 이론의 위임 개념에 해당한다. 다섯 번째 문단에서 '위임을 정치적 불확실성과 분배의 갈등에 기초한 정치적 경쟁의 산물로 이해한다.'라는 내용을 통해 확인할 수 있다.

③ (O) 위임 행위를 주인-대리인 모델에 의거하여 설명하는 관점은 기능주의 이론에 해당한다. 그러나 지문에서는 기능주의 이론의 설명에 대해 비판적인 입장이며, 이에 대한 대안으로 정치적 거래 비용 이론을 제시하고 있으므로 주인-대리인 모델을 통한 설명에 한계가 있다는 선택지의 설명은 적절하다. 이는 세 번째 문단의 '위임의 문제를 제대로 다루기 위해서는 기능주의 이론이 아니라 정치적 거래 비용 이론의 관점에서 접근해야 한다.'라는 내용에서도 확인할 수 있다.

④ (X) 정치적 거래 비용 이론의 핵심은 위임이라는 정치적 행위가 '정치적 거래 비용'을 동반한다는 것이다. 따라서 위임이 정치적 거래 비용의 절감을 위한 선택의 결과라는 설명은 정치적 거래 비용 이론과 상반되는 서술이다. 이는 다섯 번째 문단의 '위임은 이러한 목적으로 이루어지며, 그 과정에서 새로운 형태의 거래 비용, 즉 '정치적 거래 비용'이 창출된다.'라는 내용에서도 확인할 수 있다.

⑤ (O) 첫 번째 문단에 따르면 대의 민주주의는 위임에 기초하여 작동한다. 이를 통해 위임이 대의 민주주의의 기본 작동 방식임을 확인할 수 있으며, '후자의 위임은 선출되지 않은 권력을 창출한다는 점에서 대의 민주주의와 충돌할 소지가 있다.'라는 내용에서 위임이 대의 민주주의의 원리와 충돌할 소지가 있음을 확인할 수 있다.

05

정답 ⑤

분석 및 접근
정보의 논리와 신뢰의 논리는 기능주의 이론이라는 동일한 범주에 속하므로 공통점을 가지면서도 어떠한 거래 비용을 절감시키는 것에 대한 설명인지라는 부분에서 차이점을 보인다.

해설

① (O) **정보의 논리**는 위임을 전문 지식과 정보 부족을 해결하기 위한 선택으로 이해한다. 따라서 주인들이 전문 지식이 부족할수록 대리인에게 더 많은 권한이 위임될 것이다.

② (O) **신뢰의 논리**는 집단으로서의 주인들이 서로를 신뢰하지 못하는 문제, 즉 단기적으로는 특정 집단에게 손해가 될 수 있어도 장기적으로는 모두에게 이익이 되는 선택을 하지 못하는 '**집합 행동의 딜레마**'를 깨기 위하여 위임이 발생한다고 간주한다. 따라서 ②는 적절한 설명이다.

③ (O) 정보의 논리와 신뢰의 논리는 모두 기능주의 이론의 하위 모델에 해당한다. 두 번째 문단에서 기능주의 이론은 공통적으로 '거래 비용을 절감하려는 합리적 선택으로 (위임 행위를) 설명하는 것이다.'라고 했으므로 선택지에서 '㉠과 ㉡ 모두 합리성과 효율성의 관점에 기초하지만'의 내용은 적절하다. 또한 '거래 비용에 정보 비용과 신뢰 비용이 포함된다는 점에서 이 이론은 둘로 나뉜다.'라고 했으므로 구체적으로 어떠한 거래 비용을 절감하려는 합리적 선택인지에 따라 ㉠과 ㉡으로 나누어짐을 확인할 수 있다.

④ (O) 네 번째 문단에서 ㉠과 ㉡의 이론적 한계가 비판되면서 대안으로 제시된 정치적 거래 비용 이론은 위임의 설계 과정에서 일어나는 정치적 행위자들 사이의 경쟁과 갈등에 주목한다. 따라서 정치적 행위자들의 관계는 앞서 제시된 ㉠과 ㉡에서 결여되었음을 추론할 수 있다.

⑤ (X) 네 번째 문단에 따르면 대리인의 선호와 배반이 사후적으로만 관찰된다고 지적되므로 '㉠에서 발생하는 대리인의 배반은 위임 설계 후에 확인된다.'라는 내용은 적절하다. 그러나 네 번째 문단의 '주인들이 단기적 선호를 포기하고 대리인을 임명할 수 있다고 보는데, 그렇다면 집합 행동은 애초에 존재하지 않았던 것이 된다.'라는 내용은 '집합 행동의 딜레마'라는 가정이 상호모순적임을 지적하는 것이다. 이에 따라 집합 행동의 딜레마는 애초에 존재하지 않았거나, 만약 집합 행동의 딜레마가 존재하였다면 애초에 위임 행위가 발생할 수 없었을 것이므로 위임 행위 이전에 집합 행동의 딜레마의 존재가 확인되었을 것이라는 점이 추론된다. 따라서 '㉡에서 발생하는 집합 행동의 딜레마는 위임 설계 후에 확인된다.'라는 내용은 적절하지 않다.

06 정답 ①

분석 및 접근

이 지문은 특정 이론에 대한 필자의 지지로 글이 귀결되고, 그 이론의 메커니즘에 많은 분량을 할당한다는 점에서 **이론 제시형 지문**으로 분류될 수 있다. 따라서 **이론의 목적성**에 초점을 두고 독해하며 앞선 이론과의 차별성을 파악함으로써 **정치적 거래 비용 이론**이 아닌 **기능주의 이론**이 적용되기에 더 적합한 선택지를 고르도록 한다. 기능주의 이론과 정치적 거래 비용 이론을 간략히 정리하면 다음과 같다.

- **기능주의 이론**: 위임 행위는 비용을 줄이기 위해서 이루어진다.
- **정치적 거래 비용 이론**: 위임 행위는 비용이 발생함에도 불구하고 이루어진다.

해설

① (X) 선택지의 상황은 긴축적인 통화 정책이 모두에게 장기적인 이익이 됨에도 단기적으로는 팽창적인 통화 정책이 이익이 되기 때문에 장기적인 안목으로 통화 정책을 운영하지 못함으로써 발생하는 신뢰 비용을 감소시키기 위한 행위로서의 위임 행위이다. 따라서 이는 **기능주의 모델** 중에서 **신뢰의 논리**를 적용한 설명에 해당한다.

② (O) 각국의 정책적 선호를 반영하지 못하게 되는 정치적 거래 비용이 발생함에도 불구하고, 정책의 안전성을 위해서 위임이 이루어졌다고 설명하므로 **정치적 거래 비용 이론**을 적용한 설명에 해당한다.

③ (O) 의회와 행정부 간의 정책 선호의 불일치가 발생하는 정치적 거래 비용이 발생함에도 불구하고, 과거의 의회와 현재의 의회가 구성이 변화함으로써 안정적인 정책 진행이 어려워지는 정책의 불안정성을 방지하기 위해 위임이 이루어졌다고 설명하므로 **정치적 거래 비용 이론**을 적용한 설명에 해당한다.

④ (O) 민주주의의 결핍을 야기할 위험이라는 정치적 거래 비용이 발생함에도 불구하고, 각 회원국 정치 행위자들에 의한 대리인의 간섭을 배제함으로써 정책 안정성을 보장하기 위해서 위임이 이루어졌다고 설명하므로 **정치적 거래 비용 이론**을 적용한 설명에 해당한다.

⑤ (O) 국내 반대자들의 반론으로 인한 논란을 예방하여 국제 정책 안정성을 보장하기 위해서 위임이 이루어졌다고 설명하므로 **정치적 거래 비용 이론**을 적용한 설명에 해당한다.

07 정답 ②

분석 및 접근

지문의 중심 소재인 '정당 수 산정'의 개념을 적절하게 이해하였는지 확인하는 문제에 해당한다.

해설

① (O) 첫 번째 문단의 '최근까지 정당 수 산정을 위한 다양한 방식이 제시되어 왔는데, 이는 정치 현상에 대한 우리의 이해를 높이고자 하는 것이다.'라는 부분을 통해 확인할 수 있다.

② (X) 첫 번째 문단의 '개별 정당 분석이 대의제 아래에서 정당이 수행하는 시민 여론 조직화·가치화 기능에 대한 평가를 중요시한다면'이라고 서술된 부분을 통해서, 정당의 여론 전달 역할에 대한 평가는 정당 수 산정이 아니라 **개별 정당 분석**을 통해서 이루어진다는 점을 확인할 수 있다.

③ (O) 첫 번째 문단에서 정당 수 산정은 정당 체계 분석에서 핵심적인 역할을 하며, 정당 체계 분석은 정당 간 상호 작용에 초점을 둔다고 제시되었으므로, 이를 종합하면 정당 수 산정을 통해 정당 간 상호 작용에 대한 이해가 가능해진다고 추론할 수 있다.

④, ⑤ (O) 첫 번째 문단에서 '정당 수가 많은가 적은가 하는 것은 그 정치 체계의 이데올로기적 분포 및 정치 상황의 안정도를 보여 주는 중요 지표이다.'라고 제시되었으므로, 정당 수 산정을 통해 정치 상황의 안정성을 파악할 수 있다는 점을 추론할 수 있다. 또한 동일한 부분을 통해 정당 수 산정이 정치 체계의 이념적 분포를 이해하는 데 기여한다는 점 역시 추론할 수 있다.

08 정답 ③

분석 및 접근

구체적인 수치 계산을 수행할 수 있는 계산식이 지문에서 주어졌으므로, 그 계산식을 <보기>의 정보에 적용하여 계산을 수행하여야 해결할 수 있는 문제이다.

해설

'지수화 방식'에 의해 정당 수를 산정해 보면 다음 표와 같다.

구분	A	B	C
득표율의 제곱	0.16	0.09	0.04
선거 유효 정당 지수	$\frac{1}{0.16+0.09+0.04} \approx 3.45$		
의석 비율의 제곱	0.16	0.16	0.04
의회 유효 정당 지수	$\frac{1}{0.16+0.16+0.04} \approx 2.78$		

① (X) '단순 방식'은 정치 체계의 규정에 따른 정당이면 모두 동일한 자격을 갖춘 정당으로 간주하는 방식이므로, 선거 전의 정당 수는 6개, 선거 후의 정당 수는 3개로 산정된다. 따라서 선거 후의 정당 수는 선거 전에 비해 감소하였다.

② (X) '이항 분류 방식'은 의회 내 의석을 점유한 정당만을 산정하는 방식이므로, 선거 후에 의회 의석을 확보한 3개의 정당을 모두 정당으로 인정하여 선거 후 정당 수를 3개로 산정할 것이다. 이는 '단순 방식'의 선거 후 정당 수와 동일하다.

③ (O) '이항 분류 방식'에 따르면 선거 전이나 후나 정당 수는 3개로 산정된다. '지수화 방식'에 따른 의회 유효 정당 지수는 약 2.78로 계산되며, 이는 이항 분류 방식에 따른 정당 수 3보다 작은 값이다.

④ (X) 선거 유효 정당 지수는 약 3.45로 계산되므로 이는 약 2.78로 계산되는 의회 유효 정당 지수의 값과 다르다.

⑤ (X) 의회 유효 정당 지수는 약 2.78로 계산되며, '단순 방식'에 따른 선거 후 정당 수는 3으로 산정되므로, 양자는 서로 다르다.

09

정답 ①

분석 및 접근

정당의 수를 자연수로 산정하는 것이 아니라 굳이 '지수화 방식'을 사용함으로써 얻을 수 있는 분석 효과를 지문을 통해 이해하였다면, 쉽게 해결할 수 있는 문제이다.

해설

① (X) '지수화 방식'은 내각 구성에 참여하는 정당에 한정하여 상대적 영향력을 비교하기 위해서 도입된 것이 아니라, 내각 구성에 참여하지 못하더라도 정치적 영향력을 행사하므로 정당 수 산정에 배제되어서는 안 되는 정당의 수를 반영하기 위해서 도입된 것이다.

② (O) 네 번째 문단에서 '지수화 방식은 대통령 선거와 총선의 정당 체계를 같은 기준으로 비교하기 위해 사용할 수 있다.'라고 제시되었으므로, 대통령 선거로 정권이 구성되는 대통령제와 총선으로 정권이 구성되는 내각제를 비교하는 데 지수화 방식이 사용될 수 있다는 점을 추론할 수 있다.

③ (O) 네 번째 문단에서 '지수화 방식에서는 내각 참여 여부를 막론하고 각 정당의 득표수와 의석수의 상대적 가치를 중요시한다.'라고 제시되었다. 이를 반영하여 지수화 방식은 '선거 유효 정당 지수'와 '의회 유효 정당 지수'로 나누어지므로, 선거 정당 체계와 의회 정당 체계를 비교하는 데 지수화 방식이 유용하게 사용될 수 있다는 점을 추론할 수 있다.

④ (O) 세 번째 문단에서 '단순 방식'과 '이항 분류 방식'이 '정부 형태 간 교차 분석을 위해 사용하기 어렵다.'라고 제시되었고, '지수화 방식'은 위 두 방식의 단점을 보완하기 위해 제안된 방식이므로, 정부 형태나 정치 상황과 무관하게 동일한 기준을 정립하는 데 '지수화 방식'이 유용하게 사용될 수 있다는 점이 추론된다.

⑤ (O) 세 번째 문단에서 '대통령제에서 대통령 선거 결과에 따른 정당 체계와 총선 결과에 따른 정당 체계가 서로 다른 경우에는 이항 분류 방식을 사용하여 비교하기가 어렵다.'라고 제시되었고, '지수화 방식'은 이 단점을 보완하기 위해 도입된 방식이므로, '지수화 방식'을 통해 대통령제에서 대통령 선거 결과에 따른 정당 체계와 총선 결과에 따른 정당 체계를 비교할 수 있다는 점이 추론된다.

10

정답 ②

분석 및 접근

제시된 여러 이론들 간의 상위 하위 포함 관계를 명확하게 확인하는 것이 문제를 해결하는 핵심 포인트이다.

해설

① (X) 첫 번째 문단에 따르면 초기 사회심리학 이론은 유권자 대부분이 일관된 이념 체계를 지니고 있지 않다고 보았음에도 불구하고, 유권자들이 투표 선택에서 특정 정당에 대해 지속적인 지지를 보내는 현상은 그 정당에 대한 심리적 일체감 때문이다. 즉 초기 사회심리학 이론은 유권자들의 투표 선택이 심리적 일체감으로 인하여 지속적이고 일관된 특성을 보인다고 간주한 것이다.

② (O) 공간 이론은 근접 이론과 방향 이론이라는 하위 요소로 구성되므로, 근접 이론과 방향 이론 모두에 대해서 ②의 설명이 적합하다면, ②는 타당한 선택지가 될 것이다. 근접 이론은 유권자와 정당 간의 이념 거리를 통해서 효용을 계산한다. 마찬가지로 방향 이론 또한 이념 원점으로부터의 방향을 고려하여 유권자와 정당 간의 이념 거리를 효용으로 환산함으로써 유권자의 정당 선택을 설명한다.

③ (X) 마지막 문단에서 '공간 이론의 두 이론은 유권자의 효용 계산과 정당의 득표 최대화 예측에서 이론적 경쟁 관계를 계속 유지했을 뿐만 아니라 현실 설명력에서도 두드러진 차이를 보였다.'라고 제시되었으므로 두 이론 간의 이견이 해소되었다고 보기 어렵다.

④ (X) 초기 공간 이론에서는 이념 원점으로부터 정당의 이념 위치의 차이가 클수록 유권자의 효용이 증가한다고 간주함으로써 유권자의 투표 선택을 전적으로 이념적 요소로 환원하였다. 반면에 후기 공간 이론에서는 '관용 경계'라는 심리적 개념을 도입함으로써 유권자들이 허용할 수 있는 이념 범위에 심리적 한계가 존재한다고 간주하였다. 따라서 후기 공간 이론에서는 유권자의 투표 선택을 설명하는 데 있어서 초기 공간 이론에 비해 이념의 비중이 감소하였다.

⑤ (X) 유권자의 정치적 선택이 비합리적인 심리적 기제인 '정당 일체감'에 기인한다고 간주한 것은 사회심리학 이론이며, 이와 대조적으로 합리적 선택 이론은 유권자의 정치적 선택이 효용을 계산하는 합리적 기제에 의존하여 이루어진다고 보았다. 즉 사회심리학 이론은 '어리석은 유권자 가설'에 기초하였고, 합리적 선택 이론은 '세련된 유권자 가설'에 기초한 것이다. 합리적 선택 이론에 속하는 초기 공간 이론은 전적으로 효용 계산에 의해 유권자의 선택을 설명하였으나, 후기 공간 이론에서는 정당 일체감이나 그 밖의 심리학적 개념들을 그대로 수용하는 방식의 수정이 이루어졌다. 그렇다고 해서 후기 공간 이론이 정당 일체감과 같은 심리학적 기제를 합리적으로 인정하였기 때문에 이를 부분적으로 수용한 것은 아니다. 지문의 내용은 '세련된 유권자 가설'을 토대로 비합리적인 심리적 기제를 통한 설명을 부분적으로 수용한 것으로 이해되어야 한다. → **매력적 오답**

11 정답 ③

분석 및 접근
공간 이론의 하위 항목으로 제시된 네 가지 이론에 대한 기본적인 사실 확인 문제이다.

해설

① (O) 두 번째 문단에서 제시된 초기 근접 이론에 따르면, 유권자 분포의 중간 지점인 중위 유권자의 위치가 양당의 선거 경쟁에서 득표 최대화 지점이 된다. 따라서 지지율 하락을 경험한 여당은 득표 최대화 지점이 되는 중위 유권자의 위치로 이동할 것이다.

② (O) 세 번째 문단에서 '(후기) 근접 이론은 정당이 정당 일체감을 지닌 유권자(정당 일체자)들로부터 멀어질 경우 지지가 감소할 수 있다는 점을 고려해서 실제로는 중위로부터 다소 벗어난 지점에 위치하게 된다고 이론적 틀을 보완했다.'라고 제시되었다. 따라서 후기 근접 이론은 정당 일체자의 이탈을 우려한 야당이 중위 유권자의 위치로 이동하지 못함을 설명할 수 있다.

③ (X) 정당 일체자의 이탈을 고려하는 설명은 후기 근접 이론에 해당되며, 정당이 중위 유권자의 위치로 이동하고자 하는 경향을 띤다는 설명은 초기 근접 이론에 해당한다. 따라서 ③에서 제시된 설명은 후기 방향 이론과 아무런 관련성이 없다.

④ (O) 초기 근접 이론은 중위 유권자의 위치에서 득표가 최대화된다고 설명하므로, 중도적 유권자의 이탈을 우려한 여당이 중위 유권자의 위치로 이동함을 설명할 수 있다.

⑤ (O) 후기 방향 이론은 관용 경계로 인해 정당이 이념의 극단으로 움직이지 못한다는 점을 설명하므로, 야당이 이념적 극단 위치로 이동하지 못함을 설명할 수 있다.

12 정답 ⑤

분석 및 접근
지문에 제시된 계량적 개념을 그래프에 적용해 보는 문제이다. 주어진 값을 그래프에 직접 표시하면서 적용하여야 문제를 해결할 수 있다.

해설

① (O) 초기 근접 이론에 따르면, 중위 유권자의 위치에서 득표가 최대화된다. B당의 중위 유권자의 위치는 7에 해당하므로, B당 예선에서 7에 더 가까운 B1 후보가 B2 후보에 비해 많은 득표를 할 것이고 따라서 B1이 예선을 통과할 것으로 예측된다.

② (O) 초기 근접 이론에 따르면, 중위 유권자의 위치에서 득표가 최대화된다. A당의 중위 유권자의 위치는 3에 해당하므로, A당 예선에서 3에 더 가까운 A2 후보가 A1 후보에 비해 많은 득표를 할 것이고, 따라서 A2가 예선을 통과하여 B당의 예선을 통과한 B1 후보와 본선에서 맞붙을 것이다.
본선에서는 전체 유권자의 중위 유권자가 5에 위치하므로, 본선에서 5에 더 가까운 A2가 B1에 비해 많은 득표를 할 것이다. 따라서 초기 근접 이론에 따르면 최종적으로 A2가 본선에서 승리할 것으로 예측된다.

③ (O) 초기 방향 이론에 따르면, 이념 원점을 기준으로 유권자는 보수와 진보로 나뉘며, 자신이 속한 이념의 방향으로 이념 원점으로부터 거리가 먼 후보를 지지하게 된다. 이를 예선에 적용하면, A당의 경우 이념 원점으로부터 거리가 먼 A1 후보가 승리하고, B당의 경우 B2 후보가 승리하며, 따라서 본선에서 A1 후보와 B2 후보가 맞붙게 된다. 전체 유권자 수의 그래프를 보면 이념 원점인 5를 기준으로 대칭의 형태를 띤다. 따라서 보수를 지지하는 유권자와 진보를 지지하는 유권자의 수가 동일함을 확인할 수 있다. 따라서 초기 방향 이론에 따르면 보수를 지지하는 유권자는 전부 A1에게 투표할 것이고 진보를 지지하는 유권자는 전부 B2에게 투표할 것이므로 본선에서 승자는 정해질 수 없다고 예측될 것이다.

④ (O) 후기 근접 이론은 초기 근접 이론에 정당 일체감 개념이 추가적으로 적용된 것으로, 정당 일체자로부터 거리가 멀어질 경우 지지가 감소한다고 간주한다. 우선 예선에서는 각 정당의 중위 유권자로부터 거리가 가까운 A2와 B1이 당선된다.
본선에서는 정당 일체감 개념에 의하여 A 정당 일체자는 전부 A2 후보를 지지할 것이고 B 정당 일체자는 전부 B1 후보를 지지할 것이다. 설령 A2가 B1에 비해 정당 일체자의 지지를 상실하는 정도가 더 크게 나타난다고 하더라도, A당 정당 일체자의 지지 감소는 이념 위치 0과 1 사이에 해당하는 감소량에 불과하다. 반면에 전체 유권자 중 정당 일체감을 지니지 않는 무당파의 득표에서 이념 위치 0에서 5.5에 해당하는 유권자가 A2를, 이념 위치 5.5에서 10에 해당하는 유권자가 B1을 지지하므로, A2는 B1에 비해 이념 위치 5에서 5.5에 해당하는 유권자 지지를 더 많이 획득하며, 이는 상실한 정당 일체감 지지자의 득표를 상회한다. 따라서 A2 후보가 본선에서 최종적으로 승리한다고 예측될 것이다.

⑤ (X) 후기 방향 이론에 따르면, 우선 예선에서는 A당의 두 후보가 A 정당 일체자의 관용 경계 안에 있기 때문에 기권하는 일이 발생하지 않으며, B당의 두 후보도 B 정당 일체자의 관용 경계 안에 있으므로 기권하는 일이 발생하지 않는다. 따라서 방향 이론의 효용 계산 방법에 의해 A1과 B2가 본선에 진출한다.
본선에서 유권자는 두 후보자가 동시에 자신의 관용 경계 외부에 위치하는 경우 투표를 하지 않고 기권하게 된다. 주어진 관용 경계의 값이 ±2이므로, 이념 위치가 2에서 7 사이에 해당하는 유권자들은 투표에 참여하지 않고 기권하게 된다. 반면에 이념 위치가 0에서 2인 유권자는 A1에게 투표하며, 이념 위치가 7에서 10인 유권자는 B2에게 투표하게 되어 최종적으로 B2가 본선에서 승리할 것으로 예측된다.

이 책에는 법학전문대학원협의회의 법학적성시험 문제와 한국약학교육협의회의 약학대학입문자격시험 문제가 수록되어 있습니다.
해당 문제의 저작권은 법학전문대학원협의회와 한국약학교육협의회에 있습니다.

MEMO

해커스 LEET
이재빈
언어이해
기본

개정 3판 3쇄 발행 2026년 1월 5일
개정 3판 1쇄 발행 2025년 1월 2일

지은이	이재빈
펴낸곳	해커스패스
펴낸이	해커스로스쿨 출판팀
주소	서울특별시 강남구 강남대로 428 해커스로스쿨
고객센터	1588-4055
교재 관련 문의	publishing@hackers.com
학원 강의 및 동영상강의	lawschool.Hackers.com
ISBN	979-11-7244-491-4 (13360)
Serial Number	03-03-01

저작권자 ⓒ 2025, 이재빈
이 책의 모든 내용, 이미지, 디자인, 편집 형태는 저작권법에 의해 보호받고 있습니다.
서면에 의한 저자와 출판사의 허락 없이 내용의 일부 혹은 전부를 인용, 발췌하거나 복제, 배포할 수 없습니다.

로스쿨교육 1위,
해커스로스쿨 lawschool.Hackers.com
해커스로스쿨

• 해커스로스쿨 스타강사 이재빈 교수님의 **본 교재 인강** (교재 내 할인쿠폰 수록)

주간동아 선정 2023 한국브랜드만족지수 교육(온·오프라인 로스쿨) 부문 1위